GOTTFRIED VON STRASSBURG
TRISTAN

GOTTFRIED VON STRASSBURG

Tristan

NACH DEM TEXT VON FRIEDRICH RANKE
NEU HERAUSGEGEBEN,
INS NEUHOCHDEUTSCHE ÜBERSETZT,
MIT EINEM STELLENKOMMENTAR
UND EINEM NACHWORT
VON RÜDIGER KROHN

PHILIPP RECLAM JUN. STUTTGART

GOTTFRIED VON STRASSBURG

Tristan

BAND 3:
KOMMENTAR, NACHWORT
UND REGISTER

PHILIPP RECLAM JUN. STUTTGART

4., durchgesehene Auflage 1995

Universal-Bibliothek Nr. 4473
Alle Rechte vorbehalten
© 1980, 1991 Philipp Reclam jun. GmbH & Co., Stuttgart
Gesamtherstellung: Reclam, Ditzingen. Printed in Germany 1995
RECLAM und UNIVERSAL-BIBLIOTHEK sind eingetragene
Warenzeichen der Philipp Reclam jun. GmbH & Co., Stuttgart
ISBN 3-15-004473-1

Der Anfang des »Tristan« in der Heidelberger Handschrift H

Inhalt

Band 1

Band 3

Stellenkommentar

Vorbemerkung

Ein Stellenkommentar zu einem so gewaltigen, außerordentlichen, vielschichtigen und teilweise bis heute nicht entschlüsselten Werk wie Gottfrieds »Tristan« kann nur das Ergebnis sein von zahllosen Kompromissen, problematischen Entscheidungen und immer neuen Zwängen. Er kommt nicht aus ohne Ungerechtigkeiten, Vereinfachungen und den Mut zur Lücke. Die »Tristan«-Forschung ist so umfangreich und kontrovers, daß schon der Versuch fahrlässig wäre, sie in diesem Rahmen angemessen repräsentieren und darstellen zu wollen.

Dennoch will dieser Commentarius perpetuus, der bewußt dem Ablauf des Textes folgt und sich in der Regel nicht an übergeordneten Themenkomplexen orientiert, wenigstens in Ansätzen die Ergebnisse der Gottfried-Philologie skizzieren. Er soll nicht die Lektüre der angeführten Studien erübrigen, wohl aber dem Leser, der sich tiefer hineinarbeiten möchte in die vielfältigen Probleme des Romans, erste Informationen bieten und zugleich durch Nennung der einschlägigen Sekundärliteratur den Weg weisen für die nähere Beschäftigung mit dem Werk.

Mit diesem Anspruch stößt der Kommentar jedoch an seine ersten Grenzen: Vollständigkeit konnte er schon aus Platzgründen nicht anstreben. Oft mußten komplizierte Zusammenhänge auf wenige Bemerkungen reduziert und ganze Forschungsrichtungen, soweit sie sich als unfruchtbar erwiesen hatten, mit einer bloßen Erwähnung bzw. bibliographischen Angabe abgetan werden. In diesen Fällen können die zahlreichen Forschungsberichte, die in den letzten Jahren erschienen sind (vgl. Nachwort, Anm. 123), sowie die vielen Einzeluntersuchungen zum »Tristan« weitere Hilfen geben.

Vordringliches Ziel der Anmerkungen ist es jedoch, auch
dem ungeübteren, in der mittelalterlichen Literatur weniger
bewanderten Leser durch Sach- und Spracherläuterungen ein
besseres Verständnis des Romans zu ermöglichen. Diese
Erklärungen mögen philologischen Fragen oder Problemen
der Überlieferung gelten; sie mögen Realien, literarhistori-
sche Bezüge, geistesgeschichtliche Aspekte, linguistische
oder grammatikalische Besonderheiten betreffen; sie mögen
sich mit der Rhetorik, mit Fachbegriffen oder mit der Stoff-
tradition beschäftigen: Ihre Aufgabe ist es stets, den »Tristan«-Text, dessen Erhellungsbedürfnis um so evidenter
wird, je intensiver man sich mit ihm befaßt, so weit wie irgend
möglich aufzuschließen.

Es geht hier nicht um eine Gesamtdeutung. Im Gegenteil, der
Blick auf das Ganze des Werkes wird bei dieser Arbeit immer
wieder verstellt durch die Konzentration auf das Detail. Eine
eindeutige Interpretation verbietet sich überdies dort, wo der
Text mehrere Auslegungen rechtfertigt. Einem Kommentar
wie diesem sollte es nicht um eine Harmonisierung der
Widersprüche, um eilfertige, notwendigerweise triviale
»Deutung« des Rätselhaften zu tun sein. Vielmehr muß er
sich bemühen, die gegensätzlichen Kräfte innerhalb des
Romans sowie dessen Brüche und »Unbestimmtheiten« of-
fenzulegen.

Eine durchgängige, geschlossene Interpretation des »Tristan«, so hat die Forschung immer wieder gezeigt, ist überaus
problematisch, wenn nicht gar unmöglich. Sie ist für die folgenden Anmerkungen auch weder angestrebt noch wün-
schenswert. Vielmehr soll sie dem abschließenden Nachwort
vorbehalten bleiben, das eine übergreifende Würdigung von
Gottfrieds Fragment versucht – auch hier ohne den Anspruch
letzter Verbindlichkeit und Gültigkeit, die dieses Werk wohl
nicht zuläßt. Immerhin mag in der umfassenderen Darstellung manche Einzelfrage, die im Kommentar nur isoliert
behandelt wird, ihren Ort finden im System der Problemstel-
lungen und Deutungsansätze, die in ihrem Zusammenwirken

die schillernde Vielfalt und mithin die Faszination dieses
Romans belegen.

Bei den bibliographischen Angaben innerhalb des Stellenkommentars rangiert das Gesetz der Eindeutigkeit stets vor
dem der Einheitlichkeit. Arbeiten, die in den Anmerkungen
nur gelegentliche Erwähnung finden und die deshalb in der
beigefügten Liste der Forschungsliteratur nicht erscheinen,
werden mit ihrem korrekten Titel (in Anführungszeichen),
mit Publikationsort und -jahr nachgewiesen. Anders ist das
mit jenen Untersuchungen, die mehrfach herangezogen werden: Sie sind mit dem Namen des Autors, einem Kurztitel
(ohne Anführungszeichen) und mit Jahres- und Seitenzahl
zitiert. Bei »Tristan«-Editionen bzw. -Übersetzungen sowie
bei Hilfsmitteln, die in der Liste der Abkürzungen aufgeführt
sind, werden lediglich die Namen des Herausgebers/Übersetz-
ers ohne Kurztitel und Erscheinungsjahr genannt. Stets
jedoch hat der Benutzer in diesen Fällen die Möglichkeit,
anhand der Bibliographie die vollständigen Angaben nachzuschlagen.

Zur Neuauflage 1991

Mehr als zehn Jahre nach seiner ersten Veröffentlichung
erscheint nun eine überarbeitete, aktualisierte Auflage des
Kommentars. Konzeptionelle Änderungen weist sie nicht
auf. Natürlich wurden die Ergebnisse der inzwischen fortge-
schrittenen Forschung eingearbeitet – wiederum ohne den
Anspruch auf vollständige Wiedergabe jeder einzelnen einschlägigen Publikation. Wo jüngere Untersuchungen die
Kenntnis und das Verständnis des Werkes zu ergänzen oder
zu revidieren geeignet waren, wurden sie selbstverständlich
berücksichtigt, und auch hier wurde das Prinzip verfolgt,
solche Positionen der »Tristan«-Philologie eher zu registrieren und zu referieren als sie nach Maßgabe eines vorgefaßten
Deutungsansatzes zu be- bzw. verurteilen.

Die Absicht des Kommentars liegt zuallererst in der Bereitstellung von Informationen zum besseren Verständnis des
Textes und in dem damit verbundenen Versuch, durch beige-
gebene Hinweise auf ausgewählte Sekundärliteratur konkrete
Anstöße und Hilfen für weitergehendes Arbeiten zu vermitteln. Weder versteht sich der Band als umfassender Forschungsbericht, der in diesem Rahmen auch gar nicht zu lei-
sten gewesen wäre, noch will er den Eindruck erwecken,
überall losgelöst von den Resultaten der »Tristan«-Philologie
eigene Erkenntnisse und Deutungen auszubreiten.
Die stets wiederholten Berufungen auf die Forschung und
die vielen Hunderte von Quellenangaben lassen die beherzt
dolosen Bemerkungen in der Rezension von Petrus W. Tax
(»Journal of English and Germanic Philology« 82, 1983,
S. 98 ff.) ein wenig seltsam erscheinen. Gerade jene beiden
Werke, die er (diskreterweise freilich ohne Namen und Titel,
sondern nur mit Angabe ihres Erscheinungsjahres) anführt
und deren »wilde« Ausschlachtung er insinuieren möchte,
werden in den einzelnen Kommentaren immer und immer
wieder ausdrücklich genannt und zitiert: Es handelt sich um
des Rezensenten eigene Untersuchung (Wort, Sinnbild, Zahl,
1961), an deren angemessener Würdigung ihm naturgemäß
besonders gelegen ist, und um die erläuterte Textausgabe von
Ganz/Bechstein (1978); beide Arbeiten wurden und werden
hier, was die Häufigkeit ihrer Befragung und Einbeziehung
noch unterstreicht, mit einem Kürzel angeführt. Die Beispiele, mit denen Tax unredliche »Übernahmen des Gedan-
ken- und sogar Wortgutes anderer« (ebd., S. 104) meint belegen zu sollen, können die grundsätzliche Berechtigung seiner
Unterstellungen schwerlich stützen, zumal seine Vorwürfe
am (oben skizzierten) Konzept dieses Stellenkommentars
bewußt vorbeizuzielen scheinen. Da sich in keiner einzigen
Rezension (vgl. die Angaben in der Bibliographie von H.-H.
Steinhoff II, 1986, S. 25) Einwände finden, die Tax' mit großer Entschiedenheit und offenbar festem Vorsatz formulierten Verdacht auch nur annähernd zu bestätigen geeignet

wären, ist der Gedanke an ein »willkommenes Mißverständnis« nicht ganz von der Hand zu weisen, und es fragt sich, ob eine solche Absicht für den Rezensenten ein weiser Ratgeber sein kann.

Wo indessen Tax' Vorschläge und Korrekturen zu einzelnen Punkten berechtigt und sinnvoll schienen, haben sie selbstverständlich ihren Niederschlag in der vorliegenden Neubearbeitung gefunden. Das gilt außerdem für zahlreiche briefliche und mündliche Anregungen von Benutzern und Fachkollegen, denen ich an dieser Stelle sehr herzlich danke. Besonderen Dank schulde ich in diesem Zusammenhang der liebenswürdigen Hilfsbereitschaft von Helmut Lomnitzer, Marburg.

Unausgewertet blieben jedoch die reichen Angaben in dem überaus nützlichen »Tristan«-Kommentar von Lambertus Okken (3 Bde., 1984–88). Zu dieser Zurückhaltung führte nicht etwa mangelnde Hochachtung vor dieser so vorzüglichen wie verdienstvollen Arbeit. Schon gar nicht ist sie die wohlfeile Reaktion auf die sonderbare, allenfalls mit der eigenwilligen Auslegung von wissenschaftlichen Gepflogenheiten begründbare Entscheidung des verehrten Forscherkollegen, das seit 1980 vorliegende Parallel-Unternehmen (wie etwa auch die kommentierte Ausgabe, 1978, von Ganz/Bechstein) mit keiner Silbe zu erwähnen. Okkens Konzept der Aussparung und der nur impliziten Berücksichtigung (vgl. die Rezension von R. Combridge in: »Arbitrium« 1, 1987, S. 35) muß ihn überflüssigerweise zu einigen heiklen Gratwanderungen nötigen. Ein solches Verfahren kann aber keinesfalls der Grund für demonstrative Nichtbeachtung sein.

Vielmehr schien es sinnlos, den einen (ungleich größeren) Kommentar in den anderen (kleineren) einarbeiten zu wollen, zumal Anlage und Zielsetzung beider Werke unverkennbar stark divergieren. So möge es denn bei dem nachdrücklich empfehlenden Hinweis auf Okkens Kommentar bleiben, der – namentlich im Zusammenhang mit der Verarbeitung klerikalen sowie antiken Geistesgutes im »Tristan«, bei der enzyklopädischen Behandlung von Realien und der materialreichen Entfaltung kulturgeschichtlicher Panoramen – eine vorzügliche Ergänzung und in vielen Fällen auch ein wichtiges Korrektiv zum vorliegenden Band (und seiner Neuausgabe) darstellt. Beide Arbeiten haben nebeneinander ihren Platz und sollten bei eingehenderer Beschäftigung mit dem »Tristan« auch gemeinsam benutzt werden.

Am Schluß dieser notwendigen Nachbemerkung zur Vorbemerkung soll der ausdrückliche Dank für wertvolle Hilfe bei der Erstellung der Druckvorlage stehen: Namentlich Sigrid Noelle, Christine Kühnel, Simone Wengel, Lotte und Christiane Hippler haben auf die eine oder andere Weise, schreibend, lesend und korrigierend am Manuskript mitgearbeitet und verdienen deshalb dankende Erwähnung. Der Verlag hat für die Neuausgabe des Kommentarbandes eine beträchtliche Erweiterung des Umfangs bewilligt; auch dafür sei herzlich gedankt.

1–244 Der Prolog nahm innerhalb der mittelalterlichen Dichtungslehre einen besonderen Rang ein. Hier konnten die Autoren, ungehindert durch die Gesetze und Forderungen ihrer Vorlage, ihre poetische Kraft frei entfalten; hier war Raum für Individualität, Gelegenheit für Erklärungen und Adressen, für Grundsätzliches und Theoretisches. Zwar wurde dieser Ausdruck des Persönlichen stets reguliert durch literarische Konventionen und rhetorische Muster, die einen gewissen Rahmen absteckten; dennoch aber boten die äußeren Schranken des traditionell Sanktionierten den Dichtern einen größeren Freiraum, als sie ihn bei der getreuen, quellengläubigen Wiedergabe ihrer vorgegebenen Stoffe zur Verfügung hatten.

In der klassisch-lateinischen Rhetorik, die auf die Gesprächssituation bei der Gerichtsrede bezogen ist, sind Aufbau, Funktion und Inhalt des Prologs genau festgelegt worden, und die mittelalterlichen Schulpoetiken haben sich an diese Regeln gehalten, sie jedoch erweitert durch die Empfehlung, eine Dichtung mit einem Sprichwort (*generalis sententia*) oder einem lehrreichen Beispiel (*exemplum*) einsetzen zu lassen. Zu dieser Entwicklung und zum mittelalterlichen Prolog generell vgl. etwa H. Brinkmann, Der Prolog (1964).

Der Prolog zum »Tristan« ist besonders in der jüngeren Forschung ausgiebig diskutiert worden, wohl weil man, um die Schlüsselfunktion des Prologs wissend, sich durch ihn entscheidende Auskünfte und Hilfen zum Verständnis des Gesamtwerkes erhoffte. Die Fachdiskussion kann hier nicht in aller Ausführlichkeit dargelegt werden; statt dessen sei auf den Forschungsbericht von R. Dietz (1974) hingewiesen, der allerdings nur den Zeitraum bis 1970 berücksichtigt. Der ganze Prolog ist von G.-D. Peschel, Prolog-Programm (1976), eingehend untersucht worden. Aus poetologischer Perspektive analysiert W. Haug, »Literaturtheorie im deutschen Mittelalter. Von den Anfängen bis zum Ende des 13. Jahrhunderts. Eine Einführung«, Darm-

stadt 1985, S. 194 ff., den ganzen Prolog als Beispiel für das
unauflösliche Durch-Einander von Ästhetik und Ethik bei
Gottfried. – Als Zeugnis »eines überbietenden Neueinsat-
zes in der deutschen Literatur des Hochmittelalters« analysiert A. Wolf, Gottfried von Straßburg (1989), S. 92 ff.,
den Prolog, in dem er »die Steigerung als Darstellungsprin-
zip« (S. 96) verwirklicht sieht. In der »Dichterschau« (vgl.
Anm. zu 4621) ziehe Gottfried aus den Aussagen des Prologs die »literarhistorischen Konsequenzen« (S. 100).

Bereits S. Sawicki (Gottfried und die Poetik des Mittelalters, 1932, S. 155 ff.) hatte festgestellt, daß Gottfried sich
bei der Abfassung seines Prologs eng an die Richtlinien der
zeitgenössischen Dichtungslehre gehalten hat. Dabei gliedert der Vorspruch sich in einen strophischen (1–44) und
einen stichischen Teil (45–244). Die ersten 5 Strophen sind
kreuzgereimt, die nächsten fünf umarmend gereimt. Der
elfte Vierzeiler kehrt zum Kreuzreim zurück und leitet
über zu dem Reimpaarteil (45 ff.), der seinerseits unterbrochen und strukturiert wird durch eine Kreuzreim-Strophe
(131–134) und eine Doppelstrophe (233–240).

Diese eingeschalteten Einheiten setzen das Initialenspiel
fort, das im Vierzeiler-Teil begonnen hat: die Anfangs-
buchstaben der ersten 11 Strophen ergeben das Akrostichon GDIETERICH, über dessen Deutung letzte Klarheit
noch nicht besteht. Vermutlich aber steht das G für den
Namen des Autors, wenn es denn nicht den Titel (*grâve*)
des (nicht identifizierten; vgl. Anm. zu 5) Empfängers
bzw. Stifters »Dieterich« wiedergibt. Sind solchermaßen
Produzent und Rezipient dieser Dichtung genannt, folgt
abschließend, ebenfalls auf die Initiale verkürzt, ihr Gegenstand: T(ristan). I(solde) eröffnet den zweiten stichischen Teil, der auf diese Weise eng mit dem ersten verbunden wird. Auf das TI folgt, die Nahtstellen der eingelasse-
nen Strophe (131–135) markierend, das komplementäre
Initialen-Paar IT, und so spinnt sich das hochkomplizierte
und bislang nicht völlig entschlüsselte Spiel mit den Initia-

len und Buchstaben fort durch das ganze Werk. Um Systematisierung und Klärung der damit verbundenen Fragen haben sich vor allem J. H. Scholte, Gottfrieds Initialenspiel (1942), J. Fourquet, Das Kryptogramm des »Tristan« (1963), sowie K. Bertau, Deutsche Literatur II (1973), S. 933 ff., bemüht, wobei letzterer dem Initialen-Kryptogramm eine sinngliedernde, strukturbildende Funktion innerhalb des Romans zugewiesen, obschon nicht immer schlüssig nachgewiesen hat. Einschränkend dazu Peschel, S. 120, sowie K. Ruh, Höfische Epik II (1980), S. 225: »Die kryptogrammatische Struktur sollte nun nicht als Gliederungsprinzip mißverstanden werden, da sie keine Handlung zu strukturieren vermag.« Dagegen vgl. K. Bertau, Über Literaturgeschichte (1983), S. 130 ff., der auf die hohe Bedeutung der Akrosticha für Anlage und Verständnis des Romans hinweist. – Den »Versuch einer kritischen und weiterführenden Bestandsaufnahme« macht B. Schirok, »Zu den Akrosticha in Gottfrieds ›Tristan‹«, in: ZfdA 113 (1984) S. 188 ff.

Anzumerken ist, daß dieses Buchstabenspiel sich dem Zuhörer beim bloßen mündlichen Vortrag kaum erschlossen hätte; wir dürfen also davon ausgehen, daß dieser Roman auch zur Lektüre vorgesehen war (vgl. dazu P. K. Stein, Formaler Schmuck und Aussage im »strophischen« Prolog, 1975, S. 375, Anm. 23). Auch an anderen Stellen gibt es Hinweise darauf, daß der Autor schon mit einem Lesepublikum rechnete (vgl. 8738 und die Anm. dazu), das vom Hochmittelalter an zunehmend in Erscheinung tritt (vgl. M. G. Scholz, »Zur Hörerfiktion in der Literatur des Spätmittelalters und der frühen Neuzeit«, in: G. Grimm, Hrsg., »Literatur und Leser. Theorien und Modelle zur Rezeption literarischer Werke«, Stuttgart 1975, S. 146).

Formale Befunde zur Literatur des Mittelalters verweisen stets auf inhaltliche Konsequenzen. So bildet denn der strophische Teil innerhalb des Abschnitts eine nicht nur äußerlich abgesetzte, geschlossene Einheit, die sich auch

innerlich unterscheidet von dem folgenden stichischen
Teil. Wie diese innere, gedankliche Untergliederung aus-
sieht, ist in der Forschung umstritten. H. de Boor (Die
Grundauffassung, 1940, S. 31) trennt die nur »vorworthaf-
ten Vierzeiler der Widmung« (auch durch das Akrostichon
als Dedikation gekennzeichnet) von dem Beginn der »eigentlichen Reimpaardichtung«. A. Schöne (zu Gottfrieds
›Tristan‹-Prolog, 1955, S. 152 ff.) entscheidet sich dagegen
für eine differenzierte, nach signifikanten Wortwiederho-
lungen gegliederte Einteilung: Bestimmte Abschnitte des
Prologs weisen auffällige Häufungen weniger Zentralbe-
griffe auf, in denen sich das gedankliche Substrat nicht nur
dieser Einleitung, sondern des Romans ausdrückt (etwa
leben, tôt, guot, sene, liebe). Durch den Aufweis dieser
Leitworte bekräftigt Schöne den inneren Zusammenhang
des strophischen und des stichischen Prologs. Seine Deutung hat sich weitgehend durchgesetzt. Leitwort-Häufun-
gen im Prolog untersucht auch die Arbeit von D. M. Goessing, Dichterpräsenz (1976), S. 40 ff.; signifikante Wort-
Wiederholungen u. a. auch in der Waldlebenepisode
16679 ff. (ebd., S. 135 ff.), in der »zweiten Minnerede«
17723 ff. (S. 208 ff.) und der Abschiedsszene 18245 ff.
(S. 212 ff.).

H. Brinkmann (Der Prolog, 1964, S. 94 ff.) vergleicht den
»Tristan«-Prolog mit den Prologen zu anderen mittelalterlichen Dichtungen und bestätigt abermals die Abhängigkeit Gottfrieds von den Regeln der zeitgenössischen Poetiken. Der *prologus praeter rem* (Proömium) umfasse
V. 1–120 und bringe die Auseinandersetzung des Autors
mit seinen Lesern, ohne auf den Inhalt der Dichtung selbst
einzugehen. Das geschehe dann in dem eigentlichen Prolog
(*prologus ante rem*: 121–240), der das Werk, seine Geschichte und seinen Sinn vorstellt. Das Proömium sei ge-
gliedert in den strophischen Teil, der programmatische
Sentenzen reihe, und in jenen Abschnitt, in dem der Dichter von seinem Vorhaben und gewünschten Empfängern

spreche (hier sei an die umfangreiche Diskussion über die *edelen herzen* erinnert; vgl. in diesem Zusammenhang die Anm. zu 47 und dort – zur Funktionsbestimmung dieser Passage – die Hinweise vor allem auf die Arbeiten von G. Eifler und B. Haupt). Auch diese Strukturierung ist unbefriedigend und nicht unwidersprochen geblieben. Sinnvoller scheint eine Gliederung, in der die inhaltlichen Abschnitte sich rechtfertigen durch äußerlich-formale Kriterien und die deshalb mittelalterlichem Denken eher entspricht. Eine solche Einteilung hat W. Dilg, Zur Frage der Gliederung des *Tristan*-Prologs (1977), S. 268 ff., versucht:

V. 1–40 (= strophischer Prolog) bildet das Proömium mit der in den Poetiken geforderten *generalis sententia*; V. 41–244 (= stichischer Teil) bildet den eigentlichen Prolog, der sich gliedert in den *prologus praeter rem* (41–130; eingeleitet durch die TI-Initialen) und den *prologus ante rem* (131–244; eingeleitet durch die korrespondierenden IT-Initialen).

1 f. Ranke hat sich hier gegen die Hss. für eine vieldiskutierte Lesart entschieden. MH überliefern *Gedenket*, die übrigen *Gede(h)te*. Rankes Form erklärt sich in Analogie zu dem konjunktivischen *waere* in V. 3. In V. 2 folgt er HS, die *dem* schreiben, während die anderen *den* haben. Das enklitische Genitiv-*s* in *mans* ist eine Konjektur Rankes, die durch die Hs. M begründet ist, in der ein ursprüngliches *des* in *ir* (wie in allen übrigen Hss. – außer E *der*) verbessert wurde. Ranke sieht hier also keine Plural-Formen, sondern Singular, obwohl seine Entscheidung gegen sein Editionsprinzip verstößt. Freilich ist auch in seiner Lesart der Bezug nicht völlig klar: das *dem* könnte den *guoten man* (5) bezeichnen oder Gott, von dem alles Gute kommt. Zu dieser Stelle und ihren Schwierigkeiten vgl. G.-D. Peschel, Prolog-Programm (1976), S. 26 ff. – Ganz/Bechstein hat hier eine unproblematischere Fassung: *gedaehte man ir ze guote niht, / von den der werlde guot geschiht.*

ze guote entspricht unserem ›wohlwollend‹. *guot* in V. 2 bezieht sich sowohl auf Ästhetisches als auch auf Ethisches, da Gottfrieds Zeit die Trennung zwischen den beiden Kategorien nicht streng vollzog. *gedenken* kann auch mit ›sich erinnern‹ übersetzt werden. Die Stelle lautete dann: »Entsänne man sich dessen nicht mit Wohlwollen ...« Das Wortspiel mit *guot* ist freilich auch dann nicht nachvollzogen.

5 »*der guote man* kann nach alter Terminologie der Rhetorik als *vir bonus* der *orator* sein« (H. Brinkmann, der Prolog, 1964, S. 96). Zugleich bezeichnet der Begriff auch den ›vortrefflichen Menschen‹, mit dem der Autor sich hier implizit in eins setzt. Was zunächst wirkt wie eine allgemeine Sentenz, ist tatsächlich, wenn auch nicht ausschließlich, eine *captatio benevolentiae*.

Mit der Initiale D dieser Strophe beginnt das Akrostichon des Namens DIETERICH, hinter dem die Forschung den Namen von Gottfrieds Gönner vermutet, ohne jedoch dessen Identität klären zu können; vgl. Fischer (s. Anm. 1), S. 32 ff. Der Name »Dietrich« taucht zu Lebzeiten Gottfrieds in Straßburg mehrfach auf; vgl. das Register zu: »Regesten der Bischöfe von Straßburg«, hrsg. von A. Hessel und M. Krebs, Bd. 2, Innsbruck 1928, S. 468 f. und 510 ff. – Zu den Mutmaßungen über *Dieterich* und *Gotfridus* vgl. K. Bertau, Deutsche Literatur II (1973), S. 963 f. – G. Sälzer, Studien (1975), S. 235 ff., schlägt den Lothringer Herzog Theobald (Diebald) von Dagsburg vor (S. 250 ff.) und erwägt gar, auch Gottfried könnte diesem Geschlecht (und zwar der Linie der Herren von Huneburg) angehört haben.

Eine neue Lösung, die sich auf Straßburger Träger des Namens »Dietrich« beschränkt und einen zwischen 1197 und 1220 bezeugten *Dietherus cellerarius* vom Straßburger Kollegiatstift St. Thomas (bei Bertau II, S. 961, beiläufig erwähnt, aber nicht in Betracht gezogen) als Gönner Gottfrieds erwägt, diskutiert R. Krohn, »Gottfried's *Tristan* –

Reference for the Hohenstaufen Dynasty?«, demnächst in: Tristania (1991/92).

9 Mit diesem »Ich« tritt erstmals der Autor selbst in Erscheinung. Allein im Prolog wird das »Ich« dreißigmal wiederholt. Vgl. die Auflistungen bei D. M. Goessing, Dichterpräsenz (1976), S. 40 f. sowie 248 f.

11 f. Die Stelle ist in der Forschung umstritten. Die unterschiedlichen Deutungen sind bei J. Quint (»Ein Beitrag zur Textinterpretation von Gottfrieds Tristan und Wolframs Parzival«, in: »Festschrift H. de Boor«, Tübingen 1966, S. 71 ff.) ausgiebig diskutiert. Quint sieht in den beiden Zeilen den Kommentar zu (bzw. die Konsequenz aus) den beiden vorangegangenen. Er übersetzt deshalb interpretierend: »bei einem solchen Verhalten (= *da*) ist das Wenige (oder: am Wenigen, mit Wenigem) schon zuviel (geboten), denn *da* (bei solchem Verhalten) will man etwas (verlangt man nach etwas), das man von vornherein nicht will (d. h. ablehnt bzw. heruntermacht)« (Quint, S. 80). Quint geht bei dieser Deutung davon aus, daß die ursprüngliche Lesart *daz lützele* gelautet haben müsse (Quint, S. 81) – eine Annahme, die von der Überlieferung jedoch nicht gestützt wird. G. Eifler (Publikumsbeeinflussung im strophischen Prolog, 1975, S. 372) ist Quint in dessen Auslegung der Stelle gefolgt. Zur Stelle auch J. H. Winkelman, »*Da ist des lützelen ze vil*. Zur Erkenntnisproblematik in Gottfrieds Tristanroman«, in: »Neophilologus« 64 (1980) S. 244 ff. U. Pretzel berichtet über eine nachgelassene Notiz von Arthur Hübner, der an dieser Stelle eine »überzeugende Besserung« vorgeschlagen habe: die Konjektur *lützelens*, also den Genitiv des substantivierten Infinitivs. Das Adjektiv ergebe, so Pretzel, »allen Bemühungen zum Trotz (zuletzt noch durch Quint) [...] keinen Sinn.« Pretzel übersetzt deshalb V. 11: »Es herrscht eine ununterbrochene Nörgelei« – und versteht *ze vil* dabei als Elativ; vgl. U. Pretzel, »Einige Anfänge mittelhochdeutscher Dichtungen. Bemerkungen zur richtigen Übersetzung altdeutscher

Dichtung«, in: »Zeiten und Formen in Sprache und Dichtung. Festschrift Fritz Tschirch«, Köln/Wien 1972, S. 13 ff.

15 f. Möglich ist auch die Annahme eines Wortspiels mit den verschiedenen Bedeutungen von *gevallen*. In V. 15 steht es, verbunden mit *wol*, für ›Wohlgefallen‹; in V. 16 dagegen kann es ›zuteil werden‹ heißen: »man sollte sich freuen über das, was einem zuteil wird (›zu-fällt‹)«. In diesem Falle könnte man *die wîle* auch kausal verstehen: ›weil es einem zuteil wird‹.

18 ff. Die Stelle erinnert an 1. Mose 2,17, wo von dem »Baum der Erkenntnis des Guten und des Bösen« die Rede ist (*scientes bonum et malum*); dazu auch 1. Mose 3,5 und Walther von der Vogelweide (L. 44,1 f.): *Ich sage iu wer uns wol behaget: / der beide erkennet übel unde guot.*

21 ff. Mit dieser (6.) Strophe beginnt die Gruppe der umarmend gereimten Vierzeiler. Wurde im ersten Teil der Zentralbegriff *guot* durch siebenmalige Wiederholung exponiert, so wird in den nächsten beiden Strophen (21–28) immerhin fünfmal *lop* genannt. Verknüpft sind beide Abschnitte durch ein vorausweisendes *loben* in V. 13 sowie durch die Aufnahme von *guot* in 30 f. (dieses Leitwort wird auch später noch mehrfach angespielt: viermal in 142–145, dreimal in 172 f.).

Die Vorstellung einer Abhängigkeit der Kunst von der wohlwollenden Aufnahme durch die Rezipienten entspricht antikem Gedankengut, das in mittelalterlichen Lehrbüchern tradiert wurde; vgl. Cicero, »Tusculanae Disputationes« I,2: *Honos alit artes, omnesque incenduntur ad studia gloria.* – Zum Fortleben des Bildes vgl. auch die Äußerung des Malers Romano in Schillers »Die Verschwörung des Fiesco zu Genua« (II,17): »Mit Ehre bezahlt sich der Künstler.«

Mhd. *list* bedeutet ursprünglich »das, was man weiß oder gelernt hat« (BMZ I.1010[a]). In positivem Sinne gebraucht, gehört der Begriff zu den »Verstandeswörtern« (wie auch *wîsheit, kunst, kündekeit* etc.), die M. Endres, Word Field and Word Content (1971), untersucht (zu *list* ebd., S. 137 ff.). Daß *list* auch in der Bedeutung von ›Kunst‹ verwendet werden kann, bezeugt diese Textstelle, wie denn überhaupt (nach Ansicht von M. Endres) Gottfrieds Gebrauch von Wörtern aus dem »Sinnbezirk des Verstandes« (eine Wendung von J. Trier) keine klaren semantischen Abgrenzungen aufweist: »Gottfried obviously makes no attempt to differenciate between the various ›Verstandeswörter‹ on the basis of their different skills. All ›Verstandeswörter‹ are used interchangeably almost for all specialised skills« (ebd., S. 360).

23 f. Die Blumen-Metaphern verweisen wohl auf den ciceronischen Begriff des *campus verborum*, der auch in der mittelalterlichen Rhetorik fortwirkt (vgl. *wortheide* in 4639 und Anm.).

32 Antithetische Formulierung, die zu Gottfrieds beliebtesten Stilfiguren zählt. *widerpflegen* ist ein Neologismus des Dichters. Einige mittelalterliche Poetiken empfehlen geradezu, die Dichtung durch Wort-Neubildungen zu schmücken; Geoffroi de Vinsauf rät außerdem zum Gebrauch bekannter Begriffe in neuen Bedeutungen (*verbum notum in nova significatione*). Vgl. dazu S. Sawicki (Gottfried und die Poetik des Mittelalters, 1932, S. 150 ff.), der eine Liste Gottfriedscher Neologismen zusammenstellt.

33 Über Gebrauch und Bedeutung von *nâhe* vgl. G.-D. Peschel, Prolog-Programm (1976), S. 36 ff. – *sin* bezeichnet hier auch die kritische Fähigkeit, Gut und Böse gegeneinander abzuwägen; M. Bindschedler, Gottfried und die höfische Ethik (1955), definiert den Begriff an dieser Stelle als »Unterscheidungsvermögen« (S. 37). *nâhe sehender sin* ist mithin das Gegenteil zu den *stumpfen sinnen* (4668). Das weitgespannte Bedeutungsspektrum von *sin* untersucht M. Endres, Word Field and Word Content (1971), S. 215 ff. (zu V. 33 bes. S. 250).

37 Zum Bild der »engen Pforte« (*angusta porta*) vgl. Mt. 7,14.

39 Die Verbindung von bestimmtem Artikel und Possessiv-
pronomen ist im Mhd. möglich; vgl. Mhd. Gramm., § 279,
S. 339.

40 Hier werden *wege* und *stege*, die in V. 39 als Substantive
erscheinen, als Verben verwendet. In der Stilistik heißt
solcher Gebrauch von Wörtern ein und desselben Stammes
in verschiedenen grammatischen Ableitungen *figura etymologica*.

41 ff. Die Strophe, durch Kreuzreim von den fünf vorangehenden abgesetzt und durch die Tristan-Initiale mit dem
folgenden stichischen Teil (45 ff.; durch Isolde-Initiale eingeleitet) verknüpft, führt (im Sinne der rhetorischen *transitio*) in den nächsten Prolog-Teil ein, in dem der Dichter die
Absicht seines Werkes und zugleich den Kreis der Zuhörer
definiert, die er sich für seinen Roman wünscht: die *edelen
herzen*. – Das Bild von der Dichtung als Heilmittel gegen
Müßiggang entstammt antiker Tradition; vgl. Senecas
»Epistolae« 82,3–4: *otium sine litteris mors est et hominis
vivi sepultura*. Dazu E. R. Curtius, »Der Archipoeta und
der Stil mittellateinischer Dichtung«, in: »Romanische
Forschungen« 54 (1940) S. 136 f. – Vgl. auch den Beginn
der Verserzählung »Daz heselîn«, die mit einem wörtlichen
Zitat von V. 41 einsetzt (GA II, Nr. XXI, S. 1 ff.); zu Text-
anleihen spätmittelalterlicher Mären aus dem »Tristan« s.
Anm. zu 844 ff.

42 *zîtic* bedeutet ursprünglich ›erwachsen, reif‹; zum jäger-
sprachlichen Gebrauch vgl. Anm. zu 2764. G.-D. Peschel,
Prolog-Programm (1976), versteht den Begriff im Sinne
von ›der Zeit unterworfen‹ (S. 49). Seine interpretierende
Übersetzung der Strophe (wie die von Ganz/Bechstein I,
S. 6) scheint dem Text jedoch mehr zu entnehmen, als er
tatsächlich aussagt.

44 *gewerldet* ist eine Gottfriedsche Bildung (wiederholt in
V. 65). Durch den zweimaligen Gebrauch des Begriffs
werlt/gewerldet ist diese Strophe zusätzlich fest an den folgenden Paarreim-Teil gebunden, der *werlt* zum Leitwort
hat (neunmal genannt bis V. 65).

47 An der Interpretation der *edelen herzen* hängt die Deutung des gesamten Werkes. Der Kommentar muß es sich
versagen, die umfangreiche Forschungsdiskussion zu diesem zentralen Bereich nachzuzeichnen; verwiesen sei auf
die Darstellung bei R. Dietz, Der ›Tristan‹ Gottfrieds
(1974), S. 23 ff., sowie auf die (bei Dietz nicht mehr erfaß-
te) Arbeit von H. Kunisch, »edelez herze – edeliu sêle.
Vom Verhältnis höfischer Dichtung zur Mystik«, in: »Mediaevalia litteraria. Festschrift H. de Boor«, München
1971, S. 413 ff. Die umfassendste Arbeit zu der umstrittenen und bis heute keineswegs geklärten Frage nach der
Definition des Terminus hat K. Speckenbach geliefert (Studien zum Begriff ›edelez herze‹, 1965). Auch G.-D. Peschel, Prolog-Programm (1976), geht ausführlich auf dieses Problem ein (S. 52 ff.). – Gottfried selbst definiert den
Begriff V. 59–63: die *edelen herzen* werden deutlich unterschieden von *aller werlde*, der es nur um den Verfolg der
eigenen Genußsucht gehe (52 f.) und die den notwendigen
Anteil des Leides an Liebe und Leben zu ignorieren trach-
te. Die *edelen herzen* dagegen akzeptieren und verinnerli-
chen (*in eime herzen*) den dialektischen Dauerzustand des
antinomischen Gegen- und Nebeneinander von Freude
und Schmerz, *liebe* und *leit* – Leben und Tod. In der antithetischen Verschränkung dieser (einander gemeinhin aus-
schließenden) Begriffe artikuliert sich die unerhörte innere
Spannung, aus der heraus die Tristan/Isolde-Liebe lebt und
in der auch diejenigen sich befinden müssen, denen von
dieser Liebe erzählt wird. Die Stelle ist also nicht einfach
eine *captatio benevolentiae*, sondern sie macht den Versuch, das Publikum und seine Erwartungshaltung auf die
Absichten des Autors einzustimmen.
H. Adolf, »Personality in Medieval Poetry and Fiction«,
in: DVjs. 44 (1970) S. 17 f., deutet *edele herzen* als Pluralis
majestatis, mit dem sich Gottfried selbst bezeichnet. Die
begriffliche Angleichung von (manipulierter) Publikums-
erwartung und (intendierter) Autor-Haltung stellt die
Fortsetzung jener ›raffinierten Persuasionsstrategie‹ dar,

die G. Eifler bei der Analyse des strophischen Prolog
nachgewiesen hat (Publikumsbeeinflussung im strophi
schen Prolog, 1975, S. 357 ff.). Vgl. hierzu auch die Inter
pretation dieser Stelle bei B. Haupt, Zum Prolog des ›Tri
stan‹ (1977), S. 109 ff., bes. S. 117 ff., im Sinne einer inten
siven Werbung um Identifikation.

Problematischer als die Funktionsbestimmung ist die in
haltliche Erklärung dieser Textstelle. Dabei läuft die Dis
kussion letztlich auf die Frage hinaus, ob *edelez herze* sich
bezieht auf die *edeliu sêle* (*anima nobilis*) der mystischer
Literatur (so zuerst F. Vogt in seiner Marburger Rektorats
rede »Der Bedeutungswandel des Wortes edel«, 1908, und
nach ihm vor allem J. Schwietering, Der Tristan Gott
frieds, 1943, der den Roman durchgängig in enger Analo
gie zum Gedankengut Bernhards von Clairvaux interpre
tiert); ob sich in dem Begriff, der Mystisches (*edel*) und
Diesseitig-Naturales (*herze*) zusammenzwinge, nicht viel
leicht ein revolutionäres, gegen das Christentum gerichte
tes Programm ankündige (eine solche Ansicht, die *edelez
herze* nicht, wie Schwietering, als *analogia entis* zur *edelen
sêle*, sondern als provokante *analogia antithetica* versteht,
hat vor allem G. Weber, Gottfrieds Tristan I, 1953
S. 38 ff., vertreten, ohne sie in der Forschung durchsetzer
zu können); ob nicht womöglich diese Interpretation in
Zusammenhang mit der Mystik an dieser Stelle und in ihrer
Konsequenzen für die Deutung des gesamten Romans ver
fehlt ist, weil der Begriff *edelez herze* auf die antike, von
Christentum aufgenommene und ins Mittelalter tradierte
Vorstellung des Geistes- und Tugendadels (*nobilitas cordis*
und vor allem auf afrz. und provenzalische Wendunger
wie etwa *gentil cor* zurückzuführen ist (wie, von der »höfi
schen Ethik« ausgehend, M. Bindschedler, Gottfried und
die höfische Ethik, 1955, S. 32 ff., sowie O. Sayce, De
Begriff *edelez herze*, 1959, S. 389 ff., bes. S. 410 f., argu
mentiert haben); oder ob hier nicht an Ovid zu erinnern ist
in dessen »Ars amatoria« gleichfalls unterschieden wird

zwischen der Minderheit edler Liebender und der großen
Mehrheit der anderen (so F. C. Tubach, »On the Recent
Evaluations of the Tristan of Gottfried von Straszburg«,
in: MLN 74, 1959, S. 532 ff., dessen Ansatz jedoch in der
Forschung nicht weiter beachtet wurde). Auf die gesteiger-
te Wahrnehmungsfähigkeit der *edelen herzen*, an die Gott-
fried mit seinem Roman appelliert, verweist J.-M. Pastré,
»Aspekte der Wahrnehmung in Gottfrieds ›Tristan und
Isolde‹«, in: »Sammlung – Deutung – Wertung. Ergebnis-
se, Probleme, Tendenzen und Perspektiven philologischer
Arbeit. Festschrift für W. Spiewok«, hrsg. von D. Buschinger, o. O. [Stuttgart] 1988, S. 281 ff.

Während die Interpreten, die in den *edelen herzen* eine
mystische Analogie sehen, darauf hinweisen, daß *edel* hier
nicht im Sinne des Geburtsadels zu deuten sei und folglich
Gottfrieds implizite Zuhörerschaft nicht unbedingt als hö-
fisch-aristokratisches Publikum gesehen zu werden brau-
che, deutet O. Sayce (1959) nach eingehender Analyse des
Wortgebrauchs bei Gottfried den Begriff *edel* als ›adlig‹
und weist die Annahme eines ›inneren Adels‹ damit zurück. Ihre These hat sich jedoch in der Forschung nicht
durchgesetzt.

Die größte Zustimmung hat die Definition von K. Spekkenbach (1965), S. 67 f. gefunden, der den Begriff im Zusammenhang mit der mystischen Literatur sieht und in ihm
zugleich den Kern des ganzen Werkes reflektiert findet:
»Das Wesen des *edelen herzen* ist durch die Minne bestimmt. Es strebt zwar nicht nach Leiden, bejaht sie aber
als Teil der Minne. Es steht der vordergründigen Welt
des Hofes entschieden entgegen, zeichnet sich durch voll-
endetes höfisches Betragen, durch Empfindsamkeit und
Aufnahmefähigkeit besonders in ästhetischen Fragen der
Kunst aus. Sittliches tritt dagegen zurück; *schame* und *mâze* werden in der Liebe außer acht gelassen, auf sittliche
Vorstellungen der höfischen Gesellschaft wird nur vordergründig Rücksicht genommen. Zwar wird nie ohne Zwang

der höfische Schein aufgegeben, aber die Erhaltung ihrer
Liebe bestimmt letztlich eine andere Sittlichkeit, die nur
zwischen den Liebenden Gültigkeit besitzt.«

49 Da zu Gottfrieds Zeit das Herz als das eigentliche Zentrum aller rationalen wie emotionalen Kräfte galt, dem die
Augen nur als ›Fenster‹ und Instrumente zugeordnet waren, entspricht diese Wendung mittelalterlicher Vorstellung. Belege aus der theologischen Literatur bringt U
Stökle, Die theologischen Ausdrücke und Wendungen
(1915), S. 48. Zum Fortleben dieser Ansicht vgl. etwa das
»Geheimnis«, das der Fuchs dem »kleinen Prinzen« mit-
teilt: »on ne voit bien qu'avec le cœur. L'essentiel est invisi-
ble pour les yeux« (A. de Saint-Exupéry, »Le Petit Prince«
Paris 1946, S. 72). – Über Gottfrieds Gebrauch von *herz*
(auch im Zusammenhang mit anderen, verwandten Begriffen) vgl. M. Endres, Word Field and Word Conten-
(1971), S. 308 ff.

60 ff. P. Ganz (Tristan, Isolde und Ovid, 1971, S. 406 ff.
weist darauf hin, daß Paradoxien wie die folgenden als
Prinzip des *antithetum* von den mittelalterlichen Poetiker
empfohlen wurden (nach dem Vorbild der antiken Rhetorik). Ganz widerspricht damit jener Forschungsrichtung
die dieses Stilmittel des Oxymorons auf die Sprache der
Bernhardischen Mystik zurückführen will.

61 *senede* geht auf *senende* zurück; das *n* kann in schwachbe-
tonter Silbe vor einem Konsonanten ausfallen (vgl. Mhd
Gramm., § 68, Anm. 1, S. 101 f.).

71 ff. Die Begegnung mit guten Büchern galt schon im Mittelalter als probates Mittel zur geistigen und sittlichen Er-
tüchtigung des vornehmen Menschen; dabei spielte, wie
eine Passage aus dem »Welschen Gast« des Thomasin von
Zerklaere belegt, die höfische Literatur aus dem Umkreis
des Artus-Stoffes eine wichtige Rolle. Vgl. dazu K. Düwel
»Lesestoff für junge Adlige. Lektüreempfehlungen in einer
Tugendlehre des 13. Jahrhunderts«, in: Fabula 32 (1991
[Festschrift für E. Moser-Rath] S. 67 ff.

1 ff. Die folgende Sentenz geht wohl auf Ovid (»Remedia Amoris« 136 ff.) zurück, der den Liebeskranken vor Müßiggang warnt: *fac monitis fugias otia prima meis.* / *Haec, ut ames, faciunt: haec, ut fecere, tuentur;* / *Haec sunt iucundi causa cibusque mali.* – Zu der sich hier anschließenden Auseinandersetzung mit den Lehren Ovids, die die Zweckmäßigkeit von Liebesgeschichten bei Liebeskummer behandelt, vgl. I. Hahn, Raum und Landschaft (1963), S. 113 f. – Ganz im Sinne Gottfrieds, auf den er sich in seiner Einleitung ausdrücklich bezieht, schreibt Konrad von Würzburg sein »Herzmaere« (Kleinere Dichtungen I, hrsg. v. E. Schröder, Berlin ³1959, S. 12 ff.). – Die Passage V. 81–130 entspricht genau dem Muster der *quaestio* in der scholastischen Methode, in der gegensätzliche Positionen schließlich zu einer *solutio* harmonisiert werden; vgl. H. Fromm, »Gottfried von Straßburg und Abaelard«, in: Beitr. (T) 95 (1973) (Sonderh. Festschrift für I. Schröbler) S. 211 f.

4 Hier bedeutet *liebe* nichts anderes als angenehme *unmuoze.* Der Begriff steht also in gewolltem Kontrast zu der *reinen liebe* in V. 96.

7 *senelîchez maere* (= *senemaere, senede maere*) läßt offen, ob die damit bezeichnete Liebesgeschichte glücklich endet.

8 *senedaere* ist (wie auch *senedaerin* in 128) eine Gottfriedsche Bildung.

02 *vil nâch* bedeutet ursprünglich ›beinahe, teilweise‹ (so auch bei Ganz/Bechstein I, S. 9). Ich verstehe die Wendung im Sinne der »mhd. Ironie« und übersetze mit ›ganz und gar nicht‹. G.-D. Peschel, Prolog-Programm (1976), bezieht *nâch* auf *gevolgen* und deutet *vil* als Verstärkung: »die ich mir gerade zum Grundsatz machen will« (S. 70). Hatto (S. 102) hat »with which I all but agree«.

11 *minnenmuot* ist der *muot* (›Gesinnung, Bereitschaft‹), der ganz auf *minne* ausgerichtet ist.

18 *geherzet* ist eine Gottfriedsche Bildung (wie *gewerldet*), die sich eng an das Bezugswort anschließt: »kein edles

Herz mag darauf verzichten, weil es erst dadurch in seine
Qualität als edles Herz bestätigt wird.« – Der Begriff
könnte auch von dem Verb *herzen* ›ermutigen, ermuntern‹
abgeleitet sein.

119 Diese Bekräftigungsformel ist bei Gottfried häufig (vgl.
unseren Ausdruck ›todsicher‹). – Das prädikative Adjektiv
wârez ist flektiert, weil es auf den Objektakkusativ *ez* bezogen ist (vgl. Mhd. Gramm., §§ 259/261, S. 326).

120 Diese Beteuerungsformel bedient sich der Figur der
adtestatio rei visae, die Gottfried auch in 17100 (vgl. Anm.
dazu) verwendet. Daß Autoren die eigene Augenzeugen-
schaft nachdrücklich betonen, gehört zum Regelwerk der
spätantiken Rhetorik; vgl. E. R. Curtius, Europäische Literatur (⁸1973), S. 441.

121 ff. In den folgenden Zeilen versucht Gottfried, das
Wohlwollen seiner Zuhörer, die mit *edelen senedaeren*
(121) bezeichnet werden, auf das vorbildliche Liebespaar,
die nicht minder *edelen senedaeren* (126), zu richten. Zu
dieser Manipulation des Publikums vgl. P. Kern, »Sympa-
thielenkung im ›Tristan‹ Gottfrieds von Straßburg«, in:
»Sammlung – Deutung – Wertung. Ergebnisse, Probleme,
Tendenzen und Perspektiven philologischer Arbeit. Festschrift für W. Spiewok« hrsg. von D. Buschinger, o. O.
[Stuttgart] 1988, S. 205 ff.

125 *bemaeren* (mit Akk.) ist eine Gottfriedsche Bildung
»mit einer Erzählung (*maere*) versehen«.

129 f. In der umarmenden (chiastischen) Anordnung der
Begriffe *man* und *wîp* sowie der Namen wird das Prinzip
der sprachlichen Umschlingung deutlich, das den ganzen
Roman durchzieht und das W. Mohr (Syntaktisches Wer-
be- und Liebesspiel, 1959) vor allem bei Gottfried verwirklicht findet: »Mit dieser magischen Formel wird das Thema
der ganzen Dichtung angeschlagen« (S. 168). Vgl. auch
Anm. zu 1358, 3726 und 14320. – Die beiden chiastisch
gebauten Zeilen leiten über zum nächsten Initialenpaar
(131 und 135): IT. Dabei weist auch dieses Paar zusammen

mit dem dazugehörigen (41 und 45) eine umarmende Anordnung auf: TI – IT.

30 Der Name *Tristan*, der in anderen Bearbeitungen des
Stoffes auch in leicht abgewandelter Form auftreten konnte
(*Tristrant* bei Eilhart; *Tristran* bei Thomas und Béroul;
Tristram in der »Saga« des Bruders Robert; *Tristrem* im
mittelenglischen Gedicht usw.), geht auf keltischen Ursprung zurück. *Drostân*, *Trystân* ist die Deminutivform
des alten Männernamens *Drost*, *Drust*, den einige piktische
Könige des 7. bis 9. Jh.s führten, der aber in Herkunft und
Bedeutung nicht geklärt ist. Die volksetymologische Ableitung von *triste* (›traurig‹), die den mittelalterlichen Bearbeitungen des Stoffes gemein ist, ist jedenfalls jüngere Zutat und sprachwissenschaftlich nicht gerechtfertigt. Vgl.
die ausführliche Darstellung bei Hertz, S. 479 ff., sowie R.
Bromwich, »Some remarks on the Celtic sources of ›Tristan‹«, in: »Transactions of the Honourable Society of
Cymmrodorion« (1953) S. 32 ff.
Auch *Isolt* ist ein keltischer Name, der in den verschiedenen Bearbeitungen leicht verändert erscheint (*Isalt*, *Ysalt*
bei Eilhart und im deutschen Prosaroman; *Iseut* bei Béroul
und in Thomas' Cambridger Fragment; im übrigen bei
Thomas *Ysold*, *Ysodt*; *Isond* in der »Saga«, die für die
»weißhändige Isolde« die Namensform *Isodd* bereithält;
Ysonde im »Sir Tristrem« etc.). Der Name geht auf ein
kymrisches *Essylt* zurück. Auch eine Herleitung aus dem
Germanischen (von fränk. *Ishild* oder *Iswalda*) ist denkbar. Vgl. dazu den materialreichen Überblick bei Hertz,
S. 485 ff.
Zu beiden Namen vgl. G. Weber / W. Hoffmann, Gott-
fried von Straßburg (1981), S. 32, sowie die tabellarische
Übersicht bei J. Gombert, Eilhart und Gottfried (1927),
S. 6 ff.

31–134 Der eingeschaltete Vierzeiler, der den *prologus ante
rem* mit einer Erörterung der Quellenlage einleitet, findet
eine Entsprechung in der »Tristan«-Fassung von Thomas.

Das »Fragment Douce« überliefert eine Passage, in de
Thomas sich mit anderen Bearbeitern des Stoffes ausein
andersetzt (841–844):

> *Entre ceus qui solent cunter*
> *E del cunte Tristran parler,*
> *Il en cuntent diversement:*
> *Oï en ai de plusur gent.*

Übersetzung (nach W. Schröder, *Die von Tristande han*
gelesen, 1975, S. 314): »Die Geschichten zu erzählen pfle
gen / und die Geschichte Tristrans in ihrem Repertoir
haben, / erzählen sie auf verschiedene Weise; / ich habe si
von mehreren Leuten gehört.«

Zu der ganzen Stelle, in der Gottfried seine Fassung de
Geschichte durch Berufung auf *die rihte und die wârhei*
(vgl. Anm. zu 156) seiner Vorlage legitimiert, vgl. die Un
tersuchung von W. Schröder; zur Quellenberufung im
»Tristan«-Prolog auch K. Bertau, Über Literaturgeschich
te (1983), S. 117 ff. (in Auseinandersetzung mit K. Ruh
Höfische Epik II, 1980, S. 208 ff.).

132 *lesen* kann nach Auskunft der einschlägigen Wörterbü
cher sowohl ›lesen‹ als auch ›erzählen‹ bedeuten (vgl. BM²
I. 1007^b und Lexer I. 1889). Das Wort wird in den folgende
Zeilen nicht weniger als sechsmal (bis V. 172) verwendet
und meine Übersetzung gibt ihm – je nach Kontext – wech
selnde Bedeutungen. W. Schröder (*Die von Tristande han*
gelesen, 1975, S. 309 ff.) hat dem Wortgebrauch von *lese*
eine eingehende Untersuchung gewidmet und ist zu den
Schluß gekommen, den Begriff ausschließlich im Sinne vo
›lesen‹ zu verstehen. Dieser Deutung schließe ich mic
nicht an, weil sie durch den Kontext bisweilen nicht getra
gen wird: Das *gelesen* in 147 zumindest wird durch da
folgende *sprâchen* (149) und *giht* (150) eindeutig auf di
Bedeutung ›erzählen‹ festgelegt. In anderen Fällen is
Schröders Entscheidung möglich, obschon nicht zwin
gend, da sein Prinzip nicht durchgehend tragfähig ist.

34 *haben* ist Konjunktiv (im Gegensatz zu *hânt* in 132).

36 In der Wendung *wort schephen* sieht Ganz/Bechstein I, S. 11, einen juristischen Terminus: ›ein Urteil bilden, urteilen‹.

44 f. Hier greift Gottfried (nach T. Tomasek, »Moral und Menschenbild in den mittelalterlichen Tristandichtungen«, in: »Sandbjerg 85. Dem Andenken von Heinrich Bach gewidmet«, hrsg. von F. Debus und E. Dittmer, Neumünster 1986, S. 113 ff.) auf Abaelards ethische Lehre des Intentionalismus zurück, die den – bei anderen Bearbeitern des Stoffes ungelösten – Widerspruch zwischen Tristanliebe und Moral weitgehend aufhebt. So »erhält auch das von ihm vertretene Liebesideal aus der Sicht des Intentionalismus eine moralische Qualität« (S. 128).

50 Über Thomas d'Angleterre, den Gottfried von *Britanje* nennt, ist kaum etwas bekannt. Er dichtete wohl am Hofe Heinrichs II. und schrieb (wahrscheinlich um 1170; die Datierung schwankt) eine ›höfische‹ Fassung des alten Tristan-Stoffes, den er für sein anglonormannisches Publikum ›modern‹ aufarbeitete. – Die Berufung auf eine Quelle war in der mittelalterlichen Dichtung üblich, da die Epoche unseren neuzeitlichen Originalitätsbegriff noch nicht kannte und die Autoren ihre Geschichten durch den Hinweis auf Tradition und ›Autoritäten‹ zu beglaubigen suchten. Allerdings bedeutete solche Quellengläubigkeit nicht auch zugleich unbedingte Quellentreue, andernfalls Gottfrieds polemische Auseinandersetzung mit anderen Bearbeitern des Tristan-Stoffes und sein giftiger Ausfall gegen den *vindaere wilder maere* im Literatur-Exkurs (vgl. Anm. zu 4665) gegenstandslos wäre.

50–154 Die Stelle entspricht einer Passage aus Thomas' »Fragment Douce«, in der gleichfalls die Autorität eines »Kenners der Materie« (Breri) beschworen wird (847–851):

> *Mes sulun ço que j'ai oï,*
> *Nel dient pas sulun Breri*

> *Ky solt des gestes e les cuntes*
> *De tuz les reis, de tuz les cuntes*
> *Ki orent esté en Bretaingne.*

Übersetzung (nach W. Schröder, *Die von Tristande ha*
gelesen, 1975, S. 314): »Aber nach allem, was ich gehö
habe, / folgen sie nicht dem Breri, / der die Geschichte
und Taten / aller Könige und aller Grafen kannte, / die i
Britannien gelebt haben.«

156 Zum Begriff der Wahrheit im Quellenbericht vgl. C
Carls, »Die Auffassung der Wahrheit im ›Tristan‹ Got
frieds von Straßburg«, in: ZfdPh 93 (1974) S. 11 ff.; vg
auch Anm. zu 6877.

164 *an einem buoche* dürfte sich auf Thomas' »Tristan
Roman beziehen. Einige Forscher haben darin aber au
das »Hohe Lied« (*canticum canticorum*), das gleichsam a
Medium bei der Abfassung des Romans dient (so B. Me
gell, Tristan und Isolde, 1949, S. 122 f.), bzw. eine al
lateinische Chronik gesehen, die die Darstellung durc
Thomas stützt (so R. Heinzel, »Gottfrieds von Straßbu
Tristan und seine Quelle«, in: ZfdA 14, 1869, S. 274 ff.)

169 Gottfried betont hier die Freiwilligkeit seines Tuns. Fa
wir aber das Akrostichon DIETERICH als Namen sein
Auftraggebers verstehen, stünde die Angabe in dieser Zei
im Widerspruch zur wahren Motivation. Andererseits lä
der Umstand, daß der Name in dem Initialenspiel verbo
gen ist, darauf schließen, daß der Auftraggeber nicht g
nannt werden wollte (oder sollte); dann ist diese Zeile Te
der Verschleierungsstrategie.

173 Die rhetorische Frage des Autors an sich selbst dient z
Intensivierung und Belebung des Gesagten. Die Stilfigu
heißt *revocatio*.

180 *van* (:*man*) ist eine elsässische Dialektform; vgl. F
Zwiezina, »Mittelhochdeutsche Studien«, in: ZfdA 4
(1900) S. 4, Anm. 1.

195 *lützel* kann (im Sinne der »mhd. Ironie«) auch ›nieman

heißen; vgl. Anm. zu 11543. Das Stilmittel der Untertreibung zum Zwecke der Bekräftigung heißt in der Rhetorik »Litotes«.

02 Hertz (S. 489) weist auf eine sprichwörtliche Redensart aus der Bretagne hin, die denselben Gedanken formuliert: »Pour une petite peine cent douceurs.«

04 f. Vgl. dazu Walther von der Vogelweide (L. 41,33 f.): *herzeliebes, swaz ich des noch ie gesach, / dâ was herzeleide bî.* Ähnlich ein Vers aus dem »Liederbuch der Clara Hätzlerin« (hrsg. von C. Haltaus, Quedlinburg/Leipzig 1840, S. LXIX, Nr. 11):

> *Hab ich lieb, so hab ich not,*
> *Meid ich lieb, so bin ich tot!*
> *Nun ee ich lieb durch laid wolt lân,*
> *Ee will ich lieb in leiden hân!*

Zur literarischen Tradition des polaren Begriffspaares *liebe – leit* vgl. H. de Boor, Grundauffassung (1940), S. 37 f. In Gottfrieds häufiger Verwendung von Oxymora sieht F. Wessel (Probleme der Metaphorik, 1984, S. 401 ff.) den stilistischen Ausdruck für die Dialektik der Minne.

23 Vgl. hierzu den Prolog zu Hartmanns »Iwein«, in dem es über den toten König Artus heißt: *ist im der lip erstorben, / sô lebet doch iemer sin name* (16 f.).

33–240 Hier sind in den stichischen Prolog wieder zwei vierzeilige Strophen eingelassen, die durch den gemeinsamen *brôt : tôt*-Reim fest miteinander verknüpft sind. Der Überlieferungsbestand ist an dieser Stelle jedoch sehr uneinheitlich. In den älteren Hss. sind die beiden Strophen nur fragmentarisch bzw. gar nicht überliefert (235–240 fehlen in M und B; 236–238 fehlen in F); dazu vgl. den Apparat bei Marold (S. 5). Von der Hagen zählte in seiner »Tristan«-Edition (1823) V. 236 und 238 nicht mit; ihm schlossen sich Bechstein (also auch Ganz/Bechstein) und Marold an. Seit Ranke werden die Verse jedoch zum Bestand des Werkes gerechnet, so daß seine Zählung von

dieser Stelle an von der anderer Ausgaben abweicht. Vgl
dazu auch die Anm. bei Ganz/Bechstein I, S. 344.

Die Initialen in 233, 237 und 241, die zusammen das Wort
DIU ergeben, finden sich in keiner der überlieferten Hand
schriften. Sie wurden gleichwohl von allen Herausgebern
des Romans eingesetzt (bzw. übernommen), weil die stro
phischen Einschübe des Gedichtes im übrigen gewöhnlich
mit Großbuchstaben beginnen.

Die vierfache Verwendung des Begriffes *brôt* hat die For
schung auf den Gedanken gebracht, in dieser Doppelstro
phe, in der die Geschichte von Tristan und Isolde mit *brô*
in Verbindung gebracht wird, eine beabsichtigte Analogi
zur christlichen Eucharistie zu sehen (vgl. J. Schwietering
Der Tristan Gottfrieds, 1943, S. 8 f.; andere Interprete
haben sich seiner Meinung angeschlossen). Solcher Ein
deutigkeit ist E. R. Curtius, Europäische Literatur ([8]1973)
S. 144 ff., mit dem Hinweis auf die antike Tradition
der »Speise-Metapher« entgegengetreten. A. Schöne (Z
Gottfrieds ›Tristan‹-Prolog, 1955, S. 175 ff.) belegt, daß in
mehreren theologischen Schriften des Mittelalters da
Evangelium, der Bericht also vom Leiden und Sterbe
Christi, als *panis vitae* bezeichnet wird. Die Lektüre de
»Tristan«-Romans wird hier demnach mit Bibel-Lektür
gleichgesetzt. Zugleich werden dadurch Tristan und di
Tristan-Minne in den Bereich des Sakralen gehoben. Da
diese »Verheiligung« mit beträchtlichem rhetorische
Aufwand ins Werk gesetzt wird, unterstreicht das Ge
wicht, das der Dichter diesen Strophen und ihrem Inhalt z
geben beabsichtigte. Die absichtsvolle Parallelisierung de
Liebenden mit Christus unterstreicht auch W. T. H. Jack
son, The Anatomy of Love (1971): Gottfried »wished to
stress the exemplary aspects of the lovers' story. As Chris
had died for all men, so Tristan and Isolde died for lovers
As His live remained an example to all Christians, so di
theirs to all *edele herzen*« (S. 62). Dennoch hält Jackson di
Tristan-Liebe nicht für »Christian or anti-Christian but a
Christian« (S. 56).

41–244 Den Übergang von dieser letzten Aufgipfelung virtuoser Formkunst, die ihrerseits der Sinn-Akzentuierung dient, zur eigentlichen Erzählung bilden die beiden letzten Reimpaare des stichischen Prologs. Diese *transitio* nimmt die Kernbegriffe noch einmal auf: *leben*, *tôt*, *vröide*, *clage*. (Die ganze Strophe fehlt in der Hs. E.)

45 *Parmenîe* ist wohl eine Verschreibung für *Armenia* oder *Ermenia*, die bei Gottfried zuerst und dann auch bei seinem Fortsetzer Heinrich von Freiberg erscheint. Die »Saga« hat *Ermenie*, der »Sir Tristrem« *Ermonie*. Gemeint ist die Bretagne oder ein Nachbarland. In der »Saga« heißt Riwalins Heimat *Bretland*, und Gottfried präzisiert die geographische Lage: *jensît Britanje lît ein lant, / deist Parmenîe genant* (3097 f.). Der kelto-lateinische Name *Armorica* (von kelt. *armor* ›Land am Meer‹) bezeichnet das gesamte Küstengebiet zwischen Seine und Loire, d. h. jene *Britannia minor*, von der die lateinischen Schriftsteller als Gegenstück zur *Britannia major*, dem britischen Mutterland, sprechen.

In der Geschichte von Tristans Eltern Riwalin und Blanscheflur wird die folgende Haupthandlung um Tristan und Isolde präfiguriert. Auf die engen Verweisbezüge zwischen diesen beiden Teilen verweisen insbesondere J. Nowé, »Riwalin und Blanscheflur. Analyse und Interpretation der Vorgeschichte von Gottfrieds Tristan als formaler und thematischer Vorwegnahme der Gesamtdichtung«, in: »Leuvense Bijdragen« 71 (1982) S. 265 ff., sowie A. Wolf, Gottfried von Straßburg (1989), S. 111 ff., der Tristans Eltern »als *figurae* der Hauptgestalten« interpretiert. – Die Besonderheiten dieser Vorgeschichte als »Gegenstück zur Haupthandlung« und als »Erläuterungsmoment für sie« (S. 65) untersucht M. Wynn, »Nicht-Tristanische Liebe in Gottfrieds ›Tristan‹. Liebesleidenschaft in Gottfrieds Elterngeschichte«, in: »Liebe – Ehe – Ehebruch in der Literatur des Mittelalters«, hrsg. von X. von Ertzdorff und M. Wynn, Gießen 1984 (Beiträge zur deutschen Philologie, 58), S. 56 ff.

246 Der Begriff *kint* ist im Mhd. nicht so eng gefaßt wie in modernen Sprachgebrauch; er bezeichnet auch den junge Mann (und das Mädchen): vgl. *Gîselher daz kint* (»Nibe lungenlied« 267,1). Übrigens heißt im mittelenglische »Sir Tristrem« der Vater des Helden, Rouland (bei Gott fried: Riwalin), gleich zu Beginn ebenfalls þe *child of Er monie* (S. 5, V. 74).

249 f. Gottfried gibt hier wohl Vergleiche, die Riwalin soziale und politische Stellung erhellen sollen; aber c macht (wie auch später bei Tristan) keine konkreten Anga ben. Die lehnsrechtlichen Verhältnisse im Zusammenhan mit Riwalin erörtert ausführlich R. Combridge, Das Rech im ›Tristan‹ ([2]1964), S. 13 ff. – Wie ungenau des Autor Angaben sind, wird an der Formulierung der beiden Vers deutlich, wenn man sie mit einer späteren Stelle vergleich Tristan appelliert an das Selbstbewußtsein der englische Barone an Markes Hof mit dem Hinweis *nu sît ir an gebür te doch / allen künegen ebengrôz / und aller keisere genô* (6140 ff.). Damit ist nun nicht gesagt, daß die Barone kai serlicher Abstammung seien. Vielmehr deutet die Wen dung an, daß die Angesprochenen mit Königen auf gleiche landrechtlicher Stufe standen; sie konnten ritterbürtig Freie im weitesten Sinne sein (vgl. Combridge, S. 20). Daß Riwalin kein König gewesen ist, betont Gottfrie 324 ff. (vgl. Anm. dazu).

252 Hier werden die Vorzüge aufgezählt, die den vorbildli chen Herrscher im Mittelalter auszeichneten; vgl. V. 260 Diese oder ähnliche Angaben, aus denen sich das Idealbil des Fürsten ergibt, finden sich in zahlreichen anderen mit telalterlichen Werken. Die Beschreibungskonvention geh auf den antiken Topos des »Herrscherlobs« zurück; daz vgl. E. R. Curtius, Europäische Literatur ([8]1973), S. 184 f Solche Tugendkataloge wurden im Mittelalter in »Fürsten spiegeln« zusammengefaßt; vgl. W. Berges, »Die Fürsten spiegel des hohen und späten Mittelalters«, Leipzig [2]1952 – Die Diskussion über das »ritterliche Tugendsystem« is

dokumentiert in dem Sammelband gleichen Titels, in dem G. Eifler (Darmstadt 1970; Wege der Forschung, 56) die wichtigsten Aufsätze zum Thema zusammengestellt hat.

63 Ganz/Bechstein hat hier (nach der Lesart der Hss. BP) *lusten* (gestützt durch den *willen* des folgenden Verses und durch die Formulierung in 310). Jedoch ist *luften* die Lectio difficilior, die durch das Verbum *sweben* zusätzlich nahegelegt wird. Vgl. H. Paul, »Zur Kritik und Erklärung von Gottfrieds Tristan«, in: »Germania« 17 (1872) S. 390.

77 Stehende Redensart zur Bezeichnung einer besonders strikten Rechtsübung; vgl. die Belege bei J. Grimm, Rechtsaltertümer II (⁴1899), S. 458.

83 *veiclich* ist eine seltene Ableitung von *veige* (vgl. Maurer/Rupp I, S. 228). Der Begriff gehört zum Wortschatz der Heldenepik und bedeutet ›verwünscht, todgeweiht, unselig‹.

84 Hier bezieht sich Gottfried auf die mittelalterliche Praxis der Bärenjagd: Ein über dem Honigloch hängender schwerer »Bärenhammer« pendelt, von dem Bären immer wieder beiseitegestoßen, so lange auf diesen zurück, bis das Tier von den dauernden Schlägen betäubt wird und gefangen werden kann. Diese ›Technik‹ ist in zahlreichen europäischen Quellen bezeugt – etwa in dem Kapitel *De venatione ursi et captura* aus dem »Speculum Naturale« des Vincentius Bellovacensis (um 1240). Vgl. dazu F. Ranke, »Etwas vom Bärenfang im Mittelalter. Zu Gottfrieds Tristan v. 284«, in: ZfdPh 70 (1949) S. 225 ff.; wiederabgedr. in: F. R., »Kleinere Schriften«, Bern/München 1971, S. 115 ff.

22 *Riwalîn* ist ein verbreiteter keltischer Name (*Rhiwal*), der in mehreren bretonischen Urkunden des 9. Jh.s erscheint. Dennoch ist der »Tristan«-Riwalin historisch nicht fixierbar. Der Name erscheint so oder ähnlich in allen Bearbeitungen des Stoffes (außer im französischen Prosaroman); vgl. Hertz, S. 491 f. – Zur Darstellung Riwalins bei Gottfried (und in anderen Bearbeitungen) R. Deist, Die Nebenfiguren (1986), S. 102 ff.

323 Der Name geht vermutlich auf die älteste piktisch
    Überlieferung des Stoffes zurück. Vgl. dazu E. Brugger
    »Zum Tristan-Roman«, Bd. 1: »Der Name *Kanelangres*«
    in: »Archiv für das Studium der neueren Sprachen und
    Literaturen« 129 (1912) S. 134 ff., sowie Hertz, S. 492.

324 ff. Gottfried beruft sich hier ausdrücklich auf seine
    Quelle. Er wendet sich gegen Eilhart, der schreibt: *ain
    künig rich | [...] | der waß Rifalin genannt, | Loheniß hie,
    sin land* (»Tristrant« 71 ff.) und dem auch Wolfram von
    Eschenbach sich anschloß (»Parzival« 73,14 ff.) – ein
    Grund mehr womöglich für Gottfried, sich von seinen
    Berufsrivalen kritisch abzusetzen.

327 Mit *Lohnois* (von afrz. *Loonois*) ist wohl die südschotti
    sche Landschaft Loonia (Lothian) gemeint, die in der frü
    hen Überlieferung als die wahre Heimat Tristans galt. Im
    alten Tristanroman wurde daraus das Gebiet von St. Pau
    de Leon an der bretonischen Nordküste – und damit eben
    jene Gegend, die Gottfried nun (wohl unwissend, daß Par
    menien und Lohnois dasselbe Land bezeichnen können)
    als Riwalins Herrschaftsbezirk reklamiert. Vgl. Hertz
    S. 492.

331 Zu dem nicht ganz geklärten Begriff *sunderez lant* vgl.
    Anm. zu 5619.

334 *li* ist der afrz. Artikel, *duc* der afrz. Titel ›Herzog‹. Der
    keltische Name kommt nur in der Thomas-Gruppe vor.
    »Morgan« heißt ›meergeboren‹; vgl. Hertz, S. 492 f.

368 *urliuge* hängt mit ahd. *ur-liugi* (›gesetzloser Zustand‹)
    zusammen (von got. *liuga* ›Heirat, Ehe‹); daneben existiert
    ahd. *ur-lag* (›Schicksal, Krieg‹). Dazu S. Feist, »Verglei
    chendes Wörterbuch der gotischen Sprache«, Leiden
    [3]1939, S. 333[b]. – Zu Gottfrieds Zeiten war der Begriff be
    reits archaisch (vgl. Maurer/Rupp I, S. 236). Das Wort ist
    heute als Simplex ausgestorben, blieb aber im niederländi
    schen ›oorlog‹ (›Krieg‹) und im hansischen ›Orlogschiff‹
    erhalten.

387 *bataljen* (von afrz. *batailler*) ist ein Begriff aus der fran

zösisch beeinflußten Rittersprache. Über Lehnwörter, die im Zusammenhang mit der Übernahme der westlichen Adelskultur eine charakteristische Funktion haben, vgl. J. Bumke, Höfische Kultur I (1986), S. 117 ff. Außerdem E. Wiessner und H. Burger, »Die höfische Blütezeit«, in: Maurer/Rupp I, S. 189 ff. (zur »Überfremdung mit französischem Sprachgut« bes. S. 207 ff.); sowie E. Öhmann, »Der romanische Einfluß auf das Deutsche bis zum Ausgang des Mittelalters«, in: ebd., S. 323 ff.

391 *turnei* (von afrz. *tornoi*) ist ein ritterliches Kampfspiel (›Turnier‹); dazu vgl. F. Niedner, Das deutsche Turnier (1881). Über die »militärische, gesellschaftliche, materielle und politische Bedeutung der Turniere« handelt J. Bumke, Höfische Kultur I (1986), S. 365 ff. – Riwalin praktiziert hier also eine Art psychologischer Kriegführung, die darauf abzielt, den Gegner durch Demonstration der eigenen Überlegenheit zu demoralisieren. Von einem vergleichbaren Fall berichtet Otto von Freising in seiner »Gesta Friderici«: Am 12. August 1127 veranstalteten die staufischen Herzöge Friedrich und Konrad vor den Toren des belagerten Würzburg ein Turnier gegen die Ritter ihres Gegners König Lothars von Süpplingenburg; aus der »Übung« wurde indessen bald ein ernster Kampf. Immerhin ist dies der früheste Beleg für Turniere auf deutschem Boden; vgl. dazu J. Fleckenstein, »Das Turnier als höfisches Fest im hochmittelalterlichen Deutschland«, in: »Das ritterliche Turnier im Mittelalter. Beiträge zu einer vergleichenden Formen- und Verhaltensgeschichte des Rittertums«, hrsg. von J. F., Göttingen 1985 (Veröffentlichungen des Max-Planck-Instituts für Geschichte, 85), S. 230.

394 Zu »Raub und Brand« vgl. Anm. zu 18777.

397 Das transitive Verb *tagen* bedeutet (in der Rechtssphäre) ›vertagen‹; hier also ›weitere Kampfhandlungen aufschieben‹. Das intransitive *tagen* heißt ›verhandeln‹, und diese Bedeutung dürfte auch an dieser Stelle mitschwingen. Solange die Verhandlungen über einen möglichen Waffen-

stillstand anhielten, wurden alle Feindseligkeiten vorerst eingestellt. Gottfried beschreibt hier also korrekt den Rechtsbrauch; vgl. A. Schultz, Höfisches Leben II (²1889), S. 368.

400 f. Zur Sicherung des Friedensvertrages wurden Geiseln gestellt; vgl. A. Schultz, Höfisches Leben II (²1889), S. 453 f., sowie P. U. Rosenau, »Wehrverfassung und Kriegsrecht in der mhd. Epik«, Diss. Bonn 1959, S. 186 ff.

412 *banekîe* (von afrz. *esbanoiement*) ist ein Lehnwort, das aus der niederländischen Rittersprache übernommen wurde (vgl. Maurer/Rupp I, S. 220). Dazu das Verb *ban(e)ken* ›sich vergnügen, belustigen‹ (2112 und 8022).

In dem übertriebenen Streben nach êre deutet sich eine Schwäche Riwalins an; vgl. K. Morsch, *schoene daz ist hoene* (1984), S. 142 ff.

421 *höfsch* bezeichnete die Summe aller Tugenden, die am *hof* notwendig waren. Der Begriff ist schwierig zu übersetzen; unser ›höflich‹ bewahrt nur einen sehr schwachen Abglanz der früheren, umfassenden Bedeutung. Die geistlich-kritische Bedeutungstradition des Terminus *curialis* und ihre Einwirkung auf die positiv besetzte Bezeichnung *hövesch* untersucht P. Ganz in: »Höfische Literatur, Hofgesellschaft, höfische Lebensformen um 1200«, hrsg. von G. Kaiser und J.-D. Müller. Düsseldorf 1986 (Studia humaniora, 6), S. 39 ff. – Zur Begriffsgeschichte vgl. W. Schrader, »Studien über das Wort ›höfisch‹ in der mhd. Dichtung«, Würzburg 1935; außerdem P. Ganz, »Der Begriff des ›Höfischen‹ bei den Germanisten«, in: »Wolfram-Studien IV«, Berlin 1977, S. 16 ff.; J. Bumke, Höfische Kultur I (1986), S. 78 ff.; jetzt auch P. Ganz, »hövesch‹/›hövescheit‹ im Mittelhochdeutschen«, in: »Curialis. Studien zu Grundfragen der höfisch-ritterlichen Kultur«, hrsg. von J. Fleckenstein, Göttingen 1991 (Veröffentlichungen des Max-Planck-Instituts für Geschichte, 100).

423 In sämtlichen Bearbeitungen des Tristanstoffes heißt der König »Marke« (mit leichten Abänderungen). Der kelti-

sche Name bedeutete ursprünglich ›Pferd‹, und in einem
alten keltischen Märchen hat Marke denn auch Pferdeoh-
ren – ein Detail, das Eingang gefunden hat in die »Tristan«-
Fassung von Béroul (vgl. W. Giese, »König Markes Pfer-
deohren«, in: ZfrPh 75, 1959, S. 493 ff.). Ein König Mar-
cus von Cornwall wird in der »Vita St. Pauli Aureliani«
(884 verfaßt) für das 6. Jh. bezeugt. Zur Verbreitung des
Namens und zum Herrschaftsbereich des Königs in den
verschiedenen Stoff-Fassungen vgl. die überblickende
Darstellung bei Hertz, S. 493 ff.

428 ff. Gottfrieds »historische« Darstellung beruht auf
einem Irrtum. Woher er seine Deutung hat, ist unbe-
stimmt: »Saga« und »Sir Tristrem« geben keine Auskunft,
und auch in den spielmännischen Versionen des Stoffes
fehlt ein entsprechender Hinweis. – Neue, auch historisch
begründbare Möglichkeiten der Auslegung ergeben sich,
wenn *Gâles* (430/436) nicht mit ›Wales‹ gleichgesetzt wird;
die Nacherzählung von Weber, S. 556, läßt den Begriff
unübersetzt und mithin offen; selbst eine gewisse Nähe zu
den ›Angeln‹ ist konstruierbar (briefl. Anregung von Dr.
Otto Eberhardt, Uffenheim). Eine Verwechslung mit
›Cornwall‹ hält J. Loth, »Contributions à l'étude des romans de la Table ronde. VI: Le Cornwall et le roman de
Tristan«, in: »Revue celtique« 33 (1912) S. 416, für
denkbar.

450 Mit dem Hinweis auf die *istôrje* (von afrz. *estoire, istoire*)
beruft sich Gottfried auf die Autorität seiner Quelle. Ein
ähnlicher Hinweis auf die Vorlage findet sich auch im »Tristan« Bérouls: *conme l'estoire dit* (1789). Ob beide Berufungen auf eine verlorene Urfassung des Stoffes zurückgehen, ist ungewiß. Zur Bedeutung der *estoire* vgl. das Nachwort S. 331 f.

453 In Verbindung mit *wesen* kann das prädikative Adjektiv
flektiert werden; vgl. Mhd. Gramm., §§ 259/261, S. 326.

457 *tugenthaft* steht (so wie *höfsch*; vgl. Anm. zu 421) für
aristokratische Bildung und Ausbildung. Riwalin will sei-

ne hofgemäßen Fertigkeiten bei dem Ideal-Herrscher Marke weiterhin verfeinern. Die Parallele zu dem legendären Ideal-Hof von König Artus, dessen Tafelrunde als Inbegriff ritterlicher Vollkommenheit galt, muß dem literarisch versierten Publikum Gottfrieds offensichtlich gewesen sein.

466 Der *marschalk* war nicht nur (wie die Etymologie es will) für die Pferdehaltung bei Hofe verantwortlich, sondern ihm unterstand auch die Versorgung des Heeres und die Quartiermeisterei.

469 Der Name *Rual li foitenant* erscheint nur in der Thomas-Gruppe. Der sprechende Beiname betont die besondere Tugend des Marschalls: ›der, der Treue bewahrt‹. Vgl. Hertz, S. 495.

477 Das Adjektiv *maere* hängt zusammen mit dem Substantiv *diu/daz maere* (›Nachricht, Kunde‹; vgl. ›die Mär‹). Marke ist also der ›weithin Bekannte‹.

478 *Tintajêl* (auch *Tintajôl*) ist in allen Fassungen des Stoffes das Schloß König Markes. Der Ort an der Westküste Cornwalls, der heute Tintagel heißt, gilt auch als der Geburtsort des sagenhaften Königs Artus. Vgl. dazu die Darstellung bei Hertz, S. 495 f., sowie J. Gombert, Eilhart und Gottfried (1927), S. 11 ff. An »Markes Hof Tintagel, zu dem alles hinstrebt wie bei Wolfram alles zum Artushof oder zur Gralsburg« und der »am Anfang und dann nur scheinbar ein zu bejahendes Ziel« ist, »werden im Laufe der Erzählung die Hauptmängel des zeitgenössischen deutschen Feudalismus bloßgestellt« (J. F. Poag, »Das Bild des Feudaladels in den höfischen Romanen *Parzival* und *Tristan*«, in: »Legitimationskrisen des deutschen Adels 1200–1900«, hrsg. von P. U. Hohendahl und P. M. Lützeler, Stuttgart 1979 [Literaturwissenschaft und Sozialwissenschaft 11], S. 38).

498 *saelde* hat hier die Bedeutung von *fortuna* (›günstiges Geschick‹).

507 f. Mit ganz ähnlichen Worten macht Marke später Riwa-

lins Sohn Tristan eine nicht minder großzügige Offerte: *mîn lant, mîn liut und swaz ich hân, / trût neve, daz si dir ûf getân* (4461 f.).

510 Über die Darstellung und Funktion des Hofes sowie über deren historische Hintergründe vgl. U. Küsters, Liebe zum Hof (1986), S. 141 ff., der den Hof »einen Protagonisten des Romans« nennt, denn »er tritt wie eine menschliche Gestalt mit den Hauptfiguren in eine eigentümliche, oft wechselseitige Interaktion« (S. 141). Dazu auch H. Kolb, Der Hof und die Höfischen (1977).

511 *arme unde rîche* bezeichnet häufig die ›Gesamtheit‹ (vgl. ›groß und klein‹, ›jung und alt‹ usw.). Man nennt Wortverbindungen wie diese ›kollektivierende Kontrastkopplungen‹.

521 *rehte güete* bezeichnet die erstrebenswerte Übereinstimmung mit dem verbindlichen Katalog hofgemäßer Verhaltensnormen. Der Ausdruck, der hier zurückverweist auf das auffällige Spiel mit dem Begriff *guot* im Prolog (bes. V. 5–7), ist zu komplex, als daß er mit einer kurzen Wendung angemessen zu übersetzen wäre. Vgl. auch die Bedeutung des Terminus in Hartmanns »Iwein«: *Swer an rehte güete / wendet sîn gemüete, / dem volget saelde und êre* (1 ff.), sowie bei Reinmar dem Alten: *ez wart nie niht sô lobesam, / swâ dûz an rehte güete kêrest, sô du bist* (MF 165,30 f.).

525 ff. Die aufwendige Beschreibung prunkvoller Hoffeste in den mhd. Epen spiegelt das Bedürfnis des zeitgenössischen Publikums nach Selbstrepräsentation. Entsprechende Schilderungen finden sich etwa im »Nibelungenlied« (anläßlich Siegfrieds Schwertleite) sowie vor allem in den Artusromanen (»Iwein« 33 ff., »Erec« 1889 ff., »Lohengrin« 3801 ff. usw.). Pfingsten war (namentlich im Artuskreis) ein beliebter, ja fast zwingender Festtermin (vgl. »Parzival« 281,16: *Artus der meienbaere man*). Daß auch Marke sein Fest im Mai stattfinden läßt, verstärkt seine – vom Autor betonte – Affinität zu dem legendären Ideal-

herrscher Artus. – Ein berühmtes, historisch verbürgtes Beispiel ist das Hoffest von Mainz (1184), auf dem zwei der Söhne Kaiser Friedrichs I. die Ritterweihe erhielten und dessen üppige Pracht aufsehenerregend war. Zu Verlauf und Darstellungskonvention solcher höfischen Lustbarkeiten vgl. A. Schultz, Höfisches Leben I (²1889), S. 364 ff.; H. Bodensohn, »Die Festschilderungen in der mittelhochdeutschen Dichtung«, München 1936 (zu Gottfried S. 23 ff.); A. Waas, »Der Mensch im deutschen Mittelalter«, Graz/Köln 1964, S. 136 ff.; sowie R. Marquardt, »Das höfische Fest im Spiegel der mittelhochdeutschen Dichtung (1140–1240)«, Göppingen 1985 (GAG 449).

534 Das Adjektiv von *vrouwe* ist nur bei Gottfried belegt (vgl. Maurer/Rupp I, S. 227). Die Lesart (gewiß die Lectio difficilior) ist hier nur in der Hs. H überliefert. Ganz/Bechstein hat (mit den Hss. MBNFWP) das geläufigere *frouwen*.

546 ff. Es folgt eine Landschaftsschilderung in der rhetorischen Tradition des *locus amoenus*. Die Maienseligkeit der blühenden Aue dient dazu, der Liebesgeschichte zwischen Riwalin und Blanscheflur eine angemessene Kulisse zu bieten, da Gefühlslage und Natur in der mittelalterlichen Literatur stets aufeinander bezogene Kategorien sind. Vgl. zu dieser Darstellung auch die Beschreibung der Wildnis in der Minnegrotten-Episode (s. Anm. zu 16730).

558 f. Sinnspiel mit den Bedeutungen des Substantivs *linde* und des Adjektivs *lint*; vgl. auch 17169 f. und 17177 f.

595 Über aufwendige Zelte aus kostbaren Seidenstoffen berichtet A. Schultz, Höfisches Leben II (²1889), S. 248 ff.

600 ff. Es folgen Einzigartigkeits- und Unüberbietbarkeitstopoi (vgl. E. R. Curtius, Europäische Literatur, ⁸1973, S. 171 ff.), die fester Bestandteil mittelalterlicher Festschilderungen sind (z. B. Wolframs »Titurel« 15,4 oder »Parzival« 100,23 ff. und 730,30 f.). Dazu vgl. auch H. Bodensohn, »Die Festschilderungen in der mittelhochdeutschen Dichtung«, Münster 1936 (Forschungen zur deutschen Sprache und Dichtung, 9).

603 ff. Die historische Beschreibung eines höfischen Fest-
mahls bietet Bartholomaeus de Glanvilla, »De proprietate
rerum« 1. VI,23/24 (zit. bei A. Schultz, Höfisches Leben I,
²1889, S. 368 f.). Zur Beschreibungskonvention s. die Untersuchung von R. Roos, »Begrüßung, Abschied, Mahl-
zeit. Studien zur Darstellung höfischer Lebensweise in den
Werken der Zeit von 1150–1320«, Diss. (masch.) Bonn
1975, zum »Tristan« bes. S. 375 ff. – Vgl. auch die Schilderung eines maienseligen Artus-Festes, die Hartmann von
Aue im »Iwein« (31 ff.) gibt.

619 *bûhurdieren* bezeichnet den Kampf geschlossener Scha-
ren zu Pferde gegeneinander, wobei nach Ansicht der älteren Forschung im Turnier statt der Schwerter ungefähr-
lichere Holzstäbe verwendet wurden. J. Bumke, Höfische
Kultur I (1986), S. 356, verweist darauf, daß im 12. Jh.
durchaus noch mit scharfen Waffen gekämpft wurde; der
erste Beleg für die Verwendung entschärfter Waffen
stammt von einem englischen Turnier aus dem Jahre 1216;
der erste deutsche Beleg für diese Vorsichtsmaßnahme findet sich im »Jüngeren Titurel« (1270/80). – Beim *bûhurt*
kam es vor allem auf die Demonstration reiterlicher Geschicklichkeit an. Dazu F. Niedner, Das deutsche Turnier
(1881), S. 35 ff., und A. Schultz, Höfisches Leben II
(²1889), S. 113 f.; sowie J. Bumke, Höfische Kultur I
(1986), S. 357 ff.

620 *justieren* (vgl. auch *tjoste*, 9210) steht für den turniermä-
ßigen ritterlichen Zweikampf, der zunächst mit Lanzen
ausgetragen wird und bei dem die Schwerter erst dann benutzt werden dürfen, wenn alle Speere verstochen sind.
Dazu F. Niedner, Das deutsche Turnier (1881), S. 38 ff.;
A. Schultz, Höfisches Leben II (²1889), S. 127 ff.; sowie J.
Bumke, Höfische Kultur I (1986), S. 360 ff. – Eine ausführliche Darstellung des »Lanzenkampfes« und seiner Beschreibung in der Literatur bei F. Bode, »Die Kampfes-
schilderungen in den mittelhochdeutschen Epen«, Greifswald 1909, S. 7 ff.; zur Turnierbeschreibung allgemein vgl.
P. Czerwinski, »Die Schlacht- und Turnierdarstellungen

in den deutschen höfischen Romanen des 12. und 13. Jahrhunderts«, Diss. [masch.] Berlin 1975.

633 Der französische Name (›weiße Blume, Lilie‹) erscheint in der gesamten »Tristan«-Überlieferung. Nur in dem französischen Prosaroman heißt Tristans Mutter Helyabel. Im »Perceval« von Chrétien de Troyes trägt übrigens die Gemahlin des Titelhelden den Namen Blanchefleur (bei Wolfram von Eschenbach dagegen *Condwîrâmûrs*). Zur Darstellung der Blanscheflur bei Gottfried (und in anderen Bearbeitungen) vgl. R. Deist, Die Nebenfiguren (1986), S. 61 ff.

664 *pfelle* bezeichnete ursprünglich ein kostbares Brokatgewebe (wie hier), wurde dann aber auch als Sammelbegriff für Seidenstoffe verwendet. Dazu A. Schultz, Höfisches Leben I (²1889), S. 332 ff.; *zendâl* ist ein leichter, dünner Seidenstoff (ebd., S. 350). – Über die Gewinnung, Bearbeitung und Arten von Seide sowie den Seidenhandel im Mittelalter vgl. die immer noch wertvolle Darstellung von A. Zeune, »Ueber Erdkundliches im Nibelungenliede«, in: »Germania. Neues Jahrbuch der Berlinischen Gesellschaft für Deutsche Sprache und Alterthumskunde« 1 (1836) S. 309 ff.; außerdem J. Bumke, Höfische Kultur I (1986), S. 178 ff.

665 *ors* (mit Metathese des *r*; vgl. Mhd. Gramm., § 83, S. 110) ist die niederdeutsche Form von *ros* (1383 u. ö.). Das germanische Wort bezeichnet in der Regel das ritterliche Streitroß. Das Lehnwort *pfert* (auch als *pferit* oder *phert*), das sich von mlat. *paraverēdus* (›Beipferd, Postpferd‹) herleitet, steht meist für ein leichteres Reitpferd (etwa zur Jagd oder für die Damen). Vgl. Kluge/Mitzka, S. 608 und 543.

667 Der germanische Begriff *brûn* steht im Mhd. für alle dunklen Farben, kann aber auch ›glänzend, schimmernd‹ bedeuten (vgl. Anm. zu 6611). In der Herleitung von lat. *prunum* (›Pflaume‹) heißt *brûn* ›violett‹. Vgl. Kluge/Mitzka, S. 97.

671 *parrieren* (von afrz. *parier*) ›schmücken, bunt zusam-
    mensetzen‹.

672 *feitieren* (von afrz. *faiture* ›Schmuck‹) ›zurechtmachen,
    herrichten‹.

678 *schapelekîn* ist eine unverschobene, niederdeutsche Bil-
    dung (vgl. Mhd. Gramm., § 54, Anm. 3, S. 87). Da die Ver-
    mittlung der französischen Kultur ihren Weg über das
    Gebiet des Niederrheins nahm, galt das Niederdeutsche
    als Sprache der Vornehmen. Vgl. die Stelle im »Helm-
    brecht«, wo der rebellische Sohn seine Eltern verleugnet
    und geringschätzig (mit niederdeutschem Diminutiv-Suf-
    fix) von ihnen als *gebûrekîn* (764) spricht, um sich auf
    diese Weise sprachlich und also sozial von ihnen abzuset-
    zen. (Über das *vlaemen* vgl. Maurer/Rupp I, S. 222.)

688 Mit dieser preisenden Formulierung wird in 4332 auch
    Rual beschrieben. Über Isolde heißt es in 12562, sie sei
    über al die werlt ein wunder; dabei handelt es sich um die
    Eindeutschung von afrz. *marveil de tû le munde* (12560).

692 *keiserlîche* im Sinne von ›herrlich, prächtig‹ tritt bei
    Gottfried besonders häufig auf (vgl. R. Preuss, Stilistische
    Untersuchungen, 1883, S. 62). Die Bedeutung (weitere Be-
    lege bei BMZ I.794[b] und Lexer I.1537) erklärt sich aus der
    mittelalterlichen Vorstellung, daß das, was einem Kaiser
    angemessen ist, ganz besonders stattlich und prachtvoll
    sein müsse (zum Kaisertopos vgl. auch Anm. zu 4045).

710 Im Sinne von Anm. 692 erklären sich auch die *keiserlî-*
    chen bein, wobei *bein* (›Knochen‹) eher im Sinne von ›Kör-
    perbau, Gliedmaße‹ gemeint sein dürfte (vgl. aber Anm. zu
    3342). Auf »die erotisch-sexuelle Anziehungskraft, die die
    Beine von Rittern vor allem im Frühling ausüben«, ver-
    weist P. W. Tax (1983), S. 101.

712 *gelîmet* heißt im Wortsinne ›festgeklebt‹. Der bildhafte
    Ausdruck geht davon aus, daß der Schild, der den Kämp-
    fenden zu schützen hat, mit diesem besonders innig und
    fest verbunden sein muß. Vgl. die ganz ähnliche Formulie-
    rung in »Mai und Bêaflôr« (hrsg. von F. Pfeiffer und A.

50 Stellenkommentar

Vollmer, Leipzig 1848; 84,27). Gottfried verwendet das
Leim-Bild sehr häufig (s. Anm. zu 4716).

731 f. Die Vorstellung der *tougen minne* gehört auch zum
Begriffsarsenal der mhd. Liebeslyrik: *Tougen minne diu ist
guot, | sî chan geben hôhen muot* (MF 3,12 f.). – Die »Dimension der Heimlichkeit«, die an dieser »Tristan«-Stelle
angesprochen wird, »gewinnt im weiteren Verlauf der Erzählung zunehmend an Raum und wird zur eigentlichen
Dimension des Geschehens zwischen Riwalin und Blanscheflur« (H. Wenzel, Gottfried von Straßburg, 1988,
S. 251). Zugleich deutet sich in diesem Motiv auch der
Grundzug des Verhältnisses zwischen Tristan und Isolde
an, das ebenfalls durch die Doppelheit von »Öffentlichkeit
und Heimlichkeit« charakterisiert ist (ebd., S. 253 f.).

737 *von âventiure* ist zweideutig. Einerseits bedeutet es
›zufällig‹ (weitere Belege für diesen Gebrauch des Ausdrucks bei BMZ I.69ᵇ; dort ist auch diese Stelle angeführt);
andererseits verweist es auf die Version des vorgeblich authentischen Berichts (z. B. in der Formulierung als *sîn
âventiure giht*, 344) und kann gelegentlich in abgeschwächter Bedeutung auch ›Geschichte, Erzählung‹ hei
ßen. Die dem Begriff von seinem Ursprung her (von mlat.
adventura) innewohnende Vorstellung des Kommenden,
Vorherbestimmten (vgl. etwa 2422) blieb dem mittelalterlichen Hörer freilich auch dann stets gegenwärtig, wenn der
Textzusammenhang die Bedeutung von ›zufällig‹ vordergründig nahelegte – wie denn der Glaube an den Zufall
auch in der Neuzeit immer vermischt blieb mit der Ahnung
von einer höheren Fügung (vgl. den Ausspruch der Orsina
in Lessings »Emilia Galotti« IV,2: »Das Wort Zufall ist
Gotteslästerung.«). – *âventiure* in dem (höfischen) Sinne,
daß ein Ritter eine ›gefährliche Begegnung oder Bewährungsprobe‹ sucht oder zu bestehen hat, verwendet Gottfried an anderer Stelle (etwa 8959). Über Gottfrieds *âventiure*-Begriff vgl. den Aufsatz von W. Haug, »*Aventiure* in
Gottfrieds von Straßburg Tristan«, in: Beitr. (T) 94 (1972)

(Sonderh. Festschrift H. Eggers) S. 88 ff., sowie die aus-
führlichen Bemerkungen dazu bei W. Schröder, *Die von
Tristande hant gelesen* (1975), S. 324 ff., und bei G.-D.
Peschel, Prolog-Programm (1976), S. 154 ff.

743 f. Mit dem kurzen französischen Dialog vermittelt Gottfried einen Eindruck von der Bildung und Vornehmheit
der beiden Sprechenden. *buzêle* kommt von afrz. *pucele*
und bedeutet ›Mädchen‹ (Edel-)Fräulein‹.

746 ff. Die dreimalige Wiederholung von *rîche* spielt mit den
unterschiedlichen Bedeutungen des Wortes, das ›reich‹
und ›mächtig‹, aber auch ›freudenvoll‹ und ›beglückt‹ heißen kann. Solche *figura etymologica*, die ein und dasselbe
Wort in verschiedenen grammatischen Funktionsarten und
verändertem Sinn nebeneinanderstellt, zählt zum Arsenal
rhetorischer Figuren, mit denen Gottfried seine Dichtung
ausschmückt. – Das nun folgende Liebesgeständnis Blanscheflurs untersucht – im Blick auch auf andere ältere und
neuere Tristandichtungen sowie unter dem Aspekt der lin-
guistischen Sprechakttheorie – A. Schwarz, »Sprechaktgeschichte. Studien zu den Liebeserklärungen in mittelalterlichen und modernen Tristandichtungen«, Göppingen
1984 (GAG 398), S. 91 ff.; vgl. auch Anm. zu 11986.

844 ff. Die folgende Passage findet sich teilweise wörtlich in
dem Schwank von »Aristoteles und Phyllis« (NGA 34,
S. 239, V. 310–319) wieder. Zu weiteren ausführlichen
Entlehnungen vgl. Anm. zu 959, 10962 und 10986. Über
die Abhängigkeit dieses Märe vom »Tristan« vgl. B. Wachinger, Zur Rezeption Gottfrieds (1975), S. 77 ff. Der
Schwankautor, so zeigt Wachinger, geht von einem Publikum aus, das mit Thematik und Text des »Tristan« gut
vertraut war und das deshalb diese Zitate als sinnträchtige
Anspielungen verstand.

846 Das Bild von der Leimrute, das Gottfried hier in der
Vorgeschichte im Zusammenhang mit Riwalin und Blanscheflur erstmals benutzt, weist auf jene Verse voraus, in
denen die Wirkung des Minnetranks auf Tristan und Isolde

beschrieben wird (11789 ff.; vgl. Anm. zu 11792 ff.); zu
der Leimruten-Metapher vgl. F. Wessel, Probleme der
Metapher (1984), S. 274 ff. – In der deutlichen Parallele
bestätigt sich der Verweisungszusammenhang zwischen
der ausführlichen Vorgeschichte und der eigentlichen
Haupthandlung.

876 *pârât* kommt von afrz. *barat* und bedeutet ›Betrug, Verstellung‹; hier ist wohl der Selbstbetrug gemeint, in den
Riwalin immer wieder verfällt. Vgl. Anm. zu 8346.

881 *trôst* bezeichnet hier (wie im Minnesang) die freudige
Hoffnung des Liebenden auf Gegenliebe und Erhörung. –
In dem *Wort zwîvel* steckt die Zahl ›Zwei‹. Der Begriff
bezeichnet die quälende Ungewißheit zwischen zwei Möglichkeiten, die zwiespältige, schwankende Seelenlage,
dann aber auch das daraus resultierende Mißtrauen (sehr
häufig verwendet Gottfried die Verbindung *zwîvel* und
arcwân) und die Verzweiflung (vgl. den Beginn des »Parzival«-Prologs). Besonders im Zusammenhang mit König
Markes Zerrissenheit taucht der Begriff immer wieder auf;
die zahlreichen Belege dafür setzen etwa mit V. 13717 ein
(vgl. Anm. zu 13777). Einmal auch spricht Gottfried von
Tristans *zwîvelnôt* (19352), als dieser sich nicht für eine der
beiden Isolden entscheiden kann. Vgl. W. Hoffmanns Er-
läuterungen, in: Weber, S. 875 f.

890 ff. Das Bild vom *habe* (›Hafen‹) verwendet Gottfried
auch in V. 1595. Die Übersetzung der folgenden Zeilen
muß sich der nautischen Metapher anschließen: *trôst* trägt
ihn dem sicheren Ufer zu, *zwîvel* aber treibt ihn aufs offene
Meer hinaus (892). Auch *sweben* ist ein Begriff aus der
Sprache der Seefahrt (vgl. etwa 2351: *Curvenal swebete ûf
dem sê*). Zur Meer-Metapher vgl. Anm. zu 8105. – Als
Minne-Metapher spielt *sweben* im »Tristan« eine signifikante Rolle; vgl. F. Wessel, Probleme der Metaphorik
(1984), S. 268 ff.

899 *wân* steht hier (wie im Minnesang) für die ungewisse,
trügerische Hoffnung des Liebenden auf Erhörung und

Erfüllung seiner Sehnsüchte. Vgl. dazu die Kritik Hartmanns von Aue: *Ir minnesinger, iu muoz ofte misselingen,* /
daz iu schaden tuot, daz ist der wân (MF 218,21 f.).

927 *ôstertac* ist ein beliebtes Bild für ›höchste Freude, größtes
Glück‹ (in Analogie zum *gaudium paschale*; vgl. auch
Anm. zu 17555). Auch Heinrich von Morungen (MF
140,16) und Reinmar (MF 170,19) preisen in ihren Minne-
liedern ihre *frouwe* als *ôsterlîchen tac.* Diesen Vergleich
zitiert Walther von der Vogelweide ironisch in seiner Rein-
mar-Parodie (L. 111,26). Vgl. E. Nickel, Studien zum Liebesproblem (1927), S. 8.

929 Die Personifizierung der Minne steht als charakterisie-
rende Metapher für die Gewaltsamkeit der Liebe. Gottfried wendet dieses Mittel häufig an; die Verbindung mit
einer Brand-Metapher wiederholt sich in 17593: *Minne diu*
warf ir vlammen an. Vgl. F. Wessel, Probleme der Metaphorik (1984), S. 222 ff.

930 Im »Eneasroman« Heinrichs von Veldeke trägt Cupido
die Fackel zu Dido (864 f.), und Lavinia wird von dem
heißen Feuer der Venus gepeinigt (10114 f.). Zu dem Bild
vgl. L. Wolff, »Mythologische Motive in der Liebesdar-
stellung des höfischen Romans«, in: ZfdA 84 (1952/53)
S. 64. – Vgl. auch Gottfrieds Bemerkung über König Marke: *Minne diu warf ir vlammen an,* / *Minne envlammete*
den man (17593 f.).

948 *erbeten* ergibt, obwohl in allen Hss. überliefert, keinen
rechten Sinn. Golther hat, um die vorgebliche Crux zu
lösen, die Konjektur *entweten* (= ›aus dem Joche befreit‹)
vorgeschlagen. Dieser Eingriff erscheint mir unnötig. Das
als ist zu verstehen im Sinne von ›als ob‹; dadurch erklärt
sich auch der Konjunktiv von *haete.*

959–971 Die Stelle findet sich fast wortgleich im Schwank
von »Aristoteles und Phyllis« (NGA 34, S. 238, V. 207
bis 220). Vgl. Anm. zu 844 ff.

961 ff. Das Bild von der Minne als Eroberin geht wohl auf
Ovids Liebeselegien »Amores« (I 2,31 ff.) zurück. Vgl.

auch 11714 f., wo dasselbe Bild auf Tristan und Isolde angewendet wird.

977 *war*, Präteritum von *werren* (›bekümmern, verdrießen, schaden‹). Die Konstruktion mit Dativ ist üblich. Vgl. 11984 *waz wirret iu* und Parzivals erlösende Mitleid-Frage *oeheim, waz wirret dier?* (»Parzival« 795,28).

1093 *vriunt* heißt im Mhd. mehr als nur ›Freund‹. Häufig hat es eine erotisch besetzte Bedeutung (›Geliebter‹) und wird gar auch abfällig gebraucht: Morgan spricht von der *vriuntschaft* (›Liebschaft‹) zwischen Tristans Eltern (5402). Überdies kann *vriunt* (im ursprünglichen Wortsinne) auch für den ›Verwandten‹ stehen (vgl. 2583 und 2599). Vgl. die Worterklärung von W. Hoffmann, in: Weber, S. 871 f.

1095 Hier wird *trôst* (881; s. Anm. dazu) wiederaufgenommen. Zur Erklärung dieses vielschichtigen Begriffes vgl. W. Hoffmann, in: Weber, S. 865 f.

1103 *meinen* wird oft synonym für *minnen* (›lieben‹) gebraucht, wie wenige Zeilen später; vgl. Anm. zu 1113.

1113 *meinen unde minnen* ist eine alliterierende Formel, wie Gottfried sie häufig benutzt. Solche stabenden Begriffspaare gehören zum rhetorischen Schmuck dieser Dichtung; vgl. auch 13915 f., 19146 und 19150. Beide Begriffe sind etymologisch verwandt.

1129 *besenden* (›schicken nach, holen lassen, aufbieten‹) bezieht sich meist auf die Einberufung des Heeres, des Gerichts oder der Vasallen.

1146 ff. Die Stelle erinnert an Davids Klage über den erschlagenen Saul (2. Sam. 1).

1175 Diese Selbstgeißelung ist ein verbreiteter gestischer Topos in der mhd. Literatur; vgl. dazu A. Schultz, Höfisches Leben II (²1889), S. 472. – Blanscheflurs Klagen werden von Gottfried überdies durch eine auffällige Häufung des Vokals *a* klanglich untermalt.

1184 Die paradoxe Formulierung erscheint 1941 auch – zu einer sarkastischen Pointe verknappt – in einem Brief Klaus

Manns (der 1949 Selbstmord beging): »Wenn ich mein eigener Herr wäre, würde ich mich umbringen – fürs Leben gern.« (K. Mann, »Briefe und Antworten«, Bd. 2: »1937–1949«, hrsg. von M. Gregor-Dellin, München 1975, S. 156.) – Das Spannungsverhältnis von *leben* und *tôt*, das den »Tristan«-Roman durchzieht, wurde von Gottfried virtuos exponiert am Ende des Prologs (233 ff.).

1200 Die Kinder vornehmer Eltern wurden im Mittelalter der Obhut von Erziehern übergeben, von denen sie unterrichtet, überwacht und versorgt wurden. Jungen blieben ihrem Hofmeister meist nur bis zum Abschluß ihrer Erziehung unterstellt. Mädchen dagegen behielten in der Regel bis zu ihrer Verheiratung ihre *meisterinne*, die selbst von vornehmer Abkunft sein mußte und nicht nur Lehrerin, sondern auch Ehrendame ihres Zöglings war. Die Stelle von Blanscheflurs (namenlosem) Chaperon übernimmt bei Isolde später deren Vertraute Brangäne. Die Parallelen sind unverkennbar: Beide Dienerinnen helfen ihren Pflegebefohlenen in Liebesdingen, und beidemal wird dadurch der tragische Fortgang der Handlung erst ermöglicht. Die »kupplerische Vertraute (Amme, Freundin etc.)« ist übrigens ein beliebtes Schwankmotiv der Weltliteratur. Vgl. A. Schultz, Höfisches Leben I (²1889), S. 158 ff., sowie K. Weinhold, Die deutschen Frauen I (²1882), S. 122 f.

1250 *mit mînem lîbe* kann auch einfach durch ›mit meiner Person‹ übersetzt werden (vgl. die zahlreichen Belege für *mîn lîp* im Sinne von ›ich‹ in BMZ I.1003[b] f.). Dazu auch Jacob Grimm, »Die sinnliche alte sprache verwendet gern die subst. *leib, hand* und *fuß* zu einem verstärkten und lebendigeren pronominalausdruck« (»Deutsche Grammatik«, Tl. 4, neuer verm. Abdr. bes. durch G. Roethe und E. Schröder, Gütersloh 1898, S. 420). – Zu diesem Zusammenhang auch B. Krause, »*lîp, mîn lîp* und *ich.* Zur *conditio corporea* mittelalterlicher Subjektivität«, in: »*Uf der mâze pfat.* Festschrift für W. Hoffmann«, hrsg. von W. Fritsch-Rößler, Göppingen 1991 (GAG 555), S. 373 ff.

1264 Die Konstruktion mit *begunde* (Präteritum von *beginnen*) drückt die inchoative Aktionsart des Hauptverbs aus. Solche Verwendung von *beginnen* ist im Mhd. sehr häufig (vgl. Mhd. Gramm., § 307.3, S. 378 f.).

1269 Mit *rîse* bezeichnete man die Wangen- und Kinnbinde, die, wenn sie breit gelegt wurde, das Gesicht der Trägerin fast völlig verdecken konnte. Gelegentlich steht der Begriff auch für das ganze *gebende* (= weibliche Kopfbedeckung). Vgl. dazu K. Weinhold, Die deutschen Frauen II (²1882), S. 328 f.

1358 f. Die chiastische Verschränkung von *er-sî-sî-er* und *er-ir-sî-sîn* wiederholt das Umarmungsprinzip aus dem Prolog (vgl. Anm. zu 129 f. und 14320). Auch hier bestätigt sich der Verweisungszusammenhang zwischen der Vorgeschichte um Riwalin und Blanscheflur und der Haupthandlung um Tristan und Isolde. – W. Mohr, Syntaktisches Werbe- und Liebesspiel (1959), erwähnt diese Verse nicht, obwohl sie sich in ihrer Überkreuz-Stellung von Personal- und Possessiv-Pronomina bzw. ihrer Umfassungsstruktur als Muster für »syntaktisches Liebesspiel« anbieten (vgl. MF 3,1) – wie auch die folgenden Verse, in denen nach (chiastischer) Nennung der Namen das Wort *beide* (1362) die unauflösbare Einheit der Liebenden bezeichnet. Vgl. zu der Stelle und zur »Zuneigungs- und Identitätsformel« F. Ohly, »Du bist mein, ich bin dein. Du in mir, ich in dir. Ich du, du ich«, in: »Kritische Bewahrung. Festschrift W. Schröder«, Berlin 1974, S. 371 ff., bes. S. 410 f.

1362 *lêal amûr* geht auf afrz. *leial, loial* (›aufrichtig, treu; loyal‹) und afrz. *amour* (›Liebe‹) zurück. Gottfried hat den Begriff wohl aus seiner Quelle übernommen.

1372 Ganz/Bechstein und Marold haben statt *himelrîche* die Lesart *künicrîche*. Auch Kramer übersetzt in diesem Sinne (S. 38). Ranke hat sich für den Wortlaut der Hss.-Gruppe Y (*himelrîche*) entschieden, obwohl er in der Regel die Überlieferung von X (die an dieser Stelle *künicrîche* hat) für zuverlässiger hält. Dabei war »zweifellos seine Auffassung von Gotfrits Kirchen- und Christentums-analoger Ausge-

staltung seiner Minnewelt« von ausschlaggebender Bedeutung, wie W. Schröder im Nachwort zu seiner Neuausgabe
der Marold-Edition formuliert (S. 299). – Die Lesart X
künicrîche würde sich mit dem »Kaisertopos« erklären lassen. Dieses durch Konvention und Tradition verfestigte,
formalisierte Motiv findet sich vor allem in der mittelalterlichen Lyrik: etwa bei Heinrich von Morungen MF 138,22;
Heinrich von Rugge MF 108,5; Reinmar MF 151,32; ähnliche Wendungen in der provenzalischen Dichtung (zuerst
bei Bernart von Ventadorn) und bei den lateinischen Elegi-
kern (Properz und Tibull). Aber auch Gottfried bedient
sich mehrfach dieser Bildformel (etwa 692, 4045 u. ö.). Mit
dem »Kaisertopos« im mhd. Minnesang beschäftigt sich,
freilich ohne auf den »Tristan« Bezug zu nehmen, P. Wapnewski, »Kaiserlied und Kaisertopos. Zu Kaiser Heinrich
5,16«, in: P. W., »Waz ist minne. Studien zur Mittelhochdeutschen Lyrik«, München ²1979, S. 47–64, bes. S. 51 ff. –
In diesem Zusammenhang vgl. auch unten die entsprechende Stelle, in der Tristans und Isoldes *wunschleben* in
der Minnegrotte mit einem ungleich trivialeren Bild kommentiert wird (16875 f.): *sine haeten umbe ein bezzer leben / niht eine bône gegeben*; vgl. Anm. dazu.

1408 *reizen* ist ein Begriff aus dem Bereich der Vogeljagd
(vgl. Dalby, S. 170 f.). Damit wird noch einmal auf das Bild
von der *gelîmeten minne* (867) angespielt, mit dem die Un-
entrinnbarkeit der Liebe zwischen Riwalin und Blanscheflur charakterisiert worden war (841 ff.).

1410 *gespenstic* ist im Mhd. nur bei Gottfried belegt; das
Wort geht wohl auf ein Verb *spanen* (›locken, reizen‹) zurück. Vgl. dazu auch 11838 *gespenstige gelange* und 11793
gespenstege minne.

1420 Nach mittelalterlicher Vorstellung strömten die Tränen
vom Herzen zu den Augen. Das ›weinende Herz‹ ist also
kein poetisches Bild Gottfrieds, sondern Ausdruck der
zeitgenössischen physiologischen Überzeugung, derzufolge eine enge Verbindung bestand zwischen Auge und Her-

zen und die durch eine Vielzahl von entsprechenden For
mulierungen belegt wird (etwa »Parzival« 330,22 *daz herz*
geb den ougen regn sowie 783,2 f. *durch liebe ûz sîner*
ougen vlôz / wazzer, sherzen ursprinc; die scholastisch be
einflußte Vorstellung findet sich häufig auch in der Lyrik
etwa Ulrich von Gutenburg MF 79,6 f. *ûz zuo den ougen*
(daz ist ein wunder) / von dem herzen daz wazzer mir gâ
sowie Heinrich von Morungen MF 125,36 ff. *diu mit froi*
den in mîn herze sanc, / dâ von mir ein wunne entspranc,
diu vor liebe alsam ein tou / mir ûz den ougen dranc)
Spätere Nachwirkungen des Ausdrucks finden sich noch
bei Paul Verlaine: »Il pleure dans mon cœur / comme i
pleut sur la ville.« Vgl. hierzu H. G. Weinand, Tränen
(1958), S. 127 f. – Das Herz galt dem Mittelalter jedoch
nicht nur als Zentrum des Gefühls, sondern auch als Sitz
aller rationalen Kräfte; vgl. Reinmar MF 165,37 f.: *Zwe*
dinc hân ich mir vür geleit, / diu strîtent mit gedanken i
dem herzen mîn. – Über die »Augen des Herzens« in der
theologischen Literatur vgl. U. Stökle, Die theologischen
Ausdrücke und Wendungen (1915), S. 48; außerdem W
Gewehr, »Der Topos ›Augen des Herzens‹ – Versuch eine
Deutung durch die scholastische Erkenntnistheorie«, in
DVjs. 46 (1972) S. 626 ff.

1617 ff. Die ethisch-moralische Erhöhung des Mannes durch
die Dame ist ein zentrales Element der mittelalterlicher
Minne-Ideologie. Die mhd. Liebeslyrik kennt für die *tiu*
rende Kraft des höfischen Frauendienstes zahlreiche Bei
spiele.

1631 *jehen* ist ein Rechtsterminus. Es handelt sich hier um
die öffentliche Bestätigung einer heimlich bereits geschlos
senen (und vollzogenen) Ehe. Vgl. dazu R. Combridge
Das Recht im ›Tristan‹ (²1964), S. 37 ff. und 160 ff. Di
Möglichkeit, den Begriff im Sinne von ›Eheversprechen‹ zu
verstehen, hält Combridge in diesem Kontext für die »vie
weniger wahrscheinliche und befriedigende« (S. 39).

1643 *Canoêl* findet sich nur bei Gottfried. Womöglich geh

der Name des Schlosses auf die bretonische Ortschaft Canuel zurück. Riwalins Beiname *Canelengres* (zuerst 323; s. Anm. dazu) hat mit dieser Ortsbezeichnung jedoch nichts zu tun, sondern erklärt sich aus einer älteren Überlieferungstradition des Stoffes.

670 *guoter kneht* ist eine gebräuchliche Bezeichnung für einen Kriegsmann gleichgültig welchen Standes. Vgl. die zahlreichen Belege bei BMZ I.852[a]. Noch heute existiert engl. ›knight‹ (›Ritter‹).

712 ff. Die nun folgende Klage der Blanscheflur – vielmehr ihre bewußte (und begründete) Aussparung durch den Autor – interpretiert P. Wapnewski als »Kontrafakt zur Klage der Herzeloyde« in Wolframs »Parzival« (Herzeloydes Klage und das Leid der Blanscheflur, 1963, S. 173 ff.). Vgl. dagegen A. Wolff (Die Klagen der Blanscheflur, 1973, S. 392 ff.), der eher einen antithetischen Bezug zwischen Wolfram und Thomas vermutet.

746 ff. Diese Darstellung von Tristans Geburt verwendet später Richard Wagner in seinem Musikdrama »Siegfried«, wo Mime seinem Pflegesohn Siegfried dessen Geburt in auffallend ähnlichen Formulierungen schildert: »[...] sie [Sieglinde] wand sich hin und her, / ich half, so gut ich konnt': / stark war die Noth, sie starb – / doch Siegfried, der genas.« (R. Wagner, »Gesammelte Schriften und Dichtungen«, Bd. 6, Leipzig [3]1898, S. 96.) – Über die Parallelen zwischen Tristan und Siegfried (bei Wagner, aber auch in dessen mittelalterlichen Vorlagen) informiert P. Wapnewski in: »Der traurige Gott. Richard Wagner in seinen Helden«, München 1978, S. 44 f. Vgl. außerdem die detaillierte vergleichende Darstellung bei H. Kuhn, Tristan, Nibelungenlied, Artusstruktur (1973), der in den Strukturschemata der – nach Herkunft und Tradition so unterschiedlichen – Epen auffällige Verwandtschaften ausmacht, die sich seiner Ansicht nach aus der gemeinsamen Absicht beider Werke erklären, »das europäische Thema der Minneehe als tragisches, aber unter ganz verschiedenen

Aspekten, zu diskutieren« (S. 17 ff.). Zu vergleichbare
Einsichten gelangt auch W. Mohr, »Tristan und Isolde«
in: GRM 57 (1976) S. 54 ff., der sich freilich eher mit Eil
harts Fassung beschäftigt. – Bei Eilhart und in andere
Bearbeitungen des Tristan-Stoffes kommt der Held ver
mittels einer »Schwertgeburt« (Kaiserschnitt) zur Welt
was ihn – nach alter Überzeugung – zu außergewöhnli
chem Schicksal prädestiniert erscheinen läßt. Zur Verbrei
tung und Bedeutung dieses Motivs vgl. die Darstellung be
Hertz, S. 498 f. – Strukturparallelen zwischen dem »Nibe
lungenlied« und Gottfrieds »Tristan« untersucht (vor al
lem im Hinblick auf die Minne-Konzeption in beiden Wer
ken) G. Gillespie, »›Tristan- und Siegfriedliebe‹: A Com
parative Study of Gottfried's *Tristan* and the *Nibelungen*
lied«, in: A. Stevens / R. Wisbey, Gottfried von Strassbur
(1990), S. 155 ff.

1750 Tristans Geburt und Kindheit weisen auffällige Struk
tur-Ähnlichkeiten mit den entsprechenden Partien in ande
ren Erzählwerken des Mittelalters auf. Dazu G. und U
Pörksen, »Die ›Geburt‹ des Helden in mittelhochdeut
schen Epen und epischen Stoffen des Mittelalters«, in
Euph. 74 (1980) S. 257 ff.

1784 f. In der Verbindung von *sîn* (*wesen*) mit dem Partizi
Präsentis wird nicht nur die durative Aktionsart des Ver
balvorgangs ausgedrückt, sondern zugleich auch eine In
tensivierung der inhaltlichen Aussage (vgl. Mhd. Gramm.
§ 307,1, S. 377). – Gottfried verwendet diese Konstruktio
in auffälliger Häufung auch in 13963 f.

1824 Die Affektgeladenheit der Situation, die wohl auch da
Mitgefühl der Zuhörer stimulieren soll, wird hier in de
doppelten Verniedlichung durch *cleine* sowie das Diminu
tiv-Suffix in *weiselîn* offenkundig.

1859 f. In diesem Satz sieht P. Wapnewski »Gottfrieds Fas
sung des Gesetzes von der abnehmenden Reizwirkung de
permanenten Fortissimo« formuliert (Herzeloydes Klag
und das Leid der Blanscheflur, 1963, S. 177). Der Dichte

setzt sich hier bewußt von dem Kunstprinzip seines Antipoden Wolfram von Eschenbach ab.

906 Der Name tritt in der altfranzösischen Literatur (als
Florete) mehrfach auf (vgl. Hertz, S. 499). Aber nur Gottfried nennt Tristans Ziehmutter so.

908 Der Vergleich mit der *gimme* drückt einen Superlativ
aus; »das herrlichste in seiner art« (BMZ I.526ª; dort weitere Belege).

916 *ze heinlichen sachen* ist wörtlich zu übersetzen mit ›für
vertrauliche Zwecke, zur privaten Nutzung‹ (in diesem
Sinne ist der Ausdruck auch in 11539 benutzt). Hier ist
damit die Niederkunft gemeint, die unter Ausschluß der
Öffentlichkeit stattfand.

919 *willeklage* ist eine Neuprägung von Gottfried. Der
Begriff soll die Mutwilligkeit dieser vorgetäuschten Wehen
unterstreichen. Weitere Belege für ähnliche Komposita mit
wille- bei Lexer III.890 ff.

958 Daß die Wöchnerin erst vierzig Tage nach der Geburt
eines Sohnes wieder die Kirche betreten dürfe, bestimmt
die christliche Lehre (3. Mose 12,2–4). Damit ist die rituelle
Reinigungszeit nach der Geburt bezeichnet.

964 Mit *înleite* wird im Mhd. die feierliche »einführung der
sechswöchnerin in die kirche« (BMZ I.976ᵇ; dort weitere
Belege) bezeichnet. Die Theologie hat dafür den Begriff
der *benedictio ad introducendam mulierem in ecclesiam*.

966 Auch die Opferspende für den Priester war nach kirch-
lichem Brauch durch 3. Mose 12,6–8 festgelegt.

998 Die Verbform *nenne* mit *n*-Abfall ist (nach Mhd.
Gramm., § 155, Anm. 2, S. 194) möglich, wenn das Pronomen (*wir*) nachgesetzt wird. – Die Namensableitung von
triste ist in allen Fassungen des Tristanstoffes gemein. Vgl.
dazu die ausführliche Anm. bei Hertz, S. 499 ff. – Sprach-
geschichtlich ist diese Etymologie unbegründet (vgl. Anm.
zu 130).

033 ff. Die Anspielung auf die neutestamentliche Weih-
nachtsgeschichte, in der Herodes dem gerade geborenen

Jesus nach dem Leben trachtet (Mt. 2), unterstreicht di
Außergewöhnlichkeit des kleinen Tristan.

2055 Vielleicht eine Anspielung auf Mt. 4,6 (vgl. Ps. 91,12)

2056 ff. Über die Elemente ritterlicher Jugenderziehun
handelt zusammenfassend H. Feilzer, »Jugend in der mit
telalterlichen Ständegesellschaft. Ein Beitrag zum Probler
der Generationen«, Wien 1971 (Wiener Beiträge zur Theo
logie, 36), S. 166 ff. Vgl. außerdem M. Bindschedler, »De
Bildungsgedanke im Mittelalter«, in: DVjs. 29 (195
S. 20 ff.; M. P. Cosman, »The Education of the Hero i
Arthurian Romance«, Chapel Hill 1966; sowie J. Bumke
Höfische Kultur II (1986), S. 433 ff. – Über den Erzie
hungsgedanken im »Tristan« handelt G. Weber, Gott
frieds Tristan II (1953), S. 47 ff. Vgl. in diesem Zusammen
hang auch R. W. Raab, Gottfrieds Tristan (1977), S. 59 ff
sowie U. Küsters, Liebe zum Hof (1986), S. 157 ff. – K
Ruh, Höfische Epik II (1980), S. 225 ff. hebt die höfisch
Bildung Tristans (und Isoldes) hervor: »Gottfried beschä
tigt sich ausführlicher als irgendein Erzähler der Zeit m
Erziehung und Bildung seines Helden« (S. 225); über »Hö
fische Bildung und *senemaere*« vgl. auch K. Bertau, Übe
Literaturgeschichte (1983), S. 136 ff. – Über die unter
schiedliche Darstellung und Gewichtung der Erziehung i
verschiedenen Bearbeitungen des Tristanstoffes vgl. W. T
H. Jackson, The Anatomy of Love (1971), S. 37: »In Ei
hart's version the boy's training is the standard upbringin
of a knight, with a stress on physical prowess, and in th
respect there is clear evidence of a shift in emphasis b
Thomas, for he – and still more Gottfried – stresses thos
features of good manners, learning, and training in the art
which were characteristic of the female-oriented knights c
the romance.«

2063 Ruals erste Sorge gilt offenbar der Ausbildung seine
Pflegesohns in Fremdsprachen. Die sprachlichen Schulstu
dien Tristans erwähnt Gottfried wenig später noch vor des
sen ritterlichen Übungen in Waffenhandwerk und Reite
(vgl. 2094); vgl. Anm. zu 2236.

2107 *rüeren* ist ein Fachbegriff aus dem Gebiet der Reitkunst: ›das Pferd antreiben‹. Vgl. etwa auch den Ausdruck
in 6855, wo von dem Erfolg solchen Anspornens die Rede
ist und wo das Wort die schnelle Gangart des Pferdes bezeichnet. *rüeren* kann auch für die eilige Bewegung von
Menschen verwendet werden (etwa 16053). Zahlreiche Belege bei BMZ II.811ᵃf. Vgl. Anm. zu 9009.

2109 Die ritterliche Reitkunst wurde einschließlich ihres
Fachvokabulars aus Frankreich übernommen. *turnieren*
(von afrz. *tornier*) ist hier wohl aufzufassen im Sinne von
›eine Volte reiten, schwenken‹. Auszuschließen ist in diesem Kontext die Bedeutung ›auf Turnier reiten‹ (wie in
18684). – *leisieren* (von afrz. *laissier*) bezeichnet das Reiten
mit lockerem Zügel.

2110 Hier scheint Gottfried die Herkunft des Verbs von
afrz. *jambe* (›Schenkel‹) nicht erkannt zu haben. Er ergänzt
deshalb pleonastisch: *mit schenkelen*. Gemeint ist das Diri-
gieren des Pferdes durch Schenkeldruck.

2118 *birsen* (von afrz. *berser*) bezeichnet die Pirsch mit Spürhunden, während *jagen* für die Treibjagd steht. Zu beiden
Fachausdrücken vgl. Dalby, S. 24 ff. bzw. 107 f.

2130 *arbeitsaelic* ist eine Wortprägung Gottfrieds, die von
seiner Vorliebe für das Oxymoron als Stilmittel zeugt. Die
Übersetzungen, die der problematische Begriff gefunden
hat, sammelt G. Hollandt, Die Hauptgestalten in Gottfrieds Tristan (1966), S. 81, Anm. 10. Dazu auch grundsätzlich W. Freytag, »Das Oxymoron bei Wolfram, Gottfried und anderen Dichtern des Mittelalters«, München
1972, bes. S. 204, Anm. 50.

2167 *vederspil* sind die Lockköder, aber auch zur Jagd abge-
richtete Falken (vgl. Dalby, S. 260 f.). Auch als Metapher
verwendet: *Der Minnen vederspil Îsôt* (11985; vgl. Anm.
dazu). – Die verschiedenen Vogelarten, die die Händler
zum Verkauf anbieten, werden 2203–07 aufgezählt.

2204 *pilgerîne* ist hier adjektivisch gebraucht. Vgl. Dalby,
S. 166.

2205 Der *smirlîn* ist die kleinste Falkenart und wegen seine Schnelligkeit ein besonders geschätzter Jagdvogel (vgl 6855). Dazu Dalby, S. 204 f. – Über den *sperwaere* vgl Dalby, S. 210 ff.

2206 f. Auch Habichte wurden zur Jagd abgerichtet un benutzt, galten aber als weniger vornehm als Falken. *mû zaere* sind jene Habichte, die älter sind als ein Jahr un deshalb schon eine Mauser hinter sich haben (Dalby, S. 15 und 155); die jüngeren Vögel haben an Brust und Bauc rötliche Federn (*in rôten vederen*). Zu Habichten allgemei vgl. Dalby, S. 73 ff. Die ganze Jagdvogel-Aufzählung wir bei Hertz, S. 501 f., ausführlich kommentiert.

2232 Das Schachspiel war im 13. Jh. beim Adel sehr beliebt So zeigt etwa die Manesse-Hs. (Fol. 13a) den Markgrafe Otto von Brandenburg (Bild Nr. 6) beim Schachspiel. Di mittelalterliche Dichtung kennt zahlreiche Szenen, in de nen dieses Spiel wichtige Funktionen erfüllt (vgl. etw Buch VIII des »Parzival«), und auch die neuere Literatu macht sich seine Bild- und Symbolträchtigkeit häufig zu nutze (am auffälligsten in Stefan Zweigs »Schachnovelle« Daß die spezifische Schach-Terminologie auch eine Ausle gung in erotischem Sinne zuläßt, belegen etwa Reinmar Schachlied (MF 159,1) und die Parodie hierauf von Walthe von der Vogelweide (L. 111,22); vgl. dazu P. Wapnewski »Der Sänger und die Dame. Zu Walthers Schachlied«, in Euph. 60 (1966) S. 1 ff.; wiederabgedr. in: P. W., »Waz is minne. Studien zur Mittelhochdeutschen Lyrik«, Mün chen ²1979, S. 74 ff.

Zwischen Schachspiel und Minneschicksal gab es als schon im Mittelalter einen Deutungszusammenhang, de Gottfrieds Publikum bei dieser Tristan-Szene bewußt ge wesen sein kann. Die Schach-Episode hat mithin auch ei nen vorausweisenden Sinn. Vgl. dazu A. Lüderitz, »Di Liebestheorie der Provençalen bei den Minnesingern de Stauferzeit«, Berlin/Leipzig 1904, S. 49: »Nach der Kan zone des Provençalen Guiraut de Calanso, wo dies

(Schach-)Allegorie am weitesten durchgeführt ist, steht
vor dem Tempel der Minne ein Schachbrett. Wer hinein-
kommen will, muß vorher ein Spiel gewonnen haben.«
Das Schach-Motiv dient außerdem der Charakterisierung
des Helden: Häufig wies sich im Mittelalter der, der das
»königliche Spiel« (bereits dieses Epitheton ist bezeichnend) beherrschte, als besonders fein gebildet und vornehm aus. Tristan redet die Kaufleute, als er bei ihnen das
schâchzabel (von lat. *tabula* ›Spielbrett, Tafel‹) entdeckt,
folglich sogleich mit *edelen koufman* an, und wenig später
betont Gottfried, Tristan spiele *höfschlîche* (2278). – Die
Schach-Allegorie als Medium der Ständedidaxe behandelt
W. Heinemann, »Zur Ständedidaxe in der deutschen Literatur des 13.–15. Jahrhunderts«, Tl. 2, in: Beitr. (H) 89
(1967) S. 315 ff. – Zur Geschichte des Spiels vgl. W. Wak-
kernagel, »Das Schachspiel im Mittelalter« (1846), nachgedr. in: W. W., »Kleinere Schriften«, Bd. 1, Leipzig 1872,
S. 107 ff., sowie H. J. R. Murray, »A History of Chess«,
Oxford 1913. Auf die Beliebtheit des Schachspiels »an erster Stelle als politisches Spiel im Mittelalter« verweist P.
W. Tax (1983), S. 101.

236 Hier bewährt sich Tristans Kenntnis der Fremdsprachen, die durch Ruals Erziehung gefördert (s. Anm. zu
2063) worden war; vgl. O. Werner, »Tristan sprach auch
Altnordisch. Fremdsprachen in Gottfrieds Roman«, in:
ZfdA 114 (1985) S. 166 ff.

262 *höfscheit* übersetzt afrz. *cortoisie, cortesie* (= vorneh-
mes, hofgemäßes Betragen). Auch als Fremdwort ge-
bräuchlich: *cûrtôsîe* (2296) und als Adjektiv *cûrtois* (3239
u. ö.). Zu dem Begriff vgl. J. Bumke, Höfische Kultur II
(1986), S. 425 ff.

265 Der Name leitet sich wohl von afrz. *governer* (›erzie-
hen‹) her. Bei Thomas heißt Tristans Lehrmeister *Guver-
nal*. In allen Fassungen des Stoffes lautet der Name ähnlich. Anspielungen auf den Erzieher, der dadurch zum Inbegriff erhoben wurde, finden sich in der zeitgenössischen

Literatur (etwa »Parzival« 144,20). Vgl. J. Gombert, Ei
hart und Gottfried (1927), S. 14 ff.

2294 *schanzûne* (von afrz. *chançon*) bezeichnet allgemei
›Lied, Gesang‹ (etwa 3625), kann aber auch, wo der Begri
mit anderen Gattungsnamen gebraucht wird (wie hier un
in 8074), für die stollig gebaute »Kanzone« stehen. Vg
L. Gnaedinger, Musik und Minne (1967), S. 67.

2295 *refloit* (von afrz. *refrait*) ist ein Gesang mit Refrair
kann aber auch (wie in 19212) nur diesen Kehrreim be
zeichnen. Vgl. L. Gnaedinger, Musik und Minne (1967
S. 68, sowie Hertz, S. 561. – *stampenîe* (von afrz. *estampie*
paßt nicht ganz in diese Reihe. Es handelt sich dabei um ei
Instrumentalstück, das meist zum Tanz und auf der Fide
gespielt wurde und das nicht gesungen werden konnte (wi
das Verb des Satzes in 2293 fälschlich behauptet). Vg
Gnaedinger, S. 64. Anders Chr. Leube-Fey, die die pro
venzalischen *estampidas* als ein gesungenes, tanzlied-ähn
liches Genre definiert; in: »Grundriß der romanischen Li
teraturen des Mittelalters«, Bd. 2: »Les genres lyriques«
hrsg. von E. Köhler; T. 1, Lfg. 5, Heidelberg 1979, S. 65 f

2296 *cûrtôsîe* ist das afrz. Vorbild für die mhd. Lehnsprä
gung *höfscheit* (2262; vgl. Anm. dazu).

2307 ff. Damit beginnt die erste Seefahrt Tristans, der in
Verlauf der Erzählung noch fünf weitere folgen werden
nach Parmenien (5175 ff.), um sein väterliches Erbe anzu
treten; zur Heilung nach Irland (7362 ff.), wo er Isolde
begegnet; als Markes Brautwerber zu Isolde nach Irlan
(8629 ff.); zurück nach Cornwall, wobei er unterwegs mi
Isolde den Minnetrank trinkt (11531 ff.); in die Fremd
und schließlich nach Arundel, wo er Isolde Weißhand be
gegnet (18410 ff.). Die See steht dabei für die Ambiguitä
der Werte (I. Hahn, Raum und Landschaft, 1963, S. 89 un
107), und die Reisen markieren (nach H. Wenzel, Gott
fried von Straßburg, 1988, S. 257 ff.) »die Übergangssitua
tion des Helden, der sich auf das Meer begeben muß, wei
ihm die Eindeutigkeit und Endgültigkeit seines Statu

fehlt. So werden die Seefahrten zum symbolischen Verweis auf seine unsichere Position, wird Tristan immer wieder neu ›der swebende‹. [...] die Seefahrten skandieren den Takt seiner Identitätssuche« (S. 258). Zu dem Motiv auch S. Schmitz, »Reisende Helden. Zu Hans Staden, Erec und Tristan«, in: »Wege in die Neuzeit«, hrsg. von Th. Cramer, München 1988, S. 198 ff.

2313 *grôze mîle* heißt die ›deutsche Meile‹. Sie ist länger als ihr Gegenstück, die *welsche mîle* (vgl. Anm. zu 2758): etwa 7,5 km. Belege für beide Ausdrücke bei BMZ II.170^b. Hatto übersetzt (S. 72) mit ›league‹ (= Seemeile).

2398 Der altfranzösische Segenswunsch wird in den folgenden beiden Zeilen etwas erweitert (durch preisende Epitheta) und eingedeutscht. Gottfried vertraut generell nicht den Sprachkenntnissen seines Publikums. Deshalb läßt er den meisten fremdsprachlichen Redewendungen, die er zur Charakterisierung der Personen (vgl. Anm. zu 743 f.) – oder auch aus eigener Prahlsucht in den Text einfließen läßt, eine (mehr oder minder freie) mhd. Übertragung folgen.

2426 ff. Wohl eine Anspielung auf Ps. 107,25.26. – *abgründe* (2429) kann auch ›Hölle‹ bedeuten, wodurch der Gegensatz zu ›Himmel‹ verschärft wird (BMZ I.581^b). Nach U. Stökle, Die theologischen Ausdrücke und Wendungen (1915), S. 61 ff., ist die ganze Entführungsepisode (2401–75) durch biblische Texte (vor allem Christi Seefahrt) bis ins Detail beeinflußt.

2483 *ellende* erklärt sich aus seiner Etymologie: ahd. *eli-lenti* (vgl. got. *aljis* ›anderer‹) war der, der in einem anderen Lande, in der Fremde und außerhalb der angeborenen Rechtsgemeinschaft leben mußte. So ist der Begriff hier zu verstehen. Die spätere, auch heute noch gebräuchliche Bedeutung (in Sinne von lat. *miser*) beschreibt den Folgezustand des ursprünglichen Wortinhaltes (vgl. Kluge/Mitzka, S. 163).

2490 ff. Zu dem folgenden Monolog und »Tristans Bergbe-

steigung« vgl. R. Gruenter, Zum Problem der Land-
schaftsdarstellung (1962), S. 257 f.

2567 *reit*, Präteritum von *regen*; die Form wurde kontrahiert
(nach Mhd. Gramm., § 179,2a, S. 225 f.).

2578 f. *ze guoter mâze* bezeichnet nach einem Weistum des
15. Jh.s die Breite eines quergelegten Ritterspießes. *geriten
hin unde her* heißt wohl, daß der Pfad breit genug war, um
auch entgegenkommenden Reitern Raum zum Passieren
zu bieten.

2626 Die Pilger ließen sich auf ihrer Wallfahrt Bart und
Haare wachsen.

2634 Wallfahrer, die nach Santiago de Compostela pilgerten
nähten sich als Abzeichen sogenannte »Jakobsmuscheln«
an ihre Gewänder. Vgl. A. Schultz, Höfisches Leben I
(²1889), S. 525.

2649 Die Jerusalem-Pilger trugen (im Gegensatz zu den
Rom-Pilgern) einen Palmzweig auf dem Rücken. Vgl. A.
Schultz, Höfisches Leben I (²1889), S. 524. – Zu der ganzen
Aufmachung der mittelalterlichen Pilger siehe auch Hertz,
S. 504 f., sowie Leonie von Wilckens, »Die Kleidung der
Pilger«, in: »Wallfahrt kennt keine Grenzen. Themen zu
einer Ausstellung des Bayerischen Nationalmuseums und
des Adalbert Stifter Vereins, München«, hrsg. von L.
Kriss-Rettenbeck und G. Möhler, München/Zürich 1984
S. 174 ff.

2655 *trehtîn* kommt von ahd. *truhtîn* (von *truht* ›Krieger-
schar, Gefolge‹) und hieß ursprünglich ›Herr der Gefolgschaft‹. Im Mhd. wird die Anrede zumeist für Gott und
Christus verwendet. Vgl. W. Hoffmanns Erläuterung, in
Weber, S. 863 f.

2674 Mit dieser Geste wurde der ehrerbietige Gruß ausgedrückt (vgl. dazu Hertz, S. 505). Zur antiken und byzanti-
nischen Tradition dieser Ehrgebärde vgl. K. von Amira
»Die Handgebärden in den Bilderhandschriften des Sach-
senspiegels«, München 1905 (Abhandlungen der König-
lich-Bayerischen Akademie der Wissenschaften, 23)
S. 232 f.

2686 Gottfried unterscheidet zwischen fremdsprachlichem Zitat und eingedeutschtem Fremdwort. Hier steht frz. *companîe* (von afrz. *compaignie*); an anderen Stellen erscheint ausnahmslos *cumpanîe* (etwa 16615).

2693 Zu *sinnesam* vgl. Anm. zu 3091.

2694 In der Folge erfindet Tristan eine erste Lügengeschichte. Auch später (bei seinen Irland-Besuchen) wird er *vremediu maere* ersinnen, um seine Umgebung zu täuschen. Vgl. dazu S. Grosse, »Vremdiu maere – Tristans Herkunftsberichte«, in: WW 20 (1970) S. 289 ff., und W. Christ, Rhetorik und Roman (1977), S. 323 ff., der die Stelle im Hinblick auf Gottfrieds Wahrheitsbegriff und Vermittlungstechnik untersucht.

2758 Die *welsche mîle* ist kürzer als die *grôze* (= deutsche) *mîle* (vgl. Anm. zu 2313). Die Maßangabe orientiert sich an der römischen Einheit *milia passuum* (= tausend Doppelschritt), etwa 1,5 km. In angelsächsischen Ländern hat sich dieses Wegemaß bis heute in etwa erhalten (1 mile = 1,609 km).

2759 ff. Das folgende Kapitel ist die älteste mhd. Quelle für die Gebräuche der französischen Jagd. Tristan galt im Mittelalter als Inbegriff des vollendeten aristokratischen Jägers. Auch darin liegt – wie beim Schachspiel (vgl. Anm. zu 2232) – eine beabsichtigte vorausweisende Funktion, denn dem Publikum Gottfrieds sind die Zusammenhänge zwischen der *ars venandi* und der *ars amandi*, die sich auch in den zahlreichen Jagd-Metaphern in der Sprache der Erotik ausdrücken, natürlich bewußt gewesen. Geschicklichkeit bei der Jagd gehörte im Mittelalter zu den Fertigkeiten, die ein höfisch gebildeter junger Mann zu beherrschen hatte. Tristans erstaunliche Könner- und Kennerschaft in weidmännischen Fragen bestätigt ihn in seinem »Künstlertum« genauso wie später sein Horn- und Harfenspiel. Vgl. dazu W. Mohr, ›Tristan und Isold‹ als Künstlerroman (1959), S. 248 ff. – Besonders in älteren Fassungen des Stoffes wurde Tristans überlegene Jagdkunst in aller Breite vorgeführt. Noch bei Eilhart heißt es von ihm, er habe das Fischen mit der Angel und die Jagd mit Spürhunden erfunden (»Tri strant« 4538 ff.). Dazu auch Hertz, S. 506 f. Zur Jagd im Mittelalter vgl. allgemein Dalby (1965). Die ganze Jagd Szene behandelt H. Kolb, »Ars venandi im ›Tristan‹«, in »Medium Aevum deutsch. Beiträge zur deutschen Literatur des hohen und späten Mittelalters. Festschrift K. Ruh« hrsg. von D. Huschenbett [u. a.], Tübingen 1979 S. 175 ff., der französische Jagdbücher aus der 2. Hälfte de 14. Jh.s zum Vergleich heranzieht.

2764 *zîtec* heißt hier ›ausgewachsen, jagdbar‹. Zu diesem Zeitpunkt ist der Hirsch mindestens sechs Jahre alt; dazu Dalby, S. 332. Vgl. auch V. 42 (und Anm. dazu).

2767 *bil* bezeichnet den Augenblick, da sich das gehetzt Wild den verfolgenden Jagdhunden stellt und gegen sie zu Wehr setzt. Vgl. Dalby, S. 21 f., und Hertz, S. 507.

2772 *gevelle* ist der jägersprachliche Fachausdruck für da kunstgerechte ›Abfangen‹ bzw. ›Abnicken‹ (= die ab schließende Tötung durch Genickfang) des Hirsches; vgl Dalby, S. 252. Nach dem Ende des Tieres wird dieses ›ver blasen‹.

2800 Der Jägermeister kennt den korrekten Ausdruck ›au der Decke schlagen‹ (*enbesten*, wie in 2813) nicht und sag einfach ›abhäuten‹. Durch diesen sprachlichen Kontras wird die Kennerschaft Tristans unterstrichen. Vgl. Dalby S. 49.

2813 Tristan verwendet den weidmännischen Terminus, de mit *bast* (›Haut, Fell‹; jägersprachlich: ›Decke‹) zusam menhängt. Vgl. Anm. zu 2829.

2829 Der *bast* ist die Haut, die ›Decke‹ des Hirsches. Vgl dazu und zu *enbesten* (2813) die Belege und Erläuterunge von Dalby, S. 11 ff. Der Begriff hat sich gehalten und be zeichnet heute die filzige Haut am neuen Geweih des Hir sches. In der Bedeutung von (pflanzlicher) ›Rinde‹ er scheint *bast* in 2950.

2873 *entwaeten* ist synonym mit *enbesten* gebraucht. Da Wort taucht in dieser Bedeutung nur bei Gottfried auf.

2925 *massenîe* (von afrz. *maisnie*) bezeichnet das Ingesinde, das Gefolge.

2926 *furkîe* (von afrz. *forchie, fourchie*) wird von Tristan 2952 ff. erläutert. Nach der französischen Sitte sollten die schmackhaftesten Teile des erlegten Wildes dem Jagdherrn in einem bestimmten Ritual überreicht werden. Vgl. dazu Hertz, S. 508 f., und Dalby, S. 281 f.

2950 *bast* hat hier die moderne Bedeutung ›Rinde‹ (vgl. Anm. zu 2829).

2961 Bei der *curîe* (von afrz. *cuiriee*) überläßt man nach französischem Jagdbrauch einen Teil der Beute der Hundemeute zum Fraß. Tristan erklärt Herkunft und Zweck dieser Sitte in 3022 ff. Vgl. dazu auch Dalby, S. 128 f., und Hertz, S. 509 f.

2971 *herzeric* bezeichnet nach Dalby, S. 89, die Luftröhre, mit der das Herz, die Lunge und die Leber des Tieres verbunden sind.

3023 *cuire* entspricht dem mhd. *hût* (›Fell, Decke des Rotwilds‹). Der französische Ausdruck wird so nur bei Gottfried benutzt.

3041 *bracken* sind kleinere Spürhunde (Dalby, S. 34 ff.), während *hunde* in der Regel kräftiger und größer sind (Dalby, S. 104 ff.).

3052 Mit dem *prîsant* (von afrz. *presant* ›Präsent‹) ist hier die *furkîe* gemeint (vgl. Anm. zu 2926). Gottfried verwendet das Fremdwort auch als Verb (3056 f.)

3053 ff. Über die *hovelîche site* der folgenden Präsentation vgl. M. Brown / C. S. Jaeger, »Pageantry and Court Aesthetic in *Tristan*: The Procession of the Hunters«, in: A. Stevens / R. Wisbey, Gottfried von Strassburg (1990), S. 29 ff.

3066 Mit dem Unterschied ist der Gegensatz zu den bisher geübten Jagdbräuchen gemeint.

3075 Die *kunst* ist die der kunstgerechten Jägerei (*jagereht* 3062), die Tristan vorgeführt hat und die er jetzt vollenden soll.

3091 Gottfried beweist »eine starke Vorliebe für die adjekti
vischen Ableitungen von *sin*« (J. Trier, »Der deutsch
Wortschatz im Sinnbezirk des Verstandes«, Heidelber
1931, S. 292). Über die Adjektive auf *-sam* und spezie
über diese Stelle vgl. J. Erben, »Der sinnsame Tristan. Zu
Wortbildung des Adjektivs bei Gottfried von Straßburg«
in: Beitr. (T) 94 (1972) (Sonderh. Festschrift H. Eggers
S. 182 ff.

3097 *Britanje* bezeichnet hier *Britannia minor* (vgl. Anm. z
245), im Gegensatz zu 434, 3834 u. ö., wo *Britannia majo*
gemeint ist.

3130 Gottfried benutzt diesen Begriff (von afrz. *marcheant*
nur an dieser Stelle. Vgl. dazu auch *marchandise* (nu
4355).

3152 Im Mittelalter trugen zu festlichen Anlässen auch Män
ner Laub- oder Blütenkränze im Haar (vgl. 678, wo Ritte
mit *schapelekîn* geschmückt sind).

3220 Vielleicht einfach mit ›Art, Weise‹ zu übersetzen, den
die Jagdhörner hatten einen sehr begrenzten Tonumfang
L. Gnaedinger, Musik und Minne (1967), S. 22 f., vermu
tet, daß es sich bei dem *hornelîn*, das Tristan sich geben läß
(3210), wie auch bei dem, das wenig später Marke ihr
schenkt (3418), um ein »Grifflochhorn« gehandelt habe
müsse, auf dem sich kunstvolle Melodien spielen ließen
Näheres über dieses Instrument bei H. Besseler, »Musi
des Mittelalters und der Renaissance«, Potsdam 1937
S. 69, 74, 76 und 94. – »Im Hornspiel finden wir bereits in
Keim alle Themen angelegt, die Gottfried im Laufe de
Erzählung für den Bereich ›Musik und Spielmann‹ weite
entfalten wird« (H. Kästner, Harfe und Schwert, 1981
S. 48).

3229 Die mhd. Entsprechung zu diesem Fremdwort is
hövesch, das synonym gebraucht wird. Vgl. Anm. z
2262.

3243 ff. In mittelalterlicher Vorstellung bewirkte Blutsver
wandtschaft, selbst wenn sie den Betroffenen nicht bewuß

war, automatisch Herzensneigung. Zum Versuch, das Verhältnis Markes zu Tristan darüber hinaus als Ausdruck einer (von Gottfried zumindest angedeuteten) homoerotischen Anziehung zu deuten, vgl. R. Krohn, Erotik und Tabu (1979).

3309 *tier* bezeichnet ursprünglich das weibliche Rotwild (vgl. engl. ›deer‹ noch heute); es kann aber auch ›Reh‹ bedeuten.

3329 *condewieren* (von afrz. *conduire*) bezeichnet eine besonders feierliche Form von Geleit, die wohl wegen ihrer ausgesuchten Höflichkeit mit dem französischen Fremdwort bezeichnet wird (vgl. 11156).

3330 Französisch war auch die Mode, den Gast am Arm und nicht bei der Hand zu führen. Vgl. dazu R. Bechstein, in: »Germania« 24 (1879) S. 432.

3336 f. Gelocktes Haar gehörte für Männer wie für Frauen zum Schönheitsideal der Zeit; vgl. K. Weinhold, Die deutschen Frauen II (²1882), S. 318 f. – *brûn* im Sinne von ›dunkelfarben, braun‹ (vgl. Anm. zu 667).

3341 f. Da beim Manne die Beine eher (aufgrund der mittelalterlichen Mode) zu sehen waren, legte man auf ihre Schönheit großen Wert. Auch die Füße waren für den ästhetischen Gesamteindruck wichtig. Vgl. A. Schultz, Höfisches Leben I (²1889), S. 219.

3352 ff. Die Häufung von französischen Wörtern und Wendungen soll die feine Bildung Tristans unterstreichen; die Angehörigen des Hofes bescheinigen ihm denn auch wenig später, er sei überaus *cûrtois* (3364). – Über die Bedeutung französischer Sprachkenntnisse für die Adelsgesellschaft im Zusammenhang mit der Aneignung der französischen Hofkultur vgl. J. Bumke, Höfische Kultur I (1986), S. 112 ff.

3360 Die von *merzî* abgeleitete Verbform verwendet Gottfried nur hier, um anzudeuten, wie vornehm es an Markes Hof zugeht.

3383 *vater* deutet an, daß Marke nach dem Tode von Tristans

Eltern als nächster Blutverwandter (*unverwânt* ›ohne es zu ahnen‹) die Vaterstelle (als *munt*) einnehmen müßte.

3415 Ein Pferd ist für einen Kaufmannssohn, als der Tristan sich an Markes Hof zunächst ausgibt, ein sehr ehrendes Geschenk; vgl. auch Anm. zu 3734.

3424 *warte* bezeichnet hier die Beobachtungsposten; vgl. Anm. zu 3429.

3429 Gemeint ist die Stelle, an der man das Wild erwartet. Im übertragenen Sinne wird der Begriff auch für ›Hinterhalt, Falle‹ benutzt (etwa in 11933 und 13702). Vgl. dazu Dalby, S. 286 f.

3443 *koppeln* ist ein Fachausdruck aus dem Bereich der Jägerei (vgl. Dalby, S. 123). Auf dem Wege zur Jagd und zurück wurden die Hunde der besseren Kontrolle halber an der Leine (›Koppel‹) geführt.

3505 ff. Das folgende Harfenkonzert ist nach H. Kästner (Harfe und Schwert, 1981, S. 51 ff.) eine »zentrale Stelle für die Beurteilung der Stellung der Musik im Handlungsgefüge«.

3510 *leich* ist ein Instrumentalstück, dessen Melodie zu einer bestimmten Ballade gehören kann; vgl. L. Gnaedinger, Musik und Minne (1967), S. 64 f.

3513 Die Waliser galten im Mittelalter als überaus kunstfertige Sänger und Instrumentalisten. Ihre Musikkultur war besonders hoch entwickelt. Noch heute stehen sie im Rufe überdurchschnittlicher musischer Begabung. – Die Berufsmusiker des Mittelalters zogen auch außerhalb ihrer eigenen Heimat umher und zeigten ihre Künste in ganz Europa; vgl. dazu die Darstellung von W. Salmen, »Der fahrende Musiker im europäischen Mittelalter«, Kassel 1960; bes. S. 145 ff. Nicht selten zählten solche Spielleute zu den »outcasts« der mittelalterlichen Gesellschaft; vgl. W. Danckert, »Unehrliche Leute. Die verfemten Berufe«, Bern/München 1963, S. 221 ff.

3523 *note* bezeichnet nicht nur den schriftlich fixierten Ton einer Melodie oder den Ton selbst (wie in 3517). F. Zarn-

cke weist darauf hin, daß »*note* das in Frankreich übliche
Wort für instrumentalweise« (BMZ II. 417^b) sei. In diesem Sinne also ist der Begriff hier zu verstehen als Synonym für den Leich (›Melodie‹).

3527 Der afrz. *Lai Guiron* behandelt die Geschichte eines
Ritters, der wegen der Liebe zu seiner Dame von deren
Ehemann getötet wird und dessen Herz ihr zum Essen
vorgesetzt wird. Das Motiv vom »gegessenen Herzen« war
in der mittelalterlichen Literatur sehr beliebt; es erscheint
etwa in der *Vida* des Trobadors Guilhem de Cabestaing
(12. Jh.), die wohl auch der Novelle bei Boccaccio (»Deca-
meron« IV,9) als Muster gedient hat, welche wiederum
Hans Sachs zu seiner »Tragedi des Fürsten Concreti«
(1545) anregte. In Deutschland wurde der Stoff vor allem
durch die Sage über Reinmar von Brennenberg sowie durch
Konrads von Würzburg »Herzmaere« populär. Vgl. dazu
E. Frenzel, »Stoffe der Weltliteratur. Ein Lexikon dichtungsgeschichtlicher Längsschnitte«, Stuttgart ²1963,
S. 268 ff. (Zu ergänzen ist A. Döblins Roman »Hamlet
oder Die lange Nacht nimmt ein Ende«, 1956, in dem das
Motiv ebenfalls Verwendung findet.)

3548 Durch die schönen Hände wird die herrliche Erscheinung Tristans ergänzt. Dabei sind die Attribute, die 3551 f.
aufgezählt werden, durchaus konventionell. Vgl. die zahlreichen Belege bei A. Schultz, Höfisches Leben I (²1889),
S. 217.

3553 Tristan spielt die Harfe mit Fingergriffen (mhd. *rüeren*)
und mit vollen Akkorden, die mit allen Fingern gleichzeitig
geschlagen werden (mhd. *slahen*). In dem formelhaften Begriffspaar ist diese Unterscheidung dann verlorengegangen. Vgl. L. Gnaedinger, Musik und Minne (1967), S. 26.

3554 Mit *ursuoche* wird das probierende, einstimmende Vor-
spiel bezeichnet (vgl. Lexer II.2013).

3558 Mit *plectrûn* (von afrz. *plectrum*) ist der Stimmschlüssel
gemeint (vgl. L. Gnaedinger, Musik und Minne, 1967,
S. 27), mit dessen Hilfe Tristan die *nagel* (vgl. Anm. zu
3559) verstellt und die *seiten* (3559) stimmt.

3559 *nagel* sind Stimmschrauben; hier Plural.

3562 Ein Lob für Tristans Musikalität, die sich allein schon
darin andeutet, daß er das Instrument, nachdem der walisi-
sche Meister darauf gespielt hat, noch einmal neu zu stimmen für nötig hielt. Vgl. dagegen H. J. Zingel, der erwähnt, daß die Spieler »nicht nur viel ein-, sondern noch
mehr umgestimmt haben« (MGG V, »Harfe«, Sp. 1548).
Die Parallelität dieser Harfenspiel-Szene zu der früheren,
in der Tristan sein Künstlertum beim Hornblasen unter
Beweis stellte (2759 ff.), ist offensichtlich. Vgl. dazu W.
Mohr, ›Tristan und Isold‹ als Künstlerroman (1959). Zu
der Popularität und literarischen Verbreitung dieser Har-
fenstelle vgl. Mohr (ebd.), der auf Entsprechungen im
»Ruodlieb«-Roman hinweist, sowie L. Gnaedinger, Musik und Minne (1967), S. 24 ff. – Zum »höfischen Spielmann«, seinem Auftreten in der mhd. Literatur und seiner
Darstellung im »Tristan« vgl. H. Kästner, Harfe und
Schwert (1981).

3563 Ganz/Bechstein (I, S. 134) übersetzt weitergehend:
»Tristan in der Rolle eines Spielmanns, der zum ersten Mal
auftritt«; bei W. T. H. Jackson, Der Künstler Tristan
(1962), S. 288, erscheint der *niuwe spilman* als »ein neues
Gesicht und ein neuer Typ am Hof«. Die Bezeichnung soll
wohl die neue Qualität in der Stellung Tristans am Hofe,
die ja über den Rang eines Spielmanns weit hinausgeht,
unterstreichen. Zu der Stelle vgl. auch die Überlegungen
von H. Kästner, Harfe und Schwert (1981), S. 60 ff., der
die Insignien von Tristans neuer Position, Harfe und
Schwert (3737), auf ihre Relevanz als Attribute des Helden
untersucht. Nach Kästner lassen »die vielen Anspielungen
und Verweise auf die Davidtradition [. . .] den Schluß zu,
daß Gottfried die – teilweise schon in seiner Quelle vorge-
fundenen – Verknüpfungen vom biblischen Sänger und
Psalmisten mit dem höfischen Spielmann Tristan bewußt
zur Sinnakzentuierung verwendet hat« (S. 75); vgl. Anm.
zu 6217.

3567 *grüeze* bezieht sich nach Bechstein (zur Stelle) auf das
Präludium; *seltsaene* bezeichnet den exotischen Zauber,
der von Tristans Spiel ausgeht. Die Virtuosität des Vorspiels bestätigt seinen Rang als Künstler; »Les préludes et
postludes instrumentaux devaient prêter à d'intéressantes
improvisations ou colorations qui établissaient la réputa-
tion de certains harpeurs (tel Tristan).« (J. Maillard, »Le lai
lyrique et les légendes arthuriennes«, in: »Bulletin de la
Société Internationale Arthurienne« 9, 1957, S. 125.)

3585 Die Stelle gibt (ebenso wie 3615) keinen Anhalt, daß
dieser Leich etwa (mit Text) gesungen worden wäre. Vgl.
Anm. zu 3510.

3587 Die Sage vom gegessenen Herzen wurde im Mittelalter
gelegentlich auch mit dem Namen *Grâlant* in Verbindung
gebracht; vgl. Hertz, S. 512. Da aber kurz zuvor der wali-
sische Sänger mit dem *Gûrun*-Leich (vgl. Anm. zu 3526)
dieses Thema bereits behandelt hat, ist anzunehmen, daß
Tristan das weitverbreitete Feenmärchen um den Helden
des altfranzösischen »Lay de Graalant« zum Vortrag
brachte; vgl. E. M. Grimes (Hrsg.), »The lays of Désiré,
Graelent and Melion«, New York 1928, S. 12 ff. und
S. 76 ff.

3592 Der Verweiszusammenhang zwischen Musik und
Liebe wird hier noch einmal deutlich. Nicht nur die Musik
verursacht so sonderbare Absenzen wie die hier beschrie-
bene. Auch die Macht der Minne bewirkt drastische Aus-
fälle – wie etwa das Vergessen der Tageszeit, von dem
Friedrich von Hausen berichtet: *ich kom sîn dicke in sô
grôze nôt, / daz ich den liuten guoten morgen bôt / gegn der
naht* (MF 46,3 ff.), und das zum Bild-Arsenal nicht nur der
deutschen und europäischen, sondern schon der arabischen Liebeslyrik im Mittelalter zählt (vgl. L. Ecker, »Ara-
bischer, provenzalischer und deutscher Minnesang. Eine
motivgeschichtliche Untersuchung«, Berlin/Leipzig 1934,
S. 62). – Diese »magische Kraft der Musik« verweist auf
den Orpheus-Mythos; dazu H. Kästner, Harfe und

Schwert (1981) S. 77 ff., der überdies die Bezüge zur David-Tradition unterstreicht und »David-Orpheus-Parallelen zu der Spielmannsfigur Tristan« (S. 84) herausarbeitet.

3599 f. Zu der ungewöhnlichen Verbindung zwischen dem *koufman* und seinem *höfschen sun* vgl. Anm. 4055.

3613 *mû voluntiers* kommt von afrz. *mou, moult* (›viel, sehr‹) und afrz. *voluntiers* (›gerne‹).

3616 Die Sage von dem antiken Liebespaar »Pyramus und Thisbe« aus dem vierten Buch der »Metamorphosen« von Ovid war im Mittelalter überaus beliebt und weitverbreitet. Diese Popularität erklärt sich gewiß daraus, daß in dieser Geschichte wesentliche Elemente des ritterlichen Minne-Ideals bereits enthalten sind: Liebestreue und Liebestod. Bezeichnenderweise verquickt eine mhd. Bearbeitung der Sage den antiken Stoff mit der Geschichte von Tristan und Isolde: Aus dem Grab der Liebenden wächst auf der einen Seite eine Rebe und senkt sich auf der anderen wieder in die Erde, um auf diese Weise die beiden Körper symbolisch zu verbinden (hrsg. von M. Haupt, in: ZfdA 6, 1848, S. 504 ff.). Auch im »Erec« Hartmanns von Aue werden Pyramus und Thisbe erwähnt – allerdings als mahnendes Beispiel (7709 ff.). – Die Gottfried-Stelle fehlt leider in der materialreichen Arbeit von F. Schmitt-von Mühlenfels, »Pyramus und Thisbe. Rezeptionstypen eines Ovidischen Stoffes in Literatur, Kunst und Musik«, Heidelberg 1972 (Studien zum Fortwirken der Antike, 6); sie ist der Untersuchung, in der sie unberücksichtigt bleibt, lediglich (und wohl nachträglich) vorangestellt (S. 7). Vgl. auch H. Brinkmann, »Mittelalterliche Hermeneutik«, Tübingen 1980, S. 206 ff., der erklärt, daß die antike Liebesgeschichte »durch ihre Konzeption das Modell (als *integumentum*) für die Gestaltung der Tristansage durch Thomas und Gottfried geliefert« (S. 208) habe.

3617 Mit dem alten *Bâbilône* ist Bagdad gemeint (im Gegensatz zu *Babylonia nova* = Memphis).

3625 Wenn der *leich* ein reines Instrumentalstück ist, kann

hiermit nicht der »gesungene Teil« gemeint sein (vgl. aber
L. Gnaedinger, Musik und Minne, 1967, S. 31, Anm. 61).
Da *schanzûne* im Plural steht, ist wohl von mehreren Liedern die Rede, die aus unterschiedlichen Ländern kamen
und die Tristan in seinen Vortrag einfügte (vgl. 3627 f.).

3626 *leichnotelîn* übersetzt BMZ II.418^a mit »der ton des
leiches«. Eine Auslegung, die unter diesem Begriff den
Text des Liedes versteht, läßt seine wirkliche Bedeutung
außer acht, auch wenn sie einen reizvollen Beleg für Tristans Sprachgewandtheit und Weltläufigkeit ergäbe.

3657 *seitspil* kann sowohl das Saiteninstrument bezeichnen
als auch die Kunst, es zu spielen (BMZ II^2.502^b f.).

3676 Die *videl* ist ein zumeist fünfsaitiges Streichinstrument
mit flachem Resonanzboden, das im Mittelalter sehr beliebt war. – Bei der *symphonîe* werden die Saiten nicht mit
einem Bogen gestrichen, sondern vermittels eines mit Harz
bestrichenen Rades zum Tönen gebracht und durch Tasten
reguliert (Drehleier). Dazu A. Schultz, Höfisches Leben I
(^{2}1889), S. 555 ff.

3677 Die Harfe war das populärste Instrument der Zeit. Sie
war kleiner als heute üblich, und es gab sie in verschiedenen
Ausführungen; vgl. A. Schultz, Höfisches Leben I (^{2}1889)
S. 552 f. – Die *rotte* (von afrz. *rote*), eine Harfenzither mit
bis zu siebzehn Saiten, war das Nationalinstrument von
Wales. Bezeichnenderweise hat Tristan das Rottenspiel
von einem Waliser gelernt (3678 f.). Über das Instrument
vgl. H. Steger, »Die Rotte«, in: DVjs. 35 (1961) S. 96 ff.

3680 f. Die *Britûnoise* können sowohl Bretonen (wie in 332,
3525 u. ö.) als auch Briten (wie in 431) sein. Für die zweite
Möglichkeit spricht, daß der Ortsname *Lût* auf London
weist. Nach der britischen Fabelgeschichte hat der Troja-
ner Brutus an der Themse ein neues Troja erbaut, das von
einem seiner Nachkommen, König Lud, erweitert und befestigt wurde. Der Londoner Straßenname »Ludgate Hill«
erinnert noch heute an das Stadttor, in dessen Nähe der
Legende nach König Lud begraben wurde. Bei Geoffrey

von Monmouth erscheint der Name »Kaerllud« (›Stadt des
Lud‹), und in Shakespeares »Cymbeline« (dessen Held übrigens ein Enkel des sagenhaften Königs ist) wird wiederholt von »Lud's town« (wohl nach Holinsheds Chronik)
gesprochen. Die Bezeichnung, so berichtet die fabulöse
Überlieferung, sei später zu »London« verfälscht worden.
Gottfried wiederholt die topographische Angabe in 8068.
Hier scheint die Bedeutung durch das folgende *Thamîse*
eindeutiger: London. Gesichert ist aber auch das nicht.
(Vgl. außerdem »Erec« 9723: *stat ze Lûte*; die Stelle auf
auf Chrétiens Version zurück.) – Andererseits liegt die Interpretation nahe, daß Tristan hier seine bretonischen
Lehrmeister erwähnt, denn gerade deren Musik beherrscht
er, wie in 3588 und 3627 betont wird, so vorzüglich. Dann
wäre *Lût* eine Stadt auf dem Kontinent (die endgültig zu
identifizieren jedoch bis jetzt noch nicht gelungen ist), wie
die Tristan-Forschung fast einmütig annimmt. Für London verwendet Gottfried überdies in 15302 und in 15309
eine eigene Bezeichnung: *Lunders*.

3682 *lîren* ist wohl ein substantivierter Infinitiv. Die mittelalterliche Leier war ein Saiteninstrument, das in unterschied-
lichsten Bauformen existierte, mal einer Geige und mal
einer Mandoline glich, mal gestrichen und mal gezupft
(ein- oder mehrhändig) wurde. Vgl. H. Hickmann, MGG
VIII, »Leier«, Sp. 517 ff. – Über die Bedeutung von *samb-
jût* gibt es nur Vermutungen. Das Wort ist so nur bei Gottfried belegt, der Tristan auf Markes verwunderte Frage,
was denn mit diesem fremdartigen Instrument gemeint sei,
erläuternd erwidern läßt, es handle sich um ein *seitspil*
(3684) und noch dazu um ein besonders feines. Vgl. dazu
Hertz, S. 514 f., sowie L. Gnaedinger, Musik und Minne
(1967), S. 38.

3683 Mit *lieber man* deutet Marke seine Zuneigung und
zugleich das hierarchische Gefälle zwischen ihm und Tristan an.

3692 In diesem Zusammenhang wirft Hertz, S. 516, die

Frage auf, welche Sprache an Markes Hof gesprochen worden sei. Wenn der König sich nach Tristans Fremdsprachen-Kenntnissen erkundigt und dabei das Französische einschließt, das Englische aber nicht erwähnt, ist zu vermuten, daß Letzteres als Lingua franca galt. Die vielen französischen Ausdrücke und Wendungen hat Gottfried von Thomas übernommen. Sie gelten kaum als Indiz; wohl aber die Tatsache, daß Markes Jäger weder die französischen Jagdbräuche noch die dazugehörenden Termini technici kennen. Hertz gibt zu bedenken (S. 516): »Sollte dieser Abschnitt des Thomasgedichtes auf eine englische Bearbeitung zurückgehen, welche die Kenntnis des Französischen als einer fremden Sprache hervorhob, aber die des Englischen als selbstverständlich wegließ?«

3703 *Almânje* leitet sich von der im romanischen Sprachgebiet üblichen Bezeichnung für Deutschland ab. Die zeitgenössische Verwendung des Wortes – belegt bei Walther von der Vogelweide (L. 37,4) und Wolfram von Eschenbach (»Parzival« 67,22 und »Willehalm« 350,7) – beachtet diese sprachgeographische Zuweisung genau. Gottfried dürfte das Wort, das er 18445 u. ö. wiederholt, von Thomas übernommen haben. An dieser Stelle bedeutet es ›die Deutschen‹, im übrigen aber ›Deutschland‹.

3709 Golther, Closs, Ganz/Bechstein haben an dieser Stelle *minneclîche*. Hatto (S. 91) und Kramer (S. 95) übersetzen entsprechend. Ranke folgt seinem Editionsprinzip und setzt – den Hss. HWNP folgend – *inneclîche* (wie vor ihm auch schon Marold, der ebenfalls die Überlieferung FHW für die verläßlichste hält).

3717 *hôrâ* ist ein durch *â* verstärkter Imperativ von *hoeren*. Diese intensivierende Partikel erscheint etwa auch in *neinâ* (vgl. Heinrich von Morungen MF 137,21 f.). Weitere Belege für den Gebrauch von *â* bei BMZ I.1 f.

3725 *geselle* kann eine stark erotisch besetzte Bedeutung haben. Eine Interpretation, die Markes Verhältnis zu Tristan im Sinne einer andeutungsweise homophilen Zuneigung versteht (vgl. Anm. zu 3243 ff.), könnte durch diese ambivalente Wortwahl noch gestützt werden. Dazu paßt auch der Befund in der Anm. zu 3726.

3726 In der Abfolge und dem Wechsel der Personal- und Possessiv-Pronomina nimmt Gottfried wieder das »syntaktische Werbe- und Liebesspiel« auf, das er schon im Prolog (Tristan und Isolde) und in der Vorgeschichte (Riwalin und Blanscheflur) verwendet hatte. Vgl. Anm. zu 129 f. und 1358 f.

3732 Marke setzt Tristans *iegelîchem seitspil* (3667) nunmehr seine Interpretation von *spil* entgegen: reiche Gaben, deren Wert und Pracht der außergewöhnlichen, ja königlichen Begabung des Beschenkten entsprechen.

3734 Bereits in 3415 hatte Marke seinem neuen Jägermeister Tristan sein eigenes Jagdpferd gegeben. Nun wiederholt Gottfried diese großzügige und bedeutungsvolle Geste des Königs, wohl um ihr Gewicht zu betonen. Das Pferd nämlich, das im ritterlichen Selbstgefühl des Adels eine wesentliche Funktion hatte, erhebt den damit belohnten Spielmann (oder in diesem Falle: Kaufmannssohn) weit über seinen Stand. Vgl. dazu W. Salmen, »Der fahrende Musiker im europäischen Mittelalter«, Kassel 1960, S. 140, der andere literarische Belege für diese außerordentliche Ehrung eines Spielmanns anführt (Walther von der Vogelweide, Volker im »Nibelungenlied« u. a.).

3737 f. Ähnlich adelnde Bedeutung wie das Pferd (vgl. Anm. zu 3734) haben auch Markes übrige Geschenke: Schwert und Sporen waren Attribute der Ritterwürde; Armbrust und Horn aus Markes persönlichem Besitz ehren den Jägermeister Tristan. Nach P. W. Tax (1983) haben »all diese Geschenke [...] auch eine erotische Bedeutung«; sie weisen deshalb »auf die Minne voraus« (S. 101).

3753 *dan* (von afrz. *dan*, lat. *dominus*) entspricht dem mhd. *hêrre*; vgl. span. ›Don‹.

3796 Ranke schreibt *artribalt* in einem Wort (nach Hs. M); alle anderen Herausgeber trennen in *art ribalt. ribalt* ist ein

Lehnwort aus dem Altfranzösischen (vgl. BMZ II.678b); vgl. A. Schultz, Höfisches Leben II (²1889), S. 197. *ein art* steht hier für *von arte* ›seines Zeichens‹; siehe dazu auch *ein art spilman* (7591).

3869 *langer* ist ein flektiertes prädikatives Adjektiv (Mhd. Gramm., § 259, S. 326).

3882 Diese Zeitangabe findet sich sonst nirgendwo. Womöglich hat Gottfried das Detail eingefügt, um den Eindruck einer besonderen Authentizität zu erreichen. Der traditionelle Tag für den Kirchgang aber war auch im Mittelalter der Sonntag.

3915 *swert nemen* ist der Ausdruck für die Zeremonie, in der ein Knappe zum Ritter geschlagen wird und die Gottfried 4589 ff. ausführlicher schildert. Vgl. dazu J. Bumke, Studien zum Ritterbegriff (²1977), S. 101 ff.

3921 Erneut wird auf Tristans lockiges Haar hingewiesen (vgl. Anm. zu 3336).

3987 f. Die Konstruktion der Präsensform von *werden* mit dem Partizip Präsens eines weiteren Verbs »nähert sich der futurischen Bedeutung« (Mhd. Gramm., § 307,2, S. 378).

3996 ff. Die Vorstellung, daß wahre Vornehmheit auch in ärmlichster Gewandung sichtbar bleibe, gehört zum Formelbestand nicht nur der mittelalterlichen, sondern auch der späteren Literatur; vgl. die Worte des Petruchio in Shakespeares »The Taming of the Shrew« (IV,3):

»For 'tis the mind that makes the body rich;
And as the sun breaks through the darkest clouds,
So honour peereth in the meanest habit.«

Dagegen entwickelt sich in der bürgerlichen Literatur der Neuzeit die optimistische Überzeugung, daß die Würde – und damit: der gesellschaftliche Wert – des Menschen sich durch seine Garderobe steigern ließe (etwa bei G. Kellers »Kleider machen Leute«).

4027 *sire* (afrz.), Entsprechung zu mhd. *hêrre*.

4041 Zum Gebrauch von *tugent* im Sinne von ›Mannesalter‹

vgl. DWb. XI,I,2, Sp. 1567, wo auch diese Stelle angeführt wird. Außerdem siehe H. Freytag, »Die Bedeutung der Himmelsrichtungen im Himmlischen Jerusalem«, in: Beitr. (T) 93 (1971) S. 147, Anm. 35.

4044 *hêrschaft* hat hier die Bedeutung von ›Würde, Hoheit‹ (weitere Belege bei BMZ I.668[b]). Vgl. auch Anm. zu 4049.

4045 Der Vergleich mit dem Repräsentanten höchster weltlicher Macht (Kaisertopos) gehört zum Arsenal rhetorischer Wendungen, mit denen die mittelalterlichen Dichter höchstes Lob ausdrückten. Vgl. dazu auch Anm. zu 692 und 1372.

4049 Wortspiel mit *hêrschaft* (in 4044); hier in der Bedeutung ›versammelte herren‹ (BMZ I.669[a]; weitere Belege ebd.).

4055 In der Formulierung *höfsche koufman*, die zwei (nach mittelalterlichem Verständnis bewußt voneinander geschiedene) soziale Sphären sprachlich aufschlußreich verbindet, deutet sich eine absichtsvolle Aufwertung des Kaufmannsstandes an, die in dieser Szene mit Rual, aber auch schon bei Tristans erstem Auftreten an Markes Hof (vgl. 3282 ff. und 3599 f.) suggeriert wird. Die ambivalente Terminologie verweist nicht nur auf Gottfrieds Bestreben, den spezifischen Rezeptionsbedingungen in Straßburg zu Beginn des 13. Jh.s gerecht zu werden (vgl. Nachwort S. 313 ff.; außerdem T. Tomasek, Die Utopie, 1985, S. 248 ff.); sie ist auch ein wertvoller Beleg für die sozialgeschichtliche Situation des Werkes in einer Phase des Aufstiegs bürgerlicher Kaufleute zu einer herrschenden Schicht in den aufblühenden Städten (zum historischen Hintergrund vgl. Jacques LeGoff, »Kaufleute und Bankiers im Mittelalter«, Frankfurt a. M. 1989). Zum Bild des Kaufmanns bei Gottfried auch die Darstellung von D. Buschinger, »L'image du marchand dans les romans de Tristan en France et en Allemagne«, in: Tristania 10,1/2 (1984/85) S. 43 ff., sowie D. Buschinger, »Das Bild des Kaufmanns im Tristan-Roman und bei Wolfram von Eschenbach«, in: »Zeitschrift für Germanistik« (Leipzig) 8 (1987) S. 532 ff.

4063 *kemenâte* bezeichnete ursprünglich ›heizbares Zimmer‹ (von mlat. *camera caminata*). Die Bedeutung verengte sich dann auf ›Frauengemach‹. Hier ist einfach ein Wohnraum innerhalb des Palas gemeint. (Vgl. A. Schultz, Höfisches Leben I, ²1889, S. 101 ff.; sowie J. Bumke, Höfische Kultur I, 1986, S. 155 f.).

4095 Da man im Mittelalter die festen Speisen mit den Händen aß, war es höfische Sitte, sich vor den Mahlzeiten und danach die Hände zu waschen, denn »die meisten Tischregeln lassen sich als Hygienevorschriften erklären, die auf die realen Gegebenheiten beim Essen Bezug nahmen« (J. Bumke, Höfische Kultur I, 1986, S. 269). – Das Zeremoniell drückt sich auch sprachlich in der verkürzten Formel *wazzer nemen* aus, die bei anderen Autoren ebenso erscheint (Belege bei BMZ III.539ᵃ und Lexer III.708). Zu Mißverständnissen hat diese Redewendung bei der Interpretation des Tegernsee-Spruchs von Walther von der Vogelweide (L. 104,23 ff.) geführt. (Zum Ritual des Händewaschens vgl. A. Schultz, Höfisches Leben I, ²1889, S. 415 ff.)

4118 In der Konstruktion von *werden* mit dem Partizip Präsens eines weiteren Verbs kann sich »die Fortdauer des begonnenen Geschehens« ausdrücken (Mhd. Gramm., § 307,2, S. 378). Marke fährt mit seinen Fragen also fort; Gottfried wiederholt deshalb das Verb von 4115.

4144 *mich bestât* ist ein Rechtsterminus: ›mir steht zu‹. Hier ist die Wendung zu verstehen im Sinne einer engen Beziehung, die verwandtschaftlicher oder auch nur dienstrechtlicher Art sein kann (vgl. BMZ II².580ᵃ). Der Kontext (vgl. 4143) legt die Übersetzung nahe.

4145 *man* ist hier – wie meist – gebraucht in der Bedeutung von ›Lehnsmann, Vasall‹.

4192 Das Plusquamperfekt wird hier mit Hilfe des *ge*-Präfixes gebildet. In der Zeile zuvor hat die Präterital-Form *kâmen* die gleiche Funktion (Mhd. Gramm., § 153, S. 192). – Der Vers erinnert bis hin zur Verwendung des perfektiven Präteritums an 1640: *und alse er sî dô ze ê genam.*

4193 Rual erwähnt die Anwesenheit von vielen Zeugen, um die Rechtsverbindlichkeit dieser Eheschließung zu bekräftigen. Über die umstrittene Frage der Rechtmäßigkeit dieser Heirat, die für den Herrschaftsanspruch Tristans gegenüber Morgan von Belang ist, handelt R. Combridge, Das Recht im ›Tristan‹ (²1964), S. 31 ff.

4201 *mâc* heißt ›Verwandter‹. Sehr häufig ist in der mhd. Literatur die alliterierende Formel mit *man* (vgl. BMZ II.11^b).

4213 ff. Weinende Männer galten – anders als heute, da der moderne ›Männlichkeitswahn‹ solche ›Weichlichkeit‹ nicht mehr meint dulden zu dürfen – im Mittelalter (und bis ins 19. Jh. hinein) durchaus nicht als würdelos. Die mhd. Literatur ist voll von schluchzenden Helden. Vgl. dazu H. G. Weinand, Tränen (1958), bes. S. 69 ff.

4231 *vaterwân* ist eine Gottfriedsche Prägung. Die Formulierung wird 4372 wörtlich wiederaufgenommen.

4287 ff. Ein Ring als (Wieder-)Erkennungszeichen (vgl. HDA 7, Sp. 715 f.) und als Mittel der amtlichen Beglaubigung (vgl. DWb. VIII, Sp. 986) ist ein in Literatur, Märchen und Sage weit verbreitetes Motiv – etwa in der frühhöfischen Verserzählung »König Rother«, im »Dialogus miraculorum« des Caesarius von Heisterbach, in Boccaccios »Dekameron« (III,9) und in der spätmittelalterlichen Volksballade vom »Edlen Moringer« (einschlägige Hinweise danke ich der Belesenheit von Günther Schweikle und Birgit Stimpfig). Einen Überblick gibt A. Stern, »Der Ring in der Sage, im Märchen, in der Novelle, im Drama, im Recht«, in: »Hessische Blätter für Volkskunde« 30/31 (1931/32) S. 106 ff.

4293 *vester* ist nicht Komparativ, sondern eine starke Flexionsform. Die Stelle besagt, daß Markes Schmerz um seine verstorbene Schwester sich in dem Augenblick neu belebt, da er ihren Ring in Händen hält.

4301 *erbevater* existiert nur bei Gottfried. Das Wort bezeichnet den Pflegevater, der nach dem Tode des wirk-

lichen Vaters als nächster Blutsverwandter dessen Stelle
einnimmt und dabei den Pflegesohn in die Erbfolge auf-
nimmt.

4323 Das Verb fehlt in den Hss. HWRSP; die übrigen Hss.
haben *gie*.

4324 »Mit dem Kusse empfing man nur gleichgestellte oder
einem höheren Stande angehörende Personen« (A.
Schultz, Höfisches Leben I, ²1889, S. 521). Überdies galt
der Willkommenskuß als Zeichen besonderer Herzlichkeit
und Verbundenheit.

4329 Mit den französischen Begriffen wird die Feierlichkeit
des Vorganges noch unterstrichen. *enbrazieren* kommt
von afrz. *embracier*.

4330 *salûieren* (von afrz. *saluer*) benutzt Gottfried außerdem
noch in 5206 und 17356.

4331 f. Zu der Stelle und ihrer Bedeutung für die Charakterisierung Ruals vgl. L. Stavenhagen, »*Rual der werde / ein
wunder uf der erde*«, in: »Neophilologus 68 (1984)
S. 400 ff.

4355 *marschandise* (von afrz. *marcheandise*) nimmt den
französischen Ausdruck von 3130 wieder auf.

4360 f. Die Formel *die hende ze gote bieten* umschreibt das
Gebet. Die Wendung erscheint auch bei anderen Dichtern
(s. BMZ I.182 sowie Lexer I.269).

4372 Diese Formulierung gebraucht Gottfried auch in 4231.

4374 *jehen* in Verbindung mit der Präposition *an* heißt ›sich
bekennen zu‹; mit der Wendung erklärt man seine Zugehörigkeit (auch im rechtlichen Sinne). Vgl. BMZ I.514ª.

4391 f. In der »Saga« äußert Tristram diesen Wunsch von
sich aus, ohne durch Roald beeinflußt zu sein. Auch bei
Eilhart fordert Tristrant selbst die Schwertleite. Gottfried
betont die Rolle Ruals als Mentor seines Pflegesohnes.

4406 Da die Ritterweihe der höfischen Zeit eine ungemein
kostspielige Veranstaltung war (vgl. dazu J. Bumke, Studien zum Ritterbegriff, ²1977, S. 117), setzte sie beträchtliche Mittel voraus. Das *rîlîche guot* also »entpuppt sich als

jenes, das der Ritter braucht, um voll standesgemäß agieren zu können, um sich nicht um Materielles kümmern zu müssen« (P. K. Stein, Tristans Schwertleite, 1977, S. 312) – was sowohl als Ausdruck einer gesellschaftlichen Wirklichkeit verstanden als auch literarisch auf die Konvention der Artusepik mit ihrer märchenhaften Fülle bezogen werden kann. H. Fromm (Tristans Schwertleite, 1967, S. 335 f.) vermutet hinter Tristans Bescheidenheit kluge Berechnung, die sich in Markes anschließender Großzügigkeit offensichtlich auszahlt. Zur Gestaltung und Deutung dieser Stelle vgl. auch P. K. Stein (1977), S. 309 ff.

4432 Die Formulierung erinnert an Hartmanns von Aue »Erec«, dessen Held sich durch *verligen* um seine *êre* bringt. Allerdings schwächt Gottfried die Anspielung in den folgenden Zeilen wieder ab.

4452 Wortspiel mit den verschiedenen Bedeutungen von *rât*: ›Ratschlag‹ und ›Hilfe‹.

4462 *ûf tuon* ist ein Rechtsterminus: ›zur Verfügung stellen‹. Marke räumt Tristan ein Nutzungsrecht ein. Vgl. F. Pensel, Rechtsgeschichtliches und Rechtssprachliches (1961), S. 42.

4468 *urbor* hat zwei Bedeutungen: ›zinsbringendes Gut‹ oder ›Zinsertrag‹. Hier ist wohl ›Pfründe‹ gemeint, während in 5796 (vgl. Anm. dazu) eher von den Steuereinnahmen die Rede ist. Vgl. dazu aber R. Combridge, Das Recht im ›Tristan‹ (²1964), S. 175 f.

4469 Die *crône* ist fem.; folglich steht *zinsaerîn* (= eine zum Zins verpflichtete Frau). Vgl. zu dem Begriff R. Combridge, Das Recht im ›Tristan‹ (²1964), S. 179.

4472 Hier stellt Marke seinem Neffen jene reichlichen Mittel zur Verfügung, von denen dieser als Voraussetzung zum Eintritt in den Ritterstand gesprochen hatte (vgl. Anm. zu 4406).

4473 Die Wendung ist nicht im Wortsinne zu verstehen. Vgl. Anm. zu 692 und 1372.

4478 Mit dem umschriebenen Perfekt kann futurische Be-

deutung ausgedrückt werden (Mhd. Gramm., § 307,2,
S. 378).

4481 *schrîn* (›Schrank, Truhe‹) wird häufig auch im übertragenen Sinne gebraucht (vgl. BMZ II².217^b).

4552 Seit dem Ende des 12. Jh.s ist es für Deutschland
bezeugt, daß aus Anlaß der Schwertleite für junge Fürsten
zugleich auch anderen Knappen die Ritterwürde verliehen
wurde. Über die Zahl der Teilnehmer an solchen »Massenpromotionen« gibt es sehr unterschiedliche Angaben; die
Berichte gehen bis zu 600 und mehr (etwa im »Nibelungenlied« 646,1). Gewiß wird hier auch die dichterische Phantasie der mittelalterlichen Autoren eine Rolle spielen. Zwölf
Adelige (unter ihnen Kurvenal) sind dabei, als Ruals Söhne
durch Tristan, ihren Lehnsherren, die Ritterweihe empfan-
gen (5739). Vgl. dazu auch J. Bumke, Studien zum Ritterbegriff (²1977), S. 115 ff.

4563 Die Kleider als Allegorien von Tugenden zu deuten
geht auf Vorbilder in der theologischen Literatur zurück;
vgl. dazu U. Stökle, Die theologischen Ausdrücke und
Wendungen (1915), S. 47, sowie H.-G. Nauen, Religion
und Theologie (1947), S. 40. Zur Stelle, ihren Darstellungsmustern und ihrer Funktion für den Kontext des
Werkes vgl. U. Ernst, Gottfried in komparatistischer Sicht
(1976), S. 7 ff., sowie P. K. Stein, Tristans Schwertleite
(1977), S. 315 ff.

4569 *bescheidenheit* hat im Mhd. nicht die Bedeutung von
lat. *modestia*. Der Begriff bezeichnet ursprünglich Unterscheidungsvermögen und Urteilsfähigkeit (wie lat. *discre-
tio*), dann auch Verstand, Lebensklugheit (etwa in dem
Titel von Freidanks Spruch-Sammlung »Bescheidenheit«).
Hier ist »taktvolles, richtiges Verhalten‹ gemeint. Zum
Fortleben dieser Bedeutung in nachmittelalterlicher Literatur vgl. die Belege im DWb. I, Sp. 1556 f.; darüber hinaus
etwa die Wendung »frage mit Bescheidenheit« in Lessings
»Nathan« (II,8) oder »der bescheidene Ritter« ebd. (III,7).

4579 *feitiure* (von afrz. *faiture*) heißt ›Schmuck‹ und ›Ausrüstung‹.

4580 *baniere* (von afrz. *baniere* ›Fahne‹) und *covertiure* (von afrz. *coverture* ›Decke, Pferdedecke‹) sollen die Prächtigkeit der Ausstattung auch sprachlich verdeutlichen.

4589 Die gesamte Ausstattung wurde vom Veranstalter der Schwertleite bezahlt. Vgl. J. Bumke, Studien zum Ritterbegriff (²1977), S. 117 f.

4594 Zum Ablauf der Schwertleite vgl. auch A. Schultz, Höfisches Leben I (²1889), S. 181 ff. Über Entstehung und Gebrauch des Begriffs handelt J. Bumke, Studien zum Ritterbegriff (²1977), S. 101 f., sowie ders., Höfische Kultur I (1986), S. 323 ff.

4598 *gelîchen* (in diesem Sinne in engl. ›like‹ erhalten) im Zusammenhang mit *behagen* gebraucht Gottfried auch in 9492.

4604 Es folgt ein Unfähigkeitstopos, wie er in biblischen Psalmistenmetaphern und in der geistlichen Dichtung der Zeit häufig war. Vgl. dazu H. Fromm, Tristans Schwertleite (1967), S. 337. Zur rhetorischen Geste der Bescheidenheit immer noch: J. Schwietering, »Die Demutsformel mittelhochdeutscher Dichter«, Berlin 1921 (Neudr. 1970), bes. S. 48 ff. – H. Fromm (1967) wertet die gesamte *excusatio* (4589–4620) nicht als konventionelle *captatio benevolentiae*, sondern als Ausdruck der Ironie.

4618 Der Hinweis auf den Verfall und den hohen Abnutzungsgrad des sprachlichen Materials, mit dem Gottfried hier seine Demutsbeteuerung ergänzt, ist für seine Zeit ein »neuer und unerhörter Ausspruch«. Dazu vgl. H. Fromm, Tristans Schwertleite (1967), S. 337 f.

4621 ff. Die nun folgende Dichter-Revue, die den Beginn einer zeitgenössischen deutschen Literaturkritik markiert, ist in der Forschung ausgiebig (und kontrovers) behandelt worden; vgl. zuletzt W. Dilg, »Der Literaturexkurs des ›Tristan‹ als Zugang zu Gottfrieds Dichtung«, in: R. Krohn / B. Thum / P. Wapnewski (Hrsg.), »Stauferzeit. Geschichte, Literatur, Kunst«, Stuttgart 1979 (Karlsruher Kulturwissenschaftliche Arbeiten, 1), S. 270 ff. Vor allem

Gottfrieds Vergleich zwischen Hartmann von Aue und jenem ungenannten Autor, hinter dem die »Tristan«-Philologie fast einmütig ist (vgl. dazu Anm. zu 4638) Wolfram von Eschenbach vermutet, war Gegenstand lebhafter Diskussion (ausführlich bei G. Geil, Gottfried und Wolfram als literarische Antipoden, 1973; dort ist auch die gesamte frühere Forschungsliteratur aufgearbeitet). Zur Interpretation der »Dichterschau« sowie des anschließenden »Musenanrufs« (4862 ff., vgl. Anm. dazu) auch B. Nagel, Staufische Klassik (1977), S. 109 ff., sowie A. Wolf, Gottfried von Straßburg (1989), S. 100 ff., der im »Literatur-Exkurs« die programmatische Fortsetzung von Maximen aus dem Prolog sieht (vgl. Anm. zu 1–244). Im Hinblick auf ihren kunsttheoretischen Aussagegehalt und auf ihre Bedeutung als programmatische Einlassungen zu Gottfrieds eigenem Dichtungsideal untersucht die Epiker-Passagen (über Hartmann von Aue, Wolfram von Eschenbach [?], Bligger von Steinach und Heinrich von Veldeke) der ausführliche Kommentar von S. Müller-Kleimann, Gottfrieds Urteil (1990).

Gottfrieds Dichter-Exkurs ist bewußt als retardierendes Moment in den eigentlichen Handlungsablauf eingeschaltet, und die jüngere Forschung hat die Notwendigkeit betont, diesen Abschnitt (und den anschließenden Musenanruf 4862 ff.) im Zusammenhang mit dem Kontext der ganzen Schwertleite als »epische Einheit« zu interpretieren, um dadurch Einsichten in die Funktion und kompositorische Struktur der einzelnen Teile wie auch des dichterischen Ganzen zu gewinnen. Vgl. dazu H. Fromm, Tristans Schwertleite (1967); J. Klein, die Schwertleite (1970); D. Goebel, Tristans Einkleidung (1977); P. K. Stein, Tristans Schwertleite (1977).

In der Literaturschau, in der die höfische Poetik dargestellt wird, wie im Musengebet, das die antike Dichtkunst behandelt, geht es Gottfried um die Auseinandersetzung mit einem poetischen Darstellungsproblem, denn gerade seine

(vorgebliche) Unfähigkeit zur angemessenen *descriptio* war
es, die den Autor zu seiner (kalkulierten) Abschweifung
veranlaßte. In seinen Bemerkungen zu Vorbildern, Kollegen und Widersachern formuliert Gottfried beiläufig sein
eigenes Stilideal, das sich orientiert an den Gesetzen der
antiken Schulrhetorik. Aus diesem Bereich nimmt er auch
seine Terminologie: eingedeutschte Begriffe der lat. Dichtungslehre.
Dabei geht es Gottfried in erster Linie um das rechte Verhältnis von *wort* und *sin*, um die Gabe also, den vorgege-
nen Erzählstoff sprachlich adäquat umzusetzen mit Hilfe
der *figurae verborum*, d. h. der äußeren, formalen Aus-
schmückung der Dichtung, und der *figurae sententiarum*,
ihrer inhaltlichen Ausgestaltung. Vgl. dazu I. Hahn, Zu
Gottfrieds Literaturschau (1967), S. 424 ff., sowie P. Ganz'
Einleitung zu Ganz/Bechstein I, S. XXIV ff. – Auf den Zusammenhang zwischen dem *sin*-Begriff und der mittelalterlichen geistlichen *sensus*-Tradition, die bei Gottfried
erstmals zu einer säkularisierten dichterischen *sensus*-Auf-
fassung umgedeutet wurde, hat F. Ohly hingewiesen:
»Wolframs Gebet an den Heiligen Geist im Eingang des
›Willehalm‹«, in: ZfdA 91 (1961/62) S. 1 ff., bes. S. 26 ff.
(auch in: »Wolfram von Eschenbach«, hrsg. von H. Rupp,
Darmstadt 1966 [Wege der Forschung, 57], S. 455 ff., bes.
S. 492 ff.). Die Abhängigkeit Gottfrieds (vor allem in der
»Literatur-Stelle«) von Hartmann von Aue untersucht U.
Schwab, »Lex et gratia. Der literarische Exkurs Gottfrieds
von Straßburg und Hartmanns Gregorius«, Messina 1967
(Università degli studi di Messina. Pubblicazioni dell'Isti-
tuto di lingue e letterature straniere, 1).
Antike Vorbilder für die Literaturstelle und vor allem für
die Dichterkrönung hat U. Schulze (Literarkritische Äußerungen im ›Tristan‹, 1967) angeführt, die damit die renais
sancehaften Züge Gottfrieds besonders hervorhebt. Die
Verbindung von christlichen und mythologischen Elemen
ten namentlich im Gebet zum Helikon legt den Gedanke

an eine typologische Überwindung der Antike nahe. Schon
F. Ranke hatte bemerkt, daß Gottfried »antiken Erlebnis-
gehalt zu mittelalterlichen Formen emporgepreßt« habe
(F. Ranke, Die Allegorie der Minnegrotte, 1925, S. 24).
Zum Musenanruf vgl. in diesem Sinne auch H. Kolb, *Der
ware Elicon* (1967).

Der Lyriker und Epiker Hartmann von Aue (um 1168 –
nach 1210) galt Gottfried als Inbegriff vollendeter Dichtkunst, die sich definierte aus dem idealen Beziehungsver-
hältnis von *wort* und *sin*. Hartmann hat neben meist konventionellen Minne- und Kreuzliedern vor allem zwei umfangreiche Artus-Epen (»Erec« und »Iwein«) verfaßt, mit
denen er – nach Vorlagen des französischen Dichters Chrétien de Troyes – den höfischen deutschen Versroman eta-
blierte. Außerdem schrieb er die Verslegende »Gregorius«,
eine populäre Versnovelle »Der arme Heinrich« sowie einen Traktat über die »richtige« Minne-Konzeption (»Das
Klage-Büchlein«). Über den Autor vgl. P. Wapnewski,
»Hartmann von Aue«, Stuttgart ^{7}1979 (Sammlung Metzler, 17). Das Verhältnis zwischen den beiden Autoren erörtert (mit negativem Befund) J. A. Asher, »Hartmann und
Gottfried: Master und Pupil?«, in: »Journal of the Austral-
asian Universities Language and Literature Association«
16 (1961) S. 1 ff.; außerdem S. Müller-Kleimann, Gottfrieds Urteil (1990), S. 10 ff.

623 *ûzen* und *innen* weisen auf den äußeren und den inneren Schmuck der Erzählung hin. Die Begriffe sind im Zusammenhang zu verstehen mit dem folgenden Vers.

624 Über die *wort/sin*-Thematik vgl. I. Hahn, Zu Gottfrieds Literaturschau (1967); außerdem D. Goebel, Tristans Einkleidung (1977). Belege aus der mittelalterlichen
Schulrhetorik bringt P. Ganz in: Ganz/Bechstein I, S. 346.

625 *durchverwen* (= ganz und gar bunt färben) bezieht sich
auf die schmückenden *colores rhetorici*, die die Erzählung
durchzieren.

626 Über die Etymologie von *figieren* gibt es zwei For-

schungsmeinungen. Einige Kommentare leiten das Wo
von lat. *figere* (= treffen mit einem Geschoß) ab (vgl. BM
III.309ᵃ). In diesem Falle wäre das Bild von der ziel- un
treffsicheren Sprache Hartmanns in Verbindung zu sehe
mit der Vorstellung vom messerwerfenden Bligger (4714 f
– Sinnvoller scheint dagegen eine Erklärung, die diese
Begriff von lat. *fingere* ›formen, bilden‹ (vgl. *figiure* in 664
u. ö.) herleitet. Vgl. dazu auch Anm. zu 10843.

4627 *meine* (›Bedeutung, Sinn‹) ist hier gebraucht als En
sprechung zu Chrétiens *san*, das in Beziehung steht zu
matiere (›Stoff‹) der Erzählung. Die *sinne* (4624) also, d
Art und die Gabe der inneren Ausgestaltung, tragen daz
bei, die *meine* der Geschichte angemessen zu verdeutl
chen. Vgl. dazu H. Fromm, Tristans Schwertleite (1967
S. 339, aber auch I. Hahn, Zu Gottfrieds Literaturscha
(1967), S. 426 ff.

4629 *cristallîn* bezeichnet die vorbildliche Klarheit der Har
mannschen Sprache. Zu einer ähnlich luziden Deutlichke
verhelfen dem Dichter, wie Gottfried wenig später au
führt, nur die Musen, *die rede durchliuhtec machent / a
eine erwelte gimme* (4902 f.).

4634 Die Stelle erinnert an den Prolog (5 ff.), der ja gleichfal
literaturtheoretische Probleme abhandelt.

4637 Das Begriffspaar bildet die rhetorische Figur des »Her
diadyoin«: das zweite Substantiv ist Attribut des ersten. Z
übersetzen wäre also ›Lorbeerkranz‹. – Der Lorbeer war i
der Antike der Baum des Apollo (vgl. Anm. zu 4871). M
dem Lorbeerkranz und Lorbeerstab wurde der *poeta la
reatus* ausgezeichnet. Zu der antiken Tradition der Dich
terkrönung vgl. U. Schulze, Literarkritische Äußerunge
im ›Tristan‹ (1967), S. 489 ff.

4638 Die folgenden Bemerkungen gegen einen ungenannte
Dichter sind nicht endgültig geklärt. Allgemein hat ma
angenommen, daß die Anspielung auf den *hasen* sich pol
misch gegen Wolfram von Eschenbach richte. Im Prolo
zu dessen »Parzival« nämlich findet sich ebenfalls das H

sen-Bild: *diz vliegende bîspel | ist tumben liuten gar ze snel, | sine mugens niht erdenken: | wand ez kan vor in wenken | rehte alsam ein schellec hase* (1,15 ff.). Womöglich aber bezieht sich der Seitenhieb Gottfrieds auf eine andere Stelle im »Parzival« (409,26). Die Frage, welcher Dichter wann worauf reagiert habe, ist von Bedeutung für die Entstehungszeit des »Tristan« (wie auch des »Parzival«). Vgl. dazu den Abschnitt über »Datierung« im Nachwort dieser Ausgabe. – Die Identifizierung von Gottfrieds Widersacher mit Wolfram ist mit Nachdruck in Frage gestellt worden durch P. F. Ganz, Polemisiert Gottfried gegen Wolfram? (1967); vgl. dazu auch die Anm. von Ganz in dessen Kommentar zur »Wolfram«-Stelle (Ganz/Bechstein I, S. 346 ff.). Ausführlich wird das Problem behandelt bei G. Geil, Gottfried und Wolfram als literarische Antipoden (1973); die Verfasserin schlägt einen (namentlich unbekannten) »Geistlichen niederen Standes« (S. 87) als Opfer von Gottfrieds höhnischer Polemik vor. Vgl. zu dem Problem auch den Forschungsbericht von R. Dietz, Der ›Tristan‹ Gottfrieds (1974), S. 47 ff.

Eine originelle, freilich nicht ganz überzeugende Lösung bietet B. Lösel-Wieland-Engelmann (»Ein Beitrag zur ›Fehde‹ zwischen Wolfram und Gottfried. Galt Gottfrieds Tadel tatsächlich dem Wolframschen Werke?«, in: »Amsterdamer Beiträge zur älteren Germanistik« 16, 1981, S. 79 ff.): Ausgehend von G. Geils Übersetzung für *des hasen geselle* als ›Gefährte eines Klosterbruders‹ kommt sie zu der Bedeutung ›Klosterschwestern‹: Nonnen (S. 83). Und weil sie für das »Nibelungenlied« eine weibliche Verfasserschaft vermutet (B. Lösel-Wieland-Engelmann, »Verdanken wir das *Nibelungenlied* einer Niedernburger Nonne?«, in: Monatshefte 72, 1980, S. 5 ff.; dies., »Die wichtigsten Verdachtsmomente für eine weibliche Verfasserschaft des Nibelungenliedes«, in: Luise F. Pusch, Hrsg., »Feminismus. Inspektion der Herrenkultur. Ein Handbuch«, Frankfurt a. M. 1983 [edition suhrkamp, N.

F. 192], S. 149 ff.), deutet sie nun Gottfrieds *hasen*-Stell
als einen »Seitenhieb« (S. 86) auf das nach Stil und Welthal
tung dem »Tristan« grundlegend konträre »Nibelungen
lied«, weil »der/die Dichter(in) des NL [= »Nibelungenlie
des«] alle jene Sünden begangen hatte, die vom grollende
Gottfried ebenso grimmig wie gründlich gegeißelt wur
den« (S. 89). Diese These ist in der Forschung ohne Wider
hall geblieben. – Die gesamte Textstelle über *des hase-
geselle* und *vindaere wilder maere* wird ausführlich analy
siert bei S. Müller-Kleimann, Gottfrieds Urteil (1990)
S. 80 ff. und 135 ff.

4639 *wortheide* ist die deutsche Übersetzung von Termin
technici der lateinischen Rhetorik: *rhetorum campus* (Au
gustinus) bzw. *campus verborum* (Cicero). Gemeint ist di
Heide, auf der die *flores rhetorici* wachsen, von denen 464
die Rede ist.

4640 Die beiden Begriffe stehen für die mangelnde Harmo
nie und Geschlossenheit in der Dichtung des Gescholte
nen, der unberechenbar und ausschweifend »seine wort
und bilder weit her zusammenholt« (BMZ III.554[a]).

4641 *bickelworten* ist ein nur hier belegter, inhaltlich nich
genau bestimmter Begriff (*hapax legomenon*), der in de
»Tristan«-Forschung kontroverse Deutungen erfahren ha
(vgl. die Anmerkungen zur Stelle bei Bechstein in desse
kommentierter »Tristan«-Ausgabe, S. 169). Das Wor
könnte zurückgehen auf das Verb *bickeln* (›würfeln, hi
und her werfen‹) und bezeichnete dann die Kunst- un
Regellosigkeit dieser verachteten Dichtung, die eben nich
so klar und durchsichtig rein ist wie die *cristallînen worte
lîn* (4629) bei dem vorbildlichen Hartmann von Aue. P
Ganz möchte in seinem Kommentar zur Stelle den Begri
auf mhd. *bickel* (›Spitzhacke‹) zurückführen, um damit di
acuitas und *perspecuitas ingenii* dieser Sprache anzudeute
(Ganz/Bechstein I, S. 347). Über *bickelworte* vgl. auch R
Hausner in: Euph. 68 (1974) S. 219 f., die den Begriff mi
»Bocksworte« zu übersetzen vorschlägt.

4642 Hier ist das Hendiadyoin von 4637 aufgelöst zu einem Begriff. Zu der unverschobenen niederdeutschen Endung vgl. Anm. zu 678.

4645 *wellen* ist hier zu verstehen im Sinne von ›sich berechtigt fühlen‹. Ganz/Bechstein übersetzt: »wir glauben, auch ein Recht zu haben, an der Wahl teilzunehmen«. In dem *wir* drückt sich die Gemeinschaft aller Dichter aus, die bestärkt wird durch die Übereinstimmung mit den *edelen herzen*.

4646 f. *bluomen lesen* ist die Tätigkeit der Dichter, die mit den *flores rhetorici* das *loberîs*, den Ehrenkranz (= die Dichtkunst allgemein), schmücken.

4658 *lâzen* ist Imperativ der 1. Person Plural; deswegen kann das *wir*, das die meisten Hss. überliefern, wegfallen. Ranke hat sich hier für die Lectio difficilior (und gegen das Prinzip seiner eigenen Textherstellung) entschieden.

4661 Die Forderung, der Stil des Dichters müsse ebenmäßig und klar sein, gehört zur antiken Schulrhetorik. Vgl. S. Sawicki, Gottfried und die Poetik des Mittelalters (1932), S. 61 f.

4663 Der *ebenen* Straße entspricht der *ebene sin* dessen, der auf ihr geht. Die Stelle versteht sich als Kontrast zum »dunklen«, »gewundenen« Stil des gerügten Kollegen Wolfram (?).

4665 f. In diesen Versen gipfelt die Polemik gegen den Widersacher und seine Kollegen (Gottfried benutzt hier die Pluralform). *vindaere* ist einfach ein Begriff für Dichter (vgl. afrz. *troveor*), der seine Stoffe vorfindet, aber nicht erfindet, denn das Mittelalter kannte noch nicht die Forderung nach künstlerischer Originalität, die sich erst mit dem Genie-Kult im Sturm und Drang durchsetzte. Gottfrieds Kritik besteht also nicht so sehr in dem Vorwurf, Wolframs Dichtung sei ungedeckt durch die Autorität einer Quelle und mithin »frei erfunden« (in diesem Zusammenhang vgl. das »Kyot-Problem«, das die Wolfram-Forschung ausgiebig beschäftigt hat; hierzu auch E. Nellmann, »Wolfram

und Kyot als *vindaere wilder maere*. Überlegungen zu
›Tristan‹ 4619–88 und ›Parzival‹ 453,1–17«, in: ZfdA 117,
1988, S. 31 ff.); die Polemik drückt sich vielmehr in dem
Adjektiv *wilde* aus, das auf die Regellosigkeit und den
Wildwuchs dieser Dichtung hinweist. Zu dieser Interpre-
tation vgl. W. J. Schröder, »*Vindaere wilder maere*. Zum
Literaturstreit zwischen Gottfried und Wolfram«, in:
Beitr. (T) 80 (1958) S. 269 ff., aber auch den Forschungsbericht von R. Dietz, Der ›Tristan‹ Gottfrieds (1974), der
Gegenmeinungen anführt (S. 47 ff.). – Gleichfalls auf die
Form (und damit – nach mittelalterlichem Verständnis: –
auf den Kern) der verurteilten Dichtung zielt der Vorwurf,
dieser Rivale sei ein *wildenaere*, d. h. ein Geschichtenjäger
ohne stilistischen Schliff, bei dem das bei Hartmann so
vollkommene Nebeneinander von *wort* und *sin* gestört sei
zugunsten eines gauklerischen Trickstertums, wie es auch
in den folgenden Versen gegeißelt wird. Vgl. dazu auch die
Anm. von P. Ganz (Ganz/Bechstein I, S. 348). In der Gaunersprache des Spätmittelalters ist *wiltner* eine Bezeichnung für Betrüger; vgl. F. Kluge, »Rotwelsch. Quellen
und Wortschatz der Gaunersprache«, Bd. 1, Straßburg
1901, S. 52. Eine abfällige Bemerkung über Wolframs soziale Stellung als »gemieteter Märenfänger« vermutet D.
Dalby, »*Der maere wildenaere*«, in: Euph. 55 (1961)
S. 77 ff.; diese Interpretation der Stelle ist von der Forschung jedoch verworfen worden (R. Kemper, »Noch einmal *wildenaere*«, in: Euph. 56, 1962, S. 146 ff.). Vgl. auch
S. Müller-Kleimann, Gottfrieds Urteil (1990), S. 135 ff.

4668 *stumpfen sinnen* fehlt die Fähigkeit zu kritischer Unterscheidung, die Gottfried im Prolog als *nâhe sehenden sin*
bezeichnet; vgl. V. 33 und Anm. dazu.

4671 Gemeint ist eine Zauberbüchse (mit doppeltem Boden
o. ä.), wie sie von Taschenspielern und Gauklern verwendet wird (vgl. die *valschen gougelbühsen* bei Walther von
der Vogelweide, L. 38,5). – Der Vergleich mit den Jahr-
marktskünstlern war im Mittelalter ein vernichtendes Ur-

teil, denn die fahrenden *joculatores* genossen kein gesell-
schaftliches Ansehen (vgl. W. Danckert, »Unehrliche Leute. Die verfemten Berufe«, Bern/München 1963).

4673 ff. Der folgende botanische Vergleich gründet sich auf
Bilder der lateinischen Rhetorik. Vgl. dazu K. K. Klein,
»Gottfried und Wolfram. Zum Bogengleichnis Parzival
241,1–30«, in: »Festschrift Kralik«, Horn 1954, S. 151. –
Überdies knüpft die Metapher an die Vorstellung von den
rhetorischen *figurae* als *bluomen* an, wie sie 4646 ff. dargelegt worden war.

4674 Das *grüene meienblat* ist eine Umschreibung für ›Lin-
denlaub‹; die Hss. FWNOP überliefern denn auch *linden-
blat*. Vgl. dazu Gottfrieds Schilderung von Markes Frühlingsfest, in der ebenfalls vom schattenspendenden Linden-
grün, *daz der meie bringen solte*, die Rede ist (555 ff.).

4684 Anspielung auf die mangelnde Klarheit und Verständ-
lichkeit der gemaßregelten Dichtung.

4689 *glôse* (aus mlat. *glosa*) ist ein Begriff aus der Gelehrten-
sprache und wird hier als Kritik an hochgestochener, erklä-
rungsbedürftiger Ausdrucksweise verwendet.

4690 Die »schwarzen Bücher« mögen sich auf jene Art
nigromantischer Glossen-Sammlungen beziehen, aus denen auch Wolframs (fiktiver?) Gewährsmann Kyot seine
Kenntnisse bezogen hatte (vgl. »Parzival« 453,17). Über
die Herkunft solcher Kompendien über schwarze Magie
sagt Walther (L. 33,7 f.): *nû lêretz in sin swarzez buoch,
daz ime hellemôr / hât gegeben.* – B. Lösel-Wieland-Engelmann (»Ein Beitrag zur ›Fehde‹ zwischen Wolfram und
Gottfried. Galt Gottfrieds Tadel tatsächlich dem Wolframschen Werke?«, in: »Amsterdamer Beiträge zur älteren
Germanistik« 16, 1981, S. 86) sieht in dieser »höhnende[n]
Bemerkung über die große Unklarheit des abgekanzelten
Werkes« einen weiteren Beleg für ihre These, Gottfried
wende sich in seiner Polemik gegen das »Nibelungenlied«,
denn: »Unter anderem zeichnet es sich ja durch die seltsa-
me Eigenart aus, daß es auf seinem Wege zum Publikum

von einem umständlichen Kommentare (Diu Klage) be-
gleitet wurde.« Die damit zusammenhängende, problematische Frage nach der Datierung der »Klage«, die bei solcher Deutung ebenso relevant wäre wie bei der chronologi-
schen Zuordnung von »Tristan« und »Parzival«, läßt die
thesenfrohe Interpretin im Blick auf die von ihr unterstellte
und beherzt favorisierte Beziehung zum »Nibelungenlied«
völlig außer acht.

4691 *verwaere* nennt Gottfried die Epiker; er bezieht sich
dabei auf das *colorare* der Rhetoriker; vgl. Anm. zu 4625.

4692 Bligger von Steinach, Lyriker und Epiker, der wohl aus
Neckarsteinach (bei Heidelberg) stammte, lebte gegen Ende des 12. Jh.s. Von ihm sind ein paar Minnestrophen erhalten (MF 118,1 – 119,27). Das Epos, das Gottfried hier
rühmt und über das sich auch Rudolf von Ems lobend
äußert, ist nicht überliefert (vgl. Anm. zu 4712). Nähere
Angaben bei H. Kolb, »Über den Epiker Bligger von Steinach. Zu Gottfrieds Tristan v. 4691–4722«, in: DVjs. 36
(1962) S. 507 ff. – Gottfrieds Äußerungen über Bligger untersucht eingehend S. Müller-Kleimann, Gottfrieds Urteil
(1990), S. 226 ff.

4697 Gemeint sind Borten byzantinischer Provenienz.

4705 Die Miniaturen in den Liederhss. B und C, die den
Dichter abbilden, zeigen übereinstimmend in der linken
oberen Ecke einen Wappenschild mit einer Harfe. Dazu J.
Bumke, »Ministerialität und Ritterdichtung. Umrisse der
Forschung«, München 1976, S. 41 und S. 95 f. (Anm. 210)

4712 *umbehanc* (= Wandteppich) könnte auch der Titel von
Bliggers Epos gewesen sein. Diese Vermutung wird gestützt durch Rudolf von Ems, der an zwei Stellen auf den
Dichter und sein Werk verweist: *daz ist der lôs Umbehanc
/ waer er vünf tûsent ellen lanc, / man kunde in vollemâler
niht* (»Alexander«, hrsg. von V. Junk, T. 1, Leipzig 1928
V. 3211–13) und *Des kunst, des wislîcher rat / Den Unbe-
hanc gemalet hât* (»Willehalm von Orlens«, hrsg. von V.
Junk, Berlin 1905, V. 2195 f.). Die Großschreibung de

Wortes in beiden Kommentaren (auch in den Hss.) läßt den Schluß zu, daß es sich dabei um eine Titel-Angabe handelt. Zu dem bisher jüngsten Versuch, das damit gemeinte Werk zu identifizieren, vgl. demnächst P. Honegger, »Bligger von Steinach als Verfasser und Rudolf von Montfort als Bearbeiter des Nibelungenliedes«, in: »*Waz sider da geschach.* American-German Studies on the Nibelungenlied – Text and Reception«, hrsg. von U. Müller und W. Wunderlich, Göppingen 1991. – Andererseits ist denkbar, daß Rudolf hier die »Tristan«-Stelle, die er gewiß kannte, falsch verstanden hat. Gottfried nämlich, dessen Literatur-Exkurs im übrigen keinen einzigen Werktitel angibt, könnte den Begriff durchaus im Sinne des konventionellen Vergleichs von der Dichtkunst mit der Wortmalerei gebraucht haben. Diese Annahme gewinnt an Wahrscheinlichkeit dadurch, daß er auch bei den übrigen Autoren, die er in seiner Literatur-Schau aufführt, niemals deren Werke nennt. Überdies legt auch die Bezeichnung *verwaere* (4691) im Zusammenhang mit Bligger sowie die Fachausdrücke aus dem Bereich der Webkunst – *ram* (4694), *borten* (4697), *gespunnen* (4701) – eine allgemeinere Auslegung von *umbehanc* nahe. »Wir haben kein Recht, darin den Titel von Bliggers Werk zu sehen« (H. de Boor, Die höfische Literatur, [7]1966, S. 85). Vgl. dazu aber auch H. Kolb im VL ([2]1977), Sp. 895 ff. – Meine Übersetzung schließt sich dieser vorsichtigeren Deutung im Sinne einer konventionellen Textil-Metaphorik an – wie übrigens auch Hatto, der einfach »tapestry« (S. 106) schreibt, und Kramer, der im Text »Wandteppich« (S. 121) übersetzt, in seiner Anm. zur Stelle allerdings *umbehanc* als Werktitel versteht (S. 612); Ertzdorff (1979) hat ebenfalls »Teppich« (S. 64).

714 Hier wird auf die Genauigkeit und Geschicklichkeit von Bliggers Reimkunst angespielt, die in ihrer Treffsicherheit der Kunst von Messerwerfern vergleichbar ist (vgl. Anm. zu 4626).

4716 Die besonders innige Verbindung deutet Gottfrie
gerne mit der Leim-Metapher an (vgl. Anm. zu 712). I
diesem Zusammenhang erhält auch das Leimruten-Bil
(Anm. zu 846 und 11792) eine zusätzliche Bedeutung.

4722 D. Goebel (Tristans Einkleidung, 1977, S. 67 f.) ver
mutet hinter diesem »übertriebenen Preis«, der schließlic
in dem Vergleich mit Daedalus bzw. Pegasus gipfelt, iron
sche Züge. Seiner Meinung nach erinnern die Vorzüge, d
Gottfried an Bligger lobt, zu sehr an jene Jahrmarktskunst
stücke, die er bei Wolfram bemäkelt, als daß diese hyper
bolische Würdigung ernst gemeint sein könnte. Auf de
ironischen Unterton im ganzen Literatur-Exkurs hatte vo
allem H. Fromm aufmerksam gemacht (Tristans Schwer
leite, 1967, S. 336 und 344).

4726 Heinrich von Veldeke, Epiker und Lyriker (Mitte 12
bis Anfang 13. Jh.) aus der Gegend von Maastricht. Sei
Hauptwerk, auf das wohl auch Gottfried hier anspielt, i
das höfische Versepos »Eneide« (Ende 12. Jh. vollendet
das auf den in Nordfrankreich entstandenen »Roma
d'Eneas« (nach Vergil) zurückgeht. Auch seine Minnelie
der stehen unter romanischem Einfluß. Die Bedeutu
Heinrichs für die deutsche Literatur und ihre Formge
schichte preist ebenfalls Rudolf von Ems in seiner Dichter
schau: *von Veldeke der wîse man / der rehter rîme alrêr.
began* (»Alexander«, hrsg. von V. Junk, T. 1, Leipzi
1928, V. 3113 f.). Über den Autor vgl. G. Schieb, »Hein
rich von Veldeke«, Stuttgart 1965 (Sammlung Metzler, 42]
– Gottfrieds Bemerkungen über Veldeke würdigt ein
gehend S. Müller-Kleimann, Gottfrieds Urteil (1990)
S. 283 ff.

4727 *ûz vollen sinnen* nimmt noch einmal die Forderun
nach dem richtigen *sin* der Dichtkunst auf (vgl. Anm. z
4621 und 4627). – *sprechen* bezieht sich in diesem Zusam
menhang auf die Epik.

4728 *singen* bezeichnet die lyrische (Minne-)Dichtung.

4729 *wort* und *sin* stehen in harmonischem Verhältnis zu
einander.

4731 Der Pegasus-Brunnen auf dem Helikon galt in der antiken Überlieferung als Quelle der Dichtkunst. Dazu I. Hahn, Zu Gottfrieds Literaturschau (1967), S. 444 ff.

4738 Schon die lateinische Rhetorik verglich die Dichtung mit einem Baum. Vgl. auch »Parzival« 292,18 f.: *hêr Heinrich von Veldeke sînen boum / mit kunst gein iwern arde maz.* Zu dieser Stelle: C. Minis, *»er impfte das erste ris«*, Groningen 1963; außerdem J. H. Winkelman, »Die Baummetapher im literarischen Exkurs Gottfrieds von Straßburg«, in: »Amsterdamer Beiträge zur älteren Germanistik« 8 (1975) S. 85 ff.

4743 So wie *vindaere* ›Dichter‹ heißen kann (vgl. Anm. zu 4665), so kann *vunt* die ›Dichtung‹ bezeichnen (vgl. BMZ III.320^b f.).

4746 Hier ist die Überlieferung problematisch. Die Heidelberger Hs. (H) hat *zeleitet*, die Münchner (M) *geleit* (Ganz/Bechstein entscheidet sich für *geleitet* von BNSP; vgl. dazu R. Sprenger, »Zu Gottfrieds Tristan«, in: »Germania« 22, 1877, S. 407 f.). Ranke folgt der Lectio difficilior. Überdies paßt *zeleitet* zu jenem *zetriben*, mit dem Gottfried den Sprachzerfall beklagt hatte (vgl. Anm. zu 4618). Dazu H. Fromm, Tristans Schwertleite (1967), S. 341.

4751 Mit »Nachtigallen« umschreibt Gottfried die Lyriker, bei denen Text und Melodie (*wort* und *wîse*) eine unauflösliche Einheit bilden. Von der *philomela poetica* ist auch im »Architrenius« des Johannes de Hauvilla die Rede (hrsg. von P. G. Schmidt, München 1974, Lib. I, cap. 13, Z. 253). – Aus den folgenden Versen über die Minnesänger hat die Forschung eine kritische Distanz Gottfrieds zum Minne-Ideal der Lyriker herausgelesen. Der gesamte Themenkomplex ist diskutiert im Forschungsbericht von R. Dietz, Der ›Tristan‹ Gottfrieds (1974), der des Autors vermeintliche Opposition zum zeitgenössischen Minnesang für nicht bewiesen hält (S. 60 ff.). – Zur Frage von Gottfrieds Stellung zum höfischen Minnesang vgl. auch F. L. Decker, »Gottfried's *Tristan* and the *Minnesang*: the relation be-

tween the illicit couple and courtly society«, in: »German
Quarterly« 55 (1982) S. 64 ff., sowie R. Krohn, »Gottfrieds Tristan und der Minnesang. Anmerkungen zu einem
heiklen Verhältnis«, in: D. Buschinger (Hrsg.), »Tristan et
Iseut. Mythe européen et mondial«, Göppingen 1987
(GAG 474), S. 199 ff., der auch den Minnebegriff der erwähnten Epiker zur Deutung der Gottfriedschen Tristan-
minne heranzieht.

4760 *hôher muot* ist einer der zentralen Begriffe des Minnesangs, dessen Zielsetzung etwa Albrecht von Johansdorf
formulierte: *daz ir dest werder sint unde dâ bî hôchgemuot*
(MF 94,14). – Vgl. auch A. Arnold, »Studien über den
Hohen Mut«, Leipzig 1930 (Von deutscher Poeterey, 9).

4774 Der mahnende Zwischenruf (*interjectio*) der Zuhörer
gehört zu den konventionellen Wortfiguren der lateinischen Rhetorik, die auf diese Weise dem *taedium* der Zuhörer zu begegnen empfiehlt. Solche Auflockerung der Erzählung dient dem Ziel des *attentum parare*, wie es auch in
den Regeln der Schulrhetorik zur Exordialtopik angesprochen ist.

4779 Vermutlich ist hiermit der berühmte Minnesänger
Reinmar der Alte gemeint. Die Herkunftsbezeichnung
»von Hagenau« (im Elsaß) findet sich nur bei Gottfried. Sie
ist in der Forschung zuletzt von G. Schweikle gestützt
worden: »War Reinmar ›von Hagenau‹ Hofsänger in
Wien?«, in: »Gestaltungsgeschichte und Gesellschaftsge-
schichte. Festschrift F. Martini«, Stuttgart 1969, S. 1 ff. Zu
Person und Bedeutung des Dichters vgl. G. Schweikles
ausführliche Einleitung zu: »Reinmar. Lieder. Nach der
Weingartner Liederhandschrift (B)«, mhd./nhd. hrsg.
übers. und komm. von G. S., Stuttgart 1986 (Reclams Universal-Bibliothek, 8318). – Auf kritische Töne in Gottfrieds Reinmar-Würdigung verweist L. Kirchberger
»Gottfried on Reinmar«, in: Monatshefte 56 (1964
S. 167 ff.

4781 Dieser Hinweis auf den Tod Reinmars ist der einzig

Anhaltspunkt für die ungefähre Bestimmung seines Sterbedatums; zwischen 1205 und 1210, jedenfalls vor der Entstehung (dieser Partie) des »Tristan«. Walther von der Vogelweide hat für seinen Kollegen und Rivalen am Wiener Hof (dieser biographische Bezug ist jedoch von G. Schweikle angezweifelt worden; vgl. Anm. zu 4779) eine berühmte Totenklage verfaßt (L. 82,24 ff.): *Owê daz wîsheit unde jugent ...*

4782 *doene* steht hier für die Vielzahl aller melodischen Möglichkeiten, in deren Findung das mittelalterliche Kunstverständnis eine entscheidende Leistung des Lyrikers (und also auch Komponisten) sah.

4789 *wandelunge* (vgl. auch *wandelieren* 4806) bezeichnet den modulierenden Übergang von einem Hexachord in einen anderen. Zur musikalischen Terminologie dieser Minnesänger-Stelle vgl. L. Gnaedinger, Musik und Minne (1967), S. 40 ff., die dem Dichter »gründliche Gelehrtheit in Musiktheorie« attestiert (S. 40).

4790 Mit Nennung des sagenhaften, mit göttlicher Kraft begnadeten Sängers Orpheus setzt Gottfried den Minnelyriker Reinmar auf eine Stufe mit der exemplarischen heidnisch-antiken, aber auch dem Mittelalter vertrauten Musiker-Gestalt. Dazu vgl. L. Gnaedinger, Musik und Minne (1967), S. 43 ff. – Daß der Vergleich mit Orpheus nicht nur dem formalen Aspekt von Reinmars Liedkunst gilt, sondern auch deren inhaltliche Struktur würdigt: die unendliche Klage um die unerreichbar ferne Geliebte, betont B. Mergell, Tristan und Isolde (1949), S. 167. Zu der Orpheus-Stelle (und zur Verwendung mythologischer Gestalten aus der Antike allgemein) vgl. W. Hoffa, Antike Elemente (1910) bes. S. 343. Zum Orpheus-Mythos im Mittelalter s. H. Brinkmann, »Mittelalterliche Hermeneutik«, Tübingen 1980, S. 201 f., Anm. 919.

4801 Gemeint ist Walther von der Vogelweide (um 1170 bis um 1230), der als der bedeutendste deutsche Liederdichter des Mittelalters gilt. Besonderen Rang nimmt er nicht nur

deswegen ein, weil er in seinen Liebesliedern die herr-
schende Konvention der »hohen« Minne-Auffassung
durchbricht, sondern auch wegen seiner engagierten politischen Dichtung, in der er zu den zeitgenössischen Auseinandersetzungen im Reich publizistisch Partei ergriff. Zu
dem Dichter vgl. K. H. Halbach, »Walther von der Vogelweide«, bearbeitet von M. G. Scholz, Stuttgart ⁴1983
(Sammlung Metzler, 40); außerdem den pointierten, anre-
genden Essay von P. Rühmkorf in: »Walther von der Vogelweide, Klopstock und ich«, Reinbek bei Hamburg 1975
(das neue buch, 65).

4803 *hôhe* gibt nicht nur Auskunft über die Kraft, sondern
auch über die Tonhöhe und Tonhelligkeit von Walthers
Stimme; vgl. K. Plenio, »Bausteine zur altdeutschen Stro-
phik« [zuerst 1917], mit einem Geleitwort von U. Pretzel,
Darmstadt 1971 (Libelli, 294), S. 445 f. – Tenor und Falsett
entsprechen dem mittelalterlichen Stimmideal (als Analogie zur Sphären- und Engelsmusik). Vgl. L. Gnaedinger,
Musik und Minne (1967), S. 45 f.

4805 *organieren* (von mlat. *organizare*) übersetzt L. Gnaedinger, Musik und Minne (1967), mit »die Organalstimme
singen« (S. 46). *organum* (= Orgel) bezeichnet auch die
Polyphonie der frühen Kirchenmusik (vgl. Gnaedinger,
S. 47). Ganz/Bechstein I kommentiert deshalb: »mehrstim-
mig singen« (S. 177). Jedenfalls geht es hier und im nächsten Vers um Walthers kompositorische Brillanz. Zu Verwendung und Bedeutung des Begriffs vgl. W. Schwarz,
Studien (1973), S. 226 ff. – Gottfried gebraucht den Ausdruck auch in 17355 (wieder im Zusammenhang mit Nachtigallen). Zu beiden Stellen vgl. Konrad Burdach, »Reinmar der Alte und Walther von der Vogelweide«, Halle
²1928, S. 179 f.

4808 Gottfried nennt hier statt der Insel Kythera, des antiken
Kultorts der Aphrodite, den Musenberg Kithäron, auf dem
der Sage zufolge auch Ödipus ausgesetzt wurde. Eine ähnliche Verwechselung findet sich in den »Carmina Burana«

(CB 65, 3b, v. 6). B. Mergell (Tristan und Isolde, 1949, S. 167 f.) sieht in dem »Irrtum« eine bewußte Motiv-Verschmelzung, die die Zusammengehörigkeit von Musik und Minne nachdrücklich unterstreichen soll.

4820 Die Interpretation dieser Stelle (4816–20) ist umstritten. Ich verstehe sie als Kritik am konventionellen Minnesang: »Schön wär's, wenn die Lyriker ihren Liebeskummer und ihre Liebesklage wirklich einmal (und zwar noch zu meinen Lebzeiten!) in Freude verkehren könnten.« Damit greift Gottfried den Minnesang in dessen Kern an; denn er glaubt nicht an solche radikale Umwandlung kraft bloßer Kunst. Wohl anerkennt er die außerordentliche handwerkliche Begabung Reinmars und Walthers sowie ihrer Zunftgenossen; aber er zweifelt an dem Effekt dieser Dichtung, die gerade von Reinmar in all ihrer paradoxen Widersprüchlichkeit und Gegensätzlichkeit beispielhaft vertreten wurde. Gottfried hatte bereits im Prolog das unauflösliche Nebeneinander von Freude und Schmerz in der Liebe betont: *liep unde leit diu wâren ie / an minnen ungescheiden* (206 f.). Ihn konnte deshalb das Programm des Minnesangs, das die Verwandlung von *trûren* in *vröuden* ausschließt, nicht überzeugen. Vgl. dazu auch H. Fromm, Tristans Schwertleite (1967), S. 342 f., sowie L. Gnaedinger, Musik und Minne (1967), S. 48 f. – P. F. Ganz schlägt dagegen vor: »Walther und die anderen Minnesinger sollen (immer) so singen, daß sie die Trauer und Liebesklage ihrer Lieder zur Freude der Zuhörer darbieten. Und das geschehe, so lange ich lebe« (Ganz/Bechstein I, S. 349). Diese Deutung ignoriert bewußt die Ironie dieser Stelle und geht davon aus, daß Gottfried sich in Übereinstimmung mit Ideologie und Praxis des Minnesangs fühle. Überdies versteht Ganz *bringen* (4818) im Sinne von ›vortragen‹ (gestützt durch den Gebrauch des Verbs in 7676); *ze vröuden* erhält dabei die Bedeutung von ›zur Erquickung (des Publikums)‹.

4821 Auch die folgende Passage ist ironisch zu verstehen: All

die literarischen Vorbilder, die Gottfried aufgezählt und
gerühmt hat, haben ihn nur noch verzagter gemacht. Der
Unfähigkeitstopos (vgl. Anm. zu 4604), mit dem er seine
Dichterschau begründet und eingeleitet hatte, wird hier
noch einmal aufgenommen (4835 ff.) – und markiert als
»affektierte Bescheidenheit«.

4836 Die meisten Hss. überliefern hier *redelicher* (›beredt,
verständig‹), das jedoch in erster Linie die Bedeutung von
›rechtschaffen‹ hat (BMZ II.597^b f.). Golther, Closs und
Ganz/Bechstein haben die Lesart des Fragments z: *re-
deg(a)eber* (›redebegabt‹). Ranke folgt – seinem Prinzip
getreu – den Hss. WN. Dabei nimmt *rederîch* die Vokabel
von 4725 (dort im Zusammenhang mit Heinrich von Veldeke) wieder auf. Da *rederîch* nicht nur ›beredt‹ heißen,
sondern auch einen negativen Beiklang haben kann (vgl.
die Charakterisierung des Zwergen Melot in 14249), wäre
Rankes Lesart geeignet, die These von Gottfrieds kritischer
Distanz zu den »Nachtigallen« zu untermauern.

4862 ff. Der hier folgende Musenanruf ist »ein mächtiges
Kontrafakt des christlichen Inspirationsgebetes« (H.
Fromm, *Tristans Schwertleite*, 1967, S. 344). Über die Tra-
dition des Musenanrufs unterrichtet E. R. Curtius, Euro-
päische Literatur (⁸1973), S. 235 ff. Die christlichen Auto-
ren des Mittelalters haben sich jedoch wiederholt von die-
ser rhetorischen Übung abgewandt, die Gottfried hier –
abermals wohl in ironischer Absicht (so etwa F. Ohly,
»Wolframs Gebet an den Heiligen Geist im Eingang des
›Willehalm‹«, in: »Wolfram von Eschenbach«, hrsg. von
H. Rupp, Darmstadt 1966 [Wege der Forschung, 57],
S. 494; vorher in: ZfdA 91, 1961/62, S. 27) – erneut belebt.
Nach H. Kolb (*Der ware Elicon*, 1967, S. 453 ff.) ist der
Musenanruf im »Tristan« in einen antikischen und einen
christlichen Teil untergliedert, wobei beide Abschnitte in
einem figuralexegetischen Verhältnis zueinander stehen.
Demnach riefe Gottfried hier nur vordergründig die anti-
ken Musen, in Wahrheit aber den christlichen Schöpfer-

Gott als Inspirationsquelle an. Diese These ist nicht unwidersprochen geblieben; vgl. etwa I. Hahn, Zu Gottfrieds Literaturschau (1967), S. 433, Anm. 23. Für eine antikisierende Deutung dieses Abschnitts (und mithin gegen H. Kolb) plädiert A. Wolf, *diu wâren wirtinne* (1974).

4865 In der antiken Mythologie galt der Helikon als Sitz der neun Musen. Über Gottfrieds Vorstellung vom Parnaß der Griechen vgl. W. Hoffa, Antike Elemente (1910), S. 341 f.

4867 Nach antiker Vorstellung waren die Musen Quellnymphen.

4869 Hier nimmt Gottfried das Begriffspaar von *wort* und *sin* wieder auf (vgl. Anm. zu 4621 und 4624). Damit wird der Musenanruf fest mit der Dichterschau verknüpft.

4870 Gemeint sind die neun Musen.

4871 Die Verbindung von Dichter-Katalog und Anruf des Musengottes findet sich schon bei Ovid (»Amores« I,15); vgl. P. F. Ganz' Einleitung zu Ganz/Bechstein I, S. XXXIV. – Der griechische Gott Apollon galt als Anführer der Musen (daher der Beiname »Musagetes«). Schon im Zusammenhang mit der Krönung des *poeta laureatus* war auf diesen Bereich der antiken Mythologie angespielt worden (vgl. Anm. zu 4637). – Die Kamönen waren altitalienische Quellgöttinnen, die im Mittelalter mit den Musen gleichgesetzt wurden. Sie haben hier die gleiche Bedeutung wie im folgenden Vers die *Sirênen*.

4872 Zu *Sirênen* vgl. W. Hoffa, Antike Elemente (1910), S. 342 f. Diese Gleichsetzung geht auf platonische Tradition zurück, wie L. Gnaedinger (Musik und Minne, 1967, S. 15 f.) gezeigt hat. – Abweichende Bedeutung haben die Sirenen in 8087 und 8111, wo Isoldes musikalischer Vortrag mit der Kunst dieser mythischen Gestalten verglichen wird, die mit ihrem verführerischen Gesang die Schiffe anlocken.

4896 Hier setzt – nach H. Kolb, *Der ware Elicon* (1967), S. 456 ff. – die zweite *invocatio* ein. Dabei wird der erste (antikische) Anruf im zweiten (christlich überhöhten) deutlich gesteigert. Der *wâre Elicon* (4897) erhält so die Bedeutung des dreieinigen Gottes. Zwischen beiden Teilen des Musengebets gibt es zahlreiche Entsprechungen, die untereinander in einem typologischen Verweisungszusammenhang stehen. Kolb schließt jedoch, daß die Vermischung mythologischer und christlicher Elemente keine Zweifel an Gottfrieds Religiosität rechtfertige. Vgl. dagegen A. Wolf, *diu wâren wirtinne* (1974), der gegen eine christliche Auslegung argumentiert.

4902 f. Hier nähert sich Gottfried wieder der Idealvorstellung von der völligen Transparenz der Dichtung, wie er sie auch schon in den *cristallînen wortelîn* Hartmanns von Aue (vgl. Anm. zu 4629) verwirklicht gefunden hatte.

4906 Die neun Musen erscheinen hier in Analogie zu den neun singenden Engelshierarchien. Wieder durchdringen sich also antike und christliche Elemente. Vgl. L. Gnaedinger, Musik und Minne (1967), S. 17 f.

4912 Vielleicht eine Anspielung auf 1854–58.

4913 f. Hier wird die Metapher von 4673 f. wiederaufgenommen.

4917 Damit bezieht sich Gottfried wohl auf das Bild von der *ebenen* Straße der Dichtkunst (vgl. Anm. 4661 und 4663).

4932 Vulkan ist der römische Gott des Feuers. Die Stelle spielt auf die »Eneide« Heinrichs von Veldeke an, in der ausführlich geschildert wird, wie Vulkan Waffen und Rüstung für Eneas anfertigt, damit dieser unverwundbar wird (»Eneasroman«, hrsg. und übers. von D. Kartschoke, Stuttgart 1986, S. 320 ff., V. 5666 ff.).

4942 Der Eber wird in zahlreichen Werken der mittelalterlichen Literatur als Sinnbild für Kampfzorn und Kühnheit genannt; dazu K. Speckenbach, »Der Eber in der deutschen Literatur des Mittelalters«, in: »Verbum et signum. Festschrift F. Ohly«, Bd. 1, München 1975, S. 459 ff. Vgl. auch Anm. zu 6614. Das Tier gehört zu den Haupttypen der Heraldik im Mittelalter (O. Höfler, »Zur Herkunft der Heraldik«, in: »Festschrift H. Sedlmayer«, München

1962, S. 140 f. und 185). Daneben aber gibt es eine Deutungstradition, die den Eber als Inbegriff zerstörerischer Kraft interpretiert und die sich in einer Reihe von vergleichbaren Eberträumen niedergeschlagen hat (vgl. Spekkenbach, S. 468 ff.). In diesem Zusammenhang ist von Bedeutung, daß in Marjodos Alptraum (13512 ff.; vgl. Anm. dazu) ein wütender Eber (= Tristan) König Markes Ehebett besudelt und zerwühlt. Zwischen dem Wappentier und der Traumerscheinung besteht also ein offenkundiger Verweisbezug. – Zur »Symbolik des Ebers« s. F. Wessel, Probleme der Metaphorik (1984), S. 238 ff. (zu Tristans Eberschild bes. S. 246 ff.).

4946 Der Helmschmuck, der zumeist auf eine besondere Eigenschaft des Trägers hinweisen sollte, wurde oben auf dem Topfhelm befestigt. Man nannte diese Verzierung meist *zimier*. Vgl. dazu A. Schultz, Höfisches Leben II (^{2}1889), S. 67 ff., und G. A. Seyler, »Geschichte der Heraldik«, Nürnberg 1885–89 (Neudr. [in 1 Bd.] Neustadt a. d. A. 1970), S. 106 ff. – Der Pfeil galt auch im Mittelalter als ein Symbol der Liebe. Vom »Geschoß der Venus« ist etwa in den »Carmina Burana« häufig die Rede (CB 76,22,2; 92,25,1; 107,2^b,3; 148,2^a, 2; 165,1,1). Heinrich von Veldeke erwähnt mehrfach den *strâl* der Liebesgöttin (»Eneasroman« 860, 10037) und kennt auch den Zusammenhang mit dem Feuer: *mit dem heizen fûre / brennet mich frou Vênûs* (10114 f.). Weitere Belege für den »Liebespfeil« o. ä. bei J. Grimm, »Über den Liebesgott«, in: »Abhandlungen zur Mythologie und Sittenkunde«, Berlin 1865 (Kleinere Schriften, II), S. 314 ff., bes. S. 322 f. Vgl. auch die Miniatur in der Hs. C, die Ulrich von Lichtenstein abbildet und die »Frau Venus« (mit Fackel und Pfeil) als Helmzier zeigt. – Der *strâl* wird von Gottfried später (6594) noch einmal erwähnt und der *minnen wîsaginne* genannt. – E. Nickel, Studien zum Liebesproblem (1927), S. 9, Anm. 2, weist darauf hin, daß der Pfeil nach mittelalterlichem Brauch ein Vasallenverhältnis bezeichnet.

4950 Kassandra, der nach antiker Mythologie durch Apollon die Gabe der Weissagung verliehen wurde, galt im Mittelalter auch als Meisterin der Web- und Stickereikunst. Womöglich hat bei dieser Umdeutung die tradierte germanische Vorstellung von den Nornen, die den Schicksalsfaden der Menschheit spinnen, eine gewisse Rolle gespielt. – Der »Tristan«-Stelle entspricht eine Passage aus dem »Moriz von Craûn«: *dar obe lac ein golter dâ – / ich waene vrou Cassandrâ / nie bezzer werc volbraehte* (hrsg. von U. Pretzel, Tübingen ³1966 [ATB 45], V. 1135 ff.). Zu dieser Parallele und möglichen Abhängigkeiten vgl. E. Schröder, »Zu Moriz von Craon«, in: ZdfA 43 (1889) S. 257 ff.

4959 *der* (= Gen.) bezieht sich auf Kassandra (4950).

4975 Mit den *vier rîcheiten* sind die vier allegorischen Personen gemeint, die 4567 ff. aufgezählt wurden und ritterliche Tugenden versinnbildlichen.

4976 Mit *rîlîche* wird noch einmal auf Tristans Äußerung angespielt, daß nur *rîlîchez guot* eine angemessene Ritterweihe ermögliche (vgl. Anm. zu 4406). Hier aber bekommt diese Forderung einen neuen Sinn: Nicht die beträchtlichen Mittel, die Marke seinem Neffen zur Verfügung stellt (vgl. Anm. zu 4472), haben die Schwertleite so prächtig werden lassen, sondern Tristans glänzende Ausrüstung wird von den genannten *vier rîcheiten* zusammengestellt.

4989 ff. »Einen besonderen Effekt machte es, wenn alle Schwertdegen dieselbe Kleidung trugen wie der Fürstensohn« (J. Bumke, Studien zum Ritterbegriff, ²1977, S. 118). Die scheinbare, äußerliche Gleichheit, vom Autor dreifach unterstrichen, wird jedoch durch Tristans inneren Adel sofort aufgehoben. Dieser Vorrang hat sozialgeschichtliche Gründe, denn »niemals sind die Schildgesellen den Fürstensöhnen durch die Ritterweihe gleichgestellt worden« (Bumke, S. 118).

4993 Adel (und damit auch: Seelenadel) ist nach mittelalterlichem Verständnis angeboren. Vgl. außerdem Ruals erstes

Auftreten an Markes Hof (4029 ff.), bei dem die natürliche Vornehmheit des Marschalls auch durch seine abgerissene Gewandung nicht hinweggeleugnet werden konnte.

5010 *des* ist ein partitiver Objektsgenitiv, wie er mit transitiven Verben auftreten kann (Mhd. Gramm., § 218a, S. 300 f.).

5021 Bereits in 3737 (s. Anm. dazu) hatte Marke seinem Neffen Schwert und Sporen gegeben, um damit dessen Ritterwürde anzudeuten. Hier nun vollzieht er selbst die rituellen Handlungen, die Teil der Ritterweihe sind (vgl. A. Schultz, Höfisches Leben I, ²1889, S. 184 ff.).

5023 Die Segnung des Schwertes gehört zur Zeremonie der *swertleite*; vgl. J. Bumke, Studien zum Ritterbegriff (²1977), S. 110 f.

5025 Die Belehrung des jungen Edelmanns über den *ritterlichen prîs*, das standesgemäße Tugendsystem, gehört gleichfalls zum Ritual seiner Initiation. Vgl. auch den Normenkatalog in Parzivals Unterweisung durch Gurnemanz (»Parzival« 170,13 ff.) – allerdings ohne Schwertleite, die in dem Roman nicht vorkommt.

5033 Die Schönheit der äußeren Erscheinung zählt zu den Signalen höfischen Verhaltens. Dieser Wert wird von Gottfried jedoch relativiert – etwa wenn der schöne Gandin (13109 ff.) sich als Schurke erweist, dem glänzenden Äußeren also durchaus keine vornehme Gesinnung entspricht und die Scheinhaftigkeit der bloßen Fassade offenbar wird; oder wenn Tristan absichtsvoll seine eigene Erscheinung entstellt, um so die List mit dem Gottesurteil vorzubereiten (15562 ff.). Vgl. zu dieser Umwertung des ursprünglich höfischen Ideals T. Tomasek, Die Utopie (1985), S. 63 f.

5038 Aus *zobel* bestand häufig die Bespannung des Schildes (vgl. G. A. Seyler, »Geschichte der Heraldik«, Nürnberg 1885–89, Neudr. [in 1 Bd.] Neustadt a. d. A. 1970, S. 97). – Auch an einer späteren Stelle (6614 ff.; vgl. Anm. dazu) überreicht Marke seinem Neffen einen Schild, auf dem aus schwarzem Zobel ein Eber abgebildet ist.

5046 ff. Nachdem der König nur Tristan zum Ritter geschlagen hat, vollzieht dieser nun an seinen Schildgesellen die feierliche Handlung der Ritterweihe, und bei der Belehrung der Schwertdegen übernimmt er die Kernbegriffe, die er kurz zuvor von Marke gehört hatte: *diemüete, triuwe, milte* (5050).

5054 ff. Häufig beschlossen Turnier-Wettkämpfe die Feierlichkeiten. Über das mittelalterliche Turnierwesen vgl. die Darstellung von J. Bumke, Höfische Kultur I (1986), S. 342 ff.; J. Fleckenstein, »Das Turnier als höfisches Fest im hochmittelalterlichen Deutschland«, in: »Das ritterliche Turnier im Mittelalter. Beiträge zu einer vergleichenden Formen- und Verhaltensgeschichte des Rittertums«, hrsg. von J. F., Göttingen 1985 (Veröffentlichungen des Max-Planck-Instituts für Geschichte, 85), S. 229 ff.; sowie die Beschreibung bei G. Duby, »Guillaume le Maréchal oder der beste aller Ritter«, Frankfurt a. M. 1986, S. 117 ff. – Auffällig ist, mit welcher Beiläufigkeit, ja Geringschätzung Gottfried diesen Teil der Schwertleite, der bei anderen Autoren Anlaß zu üppiger rhetorischer Prachtentfaltung gewesen wäre, in wenigen lakonischen Bemerkungen abtut. Aus dieser »zynischen Abwehr des Turniers« interpretiert H. Fromm (Tristans Schwertleite, 1967, S. 348) einen weiteren Beleg für Gottfrieds ironische, kritische Distanz zum zeitgenössischen Rittertum. Auch P. K. Stein stellt in seinem Aufsatz über »Tristans Schwertleite« (1977) die These auf, Gottfried prüfe das literarische Modell der konventionellen Artusepik und seine Erzählwirklichkeit aneinander. Stein sieht im »Tristan« eine unmißverständliche »Absetzbewegung vom höfischen Roman« (S. 344), die sich übrigens nicht nur in der Schwertleite, sondern auch in der Darstellung der Minnegrotte und der Schlußepisoden verdeutliche. – Einen guten Überblick über die Darstellung der Reiter-Wettkämpfe in der mhd. Literatur liefert W. H. Jackson, »Das Turnier in der deutschen Dichtung des Mittelalters«, in: »Das ritterliche Turnier im Mittelalter«, ebd., S. 257 ff.

5059 *garzûne* (von afrz. *garçun, garçon*) sind Dienstbur-
schen. H. Fromm nennt sie treffend »Tjostjungen« (Tristans Schwertleite, 1967, S. 348).

5062 *becrôieren* (von afrz. *crier*) bedeutet ›ausrufen (als
Herold oder Knappe)‹ oder auch ›den Schlachtruf aussto-
ßen‹ (wie in 5574).

5075 Hier deutet sich jener Dualismus an, der das Wesen
Tristans bestimmt und der im Roman immer wieder hand-
lungsbestimmend ist – in Rollenwechseln, Schein-Sein-
Kontrasten und listiger Verstellung. Dazu vgl. C. L.
Gottzmann, »Identitätsproblematik in Gottfrieds ›Tri-
stan‹«, in: GRM 70 (1989) S. 129 ff. Das damit verwandte
Prinzip von »Negation und Doppelung« untersucht H.
Wenzel, »Negation und Doppelung. Poetische Experi-
mentalformen von Individualgeschichte im ›Tristan‹ Gott-
frieds von Straßburg«, in: »Wege in die Neuzeit«, hrsg.
von Th. Cramer, München 1988, S. 229 ff.; vgl. auch I.
Lanz-Hubmann, »Nein und jâ« (1989).

5084 Als rhetorisches Mittel ist hier abermals ein *interlocutor*
eingeschaltet (vgl. Anm. zu 4774). Gottfrieds Antwort auf
den fiktiven Einwurf folgt 5090.

5120 ff. Tristan gebraucht hier eine konventionelle
Abschiedsformel; vgl. Hartmann von Aue: *Ich var mit
iuweren hulden, herren unde mâge* (MF 218,5).

5137 Hier wird angedeutet, daß die Ritter nicht aus schierem
Edelmut mitziehen, sondern Anspruch auf Entlohnung
haben. Solche Söldner begegnen mehrfach in der mhd. Literatur (vgl. J. Bumke, Studien zum Ritterbegriff, [2]1977,
S. 42 ff.). Über das mittelalterliche Söldnerwesen informiert anhand historischer Belege O. Brunner, »Land und
Herrschaft. Grundfragen der territorialen Verfassungsgeschichte Österreichs im Mittelalter«, Wien [5]1965, S. 58 ff. –
Ähnliche Formulierungen verwendet Gottfried im Zusammenhang mit Gurmun, der sich seine Truppen mit *guote
oder mit höfschlîchem muote* (5899 f.) verpflichtet. Vgl.
auch 8589.

5147 *verrihten* ist ein juristischer Terminus, dem der Gedanke einer ›richtigen‹ Ordnung innewohnt. Dazu R. Combridge, Das Recht im ›Tristan‹ (²1964), S. 176 f.

5148 *beslihten* bedeutet ›sleht (gerade) machen‹ und entspricht inhaltlich dem *verrihten* der vorigen Zeile. Als Rechtsterminus meint er ›beilegen, entscheiden‹ (vgl. R. Combridge, Das Recht im ›Tristan‹, ²1964, S. 140 f.). Der juristische Charakter dieser Textstelle wird noch unterstrichen durch den Ausdruck *dinc* (= Rechtsangelegenheit, Streitgegenstand). Das Verspaar *verrihet: beslihet* wird 5623 f. wiederaufgenommen (vgl. Anm. zu 4462).

5154 f. Markes Versprechen wiederholt und institutionalisiert seine generöse Geste von 4461 f. (vgl. Anm. zu 4462).

5160 Die nordische »Saga« und das mittelenglische Gedicht haben zwar Szenen, in denen Tristan zum Thronprätendenten ernannt wird. In beiden aber fehlt jeder Hinweis darauf, daß Marke seines geliebten Neffen wegen unverheiratet bleiben wolle. Vgl. dazu R. Krohn, Erotik und Tabu (1979), S. 345. Die Ehelosigkeit Markes erörtert auch Th. Kerth, »Marke's Royal Decline«, in: R. Stevens / R. Wisbey, Gottfried von Strassburg (1990), S. 105 ff.

5164 f. Auf die erotische Besetzbarkeit dieser Formulierung sei hier – im Hinblick auf die These von der homoerotisch unterfütterten Beziehung Markes zu Tristan (vgl. R. Krohn, Erotik und Tabu, 1979), die gerade an dieser Stelle (Eheverzicht) gestützt wird – zumindest hingewiesen.

5187 Der Kuß (vgl. Anm. zu 4324) bedeutet hier nicht nur Herzlichkeit, sondern auch Huldigung gegenüber dem höhergestellten Herrn.

5198 *engân* (mit Gen.) ist der juristische Terminus für ›verlustig gehen‹.

5199 *wer* kommt von dem Verb *wern* (= lat. *praestare* ›sicherstellen, gewährleisten‹) und ist ein alter Rechtsbegriff; vgl. J. Grimm, Rechtsaltertümer II (⁴1899), S. 143 ff.

5212 *ûf geben* (mit Dativ) ist ein Begriff aus dem Lehnsrecht: ›das anvertraute Lehen zurückgeben‹.

5227 ff. Eingeschobene rhetorische Figur der *interrogatio*, die das Folgende verstärken soll.

5232 *mîne vrouwe* übersetzt das frz. *ma dame* (Maurer/Rupp I, S. 332); vgl. dazu *mîn hêr Tristan* (14278 u. ö.). Die eingedeutschte Bezeichnung spielt auch bei der bekannten »Saladin-Crux« in Hartmanns Kreuzlied (MF 218,19) eine wichtige, sinnentscheidende Rolle.

5237 f. Ein ähnliches Wortspiel findet sich im »Iwein« Hartmanns von Aue: *diu süeze, diu guote, | diu suoze gemuote* (7299 f.). – Die »Tristan«-Stelle gilt als der älteste Beleg für die Adverb-Form *guote* (üblich war mhd. *wol*).

5266 Hier folgen in den Hss. (außer in MHBE) sechs Verse, die von Ranke als späterer Zusatz athetiert wurden. Bei Golther und Ganz/Bechstein sind sie erhalten, bei Marold in eckige Klammern gesetzt:

> *ouch waene ich eines alsô wol,*
> *daz ich es niht baz waenen sol,*
> *von dem höfschen Kurvenâle;*
> *dem enwaere er zuo dem mâle*
> *ein willekomener Tristan,*
> *ich enhân dâ keinen zwîvel an.*
> (Nach Marold 5265–70.)

(Übersetzung: Überdies weiß ich so genau, wie ich es sicherer nicht wissen kann, daß Tristan dem fein gebildeten Kurvenal damals hochwillkommen war, woran ich nicht zweifle.) Hatto (S. 113) läßt diese Verse aus; Kramer (S. 134) und Hertz (S. 99) übersetzen sie.

5284 Nach dem Tode Riwalins fühlt Tristan sich als der neue Lehnsherr in Parmenien. Als solcher bestätigt er nun alle Lehen seiner Gefolgsleute. Vgl. aber Anm. 5375.

5287 Zu dieser Huldigungsformel vgl. J. Grimm, Rechtsaltertümer I (⁴1899), S. 351 ff.

5342 Bei dem elliptischen Satz ist das Verb zu ergänzen: ›eilte‹. (Der Genitiv *des endes* ist hier als Ortsbestimmung zu verstehen; Mhd. Gramm., § 222, S. 303.)

5344 *waltriviere* kommt von afrz. *riviere* (›Fluß‹) und heißt
hier (wie auch in 17104) ›Waldgegend‹. Vgl. aber Anm. zu
16884.

5346 *pavelûne* (von afrz. *pav(e)illon*) sind bequeme Lager-
zelte mit viereckigem Grundriß; vgl. A. Schultz, Höfisches
Leben II (^{2}1889), S. 249 ff.

5360 Spanische Pferde wurden im Mittelalter wegen ihrer
Ausdauer und Stattlichkeit besonders geschätzt (vgl. auch
6660 und 9211); dazu A. Schultz, Höfisches Leben II
(^{2}1889), S. 100.

5375 Morgan war der Lehnsherr Riwalins. Das Lehen aber
vererbt sich nicht, sondern muß von Tristan neu erbeten
werden. Sein Rechtsanspruch darauf ist jedoch gekoppelt
an die Frage, ob er ehelich geboren und also erbberechtigt
ist. Die Antwort darauf hängt wiederum von der Gültigkeit der Eheschließung zwischen Riwalin und Blanscheflur
ab (vgl. Anm. zu 1631). Tristan behauptet, er fordere zu
Recht (*ze rehte*, 5376) sein Lehen. Vgl. dazu R. Combridge, Das Recht im ›Tristan‹ (^{2}1964), S. 30 ff., sowie – mit
Blick auch auf andere »Tristan«-Bearbeitungen – S. Konecny, Eheformen (1978), S. 195.

5402 *vriuntschaft* ist hier abfällig gemeint und bezeichnet das
Gegenteil einer rechtmäßigen Ehegemeinschaft. Mit dem
Ausspruch leugnet Morgan Tristans Legitimität – und da-
mit dessen Anspruch auf das Lehen. Vgl. R. Schröder,
»Lehrbuch der deutschen Rechtsgeschichte«, T. 1, Berlin/
Leipzig ^{6}1919, S. 504 f.

5415 Tristan antwortet auf Morgans Unterstellung nicht
direkt, sondern zunächst mit einem Appell an den An- und
Verstand seines Gegenüber (5419) und schließlich mit einem Hinweis auf seine eigenen Gefolgsleute, die seine Ehe-
lichkeit nicht bezweifelt haben. Damit ist aber Morgans
Behauptung nicht widerlegt, und es scheint, daß Gottfried
selbst die Legitimität seines Helden habe im Zweifel lassen
wollen (vgl. dazu R. Combridge, Das Recht im ›Tristan‹,
^{2}1964, S. 30 ff. und 42).

5433 Das Falten der Hände galt im Mittelalter als Geste der Huldigung und Ergebenheit. So auch etwa bei Heinrich von Veldeke: *dem wünsche ich des paradises / unde valte ime mine hende* (MF 58,15 f.). Weitere Belege bei Lexer III.15 sowie BMZ III.230. – Gottfried verwendet den Ausdruck ähnlich auch in 8215.

5436 f. Der Lehnsmann gelobte nach mittelalterlichem Brauch treue Gefolgschaft, indem er seine gefalteten Hände in die seines Herren legte (*immixtio manuum*). Vgl. J. Grimm, Rechtsaltertümer I (⁴1899), S. 192 f. Zeitgenössische Darstellungen des symbolischen Vorgangs zeigt der »Sachsenspiegel« (aus der Heidelberger Bilderhandschrift ausgew. und erl. von W. Koschorreck, Frankfurt a. M. 1976 [insel taschenbuch, 218], S. 41, Nr. 10 und 11). Zur Belehnung vgl. auch A. Schultz, Höfisches Leben I (²1889), S. 647 ff. (mit weiteren Abbildungen).

5447 f. Als unehelich Geborener blieb Tristan vom ritterlichen Zweikampf, der nach der Art eines Gottesurteils seinen Rechtsanspruch hätte bekräftigen können, ausgeschlossen. – *reht gewinnen* geht davon aus, daß jeder gesellschaftliche Stand seine eigene Rechtsordnung hatte. *reht* konnte also als umschreibender Ausdruck für ›soziale Stellung‹ gebraucht werden (Belege dafür bei BMZ II.620ᵇ f.). Hier ist die Zugehörigkeit zum Hofe gemeint, der gleichfalls einer besonderen Gerichtsbarkeit unterstand.

5457 f. Ganz ähnlich erscheint das Sprichwort in »Diu Crône« von Heinrich von dem Türlin (hrsg. von G. H. F. Scholl, Stuttgart 1852, V. 1883 f.). Vgl. auch R. Preuss, Stilistische Untersuchungen (1883), S. 67 f. – Auf die Doppelbedeutung von *schulde* (= *culpa* und *debitum*) verweist R. Combridge, Das Recht im ›Tristan‹ (²1964), S. 28.

5459 *cumpanjûn* (von afrz. *compain* ›Brotgenosse‹) ist eine Neubildung Gottfrieds (vgl. Maurer/Rupp I, S. 210).

5555 f. Rual ist also in Tristans Plan von der Ermordung Morgans nicht eingeweiht gewesen. Die zielstrebige

Heimlichkeit (vgl. auch 5105 f. und 5289 f.), mit der Tristan seinen Racheakt vorbereitet, charakterisiert ihn – dies um so mehr, als es für die Blutrache, die in der »Saga« und im »Sir Tristrem« noch im Vordergrund stand und die bei Gottfried nur noch beiläufig erscheint, keine stichhaltige Begründung gibt, denn Riwalin wurde nicht ermordet, sondern in der Schlacht getötet. Dazu vgl. R. Combridge, Das Recht im ›Tristan‹ (²1964), S. 27 f.

5609 *schunfentiure* (›Niederlage‹) kommt von afrz. *esconfiture*.

5619 *sunderlant* hat hier eine nicht ganz geklärte Bedeutung. J. Grimm (Rechtsaltertümer II, ⁴1899, S. 56) deutet es als Gegensatz zum *lehen*. Es handelt sich also um ein weiteres Land. Von Riwalin hatte es geheißen, *daz er von Parmenie was | und haete ein sunderez lant* (330 f.), und ebendieses zusätzliche Gebiet könnte hier gemeint sein, ohne daß es näher benannt würde. Vgl. dazu R. Combridge, Das Recht im ›Tristan‹ (²1964), S. 172 ff., die den Begriff sorgfältig untersucht. – Möglich wäre auch eine Interpretation, die in dem *sunderlant* jenes Reich sieht, das Tristan sich soeben durch seinen Sieg angeeignet hat: Morgans Land. Es würden dann *lehen* und *sunderlant* (5619) dem Begriffspaar *hêrre unde man* (5621) entsprechen.

5620 Die Formulierung deutet in ihrer ironischen Paradoxie die Distanz Gottfrieds zu seinem Helden an. Den ganzen kritischen Kommentar des Dichters zu dem Geschehen (5618–33) analysiert R. Combridge, Das Recht im ›Tristan‹ (²1964), S. 42 ff.

5621 Tristans Doppel-Status ist freilich nur durch die Macht der Gegebenheiten, nicht aber juristisch begründet. Nirgendwo steht übrigens, daß der Sieger seine Herrschaft über die erworbenen Länder auch ausgeübt hätte. Gottfried verfolgt die ganze Morgan-Geschichte hiernach nicht weiter.

5622 Die Stelle spielt auf die Vorgeschichte und Riwalins Niederlage an. Zugleich wird die Unrechtlichkeit von Tristans Vorgehen unterstrichen.

5623 ff. Hier werden Markes Worte (5147 f.; s. Anm. dazu)
wiederholt. In dem demonstrativen *sus* (5623) deutet sich
Gottfrieds Ablehnung der Art und Weise an, in der Tristan
sich verhalten hat. Bezeichnenderweise ist von *êren* (wie
noch bei Markes Ermahnung 5626) nun nicht mehr die
Rede, und auch Tristans Sieg über Morgan wird in der
Schilderung des Autors keineswegs als förderlich für seine
ritterliche Reputation gedeutet. Nur auf *guot* (5625) und
muot (5626) wird hingewiesen. Materielle Besitzgier und
Rachegefühle also haben Tristan motiviert. Vgl. R. Combridge, Das Recht im ›Tristan‹ (²1964), S. 43.

5627 Die Stelle ist zweideutig: Einerseits hat Tristan seinen
vormaligen Unrechtsstatus legitimiert; andererseits hat er
durch sein rücksichtsloses Vorgehen bestehendes Recht
verkehrt. Auch hierin deutet sich Gottfrieds Kritik an. Die
Zeile ist zudem ein Kommentar zu Tristans Interpretation
von *verrihten*.

5628 Das Reimwort *sleht* verweist auf die zugeordnete Zeile
5624 (*beslihten*). Gottfried verwendet die *sleht-* und *reht-*
Wurzeln über sechs Verse hinweg zu einem etymologi-
schen Reimspiel, wie er es vor allem im Prolog mit großer
Virtuosität vorgeführt hat: *wege : stege* (37–40), *lesen : leben* / *tôt : brôt* (233–240). – Der *swaere muot*, der nunmehr
erleichtert wurde, bezieht sich auf Tristans Kummer über
den Tod seines Vaters (vgl. 5105 ff. und 5289 f.; an beiden
Stellen wird die Heimlichkeit seiner Bedrückung betont,
vgl. Anm. zu 5555 f.).

5631 *versprechen* ist der Rechtsterminus für ›Anspruch erheben‹.

5633 *ansprâche hân* kann bedeuten, daß niemand einen
Rechtsanspruch auf den Besitz hat. Damit wäre von Gottfried »ironisch die Verwandlung des Tatbestandes in einen
Rechtsbestand angedeutet« (R. Combridge, Das Recht im
›Tristan‹, ²1964, S. 43). Der Ausdruck kann sich aber auch
darauf beziehen, daß niemand einen Anspruch auf den Besitz erhoben hat. In diesem Falle wären nicht die juristi-

schen Grundlagen, sondern allenfalls die Machtverhältnis-
se angesprochen.

5715 Ranke folgt hier (entgegen seiner Regel) der Überliefe-
rung der Y-Gruppe (= Hss. FWNOP). Marold und Ganz/
Bechstein haben *fürderts* und geben damit der X-Lesart
(Hss. MBEH) den Vorzug.

5731 Erst mit der Verleihung der Ritterwürde werden die
jungen Edelleute erbberechtigt. Auch König Marke er-
nennt Tristan erst dann zum Thronprätendenten, nachdem
dieser die Ritterweihe erhalten hat (5156 ff.).

5739 Wieder werden aus Anlaß der *swertleite* von Fürsten-
kindern auch andere *swertgesellen* zu Rittern geschlagen
(vgl. Anm. zu 4552). Dabei ist die Anzahl der *gesellen*
diesmal deutlich niedriger als bei Tristan (über die Zwölf-
zahl siehe J. Grimm, Rechtsaltertümer I, [4]1899, S. 298 f.).
Vgl. die – stets runden – Teilnehmerzahlen mittelalterlicher Massenpromotionen bei J. Bumke, Studien zum Ritterbegriff ([2]1977), S. 116, Anm. 119.

5741 Kurvenal war also vorher noch kein Ritter. Er hatte
bislang keinen Lehnsherrn, der ihn dazu hätte schlagen
können. Die Stelle belegt, daß die Schwertleite nicht ausschließlich Jünglingen vorbehalten war.

5764 Noch einmal nimmt Gottfried hier das Verb *verrihten*
auf, mit dem er sarkastisch Tristans Vorgehen bei Morgan
beschrieben hatte (vgl. Anm. zu 5147 und 5623).

5766 Um sein Handeln zu rechtfertigen, bemüht Tristan die
göttliche Vorsehung.

5785 Die folgenden Worte Tristans referieren Markes Versprechen (5152–61).

5786 *hant* entspricht hier der ›Verfügungsgewalt‹. Zu den
Rechtsterminus in Verbindung mit *setzen* vgl. R. Combridge, Das Recht im ›Tristan‹ ([2]1964), S. 169 f., die an
dieser Stelle die Teilung der herrscherlichen Gewalt bezeichnet sieht.

5787 Wörtlicher Anklang an 5159 f. In der Wiederholung
wird die außerordentliche Bedeutung dieses Versprechens
noch betont (vgl. Anm. zu 5160).

5796 *êre* bezeichnet nicht nur ›Ansehen‹ und ›Recht auf Ansehen‹, sondern auch die Zinsabgaben, die man aufgrund dieser Rechtsposition (*êre*) beanspruchen darf. Vgl. dazu R. Combridge, Das Recht im ›Tristan‹ (²1964), S. 149. – *urbor* (vgl. Anm. zu 4468) hat hier eine ganz ähnliche Bedeutung.

5797 *die* bezieht sich auf *urbor* und *êre*; dadurch wird die Annahme, daß es sich hier um zwei fast deckungsgleiche Begriffe handelt, unterstützt.

5865 Ganz/Bechstein hat hier (mit der Hs. M) *gehêrtez*, da Gottfried auch an anderen Stellen (6073, 12677, 15754, 18036) das Verb *hêren* verwendet. Die Lesart wurde von K. Herold, Der Münchner Tristan (1911), S. 84, verteidigt. – Andere Hss. (nach Marold/Schröders Lesarten-Apparat, S. 87: FBERS; bei Ganz/Bechstein I, S. 351, abweichende Angaben) haben eine Form, die sich an den folgenden *êren* orientiert. Rankes Lesart (nach HWNP) schließt sich an das vorangehende *rehte* an.

5867 Golther und Ganz/Bechstein haben (und Kramer übersetzt:) *lenge* (nach Hss. NO; dazu *leng* FWP). Ranke folgt MH (gestützt durch ein *seite* in B). Zu übersetzen wäre wörtlich etwa: »Was soll ich nun außerdem anführen (beibringen)?« Hatto (S. 121) schreibt: »What fresh matters shall I now set in train?«

5873 Morold erscheint in dieser oder ähnlicher Namensform in sämtlichen Bearbeitungen des Tristan-Stoffes. Darüber hinaus wird er im »Parzival« und im »Jüngeren Titurel« erwähnt. Vgl. Hertz, S. 517 f. Der Name geht wohl auf ein kelt. *mor* (›Meer‹) zurück. Vgl. dazu die Untersuchung von D. J. Shirt, »A Note on the Etymology of ›Le Morholt‹«, in: Tristania 1,1 (1975) S. 21 ff. Die Morold-Episode zählt zum ältesten Bestand des »Tristan«-Stoffes. – B. Thum (»Aufbruch und Verweigerung. Literatur und Geschichte am Oberrhein im hohen Mittelalter. Aspekte eines geschichtlichen Kulturraums«, Waldkirch i. Br. 1980, S. 429 ff.) weist – im Zusammenhang mit seiner These von den anti-imperialen Tendenzen der oberrheinischen Literatur des 12. Jh.s – darauf hin, daß die Hörer Gottfrieds in der Charakterisierung der Morold-Gestalt an eine historisch greifbare, zeitgenössische Persönlichkeit erinnert worden sein mögen: den staufischen Pfalzgrafen Otto (»Anelant«) von Burgund, der in heftige Kämpfe mit dem oberrheinischen Landesadel verwickelt war. Die Stelle wäre dann einer der wenigen Belege dafür, daß Gottfried den vorgegebenen Stoff durch aktualisierende Anspielungen für sein zeitgenössisches Publikum aufbereitet hat: vgl. auch Anm. zu 18445.

5882 König Gurmun ist die einzige Gestalt im »Tristan«, die sich auf eine historische Persönlichkeit zurückführen läßt: E. E. Metzner identifiziert ihn als einen Nachfahren des afrikanischen Wandalenkönigs Geiserich (gest. 477), der auch in der »Historia regum Britanniae« Geoffreys von Monmouth genannt wird. Vgl. dazu E. E. Metzner, »Wandalen im angelsächsischen Reich? Gormundus Rex Africanorum und die Gens Hestingorum«, in: Beitr. (T) 95 (1973) S. 219 ff., bes. S. 239 ff. – Der Name wird im Zusammenhang mit der »Tristan«-Geschichte nur von Gottfried überliefert, der aber ausdrücklich auf die Vorlage Thomas (*daz rehte maere*, 5881) verweist. Der Beiname *Gemuotheit* dient der Charakterisierung des Königs. Womöglich übersetzt der Begriff ein afrz. *fierte* der Vorlage.

5898 *sarjant* (von afrz. *serjant*) ist ein leicht bewaffneter meist mit einer Lanze kämpfender Fußsoldat. Vgl. A Schultz, Höfisches Leben II (²1889) S. 199. Der Begriff wurde von Heinrich von Veldeke in die deutsche Literatu eingeführt. Häufig umschreibt die formelhafte Wendun; *ritter* und *sarjande* das ganze Heer. Dazu J. Bumke, Stu dien zum Ritterbegriff (²1977) S. 37.

5899 Die Truppen erwarteten Sold; vgl. Anm. zu 5137.

5911 *reht und êre* ist ein formelhafter Begriff, der in juristi schem Sinne gebraucht wird. Es handelt sich dabei um di konkreten Zeichen der Unterwerfung unter die Herrscha;

dessen, der bestimmte Privilegien (*reht* und *êre*) besitzt (vgl. Anm. zu 5796). Damit können Tributzahlungen oder auch andere Vorteile gemeint sein. Zu der Stelle R. Combridge, Das Recht im ›Tristan‹ (²1964), S. 149.

5941 Der Vorkämpfer hat die Schlacht zu eröffnen und kämpft in der ersten Reihe. Sein Vorbild hat auf die Truppe psychologische Wirkung.

5952 *wîc* ist schon zu Gottfrieds Zeiten ein archaischer, im Bereich der Heldenepik jedoch noch lebendiger Begriff. Immerhin findet er sich im »Tristan« häufiger als in Hartmanns oder Wolframs Artus-Epen. Vgl. dazu Maurer/ Rupp I, S. 235 f.

5963 Daß Gottfried hier ausdrücklich Mädchen ausschließt, mag eine Reaktion sein auf die entsprechende Stelle in Eilharts Fassung, in der Morolt zynisch erklärt, er wolle die *maidlin / minem hûrhuß tûn zů / daß sie mir spät und frů / gewinnen dar inne / vil pfenninge* (»Tristrant« 438 ff.). Vgl. dazu auch Hertz, S. 518 f. – Geiseln zur Sicherung des Friedens werden in der mittelalterlichen Dichtung mehrfach erwähnt (etwa im »Iwein« 3782 ff. und 6366 ff.). Dazu U. Rosenau, »Wehrverfassung und Kriegsrecht in der mhd. Epik«, Diss. Bonn 1959, S. 186 ff. Das Motiv der Tributzahlung führt C. B. Lewis, »Classical Mythology and Arthurian Romance«, Oxford 1932, S. 174 f., auf die Tributverpflichtung der Athener zurück, die dem kretischen König Minos sieben Jungfrauen und Jünglinge ausliefern mußten.

5995 *loys* (von afrz. *loi*) bedeutet ›die Gesetze‹. Das Wort ist für die mhd. Literatur nur bei Gottfried belegt, der es womöglich aus seiner Vorlage von Thomas übernommen hat. Das Fremdwort unterstreicht die Fremdartigkeit dieses oktroyierten Rechtssystems.

6066 Ganz/Bechstein hat *edele kint* (so in M, gestützt durch *edel(e)n kint* in FBE). Vgl. dazu K. Herold, Der Münchner Tristan (1911), S. 61 f., der der Lesart von M auch nicht völlig zu trauen scheint. Kramer (S. 153) übersetzt ebenfalls »Kinder«. Golther und Marold haben (mit Ranke) das abstrakte Substantiv beibehalten: Tristan wirft den Baronen einen »Ausverkauf an Würde« vor. Hatto (S. 123) schreibt »sell your noble blood«.

6140 ff. Der Vergleich ist nicht wörtlich zu nehmen, sondern im Sinne einer hyperbolischen Einschätzung, die den verzagten Baronen Mut machen soll. Vgl. R. Combridge, Das Recht im ›Tristan‹ (²1964), S. 20, die diese Stelle in Verbindung setzt zu jenen Versen (249 f.), in denen mit fast identischem Wortlaut die vornehme Abkunft Riwalins beschrieben wird.

6158 Zu âventiure im Sinne von lat. fatum (wie auch in 2422) vgl. Anm. zu 737. W. Hoffmann möchte an dieser Stelle »Wagnis« übersetzen (Weber, S. 827). Der Vers knüpft aber offensichtlich an die Wendung an die wâge geben (6092) an.

6165 Bei der Verbform gelige handelt es sich um einen Konjunktiv von prospektiver Bedeutung, der durch das perfektivierende Präfix ge- den Charakter eines Futurum exactum erhält (Mhd. Gramm., § 297, 4bß, S. 368).

6186 Die Umschreibung mit suln hat neben modaler eine deutlich futurische Bedeutung (Mhd. Gramm., § 299a S. 369).

6213 vâlant ist eine archaische Bezeichnung für den Teufel, die in den höfischen Epen nur selten verwendet wird. Gottfried gebraucht den Ausdruck jedoch achtmal; vgl. Maurer/Rupp I, S. 238 f., sowie W. Hoffmanns Worterklärung, in: Weber, S. 867.

6217 ff. Hier wird wohl auf die biblische Geschichte von David und Goliath angespielt (1. Sam. 17). Dazu vgl. auch A. J. Denomy, »Tristan and the Morholt: David und Goliath«, in: »Mediaeveal Studies« 18 (1956) S. 224 ff.; H. Kästner, Harfe und Schwert (1981), S. 54 ff., der die Frage einer typologischen Entsprechung zwischen dem niuwe spilman Tristan (3563; vgl. Anm. dazu) und David diskutiert (vgl. Anm. zu 3563); sowie die theologische Ausle gung bei U. Stökle, Die theologischen Ausdrücke und Wendungen (1915), S. 70 ff. – Denselben Vergleich verwendet auch Hartmann von Aue beim Kampf Erecs mit dem Riesen (»Erec« 5558 ff.).

220 Dieser Relativsatz hat kein Bezugswort im übergeordneten Satz; er hat konditionale Funktion (Mhd. Gramm., § 347, S. 433).

261 Höfliche Anrede »Monsieur« (vgl. Maurer/Rupp I, S. 332).

5296 f. *kêren* als Rechtsterminus im Sinne von lat. *restituere* ist angeführt bei J. Grimm, Rechtsaltertümer II (⁴1899), S. 215. Ganz/Bechstein schreibt *widerkêren* in einem Wort und schlägt »zurückgeben« vor; für *verkêren* steht »in etwas Schlechtes verwandeln, einen an den falschen Ort bringen, entfernen« (Ganz/Bechstein I, S. 226). Hatto übersetzt (S. 126): »We must now be given back what has hitherto been lost to us.« Über die materielle Rückerstattung von geraubtem Besitz spricht Tristan jedoch erst 6305 ff.

302 *hervart* zählt zu den »unhöfischen« Worten, weil es sich im höfischen Roman entschieden seltener findet als in den archaischeren Heldenepen. Bei Gottfried ist der Begriff nur hier, bei Hartmann gar nicht, bei Wolfram allerdings (vor allem im »Willehalm«) mehrfach belegt.

303 *dinc* bezeichnet auch die ›Rechtssache‹, den ›Gegenstand einer gerichtlichen Auseinandersetzung‹ (vgl. J. Grimm, Rechtsaltertümer II, ⁴1899, S. 354).

315 *rinc* gibt hier (wie auch 9504, wo der Begriff den kleinsten Bestandteil des Kettenpanzers benennt) einen Minimalwert an. Vgl. heute noch ›gering‹.

372 Bei Eilhart und in der »Saga« ist nur von der Möglichkeit eines Zweikampfs die Rede. Die Alternative *lanther* scheint Gottfrieds Zutat zu sein.

404 Die Formel *mit rehte und mit minnen* kommt aus der Rechtssprache. Dort heißt *consilio vel iudicio* (*mit minne oder mit rehte*) ›durch Übereinkunft oder gerichtliches Ur-

teil‹. Dazu vgl. H. Kuhn, »Minne oder reht« (1950), in: H
K., »Dichtung und Welt im Mittelalter«, Stuttgart ²196⁹
S. 105 ff., der die Gottfried-Stelle im »streng juristische
Sinn« (S. 258) versteht.

6454 f. Der Handschuh versinnbildlicht als Herrschafts- un
Rechtszeichen die Hand und durch die Hand die ganz
Person. Vgl. dazu B. Schwineköper, »Der Handschuh i
Recht, Ämterwesen, Brauch und Volksglauben«, Berli
1938, bes. S. 92 ff. Der Herausforderer steht also mit sei
nem Leben für seinen Rechtsstandpunkt ein. Die Gest
mußte vom Gegner erwidert werden, andernfalls der ge
richtliche Zweikampf nicht stattfinden durfte (vgl. 6487)

6459 R. Combridge, Das Recht im ›Tristan‹ (²1964), möcht
den Rechtsterminus *besprechen* hier konkreter verstehe
und übersetzt: »wie ich diesem Zweikampf eine geziemen
formulierte Grundlage verschaffe« (S. 142).

6460 Die Forderung zum (gerichtlichen) Zweikampf unter
lag gewissen Regeln, auf deren Einhaltung Tristan gena
achtet, damit kein Formfehler die rechtliche Verbindlich
keit der Entscheidung gefährde. Zu dem Ritual gehö
auch, daß der Herausforderer seinem Gegner (oder der
Gerichtsherrn) seinen Handschuh überreicht als Pfand
daß er sich am festgesetzten Tag einfinden werde; vgl. daz
auch die Anm. zu 6454 und 6487 sowie A. Schultz, Höfi
sches Leben II (²1889), S. 159 ff. Über die rechtlichen Vor
aussetzungen des Zweikampfes handelt R. Combridge
Das Recht im ›Tristan‹ (²1964), S. 49 ff. – In der nun folgen
den Rede formuliert Tristan Gründe und Ziel des beabsich
tigten Zweikampfes.

6487 Damit ist der Handschuh gemeint, den der Geforderte
überreicht, um dem *reht* Genüge zu tun (vgl. Anm. z
6454 und 6460).

6489 Der Begriff geht auf afrz. *fier* (›stolz‹) und afrz. *conte*
nance (›Verhalten‹) zurück.

6490 *schanze* (von afrz. *cheance*) ist bei Gottfried nur einma
belegt (vgl. Maurer/Rupp I, S. 213). Der Begriff bezeichne
›Glück im Spiel‹ und entspricht unserem ›Risiko‹.

6495 Diese Frist war bei der Anberaumung von gerichtlichen Zweikämpfen üblich; vgl. auch die Truchsessen-Episode 9969.

6521 ff. Ironischer Kommentar über den tiefbetrübten König; vgl. auch F. Ranke, Tristan und Isold (1925), S. 195: »er ängstigt sich um den jungen Helden wie eine Jungfrau um ihren Geliebten.« – In der Forschung ist in diesem Zusammenhang gelegentlich an den Rechtsgrundsatz des *rex non pugnat* erinnert worden, der es dem König verwehrte, selbst gegen Morold anzutreten. Vgl. dazu jedoch R. Combridge, Das Recht im ›Tristan‹ (²1964), S. 123, sowie R. Krohn, Erotik und Tabu (1979), S. 375. – Zur grundsätzlichen Charakterisierung mittelalterlicher Herrscher, die auch bei Gottfrieds Beschreibung des »schwachen« Marke durchschlägt, vgl. (im Blick auf den »geschändeten König«) P. Wapnewski, »Tristan der Held Richard Wagners«, Berlin 1981, S. 84: »Der König repräsentiert die *Maiestas Domini* auf Erden als *gotes voget*, als *Advocatus Dei*, als Garant göttlichen Herrschaftswillens. Immer ist er im Mittelalter mehr Repräsentant denn Exekutor, ist schwach in der faktischen Ausübung von Herrschaft, ist stark dadurch, daß ohne ihn Herrschaft nicht ausgeübt werden kann.« In der Schwäche des Königs deutet sich zugleich Gottfrieds Kritik am Hof an, denn das »Reich Markes kann seine zivilisatorisch-ordnungsbildende Funktion nicht erfüllen, weil der König, ohnehin ein schwacher Mensch, als feudaler *dominus* allzu leicht vom Hofe gelenkt und regiert werden kann« (J. F. Poag, »Das Bild des Feudaladels in den höfischen Romanen *Parzival* und *Tristan*«, in: »Legitimationskrisen des deutschen Adels 1200–1900«, hrsg. von P. U. Hohendahl und P. M. Lützeler, Stuttgart 1979 [Literaturwissenschaft und Sozialwissenschaften, 11], S. 38).

6534 ff. Die ausführliche Schilderung der Ausrüstung und Vorbereitung des Helden zum Zweikampf ist fester Bestandteil der mhd. Epik.

6550 Vgl. Anm. zu 1420; gemeint ist ›tieftraurig‹.

6586 Die *weide* (= Weideplatz) bezeichnet hier den Ort, wo das Schwert einschlagen soll: den Körper des Gegners. BMZ III.551[b] übersetzt: »wo es verwunden sollte«. Die Eß-Metapher im Zusammenhang mit Waffen hat sich bis heute erhalten (vgl. ›Kanonenfutter‹).

6594 Hier werden noch einmal Tristans ritterliche Wappen-Embleme beschrieben. Zu dem Pfeil auf dem Helm vgl. Anm. zu 4946.

6596 Mit dem vorausweisenden *sît her* wird die Aussagekraft des Pfeil-Symbols betont und zugleich die Spannung auf das Kommende (mit dem rhetorischen Mittel der *praemonitio*) erhöht; vgl. Anm. zu 7058.

6611 Der germanische Begriff *brûn* wurde schon früh ins Romanische entlehnt (seit Isidor); Gottfried verwendet hier die Fremdwort-Bildung aus dem Französischen, die bis heute weiterexistiert (vgl. Maurer/Rupp I, S. 210): ›brüniert‹. Gerade im Zusammenhang mit Waffen trägt das Wort oft die Bedeutung von ›blank, glänzend‹ (zahlreiche Belege bei BMZ I.268[a]; vgl. I. Dal, »Germ. *brûn* als Epitheton von Waffen«, Oslo 1937).

6614 ff. Zum Ebersignum als Symbol für Unerschrockenheit und Kampfzorn vgl. Anm. zu 4942. Ein weiterer Beleg für diese Deutung findet sich in 18891. Gebrochen wird dieses positive Bild, das in 4942 noch nicht eingeschränkt war, durch die Farbbestimmung: *von swarzem zobel alsam ein kol* (6616), in der eine Auslegung *in malam partem* andeutet, wie sie sich später in Marjodos Traum (13512 ff.; vgl. Anm. dazu) verwirklicht. Bezeichnenderweise ist es König Marke selbst, der Tristan den Schild überreicht. Zu diesem Zusammenhang vgl. J. Rathofer, Der ›wunderbare Hirsch‹ (1966), S. 384 ff., sowie M. Zips, »Tristan und die Ebersymbolik«, in: Beitr. (T) 94 (1972) S. 145 ff.

6620 f. Vgl. den ähnlichen Wortlaut in 711 f.: *wie rehte sîn schilt ze aller zît / an sîner stat gelîmet lît* (über Riwalin).

6660 Zu spanischen Pferden vgl. Anm. zu 5360.

6664 ff. Die Beschreibung von Tristans Pferd erinnert in der Wortwahl an die berühmte Stelle im »Erec«, an der Hartmann in aller Ausführlichkeit Enites Pferd vorstellt; *starc und wît zen brüsten: | mit dürrem gebeine, | ze grôz noch ze kleine: | diu wâren vlach unde sleht, | als einem tiere ûfreht* (7355–59). Über Pferde-Beschreibungen in der Literatur vgl. J. Bumke, Höfische Kultur I (1986), S. 236 ff.

6723 Den Namen dieser Insel teilt Chrétien de Troyes in »Erec et Enide« mit: *La ou Tristanz le fier Morhot | An l'Isle saint Sanson veinqui* (hrsg. von W. Foerster, Halle ³1934, V. 1248 f.). Damit könnte eine der Scilly Inseln gemeint sein (vgl. Hertz, S. 519), und I. Kasten entscheidet sich in ihrer Übersetzung von Chrétiens Werk (München 1979; Klassische Texte des Romanischen Mittelalters in zweisprachigen Ausgaben, 17) denn auch in diesem Sinne für »Sankt Samson«. Abweichend von dieser Lokalisierung wäre außerdem denkbar, daß hier ein Werder bei St. Sansom in der Mündung des Flusses Fowey gemeint ist (vgl. E. M. R. Ditmas, »Tristram and Iseult in Cornwall«, Gloucester 1969, S. 64 f.).

6747 *punieren* (von afrz. *poignier* ›den Gegner anrennen‹) hat Heinrich von Veldeke als Lehnwort eingeführt (vgl. Maurer/Rupp I, S. 208). Weitere Belege bei BMZ II.542[b] f.

6748 Vgl. Anm. zu 2109.

6749 *puneiz* (von afrz. *poignier*) hängt etymologisch mit *punieren* (afrz. *poignier*) zusammen; vgl. Anm. zu 6747. Weitere Belege bei BMZ II.543.

6792 Die »Saga« läßt dieses bezeichnende Detail weg; im »Sir Tristrem« dagegen wird es erwähnt: *Moraunt bond his biside | And Tristrem lete his go* (Str. XCIII, S. 29).

6795 Morold duzt nun plötzlich seinen jüngeren (und seiner Meinung nach: schwächeren) Gegner. Tristan erwidert wenig später diese Vertraulichkeit (6829 u. ö.). Vgl. dazu G. Ehrismann, »Duzen und Ihrzen im Mittelalter«, in: ZfdW 5 (1903/04) S. 154 f.

6811 Zu *mit minnen* vgl. Anm. zu 6404.

6828 *teidinc* ist die kontrahierte Form von *tagedinc*. Der
Begriff aus der Rechtssprache (vgl. J. Grimm, Rechtsaltertümer II, ⁴1899, S. 354 f.) steht für ›(Gerichts-)Verhand-
lung‹ (von *dinc* ›Gericht‹).

6877 Mit *wârheit* ist die ursprüngliche Sage gemeint, d. h.
nicht nur Thomas. Daß Morold die Streitkraft von vier
Männern besaß, berichtet auch Eilhart: *do waß ain herr in
Irland, / der waß Morelle genant. / der hett an dem lib sin /
– daß ward dick schin – / vier manneß sterckin* (»Tristrant«
351 ff.). – Zu Bedeutung und Funktion des Wahrheitsbe-
griffs bei Gottfried vgl. O. Carls, »Die Auffassung der
Wahrheit im ›Tristan‹ Gottfrieds von Straßburg«, in:
ZfdPh 93 (1974) S. 11 ff.

6883 ff. Vgl. dazu Hartmanns »Iwein«: *waenet ir daz ich
eine sî? / got gestuont der wârheit ie: / mit ten beiden bin ich
hie. / ich weiz wol, sî gestânt mir: / sus bin ich selbe dritte als
ir* (5274 ff.). Eine ähnliche allegorische Vervielfältigung beschreibt auch Wolfram von Eschenbach: *Parzivâl reit niht
eine: / dâ was mit im gemeine / er selbe und ouch sîn hôher
muot* (»Parzival« 737,13 ff.). In der Lyrik vgl. Reinmar,
MF 172,10: *bestât er mich, in bedunket mîn eines lîbes ein
ganzes her.* Zu den theologischen Mustern solcher Darstellung vgl. U. Stökle, Die theologischen Ausdrücke und
Wendungen (1915), S. 74 f. Außerdem B. L. Spahr, »Tristan versus Morolt: Allegory against reality?«, in: »Festschrift H. Adolf«, New York 1972, S. 80 f., sowie U.
Ernst, Gottfried in komparatistischer Sicht (1976), S. 14 ff.

6927 *bein* hat hier die Bedeutung von engl. ›bone‹ (›Kno-
chen‹). Der Begriff lebt fort in heute noch üblichen Komposita wie ›Schlüssel-‹, ›Elfen-‹, ›Eisbein‹ usw. sowie im
Adjektiv ›beinern‹.

6930 *waejen* (›wehen‹) kann im Zusammenhang mit *bluo*
auch die Bedeutung von ›rinnen, strömen‹ haben; vgl
Wolframs »Parzival«: *er sluog in daz im waete / vom
schafte ûzer swarten bluot* (155,2 f.) sowie *bluot waete û.
ôrn und ûz der nasen* (212,25).

6931 *jehen* scheint ein feststehender Begriff zu sein, mit dem man sich für überwunden erklärte; weitere Belege bei BMZ I.513[b].

6946 Auch in der »Saga« erklärt Morold: »nie wird sich der arzt finden, der diese wunde heilt, ausser meiner schwester« (S. 139). Diese Information gerät jedoch wenig später in Vergessenheit: Um Heilung zu finden, begibt sich Tristram auf eine Fahrt *nâch wâne* (»wo mich auch gott mag hinkommen lassen . . .«; S. 141), die ihn dann tatsächlich nach Irland bringt. – Bei Gottfried dagegen erinnert sich Tristan an den Hinweis Morolds und plant zielstrebig, *daz er ze Îrlanden wolte* (7328), um sich kurieren zu lassen. Vgl. dazu Hertz, S. 521, und das Nachwort dieser Ausgabe (S. 343 f.).

7052 *kuppe* (mlat. *cuppa*) bezeichnet die gepolsterte Haube, die unter dem Helm getragen wurde, um seinen festen Sitz zu garantieren und den Druck zu vermindern. Vgl. dazu Hertz, S. 520.

7058 *sider* verweist auf die später folgende Szene, in der Isolde anhand dieses Splitters den Drachentöter Tantris als ihren Todfeind Tristan, der ihren Onkel erschlug, entlarvt (vgl. das Kapitel »Der Splitter‹, 9983 ff.). Die Technik der epischen Vorausdeutung vermittels des Wortes *sît* findet sich häufig in der Literatur des Mittelalters (vor allem im »Nibelungenlied«: Str. 5, 6, 18, 353, 381 u. ö.). Dazu vgl. H. Burger, »Vorausdeutung und Erzählstruktur in mittelalterlichen Texten«, in: »Typologia litterarum. Festschrift Max Wehrli«, Zürich/Freiburg 1969, S. 125 ff., sowie U. Pörksen, »Der Erzähler im mittelhochdeutschen Epos«, Berlin 1971, S. 18 ff. Die Fortdauer der rhetorischen *praemonitio* auch in der neuzeitlichen und modernen Literatur behandelt E. Lämmert, »Bauformen des Erzählens«, Stuttgart 1968, S. 139 ff.

7085 ff. Die betonte Brutalität, mit der Tristan seinen endgültig besiegten Gegner auch noch enthauptet, findet sich bei Eilhart und in der »Saga« ebensowenig wie der Zynis-

mus in 7115 f. und der blutige Realismus in 7140 f. Gottfried malt diese Details wohl aus, um den Unterhaltungswert seines Romans für sein Publikum, das an derlei rauhe
Töne und Taten – sei es aus der Literatur, sei es aus der
eigenen Wirklichkeit – wohl gewöhnt war, noch zu erhöhen. Vgl. aber Anm. zu 7935.

7147 Gemeint sind die abgeschlagene rechte Hand, der Kopf
und restliche Körper Morolds.

7161 Mit dem Begriff *schîbe* verbindet sich für das Mittelalter
die Bedeutung ›Glücksrad‹, gelegentlich auch in der Wendung *der Saelden schîbe* (vgl. dazu die Belege bei BMZ
II².96ª sowie Lexer II.716). Vgl. hierzu F. P. Pickering,
»Literatur und darstellende Kunst im Mittelalter«, Berlin
1966, bes. S. 129 ff.

7194 ff. Vgl. Anm. zu 7058. Die Stellen sind nicht nur in
ihrer Funktion, sondern auch im Wortlaut deutlich aufeinander bezogen (etwa durch den *nôt : tôt*-Reim sowie durch
die Verbform *brâht*).

7291 Die Vorstellungen von Frauenschönheit unterlagen im
Mittelalter bestimmten Normen; vgl. J. Bumke, Höfische
Kultur II (1986), S. 451 ff. Dazu auch die Anthologie von
R. Krüger (Hrsg.), »puella bella. Die Beschreibung der
schönen Frau in der Minnelyrik des 12. und 13. Jahrhun-
derts«, Stuttgart 1986 (Helfant-Texte, 6).

7292 Zur Morgenrot-Metapher als Veranschaulichung weib-
licher Schönheit vgl. G. Schindele, Tristan (1971), S. 46 f. –
Das Bild wird in Tristans hymnischer Beschreibung von
Isoldes Schönheit (8254 ff.; s. Anm. dazu) und vor allem
8280 ff. (s. Anm. dazu) wieder aufgenommen.

7330 Die medizinische Hochschule von Salerno war im Mittelalter berühmt. Auch der von *miselsuht* (›Aussatz‹) befal-
lene Titelheld im »Armen Heinrich« Hartmanns von Aue
reist um Heilung dorthin (V. 180), und Heinrich der
Gleißner (der *glîchezâre*) läßt im »Reinhart Fuchs« einen
artzt von Salerne (V. 1875) auftreten.

7369 Formelhafter Ausdruck wie etwa auch bei Reinmar

dem Alten *dâs ûz wîplîchen tugenden nie vuoz getrat* (MF
159,8). Gottfried gebraucht dieselbe Wendung auch in
19261: *diu nie vuoz von dir getrat*. Weitere Belege bei BMZ
III.445[b].

7374 Eine identische Formulierung verwendet Gottfried in
6482.

7389 Die Präposition *über* deutet eine Überanstrengung an,
der seine Kräfte nicht gewachsen sind.

7399 Die Schreibung von *Develîn* entspricht der irischen
Aussprache des Wortes. Der Name bedeutete ursprünglich
›schwarzes Wasser‹ (nach jenem Teil des Flusses Liffey, an
dem die Stadt erbaut wurde). Erst 1172 (unter dem englischen König Henry II), wurde Dublin zur Hauptstadt von
Irland. Vgl. dazu Hertz, S. 520 f.

7560 Gottfried vermittelt in der Folge einen Eindruck von
den Fertigkeiten, über die ein Spielmann zu verfügen hatte:
Die »Hofkünste« (7562) umfaßten diplomatisches Geschick (7563), Beherrschung der wichtigsten Musikinstru-
mente (7564 f.) sowie die geistreiche, vielleicht satirische
Unterhaltung des Publikums (7566). Wer in alldem bewandert war, der konnte auf reichen Lohn rechnen – um ihn
(wie hier) etwa in kaufmännische Unternehmungen zu in-
vestieren (7569 ff.). Allerdings ist der moralische Vorbehalt
gegen solche Praktiken der Besitzmehrung gleich mit formuliert: *übertragen* (7570) und *mêre dan ze rehte* (7571 f.).
– Auch wenn Tristans Geschichte von ihm erlogen ist, so
muß sie doch genügend innere Wahrscheinlichkeit haben,
um die Iren zu überzeugen. Man darf der Stelle also einen
gewissen kulturhistorischen Zeugniswert zubilligen; vgl.
W. Mohr, ›Tristan und Isold‹ als Künstlerroman (1959),
S. 253 f. – Zum Spektrum der Rollen, in denen Tristan auftritt, gehört u. a. auch die Verbindung von »Spielmann und
Kaufmann«; dazu H. Kästner, Harfe und Schwert (1981),
S. 30 ff., bes. S. 32 f.

591 Bei Ranke steht *ein artspilman*; alle anderen Herausgeber trennen (wie auch die Hss.) das Substantiv in zwei

Begriffe. L. Gnaedinger, Musik und Minne (1967), folgt
Ranke und denkt an einen Spielmann, »der von den *artes*
etwas verstehe« (S. 57). Dieser Sinn freilich wäre durch
Rankes Lesart erst hergestellt. Eher ist jedoch eine Auslegung vorstellbar, die sich der verdeutlichenden Überlieferung von MBE anschließt: *von arde ein spilman*. Zum Gebrauch von *art* vgl. Anm. zu 3796.

7598 Vierzig ist eine Symbolzahl. In der Bibel finden sich für
die formelhafte Zeitangabe »40 Tage und 40 Nächte« vier
Belege: 1. Mose 7,4; 2. Mose 24,18; 1. Kön. 19,8; Mat. 4,2.
Die Zahl 40 kommt (in anderem Zusammenhang) in geistlichen Schriften sehr häufig vor. J. Grimm (Rechtsaltertümer I, ⁴1899, S. 301 f.) hebt die Bevorzugung der Zahl in
Rechtstexten hervor (vor allem als Fristbestimmung; vgl.
auch »Iwein« 4152 und 5744). Die magische Bedeutung
mag sich auch dadurch erklären, daß zwischen 40 Tagen 39
(das ist 3 mal 13) Nächte liegen. Vgl. Franz Carl Endres /
Annemarie Schimmel, »Das Mysterium der Zahl. Zahlen-
symbolik im Kulturvergleich«, Köln 1984, S. 260 ff. – Jedenfalls dürfte Tristans Lügengeschichte Gottfrieds mittelalterlichem Publikum schon wegen ihrer fabulösen Zeitangabe unglaubwürdig erschienen sein.

7609 Die Iren galten (wie auch die Waliser; vgl. Anm. zu
3513) als hervorragende Musiker und Musikfreunde. Dazu
Hertz, S. 521 f.

7690 Ranke folgt hier der Hs. H, die mit dieser Lesart allein
steht. Die übrigen Hss. überliefern *sinen sinnen* (so auch
Ganz/Bechstein).

7697 Hofkleriker wirkten häufig als Erzieher (auch in
17943); vgl. J. Bumke, Höfische Kultur II (1986),
S. 446 ff.

7716 Die junge Isolde hat über lange Zeit hinweg einen nur
sehr geringen Anteil an der Handlung. Vgl. dazu W. Wagner, Die Gestalt der jungen Isolde (1973), S. 52 ff.

7759 Das Hofamt des Kämmerers schloß die Verwaltung der
Kleider, Waffen und Schätze ein; vgl. A. Schultz, Höf

sches Leben I (²1889), S. 204. Gelegentlich wurden aber
auch einfache Bedienstete als *kameraere* bezeichnet.

7787 Die Umstellung des Namens erscheint so (bzw. mit
leichten Variationen) in allen Fassungen des Stoffes; vgl.
dazu Hertz, S. 522. Bei Eilhart nennt sich Tristrant in dieser Episode allerdings noch *Pro* (1182), und erst später (bei
der Brautwerbungsfahrt) nimmt er den Namen Tantris an
(vgl. dazu die Anm. von D. Buschinger in ihrer »Tristrant«-Edition, S. 127). – Bei Eilhart heilt übrigens die
junge Isalde (und nicht – wie bei Gottfried und in der
»Saga« – ihre Mutter) den kranken Tristrant. Dieser hat
seine Harfe zwar bei sich (1136), aber sie bekommt in der
Eilhart-Fassung keine erzählerische Funktion.

7812 Zu *insigel* vgl. das »St. Trudperter Hohe Lied« (hrsg.
von H. Menhardt, Halle 1934, S. 131; 8,12 ff.): *er schuoph
uns zi sîneme bilde vnde / zi sînir gelîchnuschede dc unsir
sêle sîn / insigele wêre*. Die ursprünglich religiöse Metapher
wurde von Gottfried säkularisiert. H. Brinkmann, »Mittelalterliche Hermeneutik«, Tübingen 1980, S. 212, Anm.
963, verweist auf eine Stelle bei Alanus ab Insulis, an die
Gottfrieds Formulierung erinnert.

7833 *al des spiles* ist eines der seltenen Beispiele für absoluten
Genitiv im Mhd. (Mhd. Gramm., § 225, S. 305 f.); das Re-
lativpronomen wird dem Kasus attrahiert (ebd., § 346,
S. 432).

7885 ff. Rückverweis auf die Passage 7132, die ihrerseits eine
epische Vorausdeutung (*sider*, 7135) enthielt.

7935 ff. Hier gebraucht Gottfried die rhetorische Figur der
occupatio, die explizite Auslassung eines bestimmten Themas (das freilich mitunter gerade durch ebendiese vorgebliche »Abstinenz« in die Erzählung eingeführt wurde). Seine
demonstrative Zurückhaltung richtet sich wohl gegen
Wolfram von Eschenbach. Dieser schildert im 16. Buch
des »Parzival«, welche Kräuter und Gewürze man aus-
streute, um den Fäulnisgeruch, den die schwärende Wunde
des Anfortas ausströmte, zu überdecken (789,21–792,9);

und im 9. Buch zählt er (481,5–483,18) eine Reihe von Heilmitteln auf, mit denen man (vergeblich) die Wunde zu kurieren versucht hatte (zum Vergleich der medizinischen Kenntnisse bei Gottfried und Wolfram s. die Übersicht bei B. D. Haage, in: Okken III, 1988, S. 193 ff.). Solche »Medizinersprache« *ûz der bühsen* (7944; vgl. auch die »Zauberbüchsen« in der Kollegen-Schelte der Dichterschau 4671) hält Gottfried für unfein. Sie klingt unangenehm in vornehmen Ohren (7948) und widersteht kultiviertem Anstandsgefühl (7949): Hofgemäße Sitte (7954) verbietet dergleichen Unappetitlichkeiten. Gottfried bekennt sich dagegen zu einem Stilideal, das er etwa im Zusammenhang mit Hartmann von Aue formuliert hatte (vgl. 4631 ff.). Allerdings steht seine demonstrative Zurückhaltung an dieser Stelle in auffälligem Widerspruch zu den drastischen Details im Zusammenhang mit dem Morold-Kampf (vgl. Anm. zu 7085).

7947 f. Die Stelle erinnert an eine vergleichbare Äußerung im Prolog 136 ff.

7966 ff. Daß Tantris (Tristan) hier der Lehrer der jungen Isolde wird, ist eine Zutat Gottfrieds, die sich bei Thomas nicht findet. »Die erste Beziehung der Liebenden erfolgt auf der Ebene der Bildung, im Verhältnis Lehrer–Schülerin« – so K. Ruh (Höfische Epik, 1980, S. 227), der hier eine absichtsvolle Anspielung Gottfrieds auf das Verhältnis zwischen Abaelard und Héloise sieht. Skeptisch dazu K. Bertau, Über Literaturgeschichte (1983), S. 137 f.

7955 Die Heilkunst war im Mittelalter eine Domäne der Frauen. Hierzu vgl. T. Ehlert, »Die Frau als Arznei. Zum Bild der Frau in hochmittelalterlicher deutscher Lehrdichtung«, in: ZfdPh 105 (1986) S. 42 ff., bes. S. 52.

7967 *schuollist* und *hantspil* bezeichnen wohl die *musica teorica* und *practica* (vgl. L. Gnaedinger, Musik und Minne 1967, S. 60). Die beiden Begriffe stehen in ähnlichem Verhältnis zueinander wie *buoch* und *seitspil* (7727 und 7847) in denen Isolde zuvor von dem Geistlichen unterrichte

worden war. Daß dessen Aufgaben nunmehr von dem Lai-
en (und vorgeblichen Spielmann) Tristan wahrgenommen
werden, ist ein bezeichnendes kulturgeschichtliches Indiz.
Dazu vgl. W. Mohr, ›Tristan und Isold‹ als Künstlerroman
(1959), S. 254.

7988 *in welhischer wîse* deutet auf die Internationalität der
mittelalterlichen Musik-Kultur hin. Womöglich ist hier
der französische Stil gemeint, der 8061 f. näher erläutert
und ebenfalls mit dem Verb *videln* beschrieben wird.

7994 *steigen* (›steigen machen, erhöhen‹) und *vellen* (›fallen
machen, senken‹) sind hier wohl Termini technici der musikalischen Ausführung. K. Burdach umschreibt: »sie
konnte die *elevatio* und *depressio*, die *arsis* und *thesis*, das
Auf- und Absteigen der Töne, gut ausführen« (»Reinmar
der Alte und Walther von der Vogelweide«, Halle ²1928,
S. 179).

8004 *morâliteit* ist Gottfrieds Wortprägung (nach afrz.
moralite(i)t bzw. lat. *moralitas*): Die »Sittenlehre« nimmt
in Tantris' Unterricht eine dominierende Stellung ein; sie
verbürgt *guot* und *êre*, und sie bietet eine Antwort auf die
aporetische, immer wieder problematisierte Frage, wie
denn das Erdenleben des sündhaften Menschen in Harmonie zu bringen sei mit den religiösen Geboten. *morâliteit* ist
also nicht einfach »Anstandsunterricht« im äußerlichen
Sinne; hinter dem Begriff steht vielmehr die mittelalterliche
Überzeugung, daß ethische Vollkommenheit und ästhetische Erscheinung zwangsläufig aufeinander bezogene Kategorien seien. Gesinnung und Gesittung bilden eine unauflösliche Einheit, die ihrerseits die Gegensätzlichkeit von
werlde und *got* (8011 und 8013; vgl. Anm. dazu) zu ver-
söhnen geeignet ist. Auf den Zusammenhang zwischen
Gottfrieds *morâliteit*-Verständnis und der Abhandlung
»De institutione musica« von Boethius, die dem Dichter
vertraut gewesen sein dürfte, hat W. T. H. Jackson hingewiesen (Der Künstler Tristan, 1962, S. 291 ff.). Dieser Be-
deutungsbezug erscheint um so plausibler, als der »Spiel-

mann« Tantris der jungen Isolde hier Unterricht in Theorie
und Praxis der Musik zu geben hat und in diesem Kontext
seine Lehre von der *morâliteit* einbringt. Vgl. zu dem Begriff auch die Anm. von P. Ganz (Ganz/Bechstein I, S. 352)
sowie die Erläuterung von W. Hoffmann, in: Weber,
S. 851. Einen Überblick über die divergierenden Forschungsmeinungen zu dieser Stelle, die in der »Tristan«-
Literatur eine gewichtige Rolle spielt, bietet R. Dietz, Der
›Tristan‹ Gottfrieds (1974), S. 82 ff.

8013 Das Problem, Gott und der Welt zu gefallen, gehörte
zu den zentralen Fragen der hochmittelalterlichen Literatur, die den frühmittelalterlichen Dualismus von *got* und
werlt aufzuheben und im Bilde des vollkommenen (ritterlich-höfischen) Menschen die Gegensätze zu einer harmo-
nischen Synthese zu bringen strebte. Eine vergleichbare
Textstelle findet sich auch in den Reichssprüchen Walthers
von der Vogelweide:

> *dô dâhte ich mir vil ange,*
> *wie man zer welte solte leben:*
> *deheinen rât kond ich gegeben,*
> *wie man driu dinc erwurbe,*
> *der keines niht verdurbe.*
> *diu zwei sint êre und varnde guot,*
> *daz dicke ein ander schaden tuot:*
> *daz dritte ist gotes hulde,*
> *der zweier übergulde.*
> *die wolte ich gerne in einen schrîn.*
> *jâ leider desn mac niht gesîn,*
> *daz guot und weltlich êre*
> *und gotes hulde mêre*
> *zesamene in ein herze komen.*   (L. 8,9–8,22)

Wieder wird der innerweltliche Aspekt (*êre und varnde
guot*) dem *summum bonum* der Gottwohlgefälligkeit ent-
gegengestellt; vgl. zu diesem Zusammenhang G. Kaiser,
»Die Reichssprüche Walthers von der Vogelweide«, in:

»Der Deutschunterricht« 28 (1976) H. 2, S. 5 ff., bes. S. 8 f.
– Eine entscheidende Rolle spielt die Gott/Welt-Problematik und ihre Anwendung auf das »ritterliche Tugendsystem« (von G. Ehrismann in: ZfdA 56, 1919, S. 137 ff. grundsätzlich und als Ausgangspunkt für eine lebhafte, kontroverse Forschungsdiskussion erörtert; vgl. dazu die Aufsatz-Sammlung »Ritterliches Tugendsystem«, hrsg. von G. Eifler, Darmstadt 1970; Wege der Forschung, 56) auch bei Hartmann von Aue. Im »Armen Heinrich« mokiert er sich über die *werlttôren,* die *êre unde guot âne got* (396 ff.) erwerben wollen, und im »Iwein« (7171 f.) findet sich eine Stelle, die wie ein Gegenstück zu dem »Tristan«-Passus wirkt: *verlegeniu müezekheit | ist gote und der werlte leit* (genaue Umkehrung bei Gottfried: Die *unmüezekeit* namens *morâliteit* gefällt *got unde der werlde*). Da im »Iwein« als erstrebenswerte Alternative zu *verlegeniu müezekheit* die Verwirklichung »klassischer« Rittertugenden und -ideale, d. h. die Realisation der höfischen *morâliteit* vorgestellt wird, ist der Sinnbezug zwischen Hartmanns und Gottfrieds Äußerung – über die bloße Spiegelbildlichkeit der Formulierung hinaus – ganz evident. – Auf die Aporie der Diesseits/Jenseits-Dialektik verweisen auch die Schlußverse in Wolframs »Parzival«:

> *swes lebn sich sô verendet,*
> *daz got niht wirt gepfendet*
> *der sêle durch des lîbes schulde,*
> *und der doch der werlde hulde*
> *behalten kan mit werdekeit,*
> *daz ist ein nütziu arbeit.* (827,19–24)

Damit ist das Ideal des neuen Menschenbildes formuliert, das sich somit bei den drei großen Epikern der hochhöfischen Klassik ebenso reflektiert findet wie im Werk Walthers von der Vogelweide.

8018 Damit ist das *utile et honestum* gemeint, das dem *summum bonum* gegenübergestellt ist (vgl. Anm. zu 8013).

8021 Hier ist nur von Isolde die Rede; von Tristan gilt implizite, daß er, der Lehrmeister der jungen Königin, in der
morâliteit bereits ausgebildet und bewandert ist. Tatsächlich gibt es zwischen der Erziehung Tristans und der Isoldes deutliche Parallelen: Beide beherrschen mehrere Spra-
chen und sind vorzügliche Musiker.

8040 Mit *palas* (auch in 3231, 9773 u. ö.) wird das Wohnge-
bäude innerhalb der Burganlage, aber auch der festliche
Hauptsaal bezeichnet. Vgl. dazu A. Schultz, Höfisches
Leben I (^{2}1889), S. 53 f. und 58 ff.; sowie J. Bumke, Höfische Kultur I (1986), S. 152ff.

8052 *ûzen und innerhalp der brust* bezeichnet die Totalität
der Empfindung, die auch schon in der vorigen Zeile mit
dem Begriffspaar *ôren* und *herzen* angesprochen wurde.
Isoldes Spiel appelliert also gleichermaßen an den musikalischen Sachverstand wie an das Gemüt ihrer Zuhörer.

8055 Durchaus nicht alle Damen konnten im Mittelalter
lesen und schreiben. Isoldes Fertigkeiten werden also mit
Recht besonders unterstrichen (auch in 8141). Vgl. A.
Schultz, Höfisches Leben I (^{2}1889), S. 160 f., und K. Weinhold, Die deutschen Frauen I (^{2}1882), S. 131 ff. Dagegen
betont H. Grundmann (»Die Frauen und die Literatur im
Mittelalter. Ein Beitrag zur Frage nach der Entstehung des
Schrifttums in der Volkssprache«, in: »Archiv für Kulturgeschichte« 26, 1936, S. 129 ff.), daß »innerhalb des Laien-
standes nur die Frau als Leserin gilt und Bücher als Frauen-
sache« (ebd., S. 133). Dazu auch J. Bumke, Höfische Bildung II (1986), S. 470 ff. – *schrîben* konnte auch ›zeichnen,
malen‹ heißen (Lexer II.795). Allerdings gibt es in der mhd.
Literatur meines Wissens keinen Beleg dafür, daß die Geschicklichkeit in den Bildenden Künsten bei Hofe als Aus-
weis für besonders feine Erziehung gegolten hätte.

8062 Die Kathedrale von Sens und die Abtei von Saint-Denis
gehörten zu Gottfrieds Zeiten demselben Kirchensprengel
an; vgl. dazu auch W. T. H. Jackson, Der Künstler Tristan
(1962), S. 293. Beide Schulen waren im Mittelalter für ihren

hochentwickelten Kirchengesang berühmt; vgl. die einschlägigen Artikel von F. Raugel, in: MGG XII, Sp. 519 f. (»Sens«), sowie MGG XI, Sp. 1246 ff. (»Saint-Denis«). – P. Ganz (Ganz/Bechstein I, S. XV) macht auf Beziehungen (im Bereich der Baukunst) zwischen Straßburg und Sens aufmerksam; diese Stelle dürfte also für Gottfrieds zeitgenössisches Publikum eine besondere Aktualität gehabt haben. – Frühere Forschung (San Marte, »Wer ist San Ze?«, in: Beitr. 9, 1884, S. 145 f.) hatte hinter *Sanze* den walisischen Heiligen San Dde vermutet.

8064 Diese Szene mit Isoldes Auftritt als Künstlerin ist derjenigen nachgebaut, in der Tristan sich erstmals an Markes Hof als Musiker vorstellt. Beide Stellen haben dieselbe Funktion: Die begnadete Musikalität der Protagonisten verweist sie in den Bereich des von der *gotinne Minne* beherrschten Musenbergs; ihr Künstlertum deutet voraus auf ihr Liebesschicksal; ihre außerordentliche Virtuosität bezeichnet den ersten Schritt der Anähnlichung aneinander, mit der Gottfried ihr künftiges Los präludiert.

8066 Vgl. den schwärmerischen Hinweis auf Tristans hermelinweiße Hände in 3552. Dazu auch Anm. zu 3548.

8068 Über *Lût* vgl. Anm. zu 3680 f. *Thamîse* (›Themse‹) ist hier – wie auch im Zusammenhang mit dem *bischof von Thamîse* (15348 und 15426) – wohl als Ortsbezeichnung zu verstehen.

8071 Die vornehme Bildung Isoldes wird durch die französische Apostrophierung noch unterstrichen.

8072 *pasturêle* bezeichnet den Inhalt, aber nicht die Form eines Liedes. In der altfranzösischen und provenzalischen Lyrik des 13. Jh.s sind die Pastourellen Dialog-Gedichte, in denen das Werben eines Ritters (oder auch Schäfers) um eine Schäferin vorgeführt wird. Daß Isolde diese fremdländische Kunstform, die auf deutschem Boden nicht recht heimisch wurde, und auch die folgenden exotischen Liedgattungen beherrscht, bezeugt ihre feine Bildung. Diese Stelle ist der einzige mhd. Beleg für diesen Begriff. Über die deutschsprachige Rezeption des Genres vgl. P. Wapnewski, »Walthers Lied von der Traumliebe (74,20) und die deutschsprachige Pastourelle«, in: Euph. 51 (1957) S. 113 ff.; nachgedr. in: S. Beyschlag (Hrsg.), »Walther von der Vogelweide«, Darmstadt 1971 (Wege der Forschung, 112), S. 431 ff.; wiederabgedr. in: P. W., »Waz ist minne. Studien zur Mittelhochdeutschen Lyrik«, München ²1979, S. 109 ff.; sowie Sabine Christiane Brinkmann, »Die deutschsprachige Pastourelle (13.–16. Jahrhundert)«, Diss. Bonn 1976. – Zur französischen Pastourelle vgl. E. Köhlers Artikel »Pastorela« in: »Grundriß der romanischen Literaturen des Mittelalters«, Bd. 2: »Les genres lyriques«, hrsg. von E. Köhler, Tl. 1, Lfg. 5, Heidelberg 1979, S. 33 ff.

8073 Mit dem afrz. *rotrouenge* ist die musikalische Form bezeichnet. Es handelt sich um ein Lied mit Refrain. Womöglich hat Isolde ihre Pastourelle als *rotrouenge* vorgetragen. Vgl. F. Gennrich, MGG XI, Sp. 990 ff. (»Rotrouenge«), sowie L. Gnaedinger, Musik und Minne (1967), S. 66 f. – Das Rondeau ist ein rein weltliches Tanzlied; vgl. Gnaedinger, S. 67, sowie Hertz, S. 561.

8074 Über *schanzûne* vgl. Anm. zu 2294. – *refloit* vgl. Anm. zu 2295. – Die Bezeichnung *folate* tritt nur hier auf. Die etymologische Herkunft ist unsicher. Vgl. L. Gnaedinger, Musik und Minne (1967), S. 68.

8083 Die Hss. MBEH überliefern hier *hofscheit*. Marold setzt *höfscheit*, Golther und Ganz/Bechstein haben *hövescheit*. Ranke folgt der Lesart der Y-Gruppe, die die Lectio difficilior bietet. Vgl. dazu F. Ranke, »Die Überlieferung von Gottfrieds Tristan«, in: ZfdA 55 (1917) S. 434.

8087 ff. Hier werden zwei einander zugeordnete Bilder verglichen: die Sirenen auf dem Magnetberg und das ankerlose Schiff, das seinerseits für den *ungewissen minnen muot* (8103) steht (wofür es in den »Carmina Burana« deutliche Entsprechungen gibt: CB 62 und 108). Die Verbindung von Sirenen und Magnetberg war der Antike nicht bekannt; vgl. W. Hoffa, Antike Elemente (1910), S. 344. Der Vergleich jedoch der musizierenden Isolde mit den singenden Sirenen dürfte durch ovidische Vorbilder angeregt sein:

> *Monstra maris Sirenes erant, quae voce canora*
> *Quamlibet admissas detinuere rates. [. . .]*
> *Res est blanda canor: discant cantare puellae*
> *(Pro facie multis vox sua lena fuit). [. . .]*
> *Nec plectrum dextra, citharam tenuisse sinistra*
> *Nesciat arbitrio femina docta meo.*
>
> (»Ars Amatoria« III,311 ff.)

Vgl. hierzu I. Hahn, Raum und Landschaft (1963), S. 104 ff., sowie G. Schindele, Tristan (1971), S. 42 ff. Über Sirenen und Magnetberge in der deutschen Literatur des Mittelalters informiert Hertz, S. 523 f. – O. Langer deutet die Stelle in dem Sinne, daß Gottfried hier in der Charakterisierung der Künstlerin Isolde das »ideale andere Ich Tristans« vorstellt; überdies werde durch den Sirenenvergleich »die Zusammengehörigkeit von Schönheit, Musik, Liebe und Tod angedeutet, manifest wird sie nach dem Minnetrank« (Der ›Künstlerroman‹ Gottfrieds, 1974, S. 21). Zum Sirenen-Bild als Metapher für die betörende Macht der Liebe vgl. F. Wessel, Probleme der Metaphorik (1984), S. 316 ff.

8105 Diese Meer-Metaphorik erinnert an die Stelle, die die Unsicherheit des verliebten Riwalin charakterisiert: *sus sweheten sine sinne | in einer ungewissen habe: | trôst truog in an und zwîvel abe* (890 ff.; vgl. Anm. dazu). Mit den Vergleichen aus dem Bereich der Schiffahrt erreicht Gottfried die »Illustration eines grenzenlosen menschlichen Preisgegebenseins«; dazu I. Hahn, Raum und Landschaft (1963), S. 102 ff. Vgl. auch Anm. zu 2307.

8122 ff. »Der Gesang der Isôt ist eine willentliche Allegorie des Werkes, das Auf und Ab der Schiffe ohne Kurs aber gibt unwillkürlich dem episodisch schwankenden Handlungsverlauf sein Gegenbild« (K. Bertau, Deutsche Literatur II, 1973, S. 953).

8124 *muotgedoene* ist eine Wortbildung, die nur bei Gottfried erscheint. Gemeint ist wohl ein Gesang, der den *minnen muot* (8103) besonders lieblich anspricht.

8126 U. Stökle, Die theologischen Ausdrücke und Wendungen (1915), S. 36 f., weist darauf hin, daß das Bild von den Augen als Fenster des Herzens in der theologischen Literatur des Mittelalters verbreitet war. Bei dem Vergleich ist überdies zu berücksichtigen, daß die Augen damals nur als Ein- bzw. Ausgang für das eigentliche psychische Zentrum des Menschen galten: das Herz (vgl. Anm. zu 1420).

8201 *êhaft* ist ein juristischer Begriff: ›rechtsgültig, unabdingbar‹. *êhaftiu nôt*, ein altes Rechtsinstitut, bezeichnet einen gesetzlichen Hinderungsgrund und hebt deshalb Rechtsfristen auf; vgl. J. Grimm, Rechtsaltertümer II (⁴1899), S. 479 ff. (zu dieser Stelle S. 480), sowie das »Deutsche Rechtswörterbuch«, Bd. 2, Weimar 1932–35, Sp. 1229 f. – A. Leitzmann weist darauf hin, daß hier ein Wortspiel mit *êlîch* (8189) vorliegt (»Bemerkungen zu Gottfrieds Tristan«, in: Beitr. 43, 1917, S. 538).

8206 Vgl. König Markes Worte beim Weggang Tristans: *swie kûme ich dîn doch müge enbern* (5127).

8215 ff. Golther übersetzt: »Leiblich und geistig, er grüßte sie mit Herz und Hand.« Eher aber wird in der Formulierung *des lîbes und der sinne* (8217) der Symbol-Charakter dieser Geste unterstrichen: sie bedeutet Ergebenheit (vgl. Anm. zu 5433).

8223 ff. Das ist ein Umweg, da Cornwall näher an Irland liegt als England. Die Stelle offenbart eine auffällige Unbekümmertheit Gottfrieds im Umgang mit geographischen Gegebenheiten, die sich auch bei anderen Angaben erweist; vgl. Anm. zu 15531 und 18688.

8228 *gesunder* ist ein flektiertes prädikatives Adjektiv (Mhd. Gramm., §§ 259/261, S. 325).

8247 *gemach* (Adj. mit Gen.) bedeutet ›gleich‹ und ist hier substantivisch gebraucht.

8253 Der folgende Lobpreis auf Isolde ist von der Forschung als Indiz dafür gewertet worden, daß die Liebe zwischen Tristan und Isolde schon vor dem Genuß des Liebestrankes eingesetzt habe. Diese Meinung hat zuerst F. Ranke vertreten (Tristan und Isold, 1925, S. 204). H. Furstner, Der Beginn der Liebe bei Tristan und Isolde (1957), S. 27 f., erkennt in der Stelle einen traditionellen Frauenpreis. – Zur Forschungslage vgl. R. Dietz, Der ›Tristan‹ Gottfrieds (1974), S. 89 ff., sowie H. Herzmann, Nochmals zum Minnetrank (1976), S. 73 und 81 (s. auch Anm. zu 11435).

8254 f. Zur Steigerung des Lobes verwendet Gottfried hier einen Überbietungstopos (vgl. E. R. Curtius, Europäische Literatur, [8]1973, S. 171 ff.), der sich ähnlich auch im »Preislied« Walthers von der Vogelweide findet: *allez daz ir habt vernomen, / daz ist gar ein wint: nû fråget mich* (L. 56,16 f.).

8261 ff. Die hier folgenden Bilder des Goldes, des Läuterns und der Sonne stehen für die betörende Macht der Minne; vgl. F. Wessel, Probleme der Metaphorik (1984), S. 324 ff.

8266 ff. Der nun folgende Vergleich ist mythologisch nicht korrekt, denn in antiker Tradition ist Helena die Tochter Ledas und nicht Auroras. Auch die Übersetzung ›Tochterkind‹ ergibt keinen Sinn, da Leda gleichfalls nicht von Eos abstammt. Die Formulierung *Aurôren tohter unde ir kint* ist hier (mit W. Hoffa, Antike Elemente, 1910, S. 345, Anm. 2) als Hendiadyoin aufzufassen. Helena erhielt ihren Beinamen Tyndaris durch ihren Stiefvater Tyndareos. Der preisende Vergleich »Schöner als Helena« erscheint in der mittelalterlichen Literatur recht häufig; vgl. E. Nickel, Studien zum Liebesproblem (1927), S. 83, Anm. 4, sowie G. Schindele, Tristan (1971), S. 47 f. – U. Stökle, Die theologischen Ausdrücke und Wendungen (1915), S. 41 f. verweist auf die geistliche Tradition dieser Wendung. Die *sunne von Mycêne* (= Helena) und ihr Morgenrot (= Aurora)

werden übertroffen durch die beiden Isolden (vgl. Anm.
zu 8280 ff.). Über Mykene als Vaterstadt Helenas vgl.
Hertz, S. 524.

8280 ff. Hier nimmt Gottfried das Bild von 7292 (vgl. Anm.
dazu) wieder auf. Zugleich klingt in dem Begriff *niuwe
sunne* der hellenistische Helioskult an, der in den Christus-
kult und in die Verherrlichung des Kaisers einging. Isolde
wird also – wie Christus und der Herrscher – als Heilsbrin-
gerin (und zwar im Bereich der Minne) apostrophiert. Dazu G. Schindele, Tristan (1971), S. 48.

8291 Das Bild vom Läutern des Goldes stammt aus der Bibel;
vgl. U. Stökle, Die theologischen Ausdrücke und Wendungen (1915), S. 38. Die Metapher erscheint mehrfach in
der mittelalterlichen Literatur (etwa »Parzival« 614,12 ff.:
*dem golde ich iuch geliche, | daz man liutert in der gluot: |
als ist geliutert iwer muot*). Gottfried verwendet sie außerdem 4889 ff., 12940 f. und 13073.

8312 f. Vgl. die Stelle, in der Riwalins Verwandlung durch
seine Liebe zu Blanscheflur mit ganz ähnlichen Worten
beschrieben wird: *wan er greif in ein ander leben; | ein
niuwe leben wart ime gegeben: | ... | und wart mitalle ein
ander man* (937 ff.). H. Furstner, Der Beginn der Liebe bei
Tristan und Isolde (1957), S. 28, deutet diese Parallele so,
daß sowohl Riwalin als auch Tristan todgeweiht gewesen
und wundersam geheilt worden seien. G. Schindele (Tristan, 1971, S. 49) dagegen interpretiert anders und meint,
daß – analog zur Vorgeschichte, deren Verweisungsfunk-
tion sich abermals bestätigt – hier »eine Beziehung Tristans
zu Isolde im Zeichen der Minne angezeigt wird und ver-
hüllt«. Vgl. zu der Diskussion zusammenfassend auch R.
Dietz, Der ›Tristan‹ Gottfrieds (1974), S. 95 ff. – Der
»Durchgang durch den Tod« ist – nach H. Wenzel, »Negation und Doppelung. Poetische Experimentalformen von
Individualgeschichte im ›Tristan‹ Gottfrieds von Straßburg«, in: Th. Cramer (Hrsg.), »Wege in die Neuzeit«,
München 1988 (Forschungen zur Geschichte der älteren

deutschen Literatur, 8), S. 229 ff. – ein typisches, auch in
anderen mhd. Werken verwendetes Mittel zur »Neukon-
stituierung der Person: Die Negation ermöglicht eine
Doppelung der handlungstragenden Figur, ihren Neuauf-
bau als veränderten Typus« (S. 232). Wenzel verifiziert
diese These auch an anderen Motiven des »Tristan«.

8346 Die Hss. FBNIERS überliefern *partierere*, M hat *bar-
tieraere*. Closs und Ganz/Bechstein schreiben *partieraere*.
Ranke folgt Marold: in *pârâtiere* ist noch das afrz. *pârât*
(›Betrug‹; wie in 876) zu erkennen. Vgl. »Parzival« 297,9:
partierre und die Überlieferungsvarianten bei Lachmann.

8350 Die einsetzende Intrige der Höflinge, die im übrigen
ein fragwürdiges Licht auf den inneren Zustand von Markes Hof wirft, verfehlt ihre Wirkung auf Tristan nicht: *er
ervorhte den mort* (8374), und *sîn angest unde sîne nôt*
(8383) bringen ihn schließlich zu dem Entschluß, Cornwall
zu verlassen und für Marke auf Brautwerbungsfahrt zu
gehen. Zu den historischen Hintergründen für solche Besorgnis vgl. C. S. Jaeger, »The Baron's Intrigue in Gottfried's *Tristan*: Notes toward a Sociology of Fear in Court
Society«, in: »Journal of English and Germanic Philology«
83 (1984) S. 46 ff.

8395 ff. Es folgen Spruchweisheiten, die auch anderswo in
der mhd. Literatur begegnen. Deutliche Entsprechungen
gibt es zum »Deutschen Cato« (hrsg. von F. Zarncke,
Leipzig 1852, S. 41, V. 253 ff.):

> *du solt sêre mîden*
> *hazzen und nîden:*
> *dem nît niht anders entuot,*
> *dem machet er doch swaeren muot.*
> *doch muoz der vrume lîden*
> *hazzen unde nîden:*
> *der man ist wert alle vrist*
> *die wîle er genendec ist.*

Weitere Parallelen nennt R. Preuss, Stilistische Untersuchungen (1883), S. 68 f. In der Häufung der Sentenzen
wird der bisweilen hervortretende didaktische Zug dieser
Dichtung deutlich; vgl. dazu auch H. Scharschuch, Gottfried von Straßburg. Stilmittel – Stilästhetik (1938),
S. 31 ff.

8405 Vgl. dazu die Spruchsammlung des Publilius Syrus, die
sich im Mittelalter großer Beliebtheit erfreute und aus der
sich mehrere Entlehnungen bei Gottfried finden (dazu R.
Preuss, Stilistische Untersuchungen, 1883, S. 70 ff.): *mi-
serrima est fortuna, quae inimico caret* (»Die Sprüche des
Publilius Syrus«, hrsg. von H. Beckby, München 1969,
S. 38).

8453 Die Hss. FNR überliefern *nôt*, die übrigen *tôt*. Marold
und Ganz/Bechstein setzen *nôt* (Ganz verweist begrün-
dend auf 8537). Ranke folgt seinem Editionsprinzip (vgl.
F. Ranke, »Die Überlieferung von Gottfrieds Tristan«, in:
ZfdA 55, 1917, S. 434).

8484 Das Verb steht im Singular, obwohl eine Pluralform
korrekt wäre. Schröbler stellt fest, daß solche Numerus-
Inkongruenz häufig dann auftritt, wenn das Subjekt ein
Neutrum Plural ist (Mhd. Gramm., §326b, S. 407).

8486 *sam* (meist *alsam* ›ebenso‹) lebt fort in engl. ›same‹.

8533 Hinweis auf Tristans bemerkenswerte Fremdsprachen-
Kenntnisse; vgl. O. Werner, »Tristan sprach auch Alt-
nordisch. Fremdsprachen in Gottfrieds Romans«, in:
ZfdA 114 (1985) S. 182 ff.

8538 Ganz/Bechstein schlägt mit Recht vor: »Er hat schon
einmal sein Leben aufs Spiel gesetzt.« Diese Bedeutung
wird auch sprachlich gestützt durch den folgenden Satz
(8540 f.).

8540 f. *ir sult* bezeichnet hier die Absicht. *sterben* als transiti-
ves schwaches Verb bedeutet ›töten‹.

8561 f. Ganz ähnliche Formulierungen gebraucht Gottfried
in 66 und 7338.

8572 Gemeint ist die *niuwe sunne* Isolde (8280).

8580 *trûric* so oder ähnlich nur in MHEP (*truriger* in B). Alle anderen Hss. haben *riuwic* (so auch Marold und Ganz/Bechstein). Ranke folgt seiner Regel.

8589 Wie in 5137 und in 5899, so wird auch hier erwähnt, daß Söldner-Ritter angeworben werden, die deutlich unterschieden sind von jenen zwanzig Landbaronen, die *âne golt* mitziehen. Vgl. Anm. zu 5137.

8601–28 In dem folgenden polemischen Exkurs setzt sich Gottfried von der sogenannten spielmännischen Fassung des Romans ab. Er mokiert sich über ihren Mangel an rationaler Wahrscheinlichkeit. Zugleich dient der Einschub dazu, die eigene Erzählung als die einzig »richtige« herauszustreichen und die anderen Bearbeitungen des Stoffes durch Quellenkritik als verfälscht abzutun. Bereits im Prolog hatte er erklärt: *und ist ir doch niht vil gewesen, / die von im rehte haben gelesen* (133 f.). Mit der Schwalben-Episode und deren kritischer Würdigung nun macht er die spielmännischen Adapteure lächerlich. Vgl. dazu G. Schindele, Tristan (1971), S. 21 ff., sowie W. Christ, Rhetorik und Roman (1977), S. 296 ff.

8602 Bei Eilhart ist die Rede von zwei Schwalben (»Tristrant« 1381 ff.), die sich um ein Haar streiten.

8622 *rach* ist Präteritum entweder von *rechen* ›rächen, bestrafen‹ oder von *rechen* ›zusammenscharren‹ (als Substantiv noch heute in der Bedeutung von ›Harke‹). Die Stelle könnte deshalb auch übersetzt werden: »Was hat der, der das aufschreiben und vorlesen ließ, an den Büchern rächen (zurechtrücken?) wollen?«

8624 ff. Das *si* wird in den folgenden Versen erläutert: Der König, sein Rat und die Boten – sie alle wären Tölpel gewesen, wenn sie auf diese Weise Boten gewesen wären. Vgl. dazu die Anm. bei Bechstein I, S. 298 f. (P. F. Ganz ändert gegenüber Bechstein und streicht das *sî* in 8625, das in MHBE ohnehin fehlt: *der künic, der ûz sande / sînen rât von dem lande.*)

8627 *soten* geht auf afrz. *sot* (›Dummkopf‹) zurück.

8679 Wexford ist eine alte Königsstadt im Südosten Irlands; vgl. dazu Hertz, S. 524 f.

8697 Zu *brucke* (im Sinne von ›hölzernes Ausguck-Gerüst‹) vgl. R. Sprenger, »Zu Gottfrieds Tristan«, in: »Germania« 22 (1877) S. 409.

8738 Dieser Rückverweis bezieht sich auf den Befehl König Gurmuns (7205 ff.). Zugleich macht die Stelle deutlich, daß der »Tristan« nicht nur zum mündlichen Vortrag, sondern auch als Buch konzipiert wurde, dessen Lektüre unterbrochen werden konnte, um frühere Kapitel nachzuschlagen; vgl. dazu auch die einleitende Anm. zum Prolog (1–244).

8760 Die englische Goldschmiedekunst genoß im Mittelalter einen besonderen Ruf. Vgl. auch die »Crône« Heinrichs von dem Türlin (hrsg. von G. H. F. Scholl, Stuttgart 1852, S. 7 f., V. 545 ff.).

8783–86 Wortspiel mit *geverte*, das zuerst (8783) in der Bedeutung von ›Verhalten‹ und dann (8786) von ›Reise‹ verwendet wird. Zahlreiche andere Beispiele für diese Stilfigur der Diaphora bei Gottfried nennt H. Scharschuch, Gottfried von Straßburg. Stilmittel – Stilästhetik (1938), S. 23 f.

8788 *bereiten* ist ein flektiertes prädikatives Adjektiv (Mhd. Gramm., §§ 259/261, S. 325).

8796–8869 Die nun folgende Herkunftserzählung Tristans ähnelt der Geschichte, die er bei seinem ersten Irland-Besuch erfunden hatte (7559–7606); vgl. dazu S. Grosse, »Vremdiu maere – Tristans Herkunftsberichte«, in: WW 20 (1970) S. 289 ff., bes. 298 ff.

8814 *Hibernia* ist die antike geographische Bezeichnung für Irland.

8843 Kaufleute standen unter Königsschutz; vgl. R. Schröder, »Lehrbuch der deutschen Rechtsgeschichte«, 6. Aufl. fortgef. von E. von Künßberg, Berlin/Leipzig 1919/20, S. 712 f. Die übliche Rechtsformel, mit der dieser Schutz gewährt (bzw. erbeten) wurde, war *fride und genâde* (so etwa in 8889 und 9545). Zu dem Abkommen zwischen dem Marschall und Tristan vgl. F. Pensel, Rechtsgeschichtliches und Rechtssprachliches (1961), S. 27 ff.

8873 Der König hatte als Gegenleistung für den von ihm zugesicherten Marktfrieden einen Anspruch auf einen gewissen Anteil am Handelserlös.

8887 Wieder ein Wortspiel, das mit den unterschiedlichen Bedeutungen von *habe* (›Hafen‹ und ›Besitz‹) operiert. Vgl. auch Anm. zu 8783–86.

8903 *serpant* (von afrz. *serpant*) steht in der Folge gleichbedeutend neben *trache*. – Die ganze Drachen-Episode ist (unter Berücksichtigung auch anderer Bearbeitungen des Tristan-Stoffes) dargestellt und auf ihre Funktion für das Werkganze untersucht bei S. Konecny, Eheformen (1978), S. 197 ff. Die Unterscheidungen, die Konecny hinsichtlich inhaltlicher Abweichungen in den einzelnen Fassungen S. 199 vornimmt, vermag ich nicht überall nachzuvollziehen. Vgl. auch H. Zutt, »Drachenkämpfe«, in: G. Schnitzler (Hrsg.), »Bild und Gedanke. Festschrift für G. Baumann«, München 1980, S. 206 ff., bes. S. 208 ff.

8911 Diese öffentliche Auslobung hat den Charakter eines rechtlich verbindlichen einseitigen Schuldversprechens; dazu vgl. R. Combridge, Das Recht im ›Tristan‹ ([2]1964), S. 57 ff.

8925 Fiktiver Einwurf des Publikums (*interjectio*), wie Gottfried ihn zur Belebung seiner Geschichte oft verwendet (vgl. Anm. zu 4774).

8940 Gottfried hat den Namen wohl aus seiner Vorlage entnommen, auf die er sich wenig später beruft (vgl. Anm. zu 8942). Die Ortsbezeichnung dürfte auf ein afrz. *l'enfer guignant* (von *guigner* ›lauern‹) zurückgehen und mit ›lauernde Hölle‹ zu übersetzen sein (vgl. BMZ I.41[b]).

8942 *geste* geht auf afrz. *geste* ›Erzählung‹ zurück; gemeint ist hier die französische Vorlage Gottfrieds.

8949 Der Truchseß gehört zu den höchsten Hofbeamten; ihm unterstand die gesamte Küchen- und Wirtschaftsverwaltung. Hertz (S. 525) weist darauf hin, daß die Truchsessen in der mittelalterlichen Literatur zumeist die Rolle der Intriganten und Schurken spielen. Vgl. auch etwa die ambivalente Darstellung Keies im »Iwein« Hartmanns von Aue; dazu J. Haupt, »Der Truchseß Keie im Artusroman. Untersuchungen zur Gesellschaftsstruktur im höfischen Roman«, Berlin 1961.

8951 *amîs* geht auf afrz. *amis* (›Geliebter‹) zurück.

8959 *nâch âventiure rîten* ist eine Formel, die sich so auch im »Iwein« (261) und ähnlich im »Parzival« (564,9: *nâch âventiure gên*) findet. Hier ist etwa eine Bedeutung anzusetzen, die Hartmann von Aue im »Iwein« (530 ff.) gibt: Der Ritter hat sich im gefährlichen Zweikampf, dessen Ausgang ungewiß ist, zu bewähren. Der ritterliche *âventiure*-Begriff, der mit dem der *êre* fest verknüpft ist, bewahrt sich also auch da, wo er im Sinne von ›Wagnis, gefährliche Begegnung‹ gebraucht wird, einen Rest von der alten Vorstellung, derzufolge das Wort auf das undurchschaubare Walten des Schicksals anspielt (vgl. Anm. zu 737).

8962 *belderîchen* ist unterschiedlich gedeutet worden. Ein großer Teil der überliefernden Hss. hat Formen, in denen der Bezug zu *balde* (›schnell, kühn‹) noch deutlich ist; vgl. den Lesarten-Apparat bei Marold. Möglich ist auch eine Herleitung von *belde* (›Mut‹) und damit eine ironische Übersetzung: »er sah den Drachen nie, ohne mutig umzukehren« (so bei Ganz/Bechstein I, S. 310). Hatto schreibt »valorously« (›tapfer‹; S. 159), Kramer »hastig« (S. 224). Über weitere Versuche, die Textstelle zu klären, vgl. R. Bechstein, »Zu Gottfrieds Tristan. Zwei Fragen«, in: »Germania« 12 (1867) S. 319 ff., sowie K. Herold, Der Münchner Tristan (1911), S. 85.

8985 Die Hss. MBE haben *phnaste* (›Schnauben‹), und auch bei Ganz/Bechstein findet sich diese Lectio difficilior, in der K. Herold (Der Münchner Tristan, 1911, S. 87) ein Gottfriedsches Hendiadyoin sieht. H. Paul dagegen wandte sich gegen *phnaste* (»Zur Kritik und Erklärung von Gottfrieds Tristan«, in: »Germania« 17, 1872, S. 392) und plädierte für *vrâze*, das von Bechstein als »unpoetische Glosse« verworfen wurde (Bechstein I, S. 312). Die übrigen Herausgeber folgten Paul: Golther, Marold und Ranke haben *vrâze*.

9009 *rüeren* wird hier für den Angriff zu Fuß verwendet. Tristans Pferd ist tot. So auch in 9045. Vgl. Anm. zu 2107.

9060 f. Das Motiv von der Zunge als Wahrzeichen, an dem sich das Recht erweist, ist in der Märchenliteratur weit verbreitet – etwa in dem Grimmschen Märchen »Die zwei Brüder«. Vgl. dazu die reichen Angaben bei Hertz, S. 529 f., sowie die Untersuchung von W. Hierse, »Das Ausschneiden der Drachenzunge und der Roman von Tristan«, Hannover 1969.

9084 Hertz (S. 525) weist darauf hin, daß es zu diesem Detail (auch bei Eilharts »Tristrant« 1676 ff.) eine Parallele in einer indischen Sage gibt.

9093 ff. Die nun folgende boshafte Schilderung des »Kampfes« zwischen dem Truchsessen und dem (toten) Drachen bildet den ersten Abschnitt der Kritik Gottfrieds am modischen Frauenrittertum. Den Höhepunkt dieser satirischen Bloßstellung markiert später das Gerichtsrede-Duell zwischen dem törichten Betrüger und der sarkastischen Königin Isolde (9796 ff.). Vgl. E. Nickel, Studien zum Liebesproblem (1927), S. 30 und 63; dagegen R. Dietz, Der ›Tristan‹ Gottfrieds (1974), S. 65 ff.

9115 *der kurzen reise* ist ein kausaler Genitiv (Mhd. Gramm., § 222, S. 303).

9165 *damoysêle* entspricht frz. ›demoiselle‹. – Mit dem Kampfruf gaben die Streiter sich zu erkennen; meist riefen sie den Namen ihres Herrn oder ihres Landes (bzw. ihrer Partei); vgl. 5576 f.: *schevelier Parmenîe! / Parmenîe schevelier!* Dazu A. Schultz, Höfisches Leben II (²1889), S. 283 ff. – Hertz (S. 526) weist darauf hin, daß es »nach deutscher Anschauung ein grober Verstoß gegen die Anstandsregeln des Frauendienstes« war, den Namen der Dame zu nennen. Vgl. auch F. Niedner, Das deutsche Turnier (1881), S. 84.

9169 Ein »Kunstfehler« des Truchsessen. Beim *tjost* mußte der Kämpfende den Speer fest im Griff behalten, um die Wucht des Aufpralls zu erhöhen.

9210 *tjoste* (›Speerstoß‹): Der Truchseß täuscht vor, daß er den Drachen nach den Regeln des ritterlichen Kampfes erlegt habe. Der *tjost* war fester Bestandteil des höfischen Turniers; vgl. Anm. zu 620.

9211 Zu spanischen Pferden vgl. Anm. zu 5360 (*castelân*).

9234 *âventiuraere* hat in diesem Kontext einen pejorativen Beigeschmack (vgl. den modernen Ausdruck ›Abenteurer‹).

9235 *âventiure* ist hier wie in 9234 nicht im ritterlich-höfischen Sinne gebraucht. Vgl. dagegen W. Hoffmanns Worterklärung, in: Weber, S. 827 f., die mir gerade bei der Deutung dieser Stelle den Erzähl-Kontext außer acht zu lassen scheint. – *âventiure* als Bezeichnung für ›Wagnis, ritterliche Bewährungsprobe‹ verwendet Gottfried 8959.

9243 Das Begriffspaar entspricht *vrâze* und *viure* in 8985 (s. Anm. dazu; Rankes Lesart wird hier gestützt).

9258 *tac legen* ist der juristische Terminus für ›einen Gerichtstermin anberaumen‹. Die Wendung erscheint häufig in Chroniken; vgl. Lexer I.1857. *tac* kann die Bedeutung von ›Gerichtstag‹, auch von ›Gericht‹ haben.

9259 *vür daz lant* im Sinne von ›öffentlich‹, d. h. in Gegenwart der *lantbarûne*, die 9261 herbeigerufen werden und die das *lant* repräsentieren.

9263 *tagen* hat die Bedeutung von *tac legen* (vgl. Anm. zu 9258).

9298 ff. Von den zaubrischen Fähigkeiten der Königin wa⟨r⟩ schon vorher die Rede gewesen (6946 ff.); später (11429 ff.⟩ wird sie den magischen Liebestrank mischen. Das Traum-Orakel erscheint bei den anderen »Tristan«-Bearbeiter⟨n⟩ nicht, ist also wohl Gottfrieds Erfindung. Hertz (S. 526 f.

weist auf die weite Verbreitung der Traum-Offenbarung in
verschiedenen Kulturen hin. In den Künsten der »weisen
Isolde« (so wird sie 7185 u. ö. genannt) deutet sich bereits
die Verschlagenheit und List ihrer Tochter an. Vgl. dazu
auch G. Hollandt, Hauptgestalten (1966), S. 31 ff.; außerdem M. D. Wade, »Gottfried von Strassburg's Elder Isolde: Daz Wîse Wîp«, in: Tristania 3,1 (1977) S. 17 ff., sowie
A. Classen, »Matriarchy versus patriarchy: the role of the
Irish queen Isolde in Gottfried von Straßburg's ›Tristan‹«,
in: »Neophilologus« 73 (1989) S. 77 ff. – Die Darstellung
der jungen Isolde (vor allem im Vergleich mit ihrer Mutter)
behandelt W. Wagner, Die Gestalt der jungen Isolde
(1973), der betont, daß »Isoldes liebevolle Hingabe an Tristan konsequenterweise erst nach der Aufgabe der Mutter-
bindung entstehen« (S. 58) könne. Über die Darstellung
der Isolde im gesamten Roman vgl. auch M. Wynn, »Gottfried's Heroine«, in: A. Stevens / R. Wisbey, Gottfried von
Strassburg (1990), S. 127 ff., die die sorgfältige Charakterisierung Isoldes durch den Autor hervorhebt. Die widersprüchlichen Perspektiven, unter denen der Dichter Isolde
beschreibt, untersucht E. S. Dick, »Gottfried's Isolde: *Co-
incidentia Oppositorum*«, in: Tristania 12,1 (1986/87)
S. 15 ff. Außerdem vgl. J. C. Dayan, »The Figure of Isolde
in Gottfried's *Tristan*. Towards a Paradigm of *Minne*«, in:
Tristania 6,2 (1981) S. 23 ff.

9317 Herkunft und Deutung des Namens *Brangaene* sind
nicht geklärt. Über die verschiedenen Formen dieses Namens in anderen Bearbeitungen des Tristan-Stoffes informiert Hertz, S. 527. Brangäne ist die Erzieherin und Vertraute der jungen Isolde (dazu Anm. zu 1200). Zur Funktion der Figur im Roman vgl. W. T. H. Jackson, »The Role
of Brangaene in Gottfried's Tristan«, in: »The Germanic
Review« 28 (1953) S. 290 ff.; G. Hollandt, Hauptgestalten
(1966), S. 41 ff.; ihr Verhältnis zu Isolde untersucht C. B.
Caples, »Brangaene and Isold in Gottfried von Strassburg's *Tristan*«, in: »Colloquia Germanica« 9 (1975)

S. 167 ff.; die Darstellung Brangänes im Vergleich auch mit anderen Bearbeitungen des Stoffes analysiert R. Deist, Die Nebenfiguren (1986), S. 14 ff.

9318 *Paranîs* ist ein keltischer Name. Bei Gottfried, der diese Gestalt als einziger Dichter der Thomas-Gruppe ausdrücklich nennt, ist Paranis ein Knappe der Königin Isolde. Bei Eilhart, im Prosa-Roman, bei Gottfrieds Fortsetzern und bei Hans Sachs ist er ein Kämmerer Isoldes. Vgl. dazu Hertz, S. 527 f.

9370 Das mask. Substantiv *billîch* ist nur bei Gottfried belegt (an dieser Stelle und in 10058). Der Begriff setzt eine Norm voraus, die religiös, rechtlich, moralisch oder gesellschaftlich begründet sein kann. Vgl. dazu R. Combridge, Das Recht im ›Tristan‹ (^{2}1964), S. 144 f., die den Ausdruck mit »höhere Gerechtigkeit« übersetzt.

9421 *niftel* bezeichnet nicht nur die ›Nichte‹, sondern auch allgemein eine nahe weibliche Verwandte. Bechstein bemerkt lakonisch: »Wie Brangäne mit dem Königshaus verwandt ist, erfahren wir nicht« (Ganz/Bechstein I, S. 325).

9436 *trîaken* kommt von afrz. *triacle* (lat. *theriaca*) und bezeichnet ein Universal-Schwitzmittel, das im Mittelalter als allgemeines Gegengift verwendet wurde. Die Schadstoffe des Körpers wurden dadurch ausgetrieben. Vgl. dazu L. Reinhardt, »Kulturgeschichte der Nutzpflanzen«, Bd. 2, München 1911, S. 303 f.; allgemein zum »Niederschlag der Heilkunde im Tristan-Roman Gottfrieds von Straßburg« H. M. Zijlstra-Zweens in: Okken II (1985), S. 345 ff. (zur Anwendung des Mittels bes. S. 346 ff.), sowie B. D. Haage in: Okken III (1988), S. 187 ff.

9438 *der* ist Genitiv Plural; der Theriak wurde also in einzelnen Dosen verabreicht.

9456 ff. Isolde als *sunne* (s. Anm. zu 8280) und ihre Mutter als *morgenrôt* (s. Anm. zu 7292) – mit diesen Vergleichen knüpft Gottfried an Gesagtes an. Die Prinzessin Isolde ist also Tochter der Eos/Aurora und nach der antiken Mythologie mithin: Helena (vgl. Anm. zu 8266 ff.). – Das Mond

Bild, das hier u. ö. auf Brangäne angewandt wird (11082,
11509), stand im Mittelalter für außergewöhnliche Schönheit (vgl. K. Weinhold, Die deutschen Frauen I, ²1882,
S. 228). – Die Stelle erinnert an das Hohe Lied: *quae est
ista, quae progreditur quasi aurora consurgens, pulchra ut
luna, electa ut sol* (Cantic. cant. 6,9); dazu U. Stökle, Die
theologischen Ausdrücke und Wendungen (1915), S. 41 f.,
der zahlreiche Entsprechungen in der theologischen Literatur nachweist.

9464 Gottfried verwendet die Anrede *ritter* nur an dieser
Stelle. Zum Gebrauch der Bezeichnung vgl. J. Bumke, Studien zum Ritterbegriff (²1977), S. 88 ff.

9472 Für F. Ranke bedeutet die Tatsache, daß die junge
Isolde den »Spielmann Tantris« als erste entdeckt und als
einzige sogleich identifiziert, den Beweis dafür, daß das
Mädchen bereits vor dem Genuß des Liebestrankes in Tristan verliebt gewesen sein müsse; das Bild des einstigen
Lehrmeisters habe sich ihr unvergeßlich eingeprägt (Tristan und Isold, 1925, S. 202). Vgl. auch Anm. zu 8253 und
zu 11435.

9504 Der *rinc* ist das kleinste Teil des Ringpanzers; im übertragenen Sinne bedeutet er ›das Geringste‹ (das mit *rinc*
allerdings etymologisch nicht verwandt ist).

9545 Die Königin verwendet hier die korrekte Formel (vgl.
Anm. zu 8843).

9576 *ziehen* ist hier ein Rechtsterminus (vgl. J. Grimm,
Rechtsaltertümer II, ⁴1899, S. 492): ›seinen Rechtsanspruch vor Gericht nachweisen‹.

9795 *bete* ist (wie auch *bitten* in 9797) ein Rechtsbegriff und
bezeichnet die ›Klage‹ bzw. die ›Anrufung des Gerichts‹.

9816 Die *urkünde*, der Drachenkopf, wird von dem Truchsessen als Augenschein-Beweis verwendet (vgl. dazu C. R.
Sachße, »Das Beweis-Verfahren nach deutschem, mit Berücksichtigung verwandter Rechte des Mittelalters«, Erlangen 1855, S. 107). Er beharrt nun auf seinem scheinba-
ren Recht.

9817 Zur rechtlichen Verbindlichkeit von *wârheit* vgl. R.
   Combridge, Das Recht im ›Tristan‹ (²1964), S. 178, sowie
   die Belege bei BMZ III.512ª.

9818 f. Die Rechtskraft des Königswortes war an den feudalen Treue-Begriff gekoppelt, »in dem die Gegenseitigkeit
   von Herrscher- und Untertanenpflicht und damit das Widerstandsrecht wurzelte« (F. Kern, »Gottesgnadentum
   und Widerstandsrecht im früheren Mittelalter. Zur Ent-
   wicklungsgeschichte der Monarchie«, Münster/Köln
   ²1954, Nachdr. Darmstadt 1967, S. 221). Der Treubruch
   des Königs entbindet also seinen Vasallen von dessen
   Loyalität und ermächtigt ihn zur Fehde; vgl. Kern,
   S. 362 ff. – Dazu auch Anm. zu 13222 ff.

9846 *wortzeichen* sind ursprünglich wohl Augenzeugen-
   Aussagen; hier im Sinne von ›unumstößlicher Beweis‹ gemeint.

9856 *vrou* kann auch die Anrede für die unverheiratete Für-
   stin sein. – Obwohl die junge Isolde nur die Tochter einer
   Königin ist, hat sie doch Anspruch auf den Titel; vgl.
   Hertz, S. 528.

9880 ff. Vgl. dazu den Prolog (9–12). Der Lyriker Hartmann
   von Aue setzt sein *Daz ich dâ wil, seht, daz wil alse gerne
   haben mich* (MF 218,25) als auftrumpfenden Gegensatz zu
   ir ringent umbe liep, daz iuwer niht enwil (MF 218,27). W.
   Hoffa (Antike Elemente, 1910, S. 350) weist auf ein Te-
   renz-Zitat hin, das Gottfried in einer Sentenzen-Sammlung gefunden haben könnte: *nolunt ubi velis, ubi noli,
   capiunt ultro* (»Eunuchus« 812). – Zu 9880 vgl. die Rein-
   mar-Parallele *sît sî mich hazzet, die ich von herzen minne*
   (MF 166,31); zu 9887 vgl. Reinmar *liebes des enhân ich
   niht / Wan ein liep, daz mîn niht wil* (MF 199,14 f.). E. Nickel (Studien zum Liebesproblem, 1927, S. 30 f.) bemerkt
   zu der Stelle: »Mit sicherem Griff wird hier das Wesen
   schmachtenden Frauendienstes erfaßt und, ein wenig kari-
   kiert, bloßgestellt.«

9905 Gemeint sind jene Frauenritter, die Abzeichen ode[r]

Kleidungsstücke ihrer Damen auf dem Helm, dem Schild oder an der Lanze trugen, um damit ihren Minnedienst zu verdeutlichen. Vgl. dazu F. Niedner, Das deutsche Turnier (1881), S. 84 ff. Isolde macht sich über diesen Brauch lustig.

9914 f. Vgl. 9880 und 9887 (s. Anm. zu 9880).

9940 *gemeine* hat im mhd. Sprachgebrauch noch nicht die moderne, abwertende Bedeutung (wie etwa in ›hundsgemein‹). Der Begriff ist neutraler zu verstehen – etwa im Sinne von ›allgemein‹; vgl. auch ›Gemeingut‹ und ›Gemeinde‹ oder die zoologische Terminologie: ›das gemeine Rind‹.

9969 Bei gerichtlichen Zweikämpfen war diese Frist üblich; vgl. auch die Morold-Episode 6495.

9979 Solche Sicherheiten wurden für gewöhnlich verlangt; vgl. J. W. Planck, »Das deutsche Gerichtsverfahren im Mittelalter. Nach dem Sachsenspiegel und den verwandten Rechtsquellen«, Bd. 1, Braunschweig 1878, S. 796, sowie Bd. 2, Braunschweig 1879, S. 213. Zu dem gesamten Gerichtsverfahren R. Combridge, Das Recht im ›Tristan‹ (^{2}1964), S. 63 ff.

9997 In äußerer Schönheit drückt sich nach mittelalterlicher Vorstellung innere Vornehmheit aus. Gottfried deutet also an, daß Tristan seinen wahren Stand nicht verbergen kann (9999), da sein Adel an der Schönheit seiner Erscheinung offenkundig wird (9998). Vgl. auch Anm. zu 3342. – Die Forschung hat in dieser Szene gelegentlich einen Beleg dafür gesehen, daß Isolde Tristan schon vor dem Genuß des Minnetrankes geliebt haben müsse (vgl. Anm. zu 11435). Zu »Tristan im Bad« vgl. E. Nickel, Studien zum Liebesproblem (1927), S. 45 ff.; dagegen H. Furstner, Der Beginn der Liebe bei Tristan und Isolde (1957), S. 31 ff.

10000 ff. Die Pikanterie der Situation wird durch den ungewöhnlichen Perspektivenwechsel noch betont: Daß es eine Frau ist, die hier die körperlichen Vorzüge eines (nackten) Mannes mit den Augen prüft, war (nicht nur) für das mittelalterliche Publikum gewiß eine auffällige Variante.

10066 In der französischen Prosafassung des Tristan-Stoffes
spielt das Schwert eine größere Rolle. Über die Legenden,
die sich um die Waffe gerankt haben, unterrichtet Hertz,
S. 528 f.

10072 *gebreste* hat zwei Bedeutungen. Hier bezeichnet es
die Scharte des Schwertes und in 10077 wohl das Stück,
das in dieser Lücke fehlt. Ein ähnliches Wortspiel in
10185–188.

10093 *wâfen* ist ein Klageruf (wie frz. ›à l'armes‹), der in der
mhd. Literatur häufig erscheint; vgl. BMZ III.456[b].

10185 *scharte* heißt sowohl ›Splitter‹ als auch ›Scharte‹ (wie in
10188); vgl. auch 10072–077.

10202 *merzî* heißt hier soviel wie *genâde* (›Gnade‹). Vgl.
noch heute engl. ›mercy‹.

10216 Der Fremde galt – außerhalb seiner eigenen, schützen-
den Rechtsordnung (vgl. Anm. zu 2483) – im Mittelalter
als rechtlos. Nur der *vride*, den sein Gastgeber in der
Ferne ihm gewährt, garantiert ihm materielle Sicherheit
sowie leibliche Unversehrtheit. Vgl. in diesem Zusammenhang auch der jungen Isolde mitleidheischenden Hinweis
in der Gottesurteil-Szene, sie sei *ellende* (15494; s. Anm.
dazu).

10255 Die Frau hatte im Mittelalter nicht das Recht, Blutrache zu üben; vgl. HRG I, S. 459 ff. Es war deswegen
durchaus im Sinne der zeitgenössischen Rechtsauffassung,
wenn im »Nibelungenlied« die rasende Kriemhild, nachdem sie Hagen aus Rache selbst erschlagen hatte
(Str. 2373), von dem rechtschaffenen Hildebrand dafür be-
straft und getötet wurde (Str. 2376). Isolde bleibt also innerhalb der Grenzen mittelalterlichen Rechtsdenkens. Vgl.
dazu auch R. Zacharias, »Die Blutrache im deutschen Mittelalter«, in: ZfdA 91 (1961/62) S. 167 ff., bes. S. 195. –
Zum verbreiteten Motiv der Blutrache vgl. den informati-
ven Überblick bei E. Frenzel, »Motive der Weltliteratur
Ein Lexikon dichtungsgeschichtlicher Längsschnitte«
Stuttgart [3]1988, S. 64 ff.

10260 *zorn* und *wîpheit* treten hier personifiziert auf. Zu den
Anfängen dieser Art, innere Konflikte zu konkretisieren,
vgl. C. Muscatine, »The Emergence of Psychological Allegory in Old French Romance«, in: PMLA 68 (1953)
S. 1160 ff.

10359 Brangäne ist mit allen Vorzügen einer Dame von Stand
ausgestattet. Sie ist nicht nur schön (vgl. Anm. zu 9456 ff.),
sondern auch *höfsch* (9421 u. ö.), *wol gesite* (10778, 11085),
staete (12937) etc. Hier wird sie (wie Königin Isolde) *wîse*
genannt. Häufig bezeichnet der Dichter sie zudem als *diu
stolze* (9459, 11081, 12080 u. ö.).

10383 Die Hss. MFBN überliefern *wa er sitzet* (EP: *wa der
sitzet*); ihnen folgt Ganz/Bechstein: *sich, wâ er sitzet: deist
Tristan.* Dafür plädiert auch K. Herold (Der Münchner
Tristan, 1911, S. 87), der Marolds Lesart (die Ranke übernimmt) »gänzlich ungottfriedisch« nennt. Dazu jetzt auch
L. Okken, »Gottfrieds Tristan v. 10383«, in: ZfdA 96
(1967) S. 237 f.

10411 *heinlîche* heißt hier nicht (wie in 7440) ›Geheimnis‹,
sondern bezeichnet den Raum, in dem man Geheimnisse
haben kann: ›Privatzimmer‹. Vgl. auch Anm. zu 1916. –
H. Wenzel (»Öffentlichkeit und Heimlichkeit in Gottfrieds ›Tristan‹«, in: ZfdPh 107, 1988, S. 335 ff.) weist darauf hin, »daß *heinlîch* oder *tougen* den Bereich all dessen
meinen, was aus dem öffentlichen Raum ausgeblendet
wird, vor der Öffentlichkeit verborgen bleibt und bleiben
muß, weil es der institutionalisierten Form organisierter
Herrschaft nicht entspricht oder im Widerspruch steht zu
den Verhaltensmustern, die mit gesellschaftlicher Anerkennung (*êre*) honoriert werden« (S. 344).

10426 f. Das Sprichwort war im Mittelalter weit verbreitet
und lebt noch heute fort in der Wendung: »sein Mäntel-
chen nach dem Winde hängen«. Vgl. auch Spervogel (MF
22,25): *Wan sol den mantel kêren, als daz weter gât,* sowie
die lateinische Sentenz *Uersa sit aduersum tua semper pe-
nula uentum* (MSD XXVII, 2, S. 66, Nr. 237; dazu die

Anm. in Bd. 2, S. 151). Weitere Belege bei K. F. W. Wander, »Deutsches Sprichwörter-Lexikon«, Bd. 3, Leipzig 1873, Nachdr. Augsburg 1987, S. 450, Nr. 37.

10523 Dieser *vride* hatte ihn bisher davor bewahrt, für den Tod Morolds zur Rechenschaft gezogen zu werden; vgl. Königin Isolde 10207 ff.

10530 Mit dem »Friedenskuß« wurden Streitigkeiten beigelegt und die Aussöhnung besiegelt (siehe auch 10665); vgl. dazu J. Grimm, Rechtsaltertümer I (⁴1899), S. 197 f.

10650 *nâher gesippe* ist eine Wendung, die ähnlich auch in anderen Rechtsquellen auftritt; vgl. F. Pensel, Rechtsgeschichtliches und Rechtssprachliches (1961), S. 51. – Schon vorher (10284 ff.) hatte die Königin ihrer Tochter Isolde die Zuständigkeit für die Bestrafung Tristans abgesprochen. Nun gesteht Gurmun der Schwester des erschlagenen Morold die Entscheidung zu, weil sie am engsten mit dem Toten verwandt ist. Dazu vgl. G. Hollandt, Hauptgestalten (1966), S. 33 f.

10688 *gewisheit* ist der rechtssprachliche Ausdruck für ›Sicherstellung durch Pfand‹ oder ›Bürgschaft‹.

10704 Anrede an das Publikum. Zu diesem rhetorischen Mittel bei Gottfried vgl. R. Preuss, Stilistische Untersuchungen (1883), S. 35 ff.

10843 Die Hss. FOP haben hier als Verb *gefiegierte*. Der Kontext legt an dieser Stelle nahe, daß der Begriff auf lat. *fingere* (›formen, bilden‹) zurückzuführen ist. Vgl. Anm. zu 4626.

10886 f. Zu dem Morgenrot-Sonne-Vergleich s. Anm. zu 7292, 8280 und 9456 ff.

10897 Falken waren beliebte Tiere auch bei den Damen; vgl. A. Schultz, Höfisches Leben I (²1889), S. 481. Den symbolischen Zusammenhang zwischen dieser Vogelart und seiner erotischen Auslegung bezeugt etwa Kriemhilds Traum im »Nibelungenlied« (Str. 13 f.), in dem ihr späterer Liebster Siegfried durch einen Falken präfiguriert wird; aber auch das berühmte Lied des Kürenbergers: *Ich zôch mir einen valken mêre danne ein jâr* (MF 8,33). Zu dieser alten, international gebräuchlichen Gleichsetzung von Herr/Geliebter und Falke vgl. P. Wapnewski, »Des Kürenbergers Falkenlied«, in: »Waz ist minne. Studien zur Mittelhochdeutschen Lyrik«, München ²1979, S. 23 ff. Minne-Metaphern der Jagd und des Beutemachens im »Tristan« untersucht F. Wessel, Probleme der Metaphorik (1984), S. 304 ff. – Zur Übersetzung von *vederspil* im Zusammenhang mit Isolde vgl. auch Anm. 11985.

10900 *samît* war ein schwerer Seidenstoff, der oft mit Gold- oder Silberfäden durchzogen und deshalb brokatähnlich war. Importiert wurde er aus dem Orient, aber auch aus Sizilien. Vgl. A. Schultz, Höfisches Leben I (²1889), S. 343 f.; J. Bumke, Höfische Kultur I (1986), S. 178 ff.; sowie Anm. zu 664.

10902 Über die Rockmode des Mittelalters, die unter starkem französischem Einfluß stand, informiert A. Schultz, Höfisches Leben I (²1889), S. 259 f.

10905 *gefranzet* spielt mit der doppelten Bedeutung von ›Franse‹ (von afrz. *frenge, fringe*; erhalten in engl. ›fringe‹) und *Franze* (10902).

10917 Zur mittelalterlichen Mantelmode vgl. die reich belegte und illustrierte Darstellung bei A. Schultz, Höfisches Leben I (²1889), S. 269 ff.

10920 Ganz/Bechstein hat, gestützt durch die Lesart von F, *gefloitieret* (vgl. dazu die Anm. bei Bechstein II, S. 29). Ranke (wie auch schon Marold) folgt der Überlieferung von H. *flottieren* geht wohl auf ein afrz. *floter* (›wogen‹; erhalten in engl. ›float‹) zurück. Die Variante von BNOERS *geflorieret* ist wohl eine spätere Vereinfachung und wird allgemein abgelehnt.

10925 *frowe Mâze* erscheint als Personifikation auch bei Walther von der Vogelweide (L. 46,33) und ist dort *Aller werdekeit ein füegerinne*.

10935 *tassel* (von afrz. *tassel* ›Spange‹; erhalten auch in engl. ›tassel‹) sind die Schließen, die oft zu kunstvoll verzierten

Bild- und Wappenplatten ausgestaltet waren. Sie wurden mit Schnüren verbunden, um den Mantel geschlossen zu halten. Vgl. K. Weinhold, Die deutschen Frauen II (²1882), S. 311; sowie J. Bumke, Höfische Kultur I (1986), S. 21 und 204, und E. Brüggen, »Die weltliche Kleidung im hohen Mittelalter. Anmerkungen zu neueren Forschungen«, in: Beitr. (T) 110 (1988) S. 223.

10938 In dieser Pose ist auch die Markgräfin Reglindis im Westchor des Naumburger Domes abgebildet; vgl. A. Schultz, Höfisches Leben I (²1889), S. 275, Abb. 90b. Ähnlich eine Statue der Königin von Saba in der Kathedrale von Chartres und ein Standbild der Violante von Aragon in der Kathedrale von Burgos (vgl. C. S. Jaeger, Medieval Humanism, 1977, Anh., Abb. 2 und 3).

10962–976 Die Stelle ist fast wortgleich mit dem Schwank von »Aristoteles und Phyllis« (NGA 34, S. 238, V. 238 bis 252). Vgl. Anm. zu 844 ff.

10970 Hyazinthe (von mlat. *jacinctus*) sind helle, orangerote Edelsteine. U. Stökle, Die theologischen Ausdrücke und Wendungen (1915), S. 77 ff., weist auf Edelstein-Beschreibungen und -Deutungen in geistlichen Texten hin.

10971 Chalcedone sind durchsichtige, vielfarbige Halbedelsteine.

10986–11002 Vgl. zu dieser Stelle den Schwank von »Aristoteles und Phyllis« (NGA 34, S. 238 f., V. 269–284). Siehe auch Anm. zu 844 ff.

10994 Dalby (S. 213) weist darauf hin, daß der Sperber, ein beliebter Jagdvogel der Damen, gelegentlich auch als Symbol der Verführung erscheint.

10996 A. T. Hatto, *Der minnen vederspil Isot* (1957), S. 210 f., weist auf die Parallele bei Dietmar von Eist (MF 37,4 ff.) hin: Eine Dame vergleicht sich mit dem Falken, der frei umherfliegt: *alsô hân ouch ich getân: / ich erkôs mir selbe einen man, / den erwelten mîniu ougen.* Damit werde zum Ausdruck gebracht, daß Isolde noch frei und ungebunden sei. Vgl. auch Anm. 11985.

11028 Waffen- und Kampfunfähige konnten sich bei einem gerichtlichen Zweikampf vertreten lassen. Vgl. A. Schultz, Höfisches Leben II (²1889), S. 160 ff.

11035 Das *kampfreht* bezieht sich auf die Zusage der Königin 9965 ff., auf deren Erfüllung der Truchseß einen Rechtsanspruch hat.

11045 ff. Die Königin verhöhnt mit der folgenden ironischen Antwort den Truchsessen. Ihre Verhandlungsstrategie zielt auf die Entlarvung des Gegners.

11048 Wäre sie wirklich *ungewarnet*, so hätte sie Anspruch auf eine angemessene Vorbereitungszeit; vgl. R. Combridge, Das Recht im ›Tristan‹ (²1964), S. 65. Sie hatte jedoch schon vorher (9965 ff.) Aufschub erhalten.

11055 ff. Auch die Antwort des Truchsessen ist zynisch.

11102 *ciclât* (von afrz. *ciclaton*) war ein kostbares Brokatgewebe aus Seide und Gold, das aus Spanien oder dem Orient importiert wurde. Ursprünglich wurde der Stoff zu einer Art Radmantel verarbeitet, woher er seinen Namen hat. Vgl. A. Schultz, Höfisches Leben I (²1889), S. 347 f.

11105 D. h., sie waren nicht von jener (minderen) Qualität, wie man sie den Fahrenden als Geschenke überließ. Vielleicht ein kritischer Seitenhieb Gottfrieds, der dem Hof Knausrigkeit vorwirft?

11120 Der *timît* (von mlat. *dimitum*) war ein mit doppeltem Faden gewebter Seidenstoff. Nach A. Schultz, Höfisches Leben I (²1889), S. 343, war seine Farbe Schwarz oder Grün. An dieser Stelle jedoch wird er ausdrücklich als violett bezeichnet. Der »Tristan«-Beleg fehlt bei Schultz. Vgl. auch Anm. zu 664.

11121 Der *vîolât* ist ein veilchenfarbener Wollstoff. – Hier ist die Bedeutung von *brûn* (von lat. *prunum*) zweifellos ›violett‹; vgl. Anm. zu 667. In der Farbensymbolik steht *brûn* für ›Behutsamkeit, Schweigen‹ (Lexer I,365).

11122 *gloie* (von afrz. *gloi*) wird auch als ›Aglei‹ (= Akelei) übersetzt; vgl. BMZ I.550^b f., dem sich Golther und Bechstein (geändert bei Ganz/Bechstein) anschließen.

11135 Der *sardîn* (von lat. *sardius*) ist ein roter Halbedelstein. Er trägt seinen Namen nach seinem ersten Fundort Sardes in Lydien (Kleinasien).

11136 Der Chrysolith hieß wegen seiner Färbung auch ›Goldstein‹ (griech.).

11158 Das *künicrîche* steht hier als abstrakter Begriff für diejenigen, die es repräsentieren: die königliche Familie. Ähnlich auch in 3330: *crône* bedeutet da ›König‹. Die Sache, ihre Magie und ihr persönlicher Repräsentant sind für das mittelalterliche Symboldenken identisch.

11243 Zum Motiv der *zunge* vgl. Anm. zu 12735.

11356 Die Königin wiederholt hier sarkastisch die Worte des Truchsessen 11057.

11361 Eine ähnliche Wendung findet sich in »Parzival« 143,26: *ern ist gîge noch diu rotte*. Im französischen Prosa-»Tristan« und auf den Darstellungen des Erfurter Teppichs, der auf eine französische Vorlage zurückgeht, wird der Truchseß nicht nur verspottet, sondern hingerichtet.

11395 Bei der Morgengabe handelt es sich um die Dotierung der Frau durch ihren Mann (am Morgen nach der Hochzeitsnacht) zum Zwecke der Witwenversorgung. Vgl. dazu R. Combridge, Das Recht im ›Tristan‹ (²1964), S. 68 f.

11435 Der Minnetrank ist das zentrale Motiv des Tristan-Stoffes. Jedoch ist seine Funktion und Natur in den verschiedenen Bearbeitungen uneinheitlich. Bei Eilhart hält seine Wirkung vier Jahre (»Tristrant« 2283), bei Béroul nur drei Jahre lang vor. Bei Gottfried, aber auch in der »Saga« und im »Sir Tristrem« (also wohl schon bei Thomas) fehlt eine solche zeitliche Begrenzung. Damit ist das inhaltliche Gewicht dieses Zaubermittels nicht nur quantitativ, sondern auch qualitativ aufgewertet. Über die Verbreitung und Bedeutung des Minnetrankes in der mittelalterlichen Literatur vgl. Hertz, S. 531 f., sowie G. Schindele, Tristan (1971), S. 56 ff. – (Natürlich singt auch die reizende Adina in Donizettis Oper »L'Elisir d'Amore« zu Beginn des ersten Aktes über die »bizzarra l'avventura« von »Tristano e Isotta« und den magischen Liebestrank.)

Die Interpretation des Minnetrank-Symbols bei Gottfried ist fest verknüpft mit der Frage nach dem Beginn der Liebe zwischen Tristan und Isolde. Nach H. Furstner, Der Beginn der Liebe bei Tristan und Isolde (1957), S. 25 f., ergeben sich vier Deutungsmöglichkeiten:

1. Der Minnetrank ist Symbol der Liebe selbst; d. h. mit seinem Genuß erst entsteht die schicksalhafte Leidenschaft der Liebenden füreinander.
2. Der Minnetrank symbolisiert lediglich die Bewußtwerdung der Liebe, die jedoch tatsächlich und unbemerkt schon vorher bestanden hat.
3. Der Minnetrank symbolisiert das Erwachen der Sinnenliebe; er löst also nicht die (längst unbewußt vorhandene) Liebe aus, sondern den unwiderstehlichen, »dämonischen« Zwang der Begierde und Sinnesekstase.
4. Der Minnetrank hat bei Gottfried keinen echten Symbolwert mehr und ist eigentlich überflüssig; der Autor hat ihn nur aufgrund des Stoff- und Traditionszwanges in sein Werk aufgenommen.

Die Forschung hat in der Frage, wann die Liebe zwischen Tristan und Isolde ihren Anfang genommen habe (ausführlich referiert bei R. Dietz, Der ›Tristan‹ Gottfrieds, 1974, S. 89 ff.), unterschiedliche Positionen bezogen: F. Ranke (Tristan und Isold, 1925) und seine Schüler (vor allem E. Nickel, Studien zum Liebesproblem, 1927) vertreten die Ansicht, daß die Zuneigung zwischen den beiden bereits vor dem Genuß des Trankes bestanden habe und vom Autor verhüllend-enthüllend angedeutet werde. Gottfried habe also gegenüber der Tradition die Funktion des Elixiers weiterentwickelt »vom mechanistischen Erklärungsprinzip, vom Trank, der Liebe wirkt, einen Schritt weiter zum Symbol hin, zum Trank, der Liebe bedeutet« (Ranke, S. 204). Dagegen hat sich vor allem Furstner (1957) ausgesprochen, der, wo nicht als einziger (noch erster) Vertreter, so doch als entschiedenster Repräsentant der Meinung gilt, die Entstehung der Liebe sei eindeutig auf das Zauber-

mittel der Königin Isolde zurückzuführen. Furstner zählt
noch einmal die Argumente der »Vorher«-Theorie und die
ihnen widersprechenden Momente auf:

a) Tristans Isoldenpreis (8253 ff.; vgl. Anm. dazu);
b) der Hinweis auf das *ander leben* sowie der *niuborne
   man* (8312 ff.; vgl. Anm. dazu);
c) die Bereitschaft Tristans, die Werbungsfahrt nach Irland zu unternehmen (8545 ff.);
d) Tristans Kampf mit dem Drachen (8926 ff.);
e) Isoldes Ablehnung des Truchsessen (9283 ff.);
f) die Szene im Bade und Isoldes Unfähigkeit, Blutrache
   an Tristan zu nehmen (9992 ff.);
g) die Wiedererkennungsszene am Schlammloch (9472 ff.;
   vgl. Anm. dazu);
h) die Szene in der Kajüte (11545 ff.).

Furstner betont darüber hinaus, daß »Gottfried alles unter-
lassen hat, was uns den Eindruck geben könnte, Tristan
und Isolde hätten sich schon vor dem Augenblick, da sie
den Minnetrank zu sich nahmen, geliebt« (S. 34). Gestützt
wird Furstners Befund auch durch A. T. Hatto, *Der minnen vederspil Isot* (1957), der die oft nur psychologisch
einfühlenden Argumente philologisch untermauert (vgl.
Anm. zu 11985), sowie durch W. J. Schröder (Der Liebestrank, 1967, S. 22 ff.). Trotzdem hat in jüngerer Zeit G.
Schindele, Tristan (1971), S. 49, die Ansicht wiederholt,
die Stelle 8312 ff. [unter b) genannt] verweise auf einen
früheren Beginn der Liebe, und auch R. Combridge, Das
Recht im ›Tristan‹ (²1964), S. 60, deutet Gottfrieds Intention so, daß der Leser »von Anfang an das Gefühl haben
[solle], Tristan und Isolde gehören zusammen«. Daß die
beiden durch ihre *nature* aufeinander bezogen und also
füreinander bestimmt seien, betont auch P. F. Ganz, Minnetrank und Minne (1970), der andererseits die These von
der unbewußten Liebe ablehnt. Zuletzt hat H. Herzmann,
Nochmals zum Minnetrank (1976), einen vermittelnden
Deutungsansatz formuliert und auf Gottfrieds psychologi-

sierende Darstellung der Entwicklung hingewiesen. Die
Prädestination der Liebenden füreinander sowie die Moti-
vation und Art ihrer *minne* behandelt – im Vergleich zum
»Eneasroman« und zum »Parzival« – G. J. Oonk, »Eneas,
Tristan, Parzival und die Minne«, in: ZfdPh 95 (1976)
S. 19 ff. Nach wie vor gilt jedoch, was W. Haug in einer
Besprechung von R. L. Curtis' »Tristan Studies« (in: AfdA
81, 1970, S. 67) festgestellt hat: »daß das Problem der Liebe
vor dem Trank noch keineswegs ad acta zu legen ist«.
Neben solchen Überlegungen, die nach den Kausalzusam-
menhängen, der psychologischen Wahrscheinlichkeit und
der inneren Chronologie der Vorgänge im »Tristan« fragen, ist die grundsätzliche Funktion des Minnetranks für
den ganzen Roman zu beachten. Über die vordergründige,
mechanisch-zwanghafte Wirkung des Zaubermittels hinaus wird die schicksalhafte, außerhalb jeder menschlichen
Verantwortlichkeit liegende Urgewalt dieser Liebe betont,
die die folgenden Vorgänge überhaupt erst ermöglicht und
begründet, durch die aber zugleich die beiden Liebenden
über den Vorwurf einer persönlichen Schuldverstrickung
erhaben gemacht werden. Insofern also hat Gottfried die
Bedeutung und Funktion des Minnetranks gewiß verinner-
licht und vertieft. Damit aber stellt sich die Frage nach der
Liebesauffassung Gottfrieds. Sie zu erörtern oder auch nur
die Grundzüge der einschlägigen Forschung zu referieren,
ist hier nicht der Ort. Verwiesen sei vielmehr auf die zusammenfassende Darstellung bei R. Dietz, Der ›Tristan‹
Gottfrieds (1974), S. 106 ff., der am Ende die verwirrende
und verworrene Diskussion um dieses Problem mit der
Erkenntnis resümiert, »daß es in der Deutung der Tristanliebe zu keiner einheitlichen Stellungnahme gekommen ist,
ja, daß sich nicht einmal klare Konturen und Grenzziehun-
gen herauskristallisiert haben« (S. 115).
Zur metrisch-formalen Analyse des ganzen Minnetrank-
Abschnitts (besonders Gottfrieds Schilderung der Trank-
Wirkung) vgl. U. Pretzel, »Deutsche Verskunst«, in:

»Deutsche Philologie im Aufriß«, hrsg. von W. Stammler,
Bd. 3, Berlin ²1962, Sp. 2429–32.

11440 Die Formel *âne danc* findet sich in diesem Zusammenhang auch bei Eilhart (»Tristrant« 2367). Weitere Belege
für diese, einem Minnetrank beigeordnete Wendung bei G.
Schindele, Tristan (1971), S. 59. Am auffälligsten ist die
Parallele wohl in einem Gedicht Heinrichs von Veldeke, in
dem dieser Kritik übt an der Drogen-Natur der Tristan-
minne (MF 58,35 ff.):

> Tristrant mûste âne sînen danc
> stâde sîn der koninginnen,
> want poisûn heme dâr tû dwanc
> mêre dan dî cracht der minnen.

Vgl. auch Bernger von Horheim MF 112,1 ff. Siehe dazu P.
F. Ganz, Minnetrank und Minne (1979), S. 63 ff.

11488 f. Gottfried spielt hier mit den Bedeutungen der ähnlich klingenden Wörter *unverwânt* und *unverwant* (Paronomasie).

11508 ff. Vgl. Anm. zu 9456 ff.

11534 So beginnt ein altes Pilgerlied; vgl. die verschiedenen
Textfassungen bei Ph. Wackernagel, »Das deutsche Kir-
chenlied«, Bd. 2, Leipzig 1867, S. 515 ff. Über die Verbreitung des Liedes informiert Hertz, S. 530 f.

11538 Die *kielkemenâte* war eine besonders schöne, lichte
Kajüte für die vornehmeren Passagiere. Häufig war sie ausgemalt und mit abgeteilten Schlafkammern ausgestattet;
vgl. dazu A. Schultz, Höfisches Leben II (²1889), S. 329.
Zum mittelalterlichen Schiffsbau, zu Aussehen und Ausrüstung der Fahrzeuge (mit Abb.) siehe Schultz, S. 314 ff.

11543 Die litotische Wendung *lützel kein* (= kein) gehört zu
den Mitteln der mhd. Ironie; vgl. A. Hübner, »Die ›mhd.
Ironie‹ oder die Litotes im Altdeutschen«, Leipzig 1930,
bes. S. 163 f.

11570 *meister* steht hier verkürzt für *des kieles meister* (wie in
8753). Mit der Anrede wird bestätigt, daß Tristan der

Ranghöchste an Bord ist und deshalb das Kommando über das Schiff hat. Zugleich enthält sie hier eine (gewollte?) soziale Abwertung. Vielleicht ist der Begriff auch eine Anspielung auf Tristans frühere Lehrmeister-Tätigkeit.

11634 Zu *nature* (von afrz. *nature*) als zentralem, unwandelbarem Konstituens seelisch-charakterlicher Ausprägung vgl. auch Thomas im Fragment Sneyd[1] 236 ff.:

> *De nature sunt si changable,*
> *Lor mal us ne poent laissier,*
> *Mais le buen puent changer.*

Über den Begriff und seine Bedeutung handelt H. Gelzer, »Nature. Zum Einfluß der Scholastik auf den altfranzösischen Roman«, Halle 1917 (Stilistische Forschungen, 1), S. 27 und bes. im Kap. »Nature passe Nourreture« (Natur ist stärker als Erziehung), S. 56 ff.

11676 *lâgen* hat hier futurische Bedeutung. Der Satz weist auf künftige Ereignisse hin (Prolepsis; vgl. Anm. zu 7058).

11677 *unrekant* = *unerkant*. Über die Metathese des *r* (*r*-Umsprung) vgl. Mhd. Gramm., § 83, S. 110. – *ir* bezieht sich auf die Hofdame (11669).

11683 D. h., Tristan mußte sie erst lange bitten. Möglich ist jedoch auch eine Deutung, derzufolge Isolde sehr lange trinkt. Darin »manifestiert sich Isoldes Verhalten im alles entscheidenden Augenblick wiederum als ambivalentes: innere Abwehr und zugleich Annahme des Minnegeschicks in vollen Zügen«, wie G. Schindele, Tristan (1971), S. 54, die Stelle versteht.

11685 Vgl. Eilharts »Tristrant« 2350 f.: *her trang in so gar sundir swere: | do duchte im der win gut.* Zu der Bezeichnung *wîn* (vgl. Königin Isoldes Auftrag an Brangäne 11462: *so schenke in disen tranc für wîn*) siehe G. Schindele, Tristan (1971), S. 62.

11695 Widerspruch zu der Aussage, daß das Schiff in einem ruhigen Hafen liegt. A. Schirokauer (»Tristan 11699 [= 11695]«, in: »The Germanic Review« 22, 1947, S. 90 f.)

weist erklärend darauf hin, daß »tobende« und »wilde« in
der mhd. Literatur verbreitete, formelhafte Attribute für
das Meer seien und daß also die Gottfried-Stelle nicht
wörtlich zu verstehen sei. Dagegen begründet A. T. Hatto,
Der minnen vederspil Isot (1957), S. 217, der Aufruhr der
Elemente rühre daher, daß der Minnetrank etwas »Zaubri-
sches und Übermächtiges« sei. Auf Bezüge zum Hexenwe-
sen verweist L. Okken, »*Nein, ezn waz niht mit wine*.
Über den Liebestrank in Gottfrieds Tristan-Roman«, in:
»Amsterdamer Beiträge zur älteren Germanistik« 29
(1989) S. 127 ff. – P. W. Tax, *Wort, Sinnbild, Zahl* (1961),
sieht in der *tobenden wilden sê* die »psychologische Fines-
se« des Autors: die Spiegelung des Menschenschicksals in
der Natur (S. 65 f.). Vor allem in der Minnelyrik ist der
Bedeutungszusammenhang zwischen Naturschilderung
und Seelenstimmung evident; dazu B. von Wulffen, »Der
Natureingang in Minnesang und frühem Volkslied«, München 1963. Vgl. auch F. C. Delius, »Der Held und sein
Wetter«, München 1971; dort wird dieses Kunstmittel
(und sein ideologischer Mißbrauch) auch in der modernen
Literatur untersucht.

11705 Hier ist die Dialektik von Liebe und Tod angesprochen, die ihre Auflösung nur im Liebestod finden kann;
vgl. G. Schindele, *Tristan* (1971), S. 62 f. Die dialektische
Einheit von Liebe und Tod bekräftigt auch X. v. Ertzdorff,
»Liebe, Ehe, Ehebruch und Tod in Gottfrieds ›Tristan‹«,
in: »Liebe – Ehe – Ehebruch in der Literatur des Mittelalters«, hrsg. von X. v. E. und M. Wynn, Gießen 1984 (Beiträge zur deutschen Philologie, 58), S. 88 f. – Brangäne
wiederholt diesen Satz fast wörtlich in 12488 f. Vgl. Thomas, Fragment Douce 1223: *El beivre fud la nostre mort.*

11714 Vgl. Anm. zu 961 ff.

11716 Die Stelle erinnert an das mystische Einswerden in der
Liebe und also an die *unio mystica* zeitgenössischer religiöser Vorstellung. Vgl. auch 13010 f.: *ir beider sin, ir beider
muot, | daz was allez ein und ein.*

11721 Eine Parallele dazu findet sich in Hartmanns »Iwein« 2055 ff.: *diu gewaltige Minne, / ein rehtiu süenaerinne / under manne und under wibe.* Gottfried wiederholt den Ausdruck in 17536.

11723 f. Gottfried verdeutlicht nun mit Hilfe stilistischer Figuren, wie sehr der Minnetrank die Gefühle der beiden in Verwirrung gestürzt hat; vgl. dazu auch H. Scharschuch, Gottfried von Straßburg. Stilmittel – Stilästhetik, Berlin 1938, S. 17. Haß und Liebe werden in 11723 f. antithetisch gegeneinandergestellt.

11726 Der Vergleich mit dem Spiegelglas ist in der theologischen Literatur häufig; vgl. U. Stökle, Die theologischen Ausdrücke und Wendungen (1915), S. 37 f. – Als Schlüssel zum Verständnis des »Tristan«-Romans deutet das Prinzip der kontrastiven Spiegelung I. Lanz-Hubmann, »Nein unde jâ« (1989).

11728 f. Hier liegt ein Chiasmus vor, in dem die Begriffe nicht nur durch die Stilfigur, sondern auch durch den einheitlichen *s*-Anklang eng verbunden sind.

11730 f. Auf die Ineins-Formel *beide einbaere* folgt ein antithetisches Begriffspaar. Allerdings gehören für Gottfried Liebe und Leid eng zusammen.

11735 Ein umarmendes Spiel der Personalpronomina: »syntaktisches Liebesspiel«; vgl. dazu Anm. zu 1358 f.

11752 In den Ausgaben von v. d. Hagen, Closs und Ganz/ Bechstein steht *vergangene* (›verirrte‹). Diese Lesart wird (lt. Marold/Schröders Angaben) durch die Überlieferung nicht gedeckt; P. Ganz verweist (Ganz/Bechstein II, S. 57) auf Textstellen (11744, 11751, 12020), die die Konjektur sinnvoll erscheinen lassen könnten. Jedoch gebietet *stricke* (11753), die originale Lesart beizubehalten. Durch die beschwerte Hebung wird *gevangene* an der vorliegenden Stelle (wie in 11778) besonders betont.

1753 Das Bild von den Fesseln der Liebe (*laquei amoris*) stammt von Ovid (»Ars Amatoria« III,591). Vgl. auch die Verwendung der Metapher in 11784, 12175 ff., 13681 und

19107; dazu F. Wessel, Probleme der Metaphorik (1984), S. 289 ff.

11759 *Minne* hier als Personifikation; vgl. Anm. zu 929.

11762 *Êre* ebenfalls als Personifikation. Die schwach deklinierte Form tritt bei Personifikationen häufig ein (Mhd. Gramm., § 126, Anm. 4, S. 155).

11765 Diese Form hat nur Gottfried. In 12000 bezeichnet er die *minne* als *vogetinne* von Tristan und Isolde. Da auch schon Tristans Eltern von der Liebe beherrscht worden waren, ist sie nun bereits seine *erbevogetîn*.

11792 ff.   Hier wird wieder das Bild von der Leimrute benutzt, das bereits im Zusammenhang mit Riwalin und Blanscheflur (vgl. Anm. zu 846) Anwendung gefunden hatte. E. Nickel (Studien zum Liebesproblem, 1927, S. 16) verweist auf den Einfluß Ovids.

11793 *gespenstege minne* versteht G. Weber (Gottfrieds Tristan I, 1953, S. 161) im Sinne seiner Deutungsthese als Ausdruck »der Dämonie des Liebesgeschehens«, wobei *gespenstic* die Bedeutung von mlat. *daemoniacus* erhält. Entsprechend interpretiert Weber *gespenstige gelange* (17838) als Bezeichnung für die »Sinnendämonie« (S. 172) der Tristanliebe.

11796 Ganz/Bechstein hat *si begunde state vâren* (wie auch Hss. FE): »sie begann nach Gelegenheiten Ausschau zu halten«. F. Ranke folgt der besseren Überlieferung durch H (W: *states*; N: *gestades*).

11824 Auch hier werden wieder Gefühle allegorisiert. Einander entgegengesetzte Begriffe (*maget und man, minne unde scham*; 11825) werden zu feindlichen Kampf-Formationen verdinglicht (vgl. BMZ II². 152ᵃ Z. 9–11, wo *schar* ir diesem Sinne gedeutet wird).

11833 *haele* ist umstritten. Es kann ›verhohlen, dunkel, rätselhaft‹ (so bei Ganz/Bechstein), aber auch ›glatt, schlüpfrig‹ (BMZ I.613ᵃ) heißen. Wackernagel hat (nach Lexe I.1148) die Bedeutung ›schnell vorübergehend, vergänglich‹ vorgeschlagen; ihm folgt meine Übersetzung.

11858 *ê* und *reht* sind hier synonym gebraucht. Das Spiel mit den zwei Bedeutungen des Reimwortes *ê* wird 11871 ff. auf vier Verse ausgedehnt.

11871 ff. Dies ist die einzige Vierergruppe im »Tristan«, die mit nur einem Reimwort (freilich in wechselnder Bedeutung) auskommt: *ê*; vgl. zu der Stelle K. Bertau, Über Literaturgeschichte (1983), S. 128 f., der von der »Verklanglichung des Sinns« spricht.

11884 Über das Gegensatzpaar Honig-Galle, das, bedingt durch seine Reimqualität im Lat. (*fel : mel*), in der geistlichen Literatur mehrfach erscheint, vgl. U. Stökle, Die theologischen Ausdrücke und Wendungen (1915), S. 40 f. Der lateinische Sprachtopos *mel in fel convertitur* wirkt freilich auch in der weltlichen, volkssprachlichen Dichtung fort; vgl. Walthers von der Vogelweide »Elegie«: *ich sihe die gallen mitten in dem honege sweben* (L. 124,36). – Dazu auch W. Fechter, »Galle und Honig. Eine Kontrastformel in der mittelhochdeutschen Literatur«, in: Beitr. (T) 80 (1958), S. 107 ff., der eine Fülle von parallelen Belegen bietet.

11885 Vgl. Walther von der Vogelweide: *Kan mîn frowe süeze siuren?* (L. 69,22). Die antithetische Begriffskoppelung (wie auch das Oxymoron *süeze sûr* in 60) geht wohl auf das Beiwort ›bitter-süß‹ (griech. *glykypikron*) zurück, mit dem die Dichterin Sappho (um 610–560 v. Chr.) den allegorisierten Eros charakterisiert und das im Lateinischen mit *dulce amarum* wiedergegeben wird.

11887 Vgl. »Parzival« 580,12: *ouch senftet sich mîn smerze.*

11908 Ganz/Bechstein hat *verwerraerinne* (›Verwirrerin‹; so auch die Hss. FWNBES). Vgl. dazu die Anm. von Ganz (Ganz/Bechstein II, S. 325). Ranke folgt der Überlieferung von HOP. Zudem legt der Kontext (*var* 11906, *varwe* 11915 f. sowie die folgenden Verse) die Lesart *verwaerinne* nahe. Zu dem Bild der Minne als Färberin F. Wessel, Probleme der Metaphorik (1984), S. 300 ff. – Vgl. die gleisnerisch geschminkte Frau Minne in 17536 ff. (und die Anm. dazu).

11918 f. *bleich* und *rôt* sind hier chiastisch angeordnet.

11920 Bei Walther von der Vogelweide (L. 53,35 ff.) hat
Gott selbst die Farben aufgetragen: *got hât ir wengel hôhen
vlîz, / er streich so tiure varwe dar, / sô reine rôt, sô reine
wîz*. Dahinter steht die alte mythologische Vorstellung von
Gott als dem Demiurgen.

11930 ff. Die Jagd-Metapher verwendet Gottfried häufig.
Vgl. dazu R. Preuss, Stilistische Untersuchungen (1883),
S. 52 f. (s. auch Anm. zu 12975).

11985 F. Ranke (Tristan und Isold, 1925, S. 211 f.) übersetzt
vederspil hier mit »Lockvogel« (vgl. auch Anm. zu 2167),
und auch F. Mosselman, »Der Wortschatz Gottfrieds von
Strassburg«, Den Haag 1953, S. 24, bietet diese Deutung
an, freilich ohne sie zu belegen. In seinem Aufsatz zu dieser
Stelle hat A. T. Hatto, *Der minnen vederspil Isot* (1957),
mit Nachdruck gegen eine solche Interpretation argumentiert: »Es ist wohl angebracht, es bei ›Falke‹ zu belassen«
(S. 216). Hatto versucht, durch eine Analyse des Falkenbil-
des Aufschluß zu erhalten über die umstrittene, »nicht unbedingt [. . .] törichte« (S. 209) Frage, ob Tristan und Isolde schon vor dem Genuß des Liebestrankes ineinander verliebt waren. Hatto kommt zu negativem Ergebnis (wie
auch H. Furstner im gleichen Jahre 1957; vgl. Anm. zu
11435); anders H. Herzmann, Nochmals zum Minnetrank
(1976), S. 83 f., der Hattos These widerspricht.

11986 ff. Über die Verbreitung des nun folgenden Wort-
spiels um *lameir*, das Gottfried wohl schon bei Thomas
vorgefunden hat (und das von Chrétien de Troyes in dessen
›Anti-Tristan‹ »Cligès« übernommen wurde), unterrichten
Hertz (S. 532 f.) und Bédier (I, S. 146). Auf eine weitere
Parallele weist R. Combridge, Das Recht im ›Tristan‹
(²1964), S. 45, Anm. 186, hin. Auch in der provenzalischen
Literatur war dieses Wortspiel offenbar bekannt: In einer
Cobla des Trobadors Peire Cardenal (um 1180–1278) spielt
der Dichter mit den Bedeutungen ›Meer‹ und ›lieben‹ (nicht
›bitter‹); vgl. dazu R. Lavaud, »Poésies complètes du trou

badour Peire Cardenal. Texte, Traduction, Commentaire, Analyse des travaux antérieurs, Lexique«, Toulouse 1957, Lied 7, S. 28 und Komm. S. 29. Ein Nachklang des Wortspiels findet sich in Théophile Gautiers Gedicht »Sur les lagunes« (von Hector Berlioz in dem Liederzyklus »Les nuits d'été« vertont), dessen Strophen mit dem Refrain enden: »Que mon sort est amer! / Ah! Sans amour s'en aller sur la mer!« – Die dreimalige Wiederholung am Zeilenbeginn (Anapher) verstärkt bei Gottfried den Effekt. Die nun folgende »zentrale Liebeserklärung in Gottfrieds Romantorso«, das Gegenstück zu Blanscheflurs Geständnis 746 ff. (vgl. Anm. dazu), untersucht A. Schwarz, »Sprechaktgeschichte. Studien zu den Liebeserklärungen in mittelalterlichen und modernen Tristandichtungen«, Göppingen 1984 (GAG 398), S. 98 ff.

12023 f. Dieselben Verben verwendet Gottfried in 12287 f.

12036 Chiastische, »umarmende« Wortstellung mit inhaltlicher Funktion.

12065 Das Wortspiel mit *ameiren* (von afrz. *amer* ›lieben‹) und *amûren* (von afrz. *amor* ›Liebe‹) findet sich auch in 14910. Vgl. auch Anm. zu 11986 ff.

12067 *pansieren* (von afrz. *penser*) ist synonym mit *trahten*; eine ähnliche Doppelung wie in 12065.

12069 f. Die Stelle erinnert an die 23. Minneregel des Andreas Capellanus: *Minus dormit et edit, quem amoris cogitatio vexat.*

12150 f. Brangäne wiederholt hier Tristans Worte von 12117 f. Die beiden Stellen erinnern deutlich an Blanscheflurs Bitte, ihre *meisterin* möge sie zu Riwalin bringen (1215 ff.). Auch hier also bestätigt sich der Verweisungszusammenhang zwischen der Vor- und der Hauptgeschichte.

12164 Zu der Vorstellung von der Minne als Ärztin vgl. Ovids »Remedia Amoris« 551: *Lethaeus Amor, qui pectora sanat.* Über den Zusammenhang zwischen Minne und Heilkunst, der sich auch im »Eneasroman« Heinrichs von

Veldeke bestätigt (2270 f.: *sie weiz vil von minnen, / vil von erzenîe*), handelt G. Schindele, Tristan (1971), S. 30 ff. sowie 55 f. – Auch die Vertraute der Blanscheflur bringt diese unter dem Vorwand zu Riwalin, sie sei Ärztin (1278).

12183–357 Die nun folgende, durch einen kreuzgereimten Vierzeiler eingeleitete *rede von minnen* ist in der »Saga« und im »Sir Tristrem« nicht enthalten, fehlt also wohl auch bei Thomas. Der in sich geschlossene Exkurs, der eine Minneklage enthält, ist folglich das Werk Gottfrieds. Zu dieser *digressio* vgl. L. Peiffer, Exkurse (1971), S. 194 ff., sowie W. Christ, Rhetorik und Roman (1977), S. 223 ff. Den engen Zusammenhang dieses Exkurses mit zwei weiteren Abschnitten, die ihm nach Bau und Aussage verwandt sind (»Minnelehrpredigt« 16923–17138 und »Minnelobpredigt« 17858–18114), betont F. Urbanek, Die drei Minne-Exkurse (1979), der in den Einschüben »eine die Grundauffassungen des Autors zur Minne enthaltende Texteinheit« (S. 351) sieht. – Hinter dem scheinbar »persönlichen« Bekenntnis, mit dem Gottfried seine zwischengeschaltete »Minnebußpredigt« einleitet (12187–191) und das mit der »autobiographischen« Passage im Minnegrotten-Abschnitt (17100–138; vgl. Anm. dazu) in Verbindung gebracht werden muß, verbirgt sich wohl nicht wirkliches Erleben; vielmehr dürfte es sich hier um eine rhetorische Formel der Bescheidenheit handeln.

12196 Zu *huote*, einem Zentralbegriff der mittelalterlichen Minne-Ideologie, vgl. auch den »*huote*-Exkurs« 17817 ff. (und Anm. dazu). Der Terminus bezeichnet ein dramaturgisches Moment, nämlich die Aufsicht und Überwachung mit der ein Ehemann seine Gattin vor Versuchung und Untreue bewahren wollte. Tatsächlich und vor allem diente die *huote* den Männern als Einrichtung zur Kontrolle ihrer Frauen. Als gesellschaftliche Instanz spielte die *huote* insbesondere im Regelsystem des höfischen Minnesang eine wichtige Rolle; vgl. L. Seibold, »Studien über die Huote«, Berlin 1932; sowie W. Hofmann, Die Minnefeinde (1974).

12210 Die Steigerung des Ausdrucks durch Doppelung heißt
in der Rhetorik »Conduplicatio«. Gottfried bedient sich
dieses stilistischen Mittels häufig; vgl. *des wundert unde
wundert mich* (9229) u. ö.

12216 *Setmunt* ist nicht sicher geklärt. Die Überlieferung ist
sehr uneinheitlich, wohl weil den Schreibern der Begriff
nicht vertraut war und sie ihn nach Gutdünken »sinnvoll«
abgeändert haben. Rankes Lesart (auch bei Marold und
Ganz/Bechstein) folgt F (gestützt durch *setinunt* in B sowie
settmunt in E). Groote hatte (in dem Glossar zu seiner
»Tristan«-Ausgabe, Berlin 1821, S. 524 f.) in der Angabe
das Siebengebirge (bei Bonn) gesehen. R. Bechstein, »Zu
Gottfrieds Tristan. Zwei Fragen«, in: »Germania« 12
(1867) S. 321 f., hält diese Deutung für »höchst unwahrscheinlich« und vermutet (allerdings ohne Beleg) einen
astronomischen Ausdruck – etwa *sfêremunt* ›Sphärenwelt‹.
O. Jaenicke, »Setmunt in Gottfrieds Tristan«, in: ZfdPh 2
(1870), S. 183 ff., verweist auf den Berg ›Septimer, über
den man im mittelalter häufig aus dem südwestlichen
Deutschland nach Italien zog«. A. Wallner, »Zwei Tristan-
stellen«, in: ZfdPh 39 (1907) S. 223 ff., schreibt *set munt*
und erinnert an die formelhafte Verstärkung durch die Sie-
benzahl (»sieben Berge«). In jüngerer Zeit hat H. L. Levy,
»Setmunt in Gottfried's Tristan«, in: MLN 83 (1968)
S. 435 f., den Begriff im Sinne von *septimontium* (= das
siebenhüglige Rom) verstanden.

2228 ff. Die Metapher vom Säen und Ernten verwendet
Gottfried hier in Anlehnung an religiöse Bilder; vgl. dazu
H.-G. Nauen, Religion und Theologie (1947), S. 42. – Bil-
senkraut, eine Giftpflanze, war im Mittelalter bekannt als
Arznei- und Zaubermittel, dessen berauschende und be-
täubende Wirkung auf vielfältige Weise genutzt wurde;
vgl. dazu die Hinweise im HDA I, Sp. 1305 ff., sowie bei:
E. Gerhardt, »Beiträge zur Geschichte einiger Solaneen«,
Diss. Basel 1930, S. 33 ff.; jetzt auch die Angaben in:
LdMA II, Sp. 194 f.

12232 ff. Die Stelle erinnert an das Bibelwort »Was der Mensch sät, das wird er ernten« (Gal. 6,7).

12239 *âkust* ist ursprünglich ein Begriff aus der Kirchensprache (für lat. *vitium*), der schon früh zu einer ethischen Kategorie umgewandelt wurde (vgl. Maurer/Rupp I, S. 106). Über die Weltzugewandtheit Gottfrieds handelt D. Mieth (Dichtung, Glaube und Moral, 1976, S. 149 ff.), der betont, daß hier keine religiös oder antireligiös emphatische Einstellung vorliege, sondern daß die Welt-Auffassung des Autors, die auch schon im Prolog deutlichen Ausdruck gefunden habe, durch ihre in erster Linie künstlerische Dimension bestimmt werde. – Zu *âkust* vgl. auch G. R. Dimler, *Diu fossiure in dem steine* (1975), S. 35.

12274 Die Hss. FWBE haben statt *wunne* (NORS; *wunnen* P; *wnne* H) hier *minne*; ihnen folgt Ganz/Bechstein.

12281 Ganz/Bechstein schreibt (mit Hs. W) *endelôsten* (nach BMZ I.439ª die Superlativ-Form zu *endelôs* ›unerreichbar, weit entfernt‹). H. Paul, »Zur Kritik und Erklärung von Gottfrieds Tristan«, in: »Germania« 17 (1872) S. 393, lehnt diese alleinstehende Lesart ab und schlägt *endelesten* (so in O; *endelisten* FEP; *endelsten* B) vor: die Zusammensetzung von *ende* und *leste* (›endletzte, entfernteste‹).

12285 Zwei Neubildungen Gottfrieds. Beide bezeichnen den Mißbrauch, der mit dem Begriff ›Minne‹ getrieben worden ist. Vgl. Maurer/Rupp I, S. 227 f. Die Stelle erinnert an jene Passage im Literatur-Exkurs, in der Gottfried beklagt, *ritterlîchiu zierheit* sei *mit rede alsô zetriben* (4616 ff.).

12287 f. Vgl. dazu die parallele Stelle in 12023 f., an der eben falls die Verben *swaeren, swachen, unmaeren* gehäuf werden.

12290 ff. Das Bild von der bettelnden Minne ist wohl durch Hartmanns »Iwein« (1557 ff.; auch schon in Chrétien »Yvain«) angeregt. Gottfried zeichnet mit dieser Allegori der entehrten Minne das exakte Gegenbild zu jener all mächtigen Herrscherin, als die die personifizierte Minn doch im übrigen Roman in Erscheinung tritt. Vgl. daz auch L. Peiffer, Exkurse (1971), S. 197.

2302 Die Klage über die Käuflichkeit der Liebe geht auf Ovid (»Ars Amatoria« II,277 f.) zurück: *Aurea sunt vere nunc saecula: plurimus auro / Venit honos, auro conciliatur amor.* Vgl. W. Hoffa, Antike Elemente (1910), S. 347.

2305 *conterfeit* (von afrz. *contrefait*) hat einen Bedeutungswandel durchgemacht. Der Begriff bezeichnet heute ›Abbild‹. Die alte Bedeutung ›Nachahmung, verfälschtes Metall‹ lebt im engl. ›counterfeit‹ weiter.

2336 ff. Über die Geringschätzung der *triuwe* beklagt sich später auch Konrad von Würzburg zu Beginn seines »Engelhard« in aller Ausführlichkeit und mit vergleichbaren Bildern.

2437 Das Begriffspaar wiederholt eine Wendung aus 12434.

2488 f. Vgl. die ganz ähnliche Wendung in 11705 (s. Anm. dazu).

2496 Die Stelle antwortet vielleicht auf Didos Klage im »Eneasroman« Heinrichs von Veldeke (2392 ff.): *Ichn weiz waz des gewalde, / mir is vreislîche vergeben, / sus enwil ich niht langer leben.* Vgl. aber auch die »Elegie« Walthers von der Vogelweide: *Owê wie uns mit süezen dingen ist vergeben!* (L. 124,35), wo ebenfalls das Bild vom »süßen Gift« Verwendung findet. – *vergeben* im Sinne von ›vergiften‹ (die Wörter sind etymologisch verwandt) hat sich lange gehalten (vgl. Schillers »Räuber« IV,3: »im Wein oder im Schokolade zu vergeben« oder den Beginn des 30. Stücks von Lessings »Hamburger Dramaturgie«: »Kleopatra [...] erschießt den einen von ihren Söhnen und will den anderen mit Gift vergeben«). In österreichischen Mundarten lebt die Bedeutung noch heute fort.

2502 Tristans Anspielung auf ein *êweclîchez sterben* hat die Forschung sehr beschäftigt. F. Ranke, Tristan und Isold (1925), S. 204 f., sieht in der Formulierung eine frivole, blasphemische Ineinssetzung von Liebestod und der christlichen Vorstellung vom *mors aeterna*. E. Nickel, Studien zum Liebesproblem (1927), S. 15, deutet die Textstelle so, daß Tristan und Isolde hier »in seliger Selbstvernich-

tung dem ›Leben‹ der banalen Gesellschaft (*ir aller werld*
abzusterben bestimmt und gewillt« seien und so zu »Mä
tyrern der Liebe« würden. Gegen eine Interpretation i
Verbindung mit christlichen Vorstellungen hat sich unt
anderen R. Gruenter gewandt, der in Tristans Äußerun
lediglich die wortspielerische Reaktion des »homo ludens
Tristan auf Brangänes Hinweis *der [tranc] ist iuwer beid*
tôt (12489) sieht (in seiner Rezension zu G. Webers ›Got
frieds von Straßburg Tristan und die Krise des hochmitte
alterlichen Weltbildes um 1200«, in: »Deutsche Literatu
zeitung« 75, 1954, Sp. 276) und das Problem damit a
einen rhetorischen Kunstgriff reduziert. Die widersprüch
liche Diskussion über diese vieldeutige Stelle, die sich ur
Einsichten bemüht in Gottfrieds Verhältnis zum Christer
tum (bzw. die eine Auslegung in diesem Sinne für unang
messen hält), ist bei R. Dietz, Der ›Tristan‹ Gottfried
(1974), S. 116 ff., ausführlich referiert.

12507 ff. Es folgt eine Betrachtung über *êre* und *triuwe*, d
sich auf das Verhältnis Marke/Tristan bezieht. Die Gebot
der Ehre und der Loyalität gegenüber dem König stehe
der Verwirklichung der *minne* entgegen. – Zur Ambiva
lenz des *triuwe*-Begriffs bei Gottfried vgl. K. Morsch
schoene daz ist hoene (1984), S. 91 ff.

12511 Die Verwerflichkeit von *des libes gelust* betont Gott
fried mehrfach (etwa 12240 ff., 17591, 17792 ff., 19358 ff.)

12528 *batêle* (von afrz. *batel* ›kleines Schiff‹) ist nur bei Gott
fried belegt.

12538 So betitelt R. Gruenter einen Aufsatz über diese
Abschnitt (11645 bis 13096): »*daz ergest und das beste*«, ir
»Mediaeval German Studies. Festschrift für F. Norman‹
London 1965, S. 193 ff.

12549 *brûtleite* (vgl. auch *swertleite*) hat nur Gottfrie
womöglich aus Reim-Gründen verwendet er nicht das ge
bräuchliche Wort *brûtlouft*.

12559 f. Das französische Zitat wird, wie meist in dieser
Werk, in der Folge eingedeutscht; vgl. auch Anm. zu 2398

12565 f. Hier wird der Gedanke wieder aufgenommen, den Tristan in seinem begeisterten Isolden-Preis 8273 ff. geäußert hatte.

12569 In der »Saga« wird die Hochzeit ausführlicher beschrieben (S. 158). Gottfried behandelt die Heirat nur nebenbei. *bestaten* kann einfach ›verheiraten‹ heißen (BMZ II^2.603^b). Der Begriff ist aber auch ein juristischer Terminus (›ausstatten‹), der sich hier auf Isoldes eigene Aussteuer bezieht; vgl. dazu R. Combridge, Das Recht im ›Tristan‹ (^{2}1964), S. 72 f. Wenn hier aber nicht wirklich von Vermählung, sondern nur von güterrechtlichen Vereinbarungen die Rede ist, liegt die Annahme nahe, daß die Eheschließung bereits stattgefunden haben muß: durch Stellvertreter (= Tristan) in Irland. Das jedoch würde bedeuten, daß Tristan sich nicht in die Braut, sondern in die Gemahlin Markes verliebt – eine rechtsrelevante Frage. Combridge (S. 73 ff.) kommt nach eingehender Untersuchung zu dem Ergebnis, daß die rechtsverbindliche (obschon wegen der inzwischen erfolgten Vereinigung Isoldes mit Tristan eigentlich illegitime) Heirat erst in Cornwall stattfindet.

12570 auch *bewarn* (›sorgen für, sicherstellen‹) ist ein Rechtsterminus; vgl. R. Combridge, Das Recht im ›Tristan‹ (^{2}1964), S. 143.

12572 *besetzen* ist ein juristischer Begriff, der vor allem im Erbrecht Verwendung findet: ›vermachen, bestimmen, übergeben‹; vgl. 5156 ff. und 5785 ff. Vgl. dazu auch R. Combridge, Das Recht im ›Tristan‹ (^{2}1964), S. 170.

12574 Tristan war ursprünglich von Marke als Erbe eingesetzt worden (vgl. 5156 ff. und 5785 ff.). Vgl. dazu R. Combridge, Das Recht im ›Tristan‹ (^{2}1964), S. 74, die annimmt, daß Isolde im Falle der Kinderlosigkeit eine Leibrente erhalten solle.

12575 Die Stelle kann bedeuten, daß die Ehe kirchlich geschlossen wurde; daran konnte sich eine zeremonielle Krönung anschließen. Vgl. R. Combridge, Das Recht im ›Tristan‹ (^{2}1964), S. 75.

12582 *besat* ist die mittelfränkische Part.-Perf.-Form von
besetzen, die in die alemannische Literatursprache entlehnt
wurde (vgl. Mhd. Gramm., § 116, Anm. 16, S. 138). Da es
ungewöhnlich war, daß während der Hochzeitsnacht das
Brautpaar nicht allein im Zimmer schlief (vgl. A. Schultz,
Höfisches Leben I, ²1889, S. 633), wäre es denkbar, hier die
ursprüngliche Bedeutung von *besetzen* mit einzubeziehen:
›besetze eine örtlichkeit, um sie [...] zu sichern‹ (BMZ
II².352ᵇ). Die drei Verschwörer konnten ihren Plan natürlich leichter durchführen, wenn sie gemeinsam in einem
Raum waren. Sie verschafften sich also einen ›Platzvorteil‹,
der mit der strategischen Vokabel *besetzen* charakterisiert
wird.

12590 f. Der Hinweis auf den Kleidertausch ist im übertragenen wie im Wortsinne zu verstehen. Vgl. die Kleider-Meta-
pher in dem Bericht Brangänes gegenüber den gedungenen
Mördern (12806 ff. und Anm. dazu).

12594 Auf die doppelte Bedeutung des Lichterlöschens verweist P. W. Tax, Wort, Sinnbild, Zahl (1961), S. 73 f. Einerseits ist die Dunkelheit episch-funktional erforderlich;
andererseits verbindet sich mit der Finsternis nach mittelalterlicher Vorstellung auch das Dämonische. Vgl. auch
Anm. zu 12649.

12595 ff. Die Stellvertretung Isoldes durch Brangäne findet
sich in allen Bearbeitungen des Tristan-Stoffes. In einigen
Versionen (etwa bei Eilhart) löscht nicht Isolde, sondern
Tristan das Licht – mit der listigen Begründung, so wolle es
der irische Hochzeitsbrauch (»Tristrant« 2810 ff.). Das
Motiv von der »unterschobenen Braut« ist in der europäischen Novellistik weit verbreitet; vgl. dazu P. Arfert
»Das Motiv von der unterschobenen Braut in der internationalen Erzählungslitteratur. Mit einem Anhang: Übe
den Ursprung und die Entwicklung der Bertasage«
Schwerin 1897, bes. S. 34 ff., 39 ff. und 43 f. – Häufig wei
gert sich die Stellvertreterin, das Brautbett wieder zu räu
men, und die betrügend-betrogene Braut legt Feuer ar

vgl. Kaufringers Märe »Die unschuldige Mörderin«. Zur
Verbreitung des Stoffes auch Hertz, S. 533 ff.

12603 Messing und Gold stehen hier für gefälschtes und ech-
tes Geld, mit dem das *bettegelt* (12609) entrichtet wird. U.
Stökle, Die theologischen Ausdrücke und Wendungen
(1915), S. 43, weist das Begriffspaar auch in der theologischen Literatur nach.

12608 *teidinc* bezeichnet die ›Tilgung einer Schuld‹ (gemeint
ist die Bettschuld). Zugleich bedeutet *guldiniu teidinc* so
viel wie *guldiniu dinc* (Gold).

12609 *bettegelt* ist nur bei Gottfried belegt. Bechstein (II,
S. 84) erklärt: »die Zahlung, die im Bette, im Beischlaf geleistet wird«.

12611 f. Zu der Wendung vgl. Walther von der Vogelweide
(L. 82,3 f.): *Ez ist in unsern kurzen tagen / nâch minne
valsches vil geslagen.*

12616 *bettespil* belegt die eindeutig erotische Bedeutung, die
spil haben konnte. Vgl. noch heute den einschlägigen Begriff des ›Vorspiels‹ und des ›Liebesspiels‹.

12620 ff. Die Befürchtungen Isoldes sind eine Reminiszenz
an die Tradition des Motivs (vgl. Anm. zu 12595).

12635 *hantgar* (wörtl.: ›handbereit‹) ergibt zusammen mit
maniere (12668; etymologisch mit lat. *manus* ›Hand‹ verwandt) und dem Verb *grîfen* (12664) ein »feinsinnig-eroti-
sches Wortspiel«, wie P. W. Tax, Wort, Sinnbild, Zahl
(1961), S. 74, Anm. 37, feststellt.

12638 ff. A. Schultz (Höfisches Leben I, [2]1889, S. 634 f.)
sieht die Sitte, nach der *consummatio matrimonii* einen
Wein zur Stärkung zu sich zu nehmen, in Deutschland nur
bei Gottfried dokumentiert. Es finden sich aber Belege
dafür, daß dem Brautpaare nach dem ersten Vollzug der
Ehe allerlei kräftigende Speisen gereicht wurden: Kraftsup-
pe mit Malvasier, Eier in der Pfanne usw. Zu unterscheiden
sind solche Imbisse von dem Frühmahl, dem sogenannten
briutelhuon. Vgl. die ausführliche Darstellung bei Hertz,
S. 535 f., sowie K. Weinhold, Die deutschen Frauen I
([2]1882), S. 401 f.

12643 Zu dem Bild (ähnlich in 14764 ff.), das unserem heutigen Begriff ›deflorieren‹ entspricht, vgl. F. Wessel, Probleme der Metaphorik (1984), S. 295 ff.

12649 Das *beidiu* kann im Sinne von ›sowohl ... als auch‹ verstanden werden. Möglich ist jedoch auch eine Interpretation, die *lieht* als Plural liest (›beide Arten Licht‹) und die also an dieser Stelle das metaphorische Spiel mit der Doppel-Bedeutung von Licht fortsetzt (vgl. Anm. zu 12594).

12651 ff. Hier setzt sich Gottfried offenbar mit seiner Quelle auseinander. Sowohl in der »Saga« als auch im »Sir Tristrem« (höchstwahrscheinlich also auch in deren Vorlage: Thomas) ist es ein Rest des Minnetrankes, den Brangäne anbietet und von dem (nur) König Marke trinkt. Bei Eilhart fehlt dieses Detail völlig.

12665 Dem Verb *twingen* (›umarmen, an sich drücken‹) eignet ein Beiklang von Gewaltsamkeit. Markes *bettespil* scheint sich, da er auch schon Brangäne *zuo z'im twanc* (12595), durch einige Heftigkeit auszuzeichnen; seine Fühllosigkeit offenbart sich auch in der folgenden Zeile.

12666 Daß Marke keinen Unterschied bemerkt zwischen seinen beiden Partnerinnen, bestärkt jene Interpreten, die das Vergehen des Königs in seiner undifferenzierten Sinnengier sehen. Auch P. Wapnewski (»Tristan der Held Richard Wagners«, Berlin 1981, S. 83 f.) weist darauf hin, daß der Dichter den Betrug an Marke dadurch zu verharmlosen sucht, daß »er nicht den Betrüger, sondern den Betrogenen schuldig spricht« und den König in dieser Zeile »zum Popanz des bloß sinnlichen Liebhabers« macht. – Eine andere Deutung bei R. Krohn, Erotik und Tabu (1979), S. 358.

12669 Abermals wird Markes Gleichgültigkeit in bezug auf seine Frau betont; vgl. Anm. zu 12666. Die genau entgegengesetzte Haltung bescheinigt das »Nibelungenlied« Siegfried in dessen Hochzeitsnacht: *er naeme für si eine niht tûsent anderiu wîp* (Str. 629,4).

12675–679 Die Stelle wird fast wortgleich wiederholt 15751–755.

12704 f. Die Stelle ist ein Beleg für den volksläufigen Aber-
glauben, daß eine Frau den Mann, der sie – unter welchen
Umständen immer – entjungfert hat, notwendigerweise
lieben müsse. Diese Ansicht hat sich bis in die Neuzeit
gehalten und ist durch die Erkenntnisse der Psychologie
erhärtet und differenziert worden. Vgl. dazu vor allem
S. Freud, »Das Tabu der Virginität«, in: »Freud-Studien-
ausgabe in zehn Bänden«, Bd. 5: »Sexualleben«, Frankfurt a. M. 1972, S. 213 ff.

12713 Bei den *knehten* kann es sich um Diener handeln, die
Isolde mit dem maßlosen Versprechen, sie zum Ritter zu
schlagen, für ihren Mordplan ködert; es können aber auch
junge Adlige sein, die noch nicht Schwert geleitet haben
(vgl. J. Bumke, Studien zum Ritterbegriff, ²1977, S. 103,
Anm. 68).

12724 ff. Die nun folgende Episode fehlt in keiner »Tristan«-
Bearbeitung, die diesen Teil der Handlung überliefert.
Hertz (S. 537) vermutet: »Ihre Beliebtheit dankte sie wohl
der Allegorie von den Hemden.«

12735 In der »Saga«, die Isoldes Mordanschlag ausführlich
schildert (und dabei wohl Thomas folgt), verlangt die Königin nur, man solle Bringvet (= Brangäne) den Kopf ab-
schlagen. Das Detail mit der Zunge ist Gottfrieds Zutat –
obschon das Motiv nicht seine Erfindung ist. Möglicherweise wirkt hier noch archaisches Rechts- und Racheden-
ken fort, das mit »spiegelnder Strafe« dasjenige Glied belegt, das gesündigt hat (am drastischsten wohl bei der Ent-
mannung Abaelards): Damit Brangäne nichts ausplaudert,
soll ihr – in diesem Falle als vorbeugende Maßnahme Isoldes – die Zunge herausgeschnitten werden. Vgl. dazu H.
Wenzel, »Imaginatio und Memoria. Medien der Erinnerung im höfischen Mittelalter«, in: »Mnemosyne. Formen
und Funktionen der kulturellen Erinnerung«, hrsg. von A.
Assmann und D. Hardt, Frankfurt a. M. 1991, S. 73: »Sie
[die Zunge] ist als Gefäß der Erfahrung zugleich das Ge-
dächtnis, das das Heimliche, Verborgene, öffentlich Ver-

schwiegene zur Sprache bringen könnte. Die abgeschnitte-
ne Zunge wäre das natürliche Zeichen endgültiger Ver-
schwiegenheit.« Zu diesem Aspekt auch H. Wenzel, »Die
Zunge der Brangäne oder die Sprache des Hofes«, in:
»Sammlung – Deutung – Wertung. Ergebnisse, Probleme,
Tendenzen und Perspektiven philologischer Arbeit. Festschrift für W. Spiewok«, hrsg. von D. Buschinger, o. O.
[Stuttgart] 1988, S. 357 ff. – Bei Eilhart (2873 ff.) verlangt
die Königin als Wahrzeichen die Leber (nach altem Aber-
glauben der Sitz des Lebens; vgl. HDA 5, Sp. 976 ff.). Dieses Motiv hat im »Schneewittchen«-Märchen der Brüder
Grimm seine populärste Ausprägung gefunden. Ein ähnliches Handlungsmuster verwendet auch die »Genoveva«-
Sage.

12740 f. Gottfrieds Zuhörer konnten Isoldes Zusage leicht
als leeres Versprechen und als Täuschung entlarven, denn
die Königin hatte als Frau gar nicht die rechtlichen Möglichkeiten, den Ritterschlag oder die Lehnsvergabe selbst
durchzuführen.

12805 ff. Die nun folgende Allegorie, in der das reine, flek-
kenlose Hemd für »Jungfräulichkeit« steht, findet sich
häufig in der mittelalterlichen Literatur: etwa im »Lohen-
grin« *wâ ist daz hemdel kumen?* (hrsg. von Th. Cramer,
München 1971, S. 308, V. 2384); vgl. zu diesem Motiv
Hertz, S. 536 f. Über den Symbolwert des »weißen Klei-
des« im Volksglauben informiert das HDA 4, Sp. 1469.
Die Vorstellung hat sich bis in die Neuzeit erhalten und in
der Literatur niedergeschlagen: etwa in den Worten der
Marion in Büchners »Dantons Tod« I,5: »Er kam eines
Morgens und küßte mich, als wollte er mich ersticken [...].
Da ließ er mich los und lachte und sagte: er hätte fast einen
dummen Streich gemacht, ich solle mein Kleid nur behalten und es brauchen, es würde sich schon von selbst abtra-
gen, er wolle mir den Spaß nicht vor der Zeit verderben, es
wäre doch das Einzige, was ich hätte.« – Das Bild von den
verbrauchten Kleidern, das auch bei Eilhart (»Tristrant«

2932 ff.) erscheint, wird bei Gottfried vorher kurz angespielt (12590 f.; vgl. Anm. dazu). Zur »Hemden-Allego-
rie« und ihrer geistlichen Tradition vgl. U. Ernst, Gottfried in komparatistischer Sicht (1976), S. 9 f.; außerdem F.
Wessel, Probleme der Metaphorik (1984), S. 295 ff.

12825 *valte* bezeichnet das Tuch, in das kostbare Gewänder
zur Lagerung eingewickelt wurden (BMZ III.231). Hier
wird der Symbol-Charakter von *hemede* offensichtlich:
Jungfräulichkeit ist ein entschieden wertvolleres Gut als
ein einfaches Hemd.

12871 Daß die gerührten *knappen* ihr Opfer verschonen und
statt dessen eine Tierzunge (oder -leber o. ä.) als Wahrzeichen heimbringen, ist fester Bestandteil dieses Sagen- und
Märchenmotivs (vgl. »Schneewittchen«).

12874 Die Hss. FBNE überliefern hier (wie auch schon in
12856; und Ganz/Bechstein schreibt beidemal:) *daz sî den
mort taeten.* Ranke folgt wieder HWt und vermeidet dabei
die Wiederholung. So auch bei Golther und Marold.

12894 *ertoeten* ist eine durch perfektives Präfix verstärkte
Bildung von *toeten.*

12940 f. Zu dem Bild vom geläuterten Gold vgl. Anm. zu
8291. – Bemerkenswert ist, daß Gottfried den Mordanschlag der Königin nunmehr so darstellt, als habe diese
lediglich einen Läuterungsprozeß ins Werk gesetzt.

12975 *bejac* bedeutet ›Jagdbeute, Jagd‹. Weidmännische Termini wurden und werden häufig im Zusammenhang mit
Liebesdingen verwendet (vgl. noch heute ›Schürzenjäger‹
usw.). Dazu siehe auch Anm. zu 2759 und 17107. Zu der
das ganze Werk durchziehenden Jagdmetaphorik vgl. G. J.
Lewis, »Das Tier und seine dichterische Funktion in Erec,
Iwein, Parzival und Tristan«, Bern 1974, S. 167 ff.

12993 *clebewort* ist eine Gottfriedsche Bildung. Gemeint
sind wohl Wörter, die haftenbleiben, weil sie eine besondere Bedeutung haben. Das Bild wird in der folgenden Zeile
fortgesetzt.

13003 Zu *verkoufen* (etwa ›betrügerischen Handel treiben‹)

vgl. auch die »Minneklage« 12302: *diu ist umb kouf gemei-*
ne. – Das Verhalten der beiden Liebenden gegenüber der
höfischen Welt wird hier bereits am Anfang eindeutig charakterisiert: es ist Betrug.

13012 f. Vgl. zu dieser Stelle Mt. 5,37: *Sit autem sermo*
vester, est, est; non, non; aber auch den Gottfried von
Straßburg zugeschriebenen »Lobgesang auf Maria und
Christus« (abgedr. bei L. Wolff, »Der Gottfried von Straßburg zugeschriebene Marienpreis und Lobgesang auf Christus. Untersuchungen und Text«, Jena 1924, S. 101,
Str. 43, V. 11): *Dîn jâ sîn jâ, dîn nein sîn nein.* Zu den
biblischen Anspielungen und ihrer Funktion zur Charakterisierung der »reinen Liebeslauterkeit« siehe auch R.
Gruenter, »*daz ergest und daz beste.* Zu Gotfrids *Tristan*
und Isold, vv. 11645–13096«, in: »Mediaeval German Studies. Festschrift für F. Norman«, London 1965, S. 197 f.

13024 f. Hier wird noch einmal auf die Freude/Leid-Dicho-
tomie angespielt, die bereits im Prolog (vor allem 204 ff.)
als Konstituens Gottfriedscher Minne-Auffassung dargestellt wurde. Zum Prinzip der »antinomischen Liebe« vgl.
X. von Ertzdorff, Die höfische Liebe im ›Tristan‹ (1979),
S. 349 ff.; zu dieser Stelle S. 353.

13031 ff. Der nun folgende kurze Exkurs über *zorn âne haz*
geht auf antike Vorbilder zurück. R. Preuss (Stilistische
Untersuchungen, 1883, S. 71) weist auf eine ähnliche Sentenz des Publilius Syrus hin, dessen Spruchsammlung
Gottfried gekannt hat. E. Nickel, Studien zum Liebesproblem (1927), S. 22 ff., sieht diesen »Eifersuchtsexkurs« in
Verbindung mit den Liebesregeln des Andreas Capellanus
(Nr. 2, 21 und 28). I. Hahn, Raum und Landschaft (1963),
S. 127 f., verweist auf Ovids »Amores« II,19,15 f.: *Sic ubi*
vexerat tepidosque refoverat ignes, / Rursus erat votis comis
et apta meis. Der Gedanke an die Notwendigkeit der Eifersucht in der Liebe, die freilich nicht die zerstörerische
Qualität von Markes *zwîvel unde arcwân* (vgl. Anm. zu
13777) bekommen durfte, war der mittelalterlichen Litera-

tur bekannt; vgl. etwa Walther von der Vogelweide (L. 70,3 ff.):

> *ich wil daz wol zürnen müeze*
> *liep mit liebe, swa'z von friundes herzen gât.*
> *niene trûre dû, wis frô:*
> *sanfte zürnen, sêre süenen, deis der minne*
> *reht: diu herzeliebe wil alsô.*

Zu der Betrachtung auch L. Peiffer, Exkurse (1971), S. 168 ff.

13054 *dunkelîn* ist die Diminutiv-Form von *dunc* (›Vermutung‹).

13103 Zu der Übersetzung vgl. R. Sprenger »Zu Gottfrieds Tristan«, in: »Germania« 22 (1877) S. 411.

13104 ff. Es folgt die Gandin-Szene. H. de Boor, Grundauffassung (1940), S. 68, hält diese Episode von »Rotte und Harfe«, wie sie auch genannt wird, »in all ihrer sittlichen Bedenklichkeit [für] Erbstücke aus einer Stoffassung, die von Gottfrieds Gedankenwelt meilenfern ist«. G. Schoepperle-Loomis, »Tristan and Isolt. A Study of the Sources of the Romance«, Bd. 2, New York 1913, S. 528 ff., gibt einen Überblick über Verbreitung und Ausgestaltung des Motivs, das in der Gandin-Handlung erscheint; dazu auch R. Combridge, Das Recht im ›Tristan‹ (²1964), S. 124, Anm. 16. Sowohl in der »Saga« als auch im »Sir Tristrem« ist diese Episode enthalten – allerdings ohne Nennung des Namens Gandin; Thomas dürfte sie also ebenfalls gehabt haben. Sie fehlt jedoch bei Eilhart. Bei Gottfried dient die Geschichte von Rotte und Harfe zwei Zielen: Sie definiert das Verhältnis Markes und Tristans zu Isolde und bekräftigt, daß Tristan den legitimeren Anspruch auf die Königin besitzt, weil er sie zurückerobert, während der König nichts tut. Über diese Funktion der Gandin-Szene vgl. Combridge, S. 123 ff. – Die Zurückhaltung des Königs ist jedoch nicht einzigartig in der mittelalterlichen Literatur: Erinnert sei an die Rolle des Königs Artus im »Lanzelot«-

Roman, dessen auffällige Untätigkeit ebenfalls nicht völlig durch den (ohnehin nur eingeschränkt gültigen; vgl. Anm. zu 13249 f.) Rechtsgrundsatz des *rex non pugnat* gedeckt wird. Darüber hinaus verdeutlicht die Gandin-Episode Gottfrieds Einstellung gegenüber minnesingerischen Gepflogenheiten, die er sarkastisch geißelt. Des Autors Kritik wird noch verschärft durch den Umstand, daß hier kein »Berufssänger« auftritt (vgl. den »Literatur-Exkurs«, bes. 4751 ff.; zu Gottfrieds Meinung über den höfischen Minnesang s. Anm. zu 4820), sondern ein vornehmer Dilettant, der den wirklichen Spielleuten Konkurrenz macht. Zu diesem Aspekt vgl. L. Gnaedinger, Musik und Minne (1967), die S. 51 ff. die ganze Szene unter musikgeschichtlicher Akzentsetzung untersucht, sowie W. Mohr, ›Tristan und Isold‹ als Künstlerroman (1959), S. 254 ff., der die kulturgeschichtliche Problematik der Episode darlegt; ähnlich auch P. W. Tax, Wort, Sinnbild, Zahl (1961), S. 79 f. Tristans überlegenes Künstlertum und seine – über den nur handwerklich-technischen Vorgang hinausweisende – bezwingende Musikalität, die sich auch schon bei anderen Gelegenheiten gezeigt hatten und die in diesem Kapitel erneut unterstrichen werden, würdigt W. H. T. Jackson, »Artist and Performance in Gottfried's TRISTAN«, in: Tristania 1,1 (1975) S. 3 ff. – Die Gandin-Szene wird ausführlich behandelt bei G. Hollandt, Hauptgestalten (1966), S. 103 ff., die auch die rechtsgeschichtlichen Implikationen der Handlung erörtert.

13118 f. Die strahlende, ritterliche Erscheinung Gandins, die im Gegensatz steht zu seinem unedlen Charakter (vgl. Anm. zu 5033), wird getrübt durch seine absonderliche Art, die Rotte auf dem Rücken zu tragen; vgl. das Erstaunen des Hofes und Markes 13140 ff. – Über das Instrument, das im Mittelalter keinen sonderlich guten Ruf genoß, während das Harfe immerhin das Instrument König Davids war, vgl. Anm. zu 3677. Zum Wettstreit zwischen Harfe und Rotte vgl. H. Kästner, Harfe und Schwert (1981), S. 70 ff.

13122 *cordieren* kommt von afrz. *corde* ›Saite‹; vgl. den musikalischen Begriff ›Akkord‹, der zu unterscheiden ist von dem der ›Akkordarbeit‹ (= Stücklohnarbeit; vgl. Kluge/Mitzka, S. 11).

13129 Der Hinweis darauf, daß Gandin schon häufig Isoldes *ritter und amîs* gewesen sei, scheint eine Zutat Gottfrieds. In der »Saga« (S. 161) heißt es lediglich: »denn er hatte sie lange geliebt«. Durch die leichte Änderung soll wohl die Pikanterie der Situation unterstrichen werden.

13133 *messire* entspricht dem frz. ›monsieur‹ und war Anrede für besonders vornehme Herrschaften.

13159 Mit *gesinde* ist hier die *familia*, die Hofgesellschaft des Königs gemeint. Zu dem Begriff *wazzer nemen* vgl. Anm. zu 4095.

13172 f. In der Alliteration drückt sich der Spott der Hofgesellschaft aus. – *harnschar* (auch *harmschar*) ist ein Rechtsbegriff und bezeichnet eine ›Ehrenstrafe, eine zur Sühne auferlegte Bürde‹ (vgl. J. Grimm, Rechtsaltertümer II, [4]1899, S. 255).

13178 Die Wendung ist wörtlich zu verstehen: die Tische wurden hinausgetragen (vgl. A. Schultz, Höfisches Leben I, [2]1889, S. 432). Noch heute sagt man: ›die Tafel aufheben‹.

13198 Zu *leich* vgl. Anm. zu 3510. Es handelt sich also um einen reinen Instrumentalvortrag.

13222 ff. Viermal beruft sich Gandin auf sein *reht* (13228, 13230, 13233 und 13238), und »tatsächlich muß das Wort des Königs als bindend angesehen werden; offenbar brauchte der Dichter die eidliche Bindung nicht zu betonen, denn jedes Wort des Königs war verpflichtend« (F. Pensel, Rechtsgeschichtliches und Rechtssprachliches, 1961, S. 109). Brach der König sein Wort, verstieß er damit gegen *küneges reht*: Er hob das *triuwe*-Verhältnis auf, das ihn mit seinen Untergebenen verband. Mit dieser einseitigen Aufkündigung der gegenseitigen Verpflichtung durch den Herrn war aber auch der Gefolgsmann durch seinen *triuwe*-Eid nicht mehr gebunden. Vgl. auch Anm. zu 9818 f.

13241 *bereden* ist ein Rechtsterminus: ›(durch Eid oder Zweikampf) beweisen‹. Zahlreiche Belege bei BMZ II.603ᵇ f.

13249 f. Diese Zurückhaltung des Königs ist wohl nicht durch den Rechtssatz *rex non pugnat* zu erklären, da diese Regelung nur dort gilt, wo der König mit einem seiner eigenen Untertanen in Konflikt gerät (vgl. R. Combridge, Das Recht im ›Tristan‹, ²1964, S. 123, Anm. 12); Gandin aber war Ausländer. Vielmehr wird man den Grund in Schwäche oder gar mangelndem Interesse suchen müssen. Die Position des Königs war durch die Rechtsverbindlichkeit seines Versprechens ohnehin beeinträchtigt (vgl. R. Krohn, Erotik und Tabu, 1979, S. 358 f.). – Combridge (S. 123 f.) weist auf die Funktionsähnlichkeit der Gandin- und der Morold-Episode hin: Bei dieser erwirbt sich Tristan ein moralisches Anrecht auf die Thronfolge, bei jener auf Isolde. Eine vergleichbare Bedeutung hat auch die Truchseß-Episode. Die Kritik des Autors am König wird 13441 ff. durch Tristan formuliert.

13251 f. Mit ähnlichen Worten wird auch der furchterregende Morold geschildert (5940, 6125).

13254 Mit dem höflichen *mîn hêr* redet Tristan auch seinen Gegner Morold an (6261; vgl. Anm. dazu).

13260 Wieder eine Parallele zur Morold-Episode: die Barone losen, *welher im antwürte / sîn kint* (5958 f.).

13284 Tristan verbirgt aus Berechnung sein Pferd, um Gandin als sozial tiefer gestellter Spielmann entgegenzutreten. W. Salmen, »Der fahrende Musiker im europäischen Mittelalter«, Kassel 1960, S. 140 ff., bringt Belege, aus denen hervorgeht, daß berittene Spielleute verächtlich auf ihre Kollegen zu Fuß herabsahen.

13285 Tristan tritt Gandin also nicht als Ritter, sondern als listenreicher *spilman* entgegen; er »hängt also in diesem Augenblick gleichsam sein Schwert an den Nagel«, wie

P. W. Tax, Wort, Sinnbild, Zahl (1961), S. 80, bemerkt. Durch Verzicht auf »das adlige Signum des Schwert ›verstellt‹ er sich so als nicht-adliger Spielmann und begibt sich damit in der mittelalterlichen Sozialordnung nach unten«, um Gandin dadurch zu täuschen (H. Kästner, Harfe und Schwert, 1981, S. 71). Daß er seine Waffe später zurückholt, wird nirgends erwähnt.

13289 f. Wortspiel mit den verschiedenen Bedeutungen von *arm* (Diaphora).

13297 *harpiers* (afrz.), Entsprechung zu mhd. *harpfaere*.

13307 ff. Gandin duzt in seiner Antwort den sozial vermeintlich tiefer gestellten »Kollegen«, der ihn jedoch respektvoll ihrzt. Aus dem Kontrast zieht Gottfried komische Wirkung. – Zum differenzierenden Gebrauch der Anredeform im »Tristan« und in der altdeutschen Literatur allgemein vgl. immer noch die ausführliche Untersuchung von G. Ehrismann, »Duzen und Ihrzen im Mittelalter«, in: »Zeitschrift für deutsche Wortforschung« 1 (1901) S. 117 ff.; 2 (1902) S. 118 ff.; 4 (1903) S. 210 ff.; 5 (1904) S. 127 ff. (zu Gottfried bes. S. 153 ff.).

13346 Ganz/Bechstein hat *geselle, mache dû mir mê*. Diese Lesart wird gestützt durch die entsprechende Stelle in der »Saga« (S. 162): »spiele mir nun noch etwas vor«. Ranke folgt seinem Editionsprinzip; auch Golther und Marold haben *ê*.

13347 In der »Saga« ist der Wunsch des Iren weniger präzise. – Dido ist in der antiken Sage die Gründerin von Karthago. Vergil berichtet im 4. Buch seiner »Aeneis«, daß sie sich selbst umbringt, weil Aeneas ihre Liebe verschmäht. Dem Mittelalter war der Stoff vor allem durch die »Eneide« Heinrichs von Veldeke und durch dessen Vorlage, den »Roman d'Eneas«, bekannt.

13384 P. W. Tax, Wort, Sinnbild, Zahl (1961), S. 80, Anm. 60, sieht in dem dreimaligen Gebrauch von *rüeren* (außer hier in 13395 und 13399) ein »erotisches Bedeutungsspiel«.

13414 Hier wird das entscheidende Vergehen Gandins genannt: das betrügerische Beharren auf einer der Leistung unangemessenen Belohnung. Hier wie auch in der Truchseß-Episode, in der es ebenfalls um Isolde als Preis ging, wird dem erfolglosen Betrüger der überlegene Tristan gegenübergestellt. Die sprachlichen Parallelen zwischen den beiden Szenen untersuchen R. Combridge, Das Recht im ›Tristan‹ (²1964), S. 125, sowie G. Hollandt, Hauptgestalten (1966), S. 106 ff.

13432 ff. Diese ironische Andeutung eines »bukolischen Zwischenspiels«, wie R. Gruenter (»Deutsche Literaturzeitung« 75, 1954, Sp. 274) es genannt hat, ist eine deutliche Abschwächung gegenüber der »Saga« (und also, falls die nordische Version ihrer Vorlage getreu folgt, dem Thomas-Roman); dort wurde berichtet (S. 163), daß die beiden eine »wonnige nacht« im Walde verbrachten und erst am nächsten Morgen zum Hofe zurückkehrten. Im »Sir Tristrem« sind es gar sieben Nächte (CLXXV, S. 265).

13441 ff. In seiner Strafrede an den König ist Tristan dreist genug, Marke nicht nur Schwäche gegenüber dem Rotte spielenden Iren, sondern auch dem Harfe spielenden Neffen gegenüber vorzuwerfen. Noch offensichtlicher wird die Anspielung auf die eigene Situation in der abschließenden Ermahnung, der Ehemann möge seine Dame besser hüten (13450) – ein deutlicher Anklang an die *huote*, an der es Marke bei Isolde tatsächlich fehlen läßt. In den anklagenden Zeilen 13447 f. läßt er das Harfenspiel (also sich selbst) wohlweislich aus dem Spiele. In der »Saga« (S. 163) ist an dieser Stelle nur von dem Iren die Rede.

13464 Wieder ist ein Truchseß Tristans Widersacher (vgl. Anm. zu 8949). Gottfried scheint dieses Detail selbst eingefügt zu haben; in der »Saga« ist nur die Rede von einem »Ratsherren«. Bei Eilhart fehlt die Episode.

13465 Marjodo ist ein keltischer Name, der in bretonischen Sagen auftaucht. Nur die Thomas-Gruppe nennt diese Figur so (oder ähnlich); in der älteren Tradition heißt sie

Audret (auch entstellt in Andret). Vgl. Hertz, S. 537. Ein sarkastischer Seitenhieb auf die Praxis des konventionellen Minnedienstes, den Gottfried auch an anderer Stelle (etwa in der Gandin- und in der Truchseß-Episode) spöttisch zitiert.

13487 *strichweide* ist nur bei Gottfried belegt. BMZ III.553[a] übersetzt mit ›ausgang auf den fang‹, Lexer II.1236 mit ›Jagdgang‹ (so auch Ganz/Bechstein und Golther). Daß hier wieder ein Begriff aus der Jägersprache für Liebesdinge verwandt wird, ist offensichtlich. Der Kontext legt aber nahe, *strichweide* hier nicht als den Weg des Jägers, sondern als den des Wildes (zu seiner Weide) zu verstehen (vgl. ›Schnepfenstrich‹). Die *stricke* und *melde* (13493) nämlich können nur dem Tier bedrohlich sein; dazu Dalby, S. 230 f. Die moderne Jägersprache hat dafür den Ausdruck ›Wechsel‹.

13493 *melde* nennt man das Bellen des Jagdhundes bei der Verfolgung des Wildes. Hier auch im übertragenen Sinne. Vgl. Dalby, S. 151. Das Wort knüpft an *unvermeldet* (13490) an.

13512 ff. Der nun folgende Alptraum, der ganz aus der Sicht Marjodos beschrieben wird und nicht Gottfrieds eigene Wertung enthalten muß, ist in Verbindung zu sehen mit Tristans Wappentier: Seinen Schild ziert ein (schwarzer) Eber als Sinnbild für seinen Mut (vgl. Anm. zu 4942 und 6614). Hier jedoch folgt der Dichter einer anderen mittelalterlichen Eber-Tradition, in der das Tier als zerstörerische, ja diabolische (durch die Farbe noch unterstrichene) Macht verstanden wird und zum Träger einer deutlichen Sexual-Symbolik gerät (vgl. P. W. Tax, Wort, Sinnbild, Zahl, 1961, S. 84 ff.). Zum ganzen Traum sowie zu Gottfrieds möglichen Änderungen gegenüber seiner Vorlage siehe M. Zips, »Tristan und die Ebersymbolik«, in: Beitr. (T) 94 (1972) S. 134 ff., sowie K. Speckenbach (vgl. Anm. zu 4942). – Über Tradition und Funktion des Traumes in mittelalterlicher Literatur vgl. K. Speckenbach, »Von den troimen. Über den Traum in Theorie und Dichtung«, in: »Sagen mit sinne. Festschrift für M.-L. Dittrich«, Göppingen 1976 (GAG 180), S. 169 ff.

13548 ff. P. W. Tax, Wort, Sinnbild, Zahl (1961), S. 83, hält es für »bemerkenswert, welch charakteristische Einblicke in das Liebesleben am Hofe« Marjodos sofortiger Verdacht gewährt. Ähnlich aufschlußreich findet er 13567 ff.

13566 f. Mondlicht und Schnee verraten Tristan. Die Natur ist also gegen ihn. Diesen Symbolen für Helligkeit (= Rechtschaffenheit) steht die Dunkelheit in Isoldes Zimmer (als Metapher für das Verbotene) gegenüber.

13593 Die Königin schläft also in einem anderen Raum als Marke. In der nächsten Episode (»List und Gegenlist«) teilt sie das Zimmer mit ihrem Mann. In wieder anderen Szenen (etwa der Mehl-Episode in »Das Gottesurteil«) sind außer dem Ehepaar auch noch andere Mitglieder der *familia* im Schlafgemach. Solche Ungereimtheiten mögen sich dadurch erklären, daß die einzelnen Episoden aus verschiedenen, uneinheitlichen Traditionssträngen des Stoffes stammen. Vgl. dazu Hertz, S. 538. – Daß ein Betrug wie der hier geschilderte kaum möglich wäre, wenn der König auch in dem Zimmer schliefe, ist offenkundig. Das Detail mit den »getrennten Schlafzimmern« hat also auch seine episch-funktionalen Gründe. Außerdem läßt es den Ehebruch der beiden weniger verwerflich erscheinen, da ja Isoldes Verbindung mit Marke durch solche räumliche Distanz als nicht ganz vollgültig abgewertet wird.

13637 In der Formulierung wird die Funktion Marjodos als »Minnefeind« (vgl. auch die Anm. 13777: Marke, sowie zu 14240: Melot) unmißverständlich deutlich, auch wenn Gottfried sie durch psychologisierende Handlungsdetails zu mildern versucht hat. Zu den Darstellungsmustern vgl. W. Hofmann, Die Minnefeinde (1974), bes. S. 133 f.

13656 *leitesterne* ist ein Begriff aus der Astronomie und symbolisch ein solcher aus der Mariendichtung (Belege bei BMZ II².621ᵃ); vgl. auch 16477. Denkbar ist an dieser Stelle auch die beziehungsreiche Assonanz an »Leid« (*leitlîchen* in 13661).

13673 ff. Das nun folgende Ränkespiel zwischen Marke und Isolde, die beide von ihren jeweiligen Beratern (Marjodo und Brangäne) unterstützt werden, realisiert sich in vier *bettemaeren* (›Bettgesprächen‹), die ihrerseits die vier »Runden« dieses Schläue-Wettstreits darstellen. Der ganze Abschnitt ist bei P. W. Tax, Wort, Sinnbild, Zahl (1961), S. 87 ff., ausführlich dargestellt.

13676 ff. Erstes Gespräch. Marke übernimmt die Initiative. Bemerkenswert ist, daß das Ehepaar hier offensichtlich das Zimmer teilt (vgl. Anm. zu 13593).

13717 Das Begriffspaar *zwîvel unde arcwân* tritt hier zum erstenmal auf. Vgl. Anm. zu 13777 ff.

13720 *und* leitet hier einen abhängigen Konzessiv-Satz ein (vgl. Mhd. Gramm., § 338, Anm. 1, S. 422 f.).

13761 Ganz/Bechstein hat (mit den Hss. MWP) *frouwe Îsôt* (E: *frou*), das von K. Herold, Der Münchner Tristan (1911) S. 88, entschieden verteidigt wird gegen die Lesart von H (*fröude*), der Ranke (wie Marold) hier folgt.

13766 *gebeidet*, ein Partizipial-Adjektiv, ist eine Gottfriedsche Bildung und nur hier belegt.

13777–852 Es folgt der Exkurs über *zwîvel* und *arcwân*. Beide Begriffe beziehen sich auf Markes Eifersucht. *zwîvel* (aus ›zweifältig‹; zur Etymologie vgl. Kluge/Mitzka, S. 894 f.) bezeichnet die ›Unentschiedenheit zwischen zwei Möglichkeiten‹, dann auch die ›Ungewißheit‹ allgemein; schließlich kann das Wort auch ›Besorgnis, Angst‹, außerdem ›Mißtrauen‹ und ›Verzweiflung‹ (etymologisch verwandt) ausdrücken. Vgl. dazu die Erklärung von W. Hoffmann, in: Weber, S. 875 f. Die semantische Struktur von *zwîvel* in der Bedeutung von ›schwere Sünde‹ untersucht (am Beispiel des »Parzival«, des »Jüngeren Titurel« und des »Gregorius«) H. Ragotzky, »Studien zur Wolfram-Rezeption«, Stuttgart [u. a.] 1971, S. 104 ff. – Marke wird dreimal als *zwîvelaere* bezeichnet (14010, 15265 und

17712); damit wird jedoch nicht auf seine Eifersucht hingewiesen, sondern vielmehr auf seine Unsicherheit, ob diese
begründet ist. In diesem allgemeineren Sinne ist *zwîvel*
auch an dieser Stelle zu verstehen. Im Gegensatz aber zu
dem *zornelîn*, dessen förderliche Kraft in einem eigenen
Exkurs erörtert wurde (vgl. Anm. zu 13031), ist der *zwîvel*
in der Liebe *ein michel tumpheit* (13793). Andererseits ist
solche Ungewißheit, wie 13821–828 dargelegt wird, immer
noch besser als jener Zustand, der *den zwîvel unde den
wân / ûf die gewisheit bringet* (13798 f.). Die zweifelsfreie
Erkenntnis nämlich, *sô sî die wârheit ersiht* (13827), ist das
Ende der Liebe – ein allgemeiner Lehrsatz, den Gottfried
wohl nicht nur auf Markes gegenwärtige Situation bezogen
wissen möchte. Die Stelle wirft ein bemerkenswertes Licht
auf Gottfrieds Liebesauffassung. *zwîvel* und *gewisheit*
stellen sich ihm ausschließlich als das Verhältnis von ver-
muteter und bestätigter Untreue dar. Liebe ohne Argwohn
oder widerlegter Argwohn haben in einer solchen Konzeption keinen Raum. – Die Bedeutung von *arcwân* ähnelt bis
zu einem gewissen Maße der von *zwîvel* (nicht umsonst
erscheinen beide Begriffe häufig gekoppelt), jedoch liegt
der Akzent hier mehr auf dem konkreten Verdacht; vgl.
den Exkurs über der *minnen arcwân* (16455 ff.) sowie die
Anm. dazu. Die Verbindung der beiden Ausdrücke bezeichnet des Königs Eifersucht, deren zerstörerische Gewalt Gottfried an Marke demonstriert. – Im Gegensatz zur
provenzalischen Liebesdichtung tritt im deutschen Minnesang der eifersüchtige Ehemann nur selten als »Minnefeind« in Erscheinung (zur Begründung vgl. E. Köhler,
»Vergleichende soziologische Betrachtungen zum romanischen und zum deutschen Minnesang«, in: »Der Berliner
Germanistentag 1968. Vorträge und Berichte«, hrsg. von
K. H. Borck und R. Henss, Heidelberg 1970, bes. S. 65 f.).
Daß die angebetete Dame des höfischen Frauendienstes
verheiratet ist, läßt sich für den deutschen Minnesang (im
Gegensatz zur Lyrik der Trobadors und Trouvères) nicht

nachweisen; dazu klärend G. Schweikle, »Die ›frouwe‹ der
Minnesänger. Zu Realitätsgehalt und Ethos des Minnesangs im 12. Jahrhundert«, in: ZfdA 109 (1980) S. 91 ff. Die
Dreieckskonstellation im »Tristan« bildet mithin in der
mhd. Liebesdichtung ebenso eine Ausnahme wie die Gestalt des eifersüchtigen Marke. Allerdings verwendet Gottfried im Zusammenhang mit dem König nicht die üblichen
Vokabeln, mit denen er die »Minnefeinde« Marjodo (vgl.
Anm. zu 13637) und Melot (vgl. Anm. zu 14240) charakterisiert (*nît* und *haz*); vgl. W. Hofmann, Die Minnefeinde
(1974), S. 42 ff., bes. S. 49 f. – Zu dem Exkurs vgl. E. Nik-
kel, Studien zum Liebesproblem (1972), S. 54 f.; L. Peiffer,
Exkurse (1971), S. 186 ff.; außerdem W. Christ, Rhetorik
und Roman (1977), S. 55 ff.

13813 Hier greift Gottfried einen verbreiteten Gedanken
auf, der sich auch in anderen Literaturen und Epochen (seit
der Antike) formuliert findet, wenn er dort auch nicht innerhalb der spezifischen *zwîvel/arcwân*-Problematik verwendet wird. Vgl. etwa Schillers »Piccolomini« V, 1: »Das
eben ist der Fluch der bösen Tat, / Daß sie fortzeugend
immer Böses muß gebären.«

13853 ff. Hier beginnt die zweite »Runde« des Ränkespiels,
deren Ausgestaltung gegenüber der »Saga« stark verändert
ist. Auch Marjodo und Brangäne sind jetzt (maßgeblich) an
dem Geplänkel beteiligt.

13888 ff. Isolde weint, wie eigens betont wird, nur *mit ougen
und mit munde* (die der König kurz zuvor geküßt hatte:
13871 f.), nicht aber mit dem Herzen (wie Blanscheflur in
1420; vgl. Anm. zur Stelle). Ihre Klage ist also nicht
echt.

3895 ff. Der folgende kurze Exkurs über die *valsche* der
vrouwen ist wohl eher im Sinne einer geistreich-höfischen
Neckerei zu verstehen (vgl. den Laudine-Exkurs in Hartmanns »Iwein«, 1866 ff.). Noch ist der Anlaß nicht überaus
ernst. Isolde wird zudem exkulpiert dadurch, daß ihre Ver-
stellungskünste nur dazu dienen, die höfische Intrige

(Markes und Marjodos) abzuwehren. Als Quelle nennt R.
Preuss (Stilistische Untersuchungen, 1883, S. 71) einen
Spruch von Publilius Syrus (hrsg. von E. Beckby, Mün-
chen 1969, S. 24): *Didicere flere feminae in mendacium*. W.
Hoffa (Antike Elemente, 1910, S. 348 f.) meint dagegen,
Gottfried übersetze nur den Thomas-Text, der seinerseits
auf ein lateinisches Sprichwort (»Disticha Catonis« III,20)
zurückgreife. Vgl. dazu L. Peiffer, Exkurse (1971),
S. 155 ff., die Hoffas Überlegungen widerlegt.

13909 Isolde kokettiert mit ihrer vorgeblichen Hilflosigkeit
als Ausländerin (vgl. Anm. zu 2483).

13929 f. Damit ist die Herrschergewalt gemeint, die Isolde
als Königin ausübt.

13963 f. Zu der Partizipial-Konstruktion, die den andauern-
den Charakter dieses Verbalvorganges betont, vgl. Anm.
zu 1784 f.

14004 Die Verbindung des Verbs *lôsen* mit dem stammver-
wandten Adjektiv *lôs* bildet die Stilfigur der *figura etymologica*.

14027 ff. Drittes *bettemaere* (›Gespräch im Bett‹); die Strate-
gie dieses neuerlichen Marke-Vorstoßes stammt vom
Truchsessen.

14030 Hier wird ein Bild aus der Jägersprache wieder aufgenommen, das Gottfried 11930 ff. im Zusammenhang mi
der Wirkung der Minne (nach dem Genuß des Elixiers
verwendet hatte: *der minnen wildenaere / leiten ein ande
dicke / ir netze unde ir stricke, / ir warte unde ir lâge / mi
antwürte und mit vrâge.* – Zum Gebrauch von *stric* (vgl
unser ›sich verstricken‹) s. Dalby, S. 228 f. Der Terminu
lâge lebt fort in dem weidmännischen Begriff ›Lager‹ (=
der Ort, an dem eine Falle aufgestellt ist); vgl. Dalby
S. 130.

14127 Das Partizip Präsens *gebende* in Verbindung mit *wer
den* hat futurische Bedeutung (vgl. Mhd. Gramm., § 299d
S. 370 f.).

14154 *brief lesen* ist eine sprichwörtliche Wendung vo

›manigfacher bedeutung‹ (BMZ I.247[b]; dort mehrere Belege).

14156 ff. Es folgt der vierte und letzte Abschnitt dieser Auseinandersetzung. Diesmal ergreift Isolde, von Brangäne instruiert, die Initiative, und sie tut es unter bewußtem Einsatz sinnlicher Reize.

14163 *wortlâge* ist nur bei Gottfried belegt und bezeichnet einen Hinterhalt, der mit Worten gelegt wird (›Fangfragen‹).

14240 Den Namen Melot kennen nur Gottfried und seine Fortsetzer (also auch der von ihm beeinflußte tschechische »Tristram«). In der »Saga« und im »Sir Tristrem« ist nur von dem »(bösen) Zwerg« die Rede; wahrscheinlich trug er auch bei Thomas keinen Eigennamen. Vgl. dazu Hertz, S. 538 f. – Wie Marke (vgl. Anm. zu 13777) und Marjodo (vgl. Anm. zu 13637) ist auch Melot ein »Minnefeind«, dessen literarische Darstellung bestimmten Mustern verpflichtet ist. Zwar charakterisiert ihn Gottfried zu Beginn noch eher zurückhaltend; aber später – bei der Vorbereitung der Baumgarten-Falle – belegt er den Zwerg mit schmähenden Bezeichnungen: *daz vertâne getwerc,* / *des vâlandes antwerc* (14511 f.). Dazu W. Hofmann, Die Minnefeinde (1974), bes. S. 134 ff.

4241 ff. In den spielmännischen Bearbeitungen ist der Zwerg Astrologe und liest die Schuld von Tristan und Isolde aus den Sternen. Bei Eilhart wird über ihn gesagt (3392 ff.): *alleß daß geschehen ist* / *oder ÿergen mag geschehen,* / *daß kan eß wol besehen* / *an dem gestirn, wan eß wil.* Gottfrieds entschiedene Ablehnung jener Tradition, die aus dem Zwergen einen sternkundigen Zauberer macht, führt J. Gombert (Eilhart und Gottfried, 1927, S. 107 f.) darauf zurück, daß der Autor die magischen Kräfte, die vordem Melot besaß, in seiner Stoff-Bearbeitung eher der Königin Isolde beigelegt hat (vgl. Anm. zu 9298). Über das Motiv des »spying dwarf« handelt die vergleichende Studie von V. J. Harward, »The Dwarfs of Arthurian Romance and Celtic Tradition«, Leiden 1958, S. 106 ff.

Zwerge besitzen in der Literatur eine lange Tradition, die etwa von Alberich (»Nibelungenlied«) und Maliclisier (Hartmanns »Erec«) bis zu den Hobbits (Tolkien, »Lord of the Rings«) und Oskar Matzerath (Grass, »Blechtrommel«) reicht. Häufig (und vor allem in den mittelalterlichen Werken) entspricht dabei die äußere Mißgeschaffenheit dieser Figuren ihrer charakterlichen Defizienz und ihrer Bösartigkeit (vgl. auch die Beschreibung des garstigen *Malcrêâtiure* im 10. Buch von Wolframs »Parzival«). Diesen negativen Konnotationen stehen jedoch auch durchaus sympathische gegenüber – etwa in der Gruppe der freundlichen Wichte von den emsigen Heinzelmännchen über die treuherzigen Gartenzwerge bis hin zu den populären »Mainzelmännchen«. Auch für diese positiven Eigenschaften gibt es eine bis ins Mittelalter zurückreichende Tradition. Für die Darstellung des Zwergen in der mhd. Literatur vgl. die kursorische Abhandlung von A. Lütjens, »Der Zwerg in der deutschen Heldendichtung des Mittelalters«, Breslau 1911 (Germanistische Abhandlungen, 38) Nachdr. Hildesheim / New York 1977; zum »Tristan« ebd., S. 7 ff.; jetzt auch C. Lecouteux, »Zwerge und Verwandte«, in: Euph. 75 (1981) S. 366 ff., der durch die Untersuchung mittelalterlicher Texte zu folgendem Ergebnis kommt: »In der Literatur ist der Zwerg überwiegend gutmütig, im volkstümlichen Glauben böse« (S. 378). Auf den »Tristan« geht die Studie von Lecouteux allerdings nicht ein. Die Bedeutung Melots vor dem Hintergrund mittelalterlicher Zwergendarstellungen diskutiert S. M. Johnson, »Medieval German Dwarfs: A Footnote to Gottfried's *Tristan*«, in: A. Stevens / A. Wisbey, Gottfried von Strassburg (1990), S. 209 ff. – Vgl. auch HDA IX, Sp. 1008 ff. (über »Zwerge und Riesen«), sowie das Stichwort »Zwerg« in DWb. XVI, Sp. 1095 ff.

14289   *keiniu* hat hier positive Bedeutung, da es in einem Nebensatz steht, der von einem verneinten Hauptsatz abhängt; vgl. Mhd. Gramm. §288b, S. 348 f.; *dekeine* in 14286 dagegen ist negativ zu verstehen.

14291 R. Sprenger, »Zu Gottfrieds Tristan«, in: »Germania«
22 (1877) S. 411, versteht den Einschub als negativen Be-
dingungssatz (*man enwolte es hüetende sîn*): »ein Gerücht, das, wenn man sich vor ihm nicht hüte, Schaden
bringe [. . .]«.

14318 ff. Die Stelle erinnert bezeichnenderweise an jene
Szene, in der Gottfried die Wirkung des Minnetranks auf
die beiden Liebenden beschreibt (11915 ff.). – In 14320 f.
versinnbildlicht die chiastische Abfolge von *man–wîp–
wîp–man* das Umarmungsprinzip; umgekehrte Anordnung im unmittelbar folgenden Verspaar 14322 f. Vgl.
Anm. zu 129 und 1358.

14333 f. Wortspiel mit *gewar* (zunächst als Präteritalform
mit *ge*-Präfix von *werren*; dann als Adjektiv). Die Stilfigur
heißt »Paronomasie«.

14354 *seiten = seite in*; wegen des Reimes mit *bereiten* unauf-
gelöst.

14368 Vgl. die Wendung in 14261 f.: *lüge und lâge kêren*.

14372 *weidegeselle* ist hier zweideutig. Der übertragene Sinn
wird in den folgenden Zeilen erläutert.

14423 ff. Die »Botschaft der schwimmenden Späne« ist ein
Detail, das in sämtlichen Bearbeitungen des Stoffes erscheint; vgl. Hertz, S. 539. Womöglich wirkt in der Episode noch ein archaischer »herbeizwingender Liebeszauber«
nach, bei dem der Name des/der Geliebten auf ein Blatt
geschrieben wird, um so die ersehnte Vereinigung zu be-
wirken; zu den antiken und altheimischen Wurzeln dieses
Magie-Glaubens vgl. Hj. Koch, »Stetit puella. Ein deutsches Tanzlied von frau Perht«, in: Beitr. 61 (1937) S. 151 ff.
– Auffällig ist, daß weder bei Eilhart (3341 ff.) noch in der
»Saga« (S. 167) oder im »Sir Tristrem« (S. 267) Brangäne als
Erfinderin dieser List genannt wird. Gottfried hat hier also
gegenüber seinen Vorlagen geändert. Dadurch, daß Bran-
gäne abermals zur Retterin in großer Not wird, gerät diese
Episode in auffällige Analogie zu jener Szene, in der die
Liebenden nach dem Genuß des Elixiers die Dienerin um

Hilfe bitten. Bereits die Stelle 14318 ff. hatte auf den Minnetrank verwiesen (s. Anm. dazu). P. W. Tax, Wort, Sinnbild, Zahl (1961), S. 92 f., weist darauf hin, daß bei Eilhart
die beiden Namensinitialen T(ristrant) und Y(salde) zu einem *crúz mit fúnff orten* (3347) integriert werden; dagegen stehen bei Gottfried die Buchstaben »auf den beiden
entgegengesetzten Seiten, das Holz befindet sich also in
seiner ganzen Länge zwischen den zwei Zeichen«. Damit
ist die Trennung der Liebenden – bei aller vordergründigen
Vereinigung – angedeutet. Über die kreuzweise Verschränkung der Initialen T und I vgl. – vor allem im Hinblick auf
diese Stelle – H. Klingenberg, »*Si las Isot, si las Tristan*. Das
Kreuz im Tristan Gottfrieds von Straßburg«, in: »Struktu-
ren und Interpretationen. Studien zur deutschen Philologie (Festschrift für B. Horacek)«, hrsg. von A. Ebenbauer
[u. a.], Wien/Stuttgart 1974 (Philologica Germanica, 1),
S. 145 ff.

14470 Zu *schîbe* in der Bedeutung von ›Glücksrad‹ vgl. Anm.
zu 7161.

14498 *trúraere* ist eine Gottfriedsche Bildung, in der die Eindeutschung des Namens »Tristan« versucht wird. Vgl. dazu die Tauf-Szene 1991 ff.

14512 *antwerc* war ursprünglich die Bezeichnung für Belage-
rungsmaschinen (etymologisch verwandt mit *entwürken*
›zerstören, zunichte machen‹); dann auch ›Werkzeug‹ (wie
hier und in 17848); schließlich vermischt mit *hantwerc*
›Handwerk, Beruf‹; vgl. BMZ III.588. – Der Vergleich
Melots mit dem Teufel findet sich auch bei Eilhart (3400 f.,
3406, 3418 f., 3480 f., 3624 f.).

14575 Vgl. dazu die ähnliche Formulierung, mit der Morgan
seinen Gegner Tristan verjagen will (5445).

14608 In der »Saga« und im »Sir Tristrem« wird der Baum
nicht näher bezeichnet. Bei Eilhart handelt es sich um eine
Linde (3462). Zu diesen Abweichungen vgl. Hertz
S. 539 f.

14611 In der Thomas-Gruppe sitzt der König allein auf den

Baume. Gottfried scheint hier der älteren Tradition zu folgen, denn bei Eilhart lauert Marke zusammen mit dem Zwerg den Liebenden auf (3476 ff.). Während jedoch Tristrant bei Eilhart das Spiegelbild der beiden Lauscher bemerkt, werden die Belauschten in der Thomas-Version durch den Schatten des Königs gewarnt. Gottfried schöpft für seine Bearbeitung also aus beiden Traditionssträngen. Vgl. dazu Hertz, S. 540 ff., der die Verbreitung des Motivs in der internationalen Novellistik dokumentiert; dort werden auch zahlreiche bildliche Darstellungen nachgewiesen, die die Popularität dieser Episode vom »belauschten Stelldichein« belegen.

14700 Gottfried hatte Isolde vorher zweimal (12723, 12873) *mortraete* (›Mordstifterin‹) geheißen. Hier als Pluralform von *mortrât* (›Mordanschlag‹).

14760 ff. In diesem zweideutigen, listigen Schwur offenbart Isolde bereits jene Durchtriebenheit, mit deren Hilfe es ihr gelingt, später auch das Gottesurteil – wiederum durch ein wohlberechnet mißverständliches Gelöbnis – unbeschadet zu überstehen (vgl. Anm. zu 15698).

14764 ff. Zu dieser metaphorischen Umschreibung der Defloration vgl. Anm. zu 12643.

14770 ff. Dreimaliges *weiz got* (14770, 14774, 14780), das die Glaubwürdigkeit des Gesagten für den lauschenden Marke erhöhen soll.

14910 Dasselbe Wortspiel auch in 12065 (vgl. Anm. dazu).

15047 ff. Es folgt ein Exkurs über *valscheit*, der inhaltlich mit jenem über der *vrouwen valsche* (13895 ff.; vgl. Anm. dazu) verbunden ist. Hier ist jedoch nicht mehr nur von einer situationsbedingten und also entschuldbaren *list* die Rede, sondern von bösartiger Heuchelei, die unter dem Anschein der Freundlichkeit auf das Verderben des anderen zielt. Wer mit dem Vorwurf der *valscheit* gemeint ist, wird 15073, wenn die Geschichte wieder ihren Fortgang nimmt, deutlich gesagt: *Als tet Melôt und Marjodô.* Gescholten werden also die beiden Intriganten in Markes Umgebung, nicht aber die beiden Liebenden für ihre Betrügereien. Der Exkurs liest sich wie ein vorweggenommener Kommentar zu der folgenden Aderlaß-Mehlstreu-Episode. Vgl. L. Peiffer, Exkurse (1971), S. 157 ff.

15050 ff. In der Formulierung *sûre nâchgebûr* (noch verstärkt durch das Reimwort in der Zeile zuvor: *sûr*) vermutet K. K. Klein (Das Freundschaftsgleichnis im Parzivalprolog, 1953, S. 80) eine weitere Anspielung Gottfrieds auf den verhaßten Wolfram von Eschenbach, dessen »Parzival«-Prolog einsetzt mit den Worten: *Ist zwîvel herzen nâchgebûr, | daz muoz der sêle werden sûr* (1,1 f.). Einen weiteren Bezug zu Wolfram sieht Klein in dem Hinweis auf den *valschen hûsgenôz* (15052; zu »Parzival« 2,17: *valsch geselleclîcher muot*). Klein vermutet hinter solchen Anspielungen den bitteren Reflex eines persönlichen Zerwürfnisses zwischen beiden Dichtern, das auf Wolframs Schuld zurückgehe.

15088 f. In der theologischen Literatur gilt die Taube als Sinnbild der Einfalt und Harmlosigkeit; sie war zudem das Symboltier für den Heiligen Geist. Mit der Schlange dagegen verbindet sich die Bedeutung von Bosheit und Hinterlist. Vgl. dazu U. Stökle, Die theologischen Ausdrücke und Wendungen (1915), S. 45. Gottfried wiederholt das Kontrastbild in 15094 f.

15117 Der Aderlaß, ursprünglich im römischen Heer als Disziplinarstrafe praktiziert, galt im Mittelalter als Annehmlichkeit und war eines der Hauptmittel der Humoralmedizin. Über den Brauch, regelmäßig (meist im Frühjahr) zur Ader zu lassen, berichtet Hertz, S. 542. Dabei unterzog man sich der Prozedur nicht nur im Krankheitsfalle, sondern auch der Vorbeugung oder einfach der Geselligkeit wegen. Vgl. G. Eis, »Der Aderlaß in Gottfrieds Tristan«, in: »Medizinische Monatsschrift« 2 (1948) S. 162 ff. sowie in: LdMA I, Sp. 150 f., und H. M. Zijlstra-Zweens »Heilkunde«, in: Okken II (1985), S. 350 ff.

15119 Daß auch Tristan und Isolde zur Ader lassen, berich

tet übereinstimmend die Thomas-Gruppe. Die spielmännische Fassung weiß davon nichts.

15125 *gemelich* ist eine alte Form, die so nur in der Hs. H überliefert ist. Die Hss. FWPO ersetzen das Wort durch das moderne *gemechlich*, während MBER in *gemeinlich* ändern (so auch bei Ganz/Bechstein); vgl. dazu K. Herold, Der Münchner Tristan (1911), S. 89. Hatto (S. 241) übersetzt mit »pleasurably« (also *gemelîche*); Kramer (S. 379) schreibt »nach vollzogenem Eingriff« (und versteht *gemeinlîche* damit als Hinweis auf den geselligen Aderlaß).

15139 *mettînstunde* (von lat. *matutinae* ›Matutin‹; vgl. unser ›Mette‹) war der morgendliche Nebengottesdienst, der (wie die Vesper) auch für Laien bestimmt war.

15166 Vgl. dazu das Sprichwort in Freidanks »Bescheidenheit« (hrsg. von H. E. Bezzenberger, Halle 1879, S. 99,11 f.): *Minne blendet wîsen man, / der sich vor ir niht hüeten kan.* Weitere Belege für diese Sentenz in Bezzenbergers Anmerkung, ebd., S. 385. Vgl. auch Walther von der Vogelweide (L. 69,28): *den diu minne blendet, wie mac der gesehen?* Gottfried verwendet die Redensart noch einmal in 17741 f. Zu Blindheits-Metaphern vgl. F. Wessel, Probleme der Metaphorik (1984), S. 398 ff.

15187 *poinder* (von afrz. *poindre*) ist ein Begriff aus der Turniersprache (wie auch *ritterschaft*). Er bezeichnet den Anlauf und Zusammenprall beim *tjost. – ritterschaft* bedeutet ›(ritterliches) Kampfspiel‹ und ist hier in übertragenem Sinne gebraucht.

15199 *purpur* ist ein Seidenstoff, der in allen Farben vorkommt. – *plîât* (von afrz. *blialt*) war ein Brokat- und Seidengewebe, das mit Gold oder auch anderen Farben durchsetzt sein konnte. Vgl. A. Schultz, Höfisches Leben I (²1889), S. 345 ff.; J. Bumke, Höfische Kultur I (1986), S. 178 ff.; sowie Anm. zu 664.

15215 In der »Saga« (S. 169) begründet die Königin, ihre Hand habe geblutet. Im »Sir Tristrem« kommt es zu solchen Erklärungen gar nicht mehr, weil Tristan, nachdem

Marke Blut in Isoldes Bett gefunden hat, sofort geflohen ist. In den spielmännischen Bearbeitungen, die den ganzen Aderlaß nicht haben, bricht Tristans alte Wunde auf, und seine Schuld wird sogleich erkannt. Bei Gottfried also ist mit der ersten Entdeckung des Königs dessen *zwîvel* noch nicht beendet; erst der nächste Schritt bringt *gewisheit*, die jedoch auch noch nicht völlig endgültig ist, da sich in dem ausgestreuten Mehl keine Spur findet.

15224 Vgl. den schweigenden Marke nach der Entdeckung im Baumgarten (18231).

15242 f. Zu der Übersetzung der Stelle vgl. R. Bechstein »Zu Gottfried's Tristan 15246 fg.«, in: »Germania« 24 (1879) S. 9 ff.

15293 f. Wieder ein Wortspiel (Diaphora) mit den Bedeutungen von *ê* (›vorher‹ und ›eheliche Treue‹); vgl. auch 11857 f. (s. Anm. dazu) und 11871 ff. (s. Anm. dazu).

15303 Im deutschen Sprachgebrauch ist *concîlje* (von mlat. *concilium* ›Kirchenversammlung‹; vgl. auch ›Konzil‹) ein geistliches Gericht, das auch zuständig war für Ehesachen (vgl. R. His, »Das Strafrecht des deutschen Mittelalters« Bd. 2, Weimar 1935, S. 168). Zu dem Konzil waren jedoch auch Laien zugelassen. Da in Isoldes Fall nicht nur einfacher Ehebruch zur Verhandlung steht, sondern zugleich ein Treubruch gegen den König, unterliegt dieser Kasus auch der Reichsgerichtsbarkeit. Dazu vgl. R. Combridge, Das Recht im ›Tristan‹ (²1964), S. 86 f. und 147.

15305 *antisten* (von lat. *antistes*) bedeutet ursprünglich ›Vorsteher‹. Heute noch ist ›Antistes‹ ein Ehrentitel für Bischöfe und Äbte.

15306 *gotes reht* (= kanonisches Recht) war für Ehesachen zuständig; vgl. Anm. zu 15303.

15325 ff. Die gesamte Gerichtsszene ist bei F. Pensel, Rechtsgeschichtliches und Rechtssprachliches (1961, S. 131 ff., bei R. Combridge, Das Recht im ›Tristan‹ (²1964), S. 83 ff., sowie bei H. Kolb, Isoldes Eid (1988, S. 1 ff., ausführlich analysiert. Vgl. dazu auch die Darste lung bei H. Fehr, »Das Recht in der Dichtung«, Bern 1931, S. 141 ff.

15335 Die Doppelformel verweist einerseits auf die Gerechtigkeit, die jemandem widerfährt, und andererseits auf die Genugtuung, die daraus entsteht. *gerihte* ist auch zu verstehen als ›Rechtsfindung durch Gottesurteil‹. Vgl. R. Combridge, Das Recht im ›Tristan‹ (^{2}1964), S. 153.

15348 Über vermutete Parallelen zwischen der Beschreibung des Bischofs und dem Straßburger Bischof Heinrich II. von Veringen vgl. G. Sälzer, Studien (1975), S. 114 ff.

15350 ff. Über die Rede des Bischofs von *Thamîse* vgl. auch P. W. Tax, Wort, Sinnbild, Zahl (1961), S. 103 f., der aus den Worten des Geistlichen dessen Sympathie für die Liebenden herausliest.

15355 f. Der Bischof betont die gerichtliche Gleichheit seines Standes mit dem der übrigen Reichsfürsten – ein sozialgeschichtlich interessantes Detail.

15377 *ervinden* ist ein Begriff aus der Rechtssprache. Der Bischof betont, daß keine »handhafte Tat« vorliegt. Das ist ein entscheidender Umstand; vgl. R. His, »Das Strafrecht im deutschen Mittelalter«, Bd. 1, Leipzig 1920, S. 483. Gerade bei Ehebruch spielt die »Ertappung« eine wesentliche Rolle; vgl. R. Combridge, Das Recht im ›Tristan‹ (^{2}1964), S. 88 f.

15389 ff. Die hier vorgeschlagene Trennung von Tisch und Bett (*separatio quoad thorum et mensam*; die formelhafte Begriffskoppelung erscheint mehrfach in Rechtsquellen) konnte nach mittelalterlichem Rechtsbrauch der eigentlichen Scheidung vorangehen; vgl. J. Grimm, Rechtsaltertümer I (^{4}1899), S. 627.

15399 ff. Zu der Übersetzung der Stelle vgl. R. Combridge, Das Recht im ›Tristan‹ (^{2}1964), S. 157 f.

15406 *liument* und *inziht* werden gelegentlich in formelhafter Doppelung verwendet; vgl. R. Combridge, Das Recht im ›Tristan‹ (^{2}1964), S. 158.

5494 Isolde beruft sich hier, um das Mitleid und die Milde

ihrer Zuhörer zu erwirken, auf ihren rechtlosen Status als
Fremde, auf Grund dessen sie der Nachrede und der Verfolgung durch ihre Widersacher schutzlos ausgesetzt sei
(vgl. Anm. zu 2483 und 10216). Dazu vgl. H. Kolb, Der
Hof und die Höfischen (1977), S. 246 ff.

15502 Mit *dörperheit* (von mhd. *dörper* ›Bauer, ungehobelter
Mensch‹) ist ein ungesittetes, unhöfisches Benehmen gemeint. Isolde versucht sich hier also listig durch den reinigenden Hinweis auf ihre Vornehmheit von jedem Verdacht
zu befreien. Daß der Betrug an König Marke eine Schande
wäre, die unmittelbar das Wertgefüge des Hofes verletzt
und deshalb als *dorperîe* (16616; s. Anm. dazu) gelten muß,
wird in der Abschiedsrede Markes bei der Verbannung der
Liebenden deutlich; vgl. Anm. 16614 ff.

15511 ff. In der »Saga« bietet die Königin selbst an, sich dem
Gottesurteil zu unterwerfen, und der Bischof fordert den
Unschuldsbeweis (S. 170). Gottfried hat gegenüber der
Vorlage geändert: Hier verlangt König Marke die Probe
mit dem glühenden Eisen (15518 ff.).

15531 *Carliûn* heißt heute Caerleon und liegt nicht (wie bei
Gottfried) in England, sondern in Wales (Monmouthshi-
re). Der Name erklärt sich aus *castra* (= kelt. *caer*) *legionis*,
denn der Ort war um 80 n. Chr. römische Garnisonsstadt.
Caerleon ist (unter der Bezeichnung ›Carlion‹) auch einer
der Artus-Höfe in Malorys »Morte Darthur« (gedruck
1485). Als Stätte des Gottesgerichtes nennt außer Gottfried
nur die »Saga« diesen Ort. Vgl. Hertz, S. 543 f.

15540 f. Doppeltes Wortspiel mit den Bedeutungen von
unwârheit (›Lüge‹ und ›Untreue‹) sowie durch die antithetische Gegenüberstellung von *unwârheit* und (dem nur be
Gottfried belegten) *wârbaeren*.

15552 In der höfischen Literatur war es keine Blasphemie
wenn auch Gott »höfisch« genannt wurde. Vgl. etwa Hart
manns von Aue »Erec« *daz diu gotes hövescheit / ob mîne*
vrouwen swebete (3461 f.) und *er stach in zuo der erde tôt,*
als ez der hövesche got gebôt (5516 f.). Weitere Belege au

der mittelalterlichen Literatur bietet P. Ganz (Ganz/Bech-
stein II, S. 328). Vgl. auch M. Bindschedler, Gottfried und
die höfische Ethik (1955), S. 34 f., die den ganzen Roman
als Ausdruck einer ungebrochen höfischen Weltsicht interpretiert, sowie H. Kolb, Der Hof und die Höfischen
(1977), S. 248 ff., der betont, daß der Begriff sich »mit auf-
richtiger Gottesfrömmigkeit verträgt« (S. 252).

15583 ff. In der spielmännischen Fassung bei Béroul trägt
Tristan (als hinkender Bettler) Isolde auf dem Rücken, und
sie schwört später, zwischen ihren Schenkeln sei nie ein
Mann außer Marke und dem Bettler gewesen. In der »Saga« (S. 171) und im »Sir Tristrem« (S. 269) trägt er sie auf
den Armen – wie bei Gottfried. Während er aber in der
»Saga« auf sie fällt, stürzt er bei Gottfried, der solche drastischen Züge zu mildern bestrebt ist, an ihre Seite.

15632 *baltenaere* (von mlat. *paltonarius*, afrz. *pautonier*) ist
einer, der den *palte* (mlat. *paldo* ›langer grober Rock‹)
trägt: Pilger, Bettler, Landstreicher; vgl. BMZ II.462ᵃ.

15634 ff. Die Prozedur des Gottesurteils bzw. Gottfrieds
eigenwilligen Umgang mit den vorgeschriebenen Elementen des Reinigungsrituals behandelt R. Combridge, Das
Recht im ›Tristan‹ (²1964), S. 97 ff. Hertz (S. 545) schildert
ein typisches Ordal (nach einer Beschreibung in Holinsheds »Chronicles«). Vgl. auch C. von Schwerin, »Rituale
für Gottesurteile«, Heidelberg 1933 (Sitzungsberichte der
Heidelberger Akademie der Wissenschaften, Philologisch-
historische Klasse, Jg. 1932/33, Abh. 3), sowie F. Pensel,
Rechtsgeschichtliches und Rechtssprachliches (1961),
S. 142 ff. Über die »Rechtmäßigkeit« des Beweisverfahrens
angesichts von Isoldes Schutzlosigkeit vgl. H. Kolb, Der
Hof und die Höfischen (1977), S. 245 ff., der von der »ent-
würdigenden und entehrenden Prozedur eines Ordals«
(S. 246) spricht. – Zur Funktion der Episode für das ganze
Werk auch K. Grubmüller, »*ir warheit warbaeren*«. Über
den Beitrag des Gottesurteils zur Sinnkonstitution in Gott-
frieds ›Tristan‹«, in: »Philologie als Kulturwissenschaft.

Studien zur Literatur und Geschichte des Mittelalters. Festschrift für K. Stackmann«, hrsg. von L. Grenzmann [u. a.], Göttingen 1987, S. 149 ff.
Das Institut des Gottesurteils (›Ordal‹, von lat. *ordalium*) geht auf die Überzeugung zurück, Gott werde es nicht dulden, »daß im irdischen Rechtsstreit der Schuldige freigesprochen wird oder der Unschuldige unterliegt« (A. Erler, in: HRG 1, s. v. »Gottesurteil«, Sp. 1769). Der Proband unterwirft sich der Reinigungsprozedur freiwillig. Meist geht dem Ordal eine eidliche Wahrheitsbeteuerung voraus, die dann durch das Gottesurteil erwiesen werden soll. Man unterscheidet zwischen »Feuerordal« (wie im »Tristan«), »Kaltwasserprobe« (wie sie später in den Inquisitionsprozessen der Hexenverfolgung zu neuer Bedeutung gelangte und von der Kirche sogar gebilligt wurde), Zweikampf (*iudicium pugnae*; zu dieser Kategorie zählt etwa der Kampf zwischen Morold und Tristan; vgl. dazu Combridge, S. 52 f.) und weiteren, weniger verbreiteten Arten. Vgl. dazu den Überblick von Erler (ebd., Sp. 1769 ff.) sowie H. Fehr, »Die Gottesurteile in der deutschen Dichtung«, in: »Festschrift für G. Kisch«, Stuttgart 1955, S. 271 ff. (zum »Tristan« S. 274); außerdem R. Bartlett, »Trial by Fire and Water. The Medieval Judicial Ordeal«, Oxford / New York 1986.

15639 Damit ist wohl die *benedictio ignis* angedeutet, die zum Ritual des Gottesgerichtes gehört. *gerihte* kann den Gegenstand bezeichnen, mit dem das Gottesurteil ausgeführt wird; vgl. BMZ II.648[b].

15642 Der Zeitpunkt, an dem das Eisen ins Feuer gelegt wurde, war vorgeschrieben: nach der Einsegnung (15639).

15648 Über den Schuldbegriff Gottfrieds im Zusammenhang mit der Theodizee-Frage handelt D. Mieth, Dichtung, Glaube und Moral (1976), S. 199 ff.

15656 ff. Das Hemd ist das Gewand der Demut. P. W. Tax (1983) sieht in ihm »an erster Stelle das Gewand und Sinn-

bild der Buße und Bußfertigkeit« (S. 1010). Da es unmittelbar am Körper anliegt (wie in 15656 eigens betont), vertritt
es geradezu die Körperhaut, läßt den Träger also quasi
nackt erscheinen und nimmt ihm jede Möglichkeit, die eigene Person in trügerischer Verlarvung zu verbergen. Vgl.
auch J. Grimm, Rechtsaltertümer II (⁴1899), S. 568 f., der
von Gottesurteilen berichtet, bei denen die Delinquenten
»im bloßen hemde durch einen entflammten holzstoß« zu
gehen hatten. – Der Hinweis darauf, daß Isoldes Füße und
Arme nicht bedeckt sind (15663), ist insofern wichtig, als
jeder Betrug ausgeschlossen werden soll.

15698 Die Eidformel wurde vom Richter (früher vom Klä-
ger) vorformuliert und mußte in derselben Form geschwo-
ren werden; vgl. R. Combridge, Das Recht im ›Tristan‹
(²1964), S. 98 f. Isolde gelingt es aber, diese Vorschrift zu
umgehen und ihren (ambivalenten) Eid selbst festzusetzen.
Das zweideutige Gelöbnis ist nicht erst eine Erfindung
Gottfrieds oder Thomas' (von dem die »Saga« oder der »Sir
Tristrem« dieses Detail übernommen haben), sondern es
findet sich bereits in der älteren spielmännischen Fassung
bei Béroul. Vgl. auch Anm. zu 14760 ff.

15733 Hier scheint Gottfried den Ablauf des Ordals etwas
verkürzt zu haben. Die Frage von Schuld oder Unschuld
des Beklagten wurde wohl »nie sofort entschieden, sondern es kam darauf an festzustellen, ob die Hand nach drei
Tagen auf dem Wege war zu heilen« (R. Combridge, Das
Recht im ›Tristan‹, ²1964, S. 99).

15733 ff. Der folgende Exkurs über den *wintschaffenen
Christ* gehört zu den zentralen und also meistdiskutierten
Stellen des ganzen Romans. In den übrigen »Tristan«-Be-
arbeitungen gibt es einen solchen Kommentar nicht; er ist
Gottfrieds Eigentum. Der Text wirft nach Ansicht der
Forschung ein bezeichnendes Licht auf des Dichters Ver-
hältnis zur höfischen Ethik bzw. auf seine Frömmigkeit.
Allerdings haben die Exegeten sich bisher nicht darüber
verständigen können, welcher Art dieses Licht ist. Die

Diskussion dieser Problematik im einzelnen nachzuzeichnen, ist hier nicht möglich. Ich verweise auf die zusammen-
fassenden Überblicke bei T. C. van Stockum, Die Problematik des Gottesbegriffs im ›Tristan‹ (1963), S. 301 ff.; R.
Combridge, Das Recht im ›Tristan‹ (²1964), S. 100 ff.; L.
Peiffer, Exkurse (1971), S. 160 ff.; H. Kolb, Der Hof und
die Höfischen (1977), S. 245 ff.

Gottfrieds kritische »Urteilsschelte« ist vielen Interpreten
als Blasphemie erschienen und hat den Autor in die Nähe
der Häretiker rücken lassen. Aber seine Äußerungen be-
fanden sich im Einklang mit der offiziellen Ansicht der
Kirche über Gottesurteile: Nach den großen Katharer-
Verfolgungen und -Prozessen 1211/12 in Straßburg, bei
denen mehr als 80 Männer und Frauen der Probe des glühenden Eisens unterzogen und (mit wenigen Ausnahmen)
für schuldig befunden worden waren, schrieb Papst Inno-
zenz III. (am 9. Januar 1212) an den Bischof von Straßburg
und verbot derlei Gottesurteile (die dann ja auch beim 4.
Laterankonzil 1215 abermals untersagt wurden mit dem
Hinweis auf das biblische Gebot *Non tentabis Dominum
tuum*). Vgl. dazu P. Ganz' Einleitung, in: Ganz/Bechstein
I, S. XIII f., sowie K. Bertau, Deutsche Literatur II (1973),
S. 960 f.; auf den zeitgenössischen Zusammenhang hatten
schon H. Kurz, »Zum Leben Gottfrieds von Straßburg«,
in: »Germania« 15 (1870) S. 207 ff. und 322 ff., sowie U.
Stökle, Die theologischen Ausdrücke und Wendungen
(1915), S. 85 ff., hingewiesen.

Der historische Kontext widerspricht also jener Forschungsrichtung, die da glaubt, den Exkurs als gar zu frei-
mütige, ja frivole Kritik an der Geistlichkeit und Gott
selbst verstehen (so etwa F. Bahnsch, »Tristan-Studien«,
Progr. Danzig 1885, S. 11 f., und noch H.-G. Nauen, Religion und Theologie, 1947, S. 70) sowie in den Äußerungen
eine »Christusabsage« und einen »völlig eindeutigen Angriff auf Christus« sehen zu sollen (vor allem G. Weber
Gottfrieds Tristan I, 1953, S. 123 f.). Andererseits geht e

Gottfried auch nicht darum, Gott vor der Desavouierung und Verunglimpfung durch sophistisch formulierte, zweideutige Ordalien in Schutz zu nehmen (wie es U. Stökle, 1915, S. 84 f., darzustellen versucht).

Die zu seiner Zeit bereits fragwürdige Institution des Gottesurteils wird von Gottfried in dieser Episode, die auf eine eigene lange Tradition zurückgeht (über die Verbreitung des Motivs vom »doppeldeutigen Reinigungseid« in der mittelalterlichen Novellistik informiert der Überblick bei Hertz, S. 545 f., sowie die materialreiche Darstellung bei J. J. Meyer, Isoldes Gottesurteil in seiner erotischen Bedeutung, 1914, bes. S. 92 ff.; außerdem E. Frenzel, »Motive der Weltliteratur«, Stuttgart ³1988, S. 296 ff.), ad absurdum geführt. Das heißt jedoch nicht, daß er den Betrug billigt und das Ergebnis des Ordals bejaht (wie M. Bindschedler, Gottfried und die höfische Ethik, 1955, S. 36, andeutet). Gottfrieds Kritik wendet sich eher an die Anhänger »eines naiven höfischen Gottesglaubens, der für alle, und seien es noch so fragliche Vorhaben, himmlische Unterstützung erwartet« (Combridge, S. 112). Der Bezugspunkt für diesen Exkurs ist also *gotes höfscheit* (15552; vgl. Anm. dazu), die nun aber nicht als »metaphysische« Kategorie empfunden wird (etwa im theologischen Sinne wie bei Stökle), sondern als integraler Bestandteil der höfischen Sphäre. Wofern aber Gottfrieds kritischer Kommentar auf die höfisch-banale Gottesauffassung zielt, trifft er zugleich auch die höfische Gesellschaft selbst, von der sich der Autor schon an anderen Stellen distanziert hat. W. Jupé, Die »List« im Tristanroman (1976), S. 111 ff., führt aus, daß die Eisenprobe in Gottfrieds Werk dazu dient, die höfische Ideologie, die ihrerseits entscheidend konstituiert wird durch die Art ihres Gottesverständnisses, als inhuman zu kennzeichnen. Zugleich werde »die Bedingung für eine Humanisierung der Gesellschaft aufgezeigt« (S. 113), deren Realisierung freilich unmöglich sei.

Jenseits von solchen weltanschaulichen Erwägungen ist

stets zu beachten, daß dieser Ausgang des Gottesurteils natürlich auch seine dramaturgisch-äußerliche Funktion für den Fortgang des Geschehens hat und daß er (anders als der Exkurs) nicht Gottfrieds Erfindung ist. Bei aller Entrüstung läßt der Autor zudem angesichts von Isoldes Gerissenheit und ihrem Erfolg sogar ein gewisses Vergnügen erkennen. – Gegen die Umdeutung der »ehebrecherisch Liebenden zu Legendenheiligen«, die hier sogar Gott auf ihre Seite tricksen können, argumentiert W. Schröder, Text und Interpretation (1976), der in der Beschreibung der Gottesurteil-Szene und der anschließenden Polemik gegen den »höfischen Gott« zumindest »religiöse Indifferenz« (S. 65) sieht.

Der Exkurs gliedert sich in zwei Teile: die allgemeine Reflexion (15733–744) und deren Exemplifizierung an Isolde (15745–750), die dann wieder in die eigentliche Handlung überleitet. Dabei stehen diese Betrachtungen sowie die Grundeinstellung, aus der sie erwachsen, in offensichtlichem Widerspruch zum inneren Verlauf der Erzählung. Denn gerade dadurch, daß Gott *wintschaffen* ist und sich den Wünschen der Liebenden beugt, können diese sich retten; oder anders: die positiv vorgestellte *höfscheit* Gottes ist Voraussetzung dafür, daß der Betrug des – ebenfalls positiv vorgestellten – höfischen Liebespaares nicht auffliegt. Dieser Widerspruch läßt sich freilich auflösen, wenn man die kritischen Worte als ironisch versteht und wenn man sie überdies weniger auf Tristan und Isolde als vielmehr auf jene *al der werlt* (15734) und *allen herzen* (15741) bezieht, die die *höfscheit* Gottes für ihre Pläne mißbrauchen zu können meinen. Zu dieser antithetischen Struktur des Exkurses vgl. P. W. Tax, Wort, Sinnbild, Zahl (1961), S. 108 f. – W. Christ, Rhetorik und Roman (1977), S. 147 ff., bemerkt, daß »der Kommentar Gottfrieds durchaus als ein sarkastisch gegen die Ordalpraxis gerichtetes Lob eines barmherzigen Gottes gelesen werden kann« (S. 151).

15735 *tugenthaft* kann in der Bedeutung von ›(all)mächtig‹
gebraucht werden (etwa »Parzival« 740,19 *tugenthafter
grâl*, »Willehalm« 49,16 *tugenthafter got*; weitere Belege
bei BMZ III.56ᵇ und Lexer II.1561); vgl. R. Combridge,
Das Recht im ›Tristan‹ (²1964), S. 105. W. Freytag hat festgestellt, daß *tugenthaft* und *wintschaffen* in einem Bedin-
gungsverhältnis stehen, daß also Christus, wenn er *wintschaffen* ist, zugleich auch *tugenthaft* sein müsse (»Das
Oxymoron bei Wolfram, Gottfried und andern Dichtern
des Mittelalters«, München 1972, S. 177 ff.).

15736 Die Bedeutung dieses Bildes ist bisher nicht völlig
geklärt worden. Offenkundig geht es darum, die Fähigkeit
zu halt- und unterschiedloser Anpassung zu charakterisie-
ren, wie aus den folgenden Versen hervorgeht. Eine ent-
fernte Verwandtschaft zu dem Sprichwort in 10426 f. (vgl.
Anm. dazu) ist unverkennbar: *man sol den mantel kêren, |
als ie die winde sint gewant.* Vgl. auch R. Combridge, Das
Recht im ›Tristan‹ (²1964), S. 104, Anm. 149.

15737–739 Wortspiel mit *vüegen* und *(an)suochen* (Polypto-
ton und *figura etymologica*).

15748 *gelüppet* (›vergiftet‹) war auch Morolds Schwert (6943
u. ö.). Hier klingen wohl die betrügerischen Praktiken an,
mit deren Hilfe man das Gottesurteil scheinbar zu bestehen
vermochte: *per aliquod maleficium aut per herbas terrae*
(übrigens beginnt die Ordalformel, der dieses Zitat entstammt, mit dem Anruf *Omnipotens Deus*, was dem oben
genannten *tugenthaften Christ* in 15735 entspricht). Vgl.
R. Combridge, Das Recht im ›Tristan‹ (²1964), S. 106 ff.
und 118. – Isoldes *gelüppeter eit* markiert den Höhepunkt
ihrer Gerissenheit; vgl. L. Seiffert, »Finding, Guarding,
and Betraying the Truth: Isolde's Art and Skill, and the
Sweet Discretion of her Lying in Gottfried's *Tristan*«, in:
A. Stevens / R. Wisbey, Gottfried von Strassburg (1990),
S. 181 ff. – Isoldes Eid-Betrug »hat die Menschen ge-
täuscht, und zwar in der krassesten Weise; Gott konnte sie
nicht täuschen« (H. Kolb, Isoldes Eid, 1988, S. 334). An-

Stellenkommentar

ders die Deutung von R. Schnell, »Rechtsgeschichte und Literaturgeschichte. Isoldes Gottesurteil«, in: Akten des VI. Internationalen Germanisten-Kongresses Basel 1980, hrsg. von H. Rupp und H.-G. Roloff, Tl. 4, Bern [u. a.] 1980, S. 307 ff.; dazu auch W. Haug, »Gottfrieds von Straßburg ›Tristan‹. Sexueller Sündenfall oder erotische Utopie«, in: »Kontroversen, alte und neue«, hrsg. von A. Schöne, Tübingen 1986 (Akten des VII. Internationalen Germanisten-Kongresses Göttingen 1985, Bd. 1: Ansprachen, Plenarvorträge, Berichte), S. 49.

15769 Der Grund für Tristans Abreise wird nicht genannt. Auch wenn sie erst nach dem Abschluß des Ordals erwähnt wird, dürfte sie dadurch begründet sein, daß Tristan befürchtete, gleichfalls wegen Ehebruchs und womöglich gar wegen Hochverrats zur Rechenschaft gezogen zu werden. Seine Flucht mußte wie ein Schuldeingeständnis wirken, jedoch läßt Gottfried dieses Detail völlig außer acht. Nach R. Schröder, »Lehrbuch der deutschen Rechtsgeschichte«, Berlin/Leipzig ⁶1919–22, S. 832 f. und 850, wurde der Gerichtsflüchtige wie ein handhafter Verbrecher behandelt. – Erst 16304 ff. werden Tristans Beweggründe indirekt genannt, wenn ihm Isolde von Markes neuerlicher Gewogenheit und Vergebung berichtet.

15770 *Swâles* ist unterschieden von *Gâles* und, wie diese Stelle belegt, von *Engelant*. P. Ganz (Ganz/Bechstein II, S. 375) übersetzt mit »South Wales« (von afrz. *Sugales, Suwales*); A. T. Hatto (S. 367) versteht »Wales« und vermutet, daß Gottfried »obtained ›Swales‹ directly or indirectly from a false division of the plural ›les Wales‹ [= Wales] as ›les Swalles‹.« Im »Sir Tristrem« heißt das Land »Wales«, und in der »Saga« spielt die Episode in Polen.

15771 Der (keltische) Name findet sich nur bei Gottfried.

15797 Den französischen Namen (von *petite créature* = kleines Geschöpf), der sich wohl schon bei Thomas findet, hat auch der »Sir Tristrem«; in der »Saga« fehlt er. Vgl. A. H. Krappe, »Petitcrû«, in: »Revue celtique« 45 (1928),

S. 318 f. – Die Petit-crü-Episode hat nicht nur (für den äußerlichen Handlungsverlauf) retardierende Funktion. In ihr dokumentiert sich auch die Innigkeit und Selbstlosigkeit der Tristan-Isolde-Liebe. K. Bertau nennt das Hündchen gar »eine Allegorie der Poesie« (Deutsche Literatur II, 1973, S. 950). »Sowohl die Gewinnung des Hündchens durch Tristan, der keine Gefahren scheut, um das Wundertier als Trostspender für Isolde in die Hand zu bekommen, wie auch die Zerstörung des wunderbaren Feenglöckchens durch Isolde, die sich damit einer wundersamen Freudenquelle beraubt, weil sie nicht froh sein will, wenn sie Tristan in Schmerzen befangen weiß, bezeugen eine innige seelische Verbundenheit der Liebenden über alle Trennung hinweg« – so resümiert R. Dietz in seinem Forschungsbericht (Der ›Tristan‹ Gottfrieds, 1974, S. 194) die Bedeutung dieses Abschnitts. Dazu auch L. Gnaedinger, »Hiudan und Petitcreiu. Gestalt und Figur des Hundes in der mittelalterlichen Tristandichtung«, Freiburg/Zürich 1971, sowie W. Schröder, »Das Hündchen Petitcreiu im *Tristan* Gottfrids von Straßburg«, in: »Dialog. Festschrift für J. Kunz«, Berlin 1973, S. 32 ff.; vgl. Anm. zu 16649.

15798 Avalon (bretonisch für ›Apfelinsel‹) galt in keltischen Sagenkreisen als Feeninsel. König Artus wurde nach seiner Verwundung nach Avalon entrückt, um dort den Tag seiner Wiederkunft abzuwarten. – Die »Saga« übersetzt den Namen *Álfheimar*, was dem mhd. *der feinen lant* (15808) entspricht. Im »Sir Tristrem« keine Angabe.

15827 *grân* (von afrz. *graine*) ist ein kostbarer Scharlachstoff, der mit Kermes rot gefärbt wurde; vgl. A. Schultz, Höfisches Leben I (²1889), S. 355.

15829 Der tiefblaue »Lasurstein« heißt heute ›Lapislazuli‹.

15830 ff. Die Vermischung der Farbtöne versteht I. Hahn, Raum und Landschaft (1963), S. 91, als Sinnbild für die ideale Minne: »ein unlösbares, verfließendes Ineinander isolierter Phänomene«. Damit bestätige sich der Verweischarakter, den das Hündchen für die Tristan-Isolde-Liebe besitze. Hahn widerspricht damit der These von P. W. Tax, Wort, Sinnbild, Zahl (1961), S. 115, der in Petitcrü »eine typisch höfische Erscheinung« und den »Inbegriff der bloßen Freude« sieht.

15837 In *purperbrûn* ist *brûn* zu übersetzen mit ›glänzend, schimmernd‹ (vgl. Anm. zu 667 und 6611). Denkbar wäre auch eine Bedeutung ›violett‹ (vgl. Anm. zu 11121).

15846 Über die Zauberkraft von Petitcrüs Glöckchen handelt L. Gnaedinger, Musik und Minne (1967), S. 72 ff., die darauf hinweist, daß die *schelle* hier in den Rang eines Musikinstrumentes erhoben worden sei. Vgl. auch P. K. Stein, Die Musik (1980), S. 608 ff., der in dem Hündchen »eine Allegorie der Kunst« (S. 610) sieht.

15884 *palmâtsîde* war ein besonderes kostbares Seidengewebe, das seinen Namen wohl dem Umstand verdankt, daß es in Palma (auf den Balearen) hergestellt und von dort importiert wurde; vgl. A. Schultz, Höfisches Leben I (^{2}1889), S. 332 sowie Anm. zu 664.

15889 Tristan und Isolde nehmen in der Minnegrotte ebenfalls keine leibliche Nahrung zu sich (vgl. 16815 ff.). Petitcrü steht also auch hier als vorausweisendes Symbol für die Tristan-Minne (vgl. Anm. zu 15830). Dazu I. Hahn, Raum und Landschaft (1963), S. 92.

15915 Berufung auf die »authentische« Quelle. Der Kampf mit Urgan, der nun folgt, findet sich auch in der »Saga« und im »Sir Tristrem«; Gottfrieds Vorlage, die Thomas-Version, dürfte diese Episode also gleichfalls gehabt haben. Übrigens verweist auch der »Saga«-Dichter an dieser Stelle auf die »Geschichte«. Zu der Stelle vgl. P. W. Tax, »Tristans Kampf mit Urgan in Gottfrieds Werk: eine Psychomachie der Liebe?«, in: »Michigan Germanic Studies« 3,1 (1977) S. 44 ff.; dazu skeptisch F. Wessel, Probleme der Metaphorik (1984), S. 257 ff.

15921 *rivâge* (von afrz. *rivage*) ist nur hier belegt.

15922 *vilûs* (von afrz. *velu*) hat nur Gottfried. Die beiden anderen Fassungen der Thomas-Gruppe erwähnen dieses

Detail nicht. Der keltische Name Urgan dagegen ist allen Bearbeitungen gemein.

15944 ff. Vgl. zu dieser Stelle die offensichtliche Parallele in der Gandin-Episode (13190 ff.). Hier wie da verspricht der Gastgeber seinem Besucher für eine Gefälligkeit, was immer dieser verlangt.

15976 Mit einer langen Eisenstange ist Urgan auch in der »Saga« und im »Sir Tristrem« bewaffnet. I. Kasten (»Rennewarts Stange«, in: ZfdPh 96, 1977, S. 394) weist darauf hin, daß das »derbe Schlaginstrument« gewöhnlich nur im »Gestalten des außerhöfischen Bereichs, etwa Riesen und Bauern«, erscheint und daß die unedle Waffe ein negatives Zeichen darstellt, »das dem unhöfischen Status seines Trägers Ausdruck verleiht«.

16004 Anspielung auf die Gandin-Episode.

16005 *schal* kann ›Gelächter, Spott‹ heißen; vgl. *so werde wir alle / ze spotte und ze schalle* (12627 f.). Die Stelle bezieht sich auf die höhnischen Worte zu dem »betrogenen Betrüger« Gandin 13412 ff. – Hatto (S. 252) übersetzt: »whose favour you gained with your strumming [›Geklimper‹]« und versteht *schalle* als musikalisches Geräusch. Kramer (S. 400) formuliert: »den Ihr mit der Harfe angrifft«, und macht aus dem Geräusch das Instrument, das Musik hervorbringt. Vgl. zu den Deutungen dieser Stelle die Anm. bei Bechstein II, S. 192.

16007 Die Überlieferung dieses Verses ist uneinheitlich (vgl. die Anm. bei Ganz/Bechstein II, S. 328). Marold (ebenso Golther) hat *blüenden*, Ganz/Bechstein *blunden*. Ähnlich ist die Überlieferungslage in 17805 (vgl. Anm. dazu). *blüejenden* steht so in keiner Hs.

16187 Französische Anrede (von afrz. *bienveignant* ›willkommen‹ und afrz. *gentil* ›vornehm‹).

16230 Tristans Forderung erinnert an die Gandin-Szene. – Gilans Angebot spielt auf die Handlung des »Sir Tristrem« an: Dort hat der König von Wales, bei dem Tristan zu Gast ist und der in der mittelenglischen Fassung Triamour heißt,

eine Tochter namens Blancheflour, welche der Riese Urgan
für sich gewinnen will. Triamour verspricht Tristan, er
werde ihm Wales vermachen, wenn dieser Urgan erschla-
ge. Nach vollbrachter Tat gibt Tristan seine Belohnung,
das Königreich Wales, der schönen Blancheflour. Das
Hündchen Peticrowe, das er außerdem (und unaufgefor-
dert) geschenkt bekommt, sendet er sogleich an Ysonde.

16279 *Gâlotte* (von afrz. *galot*) ist nur bei Gottfried belegt. –
Die späteren Hss. haben *verlîmde ez* und machen damit
deutlich, daß das Tier in der Rotte versteckt und diese dann
neu zusammengeleimt worden ist.

16317 *ûzerthalp des herzen* weist darauf hin, daß die Ehrbe-
zeugungen der beiden Intriganten an Markes Hof nicht
aufrichtig gemeint sind.

16322–332 Es folgt ein knapper Exkurs über *êre âne êre*, der
sich inhaltlich und in der Zielrichtung in etwa an den Exkurs über *valscheit* und den *valschen hûsgenôz* (vgl. Anm.
zu 15047) anschließt. Wieder sind Marjodo und Melot gemeint, und wieder geht es um den falschen Anschein, der
die *samblanze* von dem zentralen höfischen Wert *êre* unterscheidet. Erst wo die Ehrbezeichnung »ehrlich« gemeint
ist, verwirklicht sich die gesellschaftliche Ehre, die ohne
die Anerkennung durch andere nicht bestehen kann. *êre
âne êre* ist mithin ein verinnerlichter Ehrbegriff, der ohne
die soziale Komponente, das Ansehen bei den Mitmen-
schen, auskommen muß. Vgl. zu diesem Abschnitt L. Peiffer, Exkurse (1971), S. 164 f.; zur schillernden Bedeutung
von *êre* s. außerdem Anm. zu 17698 ff. – Die Scheinhaftigkeit höfisch-institutioneller Wertbegriffe demonstriert am
Beispiel der *êre âne êre* K. Morsch, *schoene daz ist hoene*
(1984), S. 170 ff.

16323 *samblanze* (von afrz. *semblance*) ist nur bei Gottfried
bezeugt. Als »Ergebnis eines inszenierten Handelns« versteht den Begriff H. Wenzel, »Repräsentation und schöner
Schein am Hof und in der höfischen Literatur«, in: »Höfische Repräsentation. Das Zeremoniell und die Zeichen«,

hrsg. von H. Ragotzky und H. Wenzel, Tübingen 1990, S. 205 f.

16326 In dieser Formel ist die ambivalente Struktur des »Tristan« schlaglichtartig erhellt. Zum Problem der kontrastiven Spiegelung als Anlageprinzip des Romans vgl. I. Lanz-Hubmann, »Nein unde jâ« (1989), die hier eine Verbindung zu Abaelard und zur Scholastik sieht.

16428 Ranke hängt an das *dâ* ein eingeklammertes, in den Hss. nicht überliefertes (*n*) und deutet damit an, daß er (anders als Marold und Ganz/Bechstein) den Satz verneint interpretiert: *dâ ensî* (so hatte es schon H. Paul, »Zur Kritik und Erklärung von Gottfrieds Tristan«, in: »Germania« 17, 1872, S. 402 f., vorgeschlagen und übersetzt: »Wo der gewisse Wille vorhanden ist, es sei denn auch die günstige Gelegenheit dabei, da soll man sein Verlangen mit dem gewissen Willen stillen«). R. Bechstein meint in seiner Anm. zur Stelle (Bechstein II, S. 205), daß damit »den Liebenden eine zu große Enthaltsamkeit zugemutet« werde. Er versteht das *sî* in 16428 (im Gegensatz zu dem in 16427) als Optativ. Nicht also ist gesagt, daß da, wo ein Wille ist, sich auch ein Weg findet. Vielmehr drückt Gottfried aus, daß die Vollkommenheit der Tristan-Minne gestört wird durch das Fehlen der *state*. Der konjunktivische Satz ist ein Einschub mit exzipierender Bedeutung (vgl. Mhd. Gramm., § 340, S. 424 f.). Die Phrase ist mit ihm nicht zu Ende (wie bei Ganz/Bechstein), sondern sie wird mit der Schlußfolgerung 16429 fortgesetzt. – M. Heimerle, Gottfried und Thomas (1942), S. 141, sieht in diesem kurzen Exkurs einen Wandel der Tristan-Minne »von rein sinnlicher Bindung« zu einer »leib-seelischen Gemeinschaft« vollzogen; diese Überzeugung hat sich jedoch nicht durchgesetzt. Vgl. zum ganzen Abschnitt L. Peiffer, Exkurse (1971), S. 175 ff., sowie G. Schindele, Tristan (1971), S. 86 ff.

16472 ff. Es folgt eine Betrachtung über die Gebärdensprache der Liebe; vgl. L. Peiffer, Exkurse (1971), S. 177 f.

16476 Vermutlich eine sprichwörtliche Wendung; vgl. *Illic est oculus, qua res sunt quas adamamus,* / *est ibi nostra manus qua nos in parte dolemus* (MSD XXVII,2, S. 61, Nr. 81; dazu auch in Bd. 2, S. 142: *Proxima languori manus est et ocellus amori*). Dazu siehe auch Hertz, S. 546, sowie W. Hoffa, Antike Elemente (1910), S. 348.

16477 Gemeint sind die Augen, die ja doch nur die Sinnesinstrumente des Herzens sind. Dazu vgl. W. Gewehr, »Der Topos ›Augen des Herzens‹. Versuch einer Deutung durch die scholastische Erkenntnistheorie«, in: DVjs. 46 (1972) S. 626 ff., bes. S. 637 f.

16500 Auf die symbolische Bedeutung des Balsams in der theologischen Literatur verweist U. Stökle, Die theologischen Ausdrücke und Wendungen (1915), S. 48.

16577 ff. Es folgt ein Sinnspiel (Diaphora) mit *leit* (›Leid‹), *geleit* (von *legen*), *leiten* (›führen, weiterführen‹; hier im Sinne von ›mitmachen‹) und *líden* (›erleiden‹).

16604 Bei Eilhart werden Tristrant und Ysolde nicht verbannt, sondern sie fliehen in den Wald (»Tristrant« 4331 ff.). In der »Saga« und im »Sir Tristrem« (und also auch schon bei Thomas) allerdings vertreibt der König die Liebenden vom Hofe. Die lange Rede Markes (16541–620) fehlt in beiden Fassungen jedoch.

16614 ff. Der Skandal um Isoldes Ehebruch wird noch verschärft dadurch, daß der Betrogene ein Herrscher ist. So auch P. Wapnewski (1985) in seiner Kommentierung der Stelle: »Nicht also: ›ein Ehemann‹, – das bleibt ein privates Elend, eine private Tragödie. Ist aber ein König – als Ehemann – beschädigt in seiner menschlichen Würde, so ist ihm sein Mandat, seine Aura, die Legitimation der Herrschaftsausübung beschädigt« (S. XII).

16615 In *cumpanîe* (eigtl. ›Gesellschaft‹) deutet sich hier schon die pejorative Bedeutung ›Kumpanei‹ an. Die französische Form *companîe* findet sich in 2686 (vgl. Anm. dazu).

16616 *dorperîe* (hergeleitet von mhd. *dörper* ›Bauer, ungeho-

belter Mensch‹; die französische Endung –îe entspricht
dem höfischen Geschmack) bezeichnet die außerhöfische
Sphäre; auch hier wird also die ständische Komponente der
Entwürdigung angesprochen. Vgl. auch 15502 (und Anm.
dazu).

16624 Hier ändert Gottfried gegenüber seiner Vorlage.
Sowohl in der »Saga« als auch im »Sir Tristrem« sind die
Liebenden über ihre Verbannung hochbeglückt. In der zu-
rückhaltenden Reaktion Tristans und Isoldes deutet Gottfried an, wie »höfisch« sie noch sind.

16649 Der Name des Hundes erscheint (in unterschiedlichen
Formen) in allen Bearbeitungen des Stoffes; nur die »Saga«
nennt ihn nicht, erwähnt jedoch den »Lieblingshund« Tristrams. Das Detail zählt also zum ältesten Bestand der Sage. Im »Sir Tristrem« leckt der Hund Hodain den Becher
mit dem Liebestrank aus und weicht dem Liebespaar seit-
dem nicht mehr von der Seite. Vgl. zu Verbreitung und
Ausformung des Motivs den Überblick bei Hertz, S. 546,
sowie L. Gnaedinger, »Hiudan und Petitcreiu. Gestalt und
Figur des Hundes in der mittelalterlichen Tristandichtung«, Freiburg/Zürich 1971.

16654 *pirsarmbrust* ist nur hier bezeugt. An anderen Stellen
nennt Gottfried die Jagdwaffe *armbrust* (3738, 16657
u. ö.).

16659 Im »Sir Tristrem« wird betont, daß der Held beide
Hunde mitnimmt. In der »Saga« steht davon nichts. Gottfried distanziert sich hier von seiner Quelle. Da Eilhart das
Feen-Hündchen nicht kennt, muß diese Stelle auf Thomas
zurückgehen, dem das mittelenglische Gedicht hier getreu
folgt.

16661 ff. Der Abschnitt über Brangäne (wie auch schon
16631–637) findet sich nicht in der Vorlage und ist Gottfrieds Zutat.

16691 *Corineus* ist ein trojanischer Held in der »Aeneis« des
Vergil. Über die »Historia Regum Britanniae« des Geoffrey of Monmouth und Waces »Roman de Brut« wurde er

zum Heros eponymus von Cornwall, als welchen ihn wohl
schon Thomas übernahm, dem Gottfried hier folgen dürfte. In »Saga« und »Sir Tristrem« allerdings fehlt der Name.
Vgl. Hertz, S. 546 f., sowie W. Hoffa, Antike Elemente
(1910), S. 339.

16700 ff. Da es sich hier um eine Höhle handelt, die von
Riesen geschaffen wurde, fragt Hertz (S. 547), ob nicht das
gent amant auf ein ursprüngliches *geant amant* zurückzuführen sei.

Das Waldleben von Tristan und Isolde ist fester Bestandteil
des Stoffes in allen seinen Bearbeitungen. In den älteren
Fassungen (Béroul, Eilhart) führen die Liebenden in einer
Laube ein entbehrungsreiches Leben; Gottfried dagegen
beschreibt ihre Existenz in der Grotte als liebesverzücktes
wunschleben. Im Gegensatz zu den Vertretern der spiel-
männischen Version sprechen die Autoren der Thomas-
Gruppe von einer Erd- bzw. Felsenhöhle (Béroul allerdings erwähnt noch einen unterirdischen Raum bei einem
Förster, in dem ein Bett für das Liebespaar bereitstand).
Vgl. dazu den stoffgeschichtlichen Überblick bei Hertz,
S. 547 f. Der wesentliche Unterschied zwischen der älteren
Version und der höfischen Bearbeitung ist der, daß hier die
ursprünglich feindliche Wildnis zu einer Art idyllischer
Waldromantik stilisiert wird. Diesen Zug hat Gottfried
gegenüber der Vorlage (wie sie in der »Saga« fortlebt) noch
entschieden betont. Über den »Wald als Zufluchtsort der
Liebenden« handelt im Zusammenhang mit der »Tristan«-
Stofftradition M. Stauffer, »Der Wald. Zur Darstellung
und Deutung der Natur im Mittelalter«, Bern 1959 (Stu-
diorum Romanicorum Collectio Turicensis, X), S. 55 ff.
(zu Gottfrieds Waldleben-Episode S. 68 ff.).

Die hochkomplizierte, dabei sehr kunstreiche innere
Struktur des ganzen Abschnitts hat R. Gruenter (Bauformen der Waldleben-Episode, 1957, S. 21 ff.) untersucht.
Die folgende Gliederung des Kapitels folgt Gruenters Einteilung, vergröbert diese jedoch:

16703–16729 Beschreibung der Grotte
16730–16760 Beschreibung des Lustorts
16761–16766 Wildnis
16773–16806 Auftrag an Kurvenal
16807–16908 *wunschleben* (Speise- und
　　　　　　　　 Gesellschaftswunder)
16909–16922 ›Autobiographischer‹ Exkurs I
16928–17099 Grotten- und Wildnis-Allegorese
17100–17138 ›Autobiographischer‹ Exkurs II
17139–17274 *wunschleben* (am Lustort, in der Grotte,
　　　　　　　　 in der Wildnis)

Der stupende Formenprunk der Episode, das wohldurch-
dachte Neben- und Ineinander von Beschreibung und Erklärung, Einschub und Wiederanknüpfung, »persönlichem« Kommentar und Handlungsfortführung, der kompositorische Aufwand und die rhetorische Virtuosität – das
alles ist Gottfrieds Eigentum, und es unterstreicht das Gewicht, das der Autor diesem Abschnitt zu geben wünschte.
Hier, wo die Liebe zwischen Tristan und Isolde sich ungehindert ausleben darf; hier, wo die Realität des Hofes, wo
die beengenden Konventionen der Gesellschaft außer Kraft
gesetzt sind; hier, wo der dichterische Schwung Gottfrieds
durch verpflichtende Vorlagen an seiner Entfaltung nicht
gehindert wird – hier, in der Minnegrotte, hat er seine
Vorstellung von einem utopischen Minne-Ideal konkretisiert.
Das hat auch die Forschung erkannt, die sich mit besonde-
rem Eifer der Interpretation der Waldleben-Episode gewidmet hat, um aus deren Deutung Schlüsse ziehen zu
können auf die Bedeutung des gesamten Romans – eine
Hoffnung, die sich inzwischen dahingehend relativiert hat,
daß die Komplexität dieses Romans eine durchgängig
schlüssige Auslegung nicht erlaubt, denn »eine eindeutige
Intention des Werks ist uns bis heute nicht faßbar geworden, und eine harmonisierende Interpretation bleibt des-

halb wohl auch unmöglich« (P. Ganz in seiner Einleitung
zu Ganz/Bechstein I, S. IX). Eine solche Erkenntnis, die
zunächst nur resignativ klingt, erhält eine eindrucksvolle
Bestätigung gerade in den widersprüchlichen (und dabei
jeweils in sich erstaunlich plausiblen) Erklärungen, die das
Minnegrotten-Kapitel in der Forschung gefunden hat.
Nicht nur, daß sich an ihm die Geister scheiden, macht
diesen Abschnitt so wichtig und schwierig, sondern auch
die Tatsache, daß er so viele divergierende Deutungen ermöglicht. Wiederum kann es hier nicht darum gehen, die
umfangreiche Forschungsliteratur zu diesem vieldiskutier-
ten Kapitel umfassend zu referieren. Vielmehr sei auf den
hilfreichen Forschungsbericht von R. Dietz, Der ›Tristan‹
Gottfrieds (1974), S. 198 ff., auf die zusammenfassende
Darstellung bei G. R. Dimler, *Diu fossiure in dem steine*
(1975), sowie auf die in der Folge kurz genannten, für die
Exegese zentralen Arbeiten verwiesen: F. Ranke, Die Allegorie der Minnegrotte (1925); H. Kolb, *Der Minnen hus*
(1962); R. Gruenter, Das *wunnecliche tal* (1961).
F. Ranke (1925) hat in seiner bahnbrechenden Arbeit dargelegt, daß die Gestaltung und Ausdeutung der Minnegrotte nach dem Typus und dem Schema der tropologisch-
mystischen Erklärung des Kirchengebäudes angelegt ist.
Gottfrieds Liebesbegriff wird damit als eine in die Sphären
religiöser Andacht emporgesteigerte Liebesverherrlichung
verstanden, in der die Liebesgrotte als kirchlicher Tempel
erscheint. Dieser Interpretation, die auf Jahrzehnte gültig
blieb, schlossen sich – mit geringfügigen Modifikationen –
auch die meisten anderen »Tristan«-Forscher an, die hier
zwar nicht alle an eine kühne, womöglich anstößige Säku-
larisierung der im Mittelalter üblichen allegorischen Ausdeutung des Kirchenraumes glauben wollen, die aber
gleichwohl *der Minnen hûs* (17029) mit dem christlichen
Sakralbereich verbunden sehen. Hierher gehört vor allem
B. Mergell (Tristan und Isolde, 1949, S. 129 ff.), der an eine
Vermischung verschiedener Motivkomplexe aus der fran-

zösischen Quelle, die auf eine antike Stoff-Tradition zurückgehen (etwa der Bildersaal und das Marmorzimmer der Königin in der Thomas-Fassung, welche durch die »Saga« erschlossen wird), mit Elementen der christlichen Brautmystik und des Hohenliedes sowie mit apokalyptischen Vorstellungen des Himmlischen Jerusalem glaubt. – Anspielungen auf das Straßburger Münster sieht G. Sälzer, Studien (1975), S. 103 ff.

All diesen einander ergänzenden Deutungen, die einen in erster Linie »theologischen« Verstehensansatz haben und die Tristan-Minne, sei es in Analogie, sei es aber auch in Kontrast zum Christentum sehen und dadurch besonders exponieren wollen, hat H. Kolb (1962) eine Interpretation entgegengehalten, die sich von solchen zumindest teilweise weltanschaulichen Auslegungen fernhält und eine rein literarische Erklärung für die Minnegrotte anbietet: Gottfried habe sich von der Tradition der französischen Minne-Allegorien beeinflussen lassen; seine *fossiure* sei das Äquivalent zur *maison d'amor*, und ebendiesen Begriff sieht Kolb übersetzt mit *der minnen hûs*. Kolb weist in den altfranzösischen Texten auf überzeugende Parallelen zu so gut wie jedem Detail in Gottfrieds Schilderung hin: Beschreibung der Höhle, Schilderung der umgebenden Ideallandschaft (vgl. Anm. zu 16730), Speisewunder (vgl. Anm. zu 16807). Seine bestechende Theorie steht und fällt allerdings mit der Datierung seiner Vergleichsstücke, die alle erst aus dem 13. Jh. stammen.

Gegen Rankes (und seiner Nachfolger) Interpretationsansatz wendet sich auch P. C. Ober (»Alchemy and the ›Tristan‹ of Gottfried von Strassburg«, in: Monatshefte 57, 1965, S. 321 ff.), der die Minnegrotte »in the light of alchemical symbolism« (S. 321), im Zusammenhang also mit der zu Gottfrieds Zeiten gerade in Mode gekommenen Alchimie (vgl. J. Telle, s. v. »Alchimie«, in: LdMA 1, Sp. 329 ff.) zu deuten versucht, die er übrigens auch an anderen Stellen des Romans (etwa Isoldes Vergleich mit der Sonne und ihre

Reimbindung an *golde*) wirksam glaubt. Obers These hat sich jedoch in der Forschung nicht durchgesetzt.

Die allegorisierende Ausdeutung der Höhle, die hier (bis 16729) vorerst nur beschrieben wird, folgt 16923 ff. (vgl. Anm. dazu).

16701 *kiut* (von *queden* ›sprechen, bedeuten‹) ist eine alemannische Form, in der das labiale Element des Labiovelars, also der *w*-Laut des *qu* weggefallen ist (Mhd. Gramm., § 78, S. 106 f.).

16709 F. Heer (Die Tragödie des Heiligen Reiches, 1952, S. 344), der im »Tristan« das literarische Zeugnis der Verdrängung des Feudalismus durch ein Reich der Innerlichkeit sieht, versteht diese Krone auf dem Schlußstein des Grottengewölbes als Symbol dafür, daß diese Höhle das Erbe der staufischen Pfalz übernehme und zugleich das neue Reich der Innerlichkeit darstelle: »das sakrale Palatium, in dem die Liturgie des ›dritten Reichs‹ Gottfrieds zelebriert wird« (ebd.). Heers Interpretation ist weitgehend unbeachtet geblieben.

16715 Vgl. dazu »Nibelungenlied« 404,3: *von edelem marmelsteine grüene alsam ein gras.*

16716 Das Bett nimmt innerhalb der Auslegung der Liebesgrotte eine zentrale Stellung ein. J. Schwietering hat die Höhle mit dem »königlichen *cubiculum* des Hohenliedes« in Verbindung gebracht und versteht das Lager als *lectulus Salomonis*, als Salomo-Bett, auf dem in allegorisch ausgekleideter Liebesmystik die Vereinigung der liebenden Seele mit ihrem Geliebten Christus nachvollzogen werde (Der Tristan Gottfrieds, 1943, S. 22). Diese Deutung hat B. Mergell (Tristan und Isolde, 1949, S. 132) übernommen Andere Forscher, die das Interieur der Minnegrotte und dessen Allegorese im Zusammenhang sehen mit der tropologisch-mystischen Auslegung des Kirchenraumes, deuten das Liebeslager als Altar, durch den die Sinnenbeziehung zwischen Tristan und Isolde einen Symbol- und Sakramentcharakter erhalte (so vor allem H. de Boor, Di

Grundauffassung, 1940, S. 58, und nach ihm, durch J. Schwieterings Mystik-Interpretation mit beeinflußt, G. Weber, Gottfrieds Tristan I, 1953, S. 180 f.). H. Kolb (*Der Minnen hus*, 1962, S. 313 ff.) bringt für Gottfrieds Kristall-Bett eine Parallele aus altfranzösischen Minneallegorien bei: *li lis al dieu d'amor*, das ebenfalls der Liebesgöttin geweiht ist. In der Vorlage freilich ist die ganze Höhle aus Kristall, und ihre Beschreibung ist an das Vokabular der Stofflichkeit (wie bei Gottfried) nicht gebunden, sondern bewegt sich auf dem Niveau reiner Spiritualität. – Eine Interpretation, die »the bed as battleground« versteht, bieten Clark/Wasserman, The Poetics of Conversion (1977), S. 55 ff.

16730 ff. Die Beschreibung des Lustorts folgt genau der Tradition des *locus amoenus*, wie sie in der lateinischen Schulrhetorik festgelegt ist (vgl. E. R. Curtius, »Rhetorische Naturschilderung im Mittelalter«, in: »Romanische Forschungen« 56, 1942, S. 219 ff.). F. C. Tubach (The ›locus amoenus‹, 1959) hat die einzelnen Motive der topischen Landschaftsbeschreibung im »Tristan« untersucht und schließt, daß Gottfried sich bei der Schilderung des Lustorts eng an die mittellateinischen Poetiken des 10. bis 12. Jh.s gehalten hat. Zu diesem Ergebnis kommt auch R. Gruenter in seiner eingehenden Untersuchung (Das *wunnecliche tal*, 1961), der an Textstellen belegt, daß der Autor die Anweisungen der einschlägigen *artes dictandi et versificandi* teilweise sogar wörtlich beachtet hat. Gruenter ergänzt jedoch Tubach und stellt fest, daß nicht nur die rhetorische Tradition des *locus amoenus* bei der Gestaltung der Grottenlandschaft fortwirke, sondern daß außerdem der *paradisus*-Topos der geistlichen Dichtung Verwendung gefunden habe – an jenen Stellen nämlich, in denen gezeigt wird, wie die Widrigkeiten des irdischen Lebens (etwa Hunger, Durst, Langeweile usw.) durch Einwirkung einer höheren Instanz (im Vorbild: durch den Anblick Gottes; hier: durch die Minne) auf wundersame Weise dahinschwinden: im Speise- und Gesellschaftswunder (16807–908; vgl. Anm. dazu). Eindeutig verpflichtet sei der »Tristan« weder der einen noch der anderen Tradition; die einzelnen Motive seien sowohl heidnisch-antik als auch geistlich auszulegen, und in dieser Ambivalenz, die ihre Entsprechung in der schillernden Bedeutung der Minnegrotte selbst finde: einerseits sakraler Raum, ob nun Kirchengebäude oder *cubiculum Salomonis*, andererseits pagane *curia Veneris*, wie bald nach Gruenter die Arbeit von H. Kolb näher belegte (vgl. Anm. zu 16700), in dieser Teilhaberschaft an zwei konträren geistigen Sphären, in dieser doppelten, immer wieder wechselnden Beleuchtung also liegt nach Gruenter der besondere Reiz der Minnegrotten-Episode. – Gottfried malt insgesamt viermal den märchenhaft-paradiesischen Lustort aus (16730–760; 16878–895; 17147–181; 17347–393). Dabei sind die Beschreibungen des *wunneclichen tal* in Verbindung zu sehen mit jener *sumerouwe*, in der Markes Frühlingsfest stattfindet (536 ff.) und die der Ort des ersten Zusammentreffens zwischen Riwalin und Blanscheflur ist. Die bukolische Landschaft der Maienseligkeit erscheint gesteigert und abermals erhöht im *locus amoenus* bei der Grotte. Blieb das Naturerlebnis in der Vorgeschichte noch weitgehend auf optische Reize beschränkt, so betont Gottfried in der intensivierten, mehr verinnerlichten Reprise des Motivs stärker das akustische Moment (etwa in der ausführlichen Beschreibung der vielen Vogelstimmen); vgl. dazu die Untersuchung von B. Mergell (Tristan und Isolde, 1949 S. 134 ff.). Über die Naturallegorie im »Tristan« vgl. auch U. Ernst, Gottfried in komparatistischer Sicht (1976) S. 40 ff., der die Stelle auf Elemente der antiken Beschreibungskonvention und christlicher *paradisus*-Topik unter sucht.

16730 Die Stelle macht deutlich, daß die Grotte nicht z ebener Erde in einen Felsen oder Berghang gehauen wurde sondern daß sie tatsächlich ein Erdloch darstellt (wie auc

in der »Saga« und im »Sir Tristrem« angedeutet wird).
Auch hierin sieht H. Kolb eine Entsprechung zu literarischen Vorbildern: In altfranzösischen Jenseitserzählun-
gen, etwa dem »Espurgatoire de Saint Patrice« der Marie de
France, finden sich ganz ähnliche Angaben, auch wenn die
Funktion der Höhle dort eine andere ist als die des *maison
d'amor*; vgl. H. Kolb, *Der Minnen hus* (1962), S. 309 ff.

16737 *pleine* geht auf afrz. *plaine* zurück.

16738 *fonteine* ist die eingedeutschte Form von afrz. *fontaine*.

16747 Das Bild vom Wettstreit der Blumen und des Grases
stammt aus der lateinischen Literatur, ist aber auch mhd.
Dichtern geläufig; vgl. Walther von der Vogelweide
(L. 114,27 f.): *dâ sach ich bluomen strîten wider den klê, /
weder ir lenger waere* (s. auch Walther L. 51,34 ff.).

16761 ff. Es folgt eine kurze Beschreibung der Wildnis, die
diesen *locus amoenus* umgibt. Auch dieses sogenannte
»Tempe-Motiv«, das aus dem Kontrast zwischen einer
idyllischen Oase und der Wüstenei besteht, in deren Mitte
der Lustort liegt, hat eine rhetorische Tradition (vgl. E. R.
Curtius, Europäische Literatur, [8]1973, S. 205 f., sowie F.
C. Tubach, The ›locus amoenus‹, 1959, S. 41), auf die
Gottfried hier zurückgreift. Verwandtschaft besteht auch
zu dem mittellateinischen »Anticlaudianus« des Alanus ab
Insulis (wie U. Stökle, Die theologischen Ausdrücke und
Wendungen, 1915, S. 52, feststellte) sowie zum »De Amore«-Traktat des Andreas Capellanus (vgl. R. Gruenter,
Das *wunnecliche tal*, 1961, S. 376 ff.). Das Tempe-Motiv
lebt – in gleichsam domestizierter Abwandlung – auch in
der neuzeitlichen Literatur fort – etwa in A. Stifters Erzählung »Brigitta«, wo freilich der liebliche Lustort der umgebenden Wildnis durch zivilisatorische Menschenhand ab-
gerungen wurde. Eine vergleichbare Variante findet das
Motiv in der Trivial-Literatur: Karl May schildert in seinem Old-Shatterhand-Roman »Unter Geiern« die idylli-
sche Passiflorenhütte, die inmitten des wüsten, gefürchte-
ten Llano Estacado liegt und die dem Uneingeweihten so

gut wie unzugänglich ist. – Gottfried nimmt die knappe
Beschreibung der Wildnis rings um den Lustort in der
späteren *interpretatio allegorica* (17071 ff.) wieder auf.

16806 *clûse* geht auf mlat. *clusa* (›Einsiedelei‹) zurück.

16807 ff. Es folgt die Schilderung des Speise- und Gesell-
schaftswunders, das Gottfried mit Entschiedenheit gegen
mögliche Einwände verteidigt (in der rhetorischen Figur
der »Praesumptio«). Auch für diese in die Sphäre der hohen Minne umstilisierte Vorstellung paradiesischer Be-
dürfnislosigkeit hat H. Kolb eine altfranzösische Entsprechung (die Allegorie »De Venus la deesse d'amor«) gefunden; vgl. H. Kolb, *Der Minnen hus* (1962), S. 321 ff. Gottfried hat das »Speisewunder« bereits seiner Vorlage entnommen (auch die »Saga« hat eine entsprechende Passage)
und durch bestimmte Motive der Paradies-Topik, die ihrerseits auf eine spätantike und mittellateinische Tradition
zurückgeht, erweitert (vgl. auch Anm. zu 16730 sowie zur
eingehende Behandlung dieses Abschnitts bei R. Gruenter,
Das wunnecliche tal, 1961, S. 390 ff., aber auch R. Gruenter, »Der *paradisus* der Wiener Genesis«, in: Euph. 49,
1955, S. 129 ff.). – G. Weber (Gottfrieds Tristan I, 1953,
S. 77 ff. u. ö.) hat das »Speisewunder« in antithetischer
Analogie zur Eucharistie interpretiert; dagegen P. W. Tax,
Wort, Sinnbild, Zahl (1961), S. 121 f. Hinzuweisen ist auf
eine frühere Textstelle, bei der Rual durch den bloßen Anblick seines »Sohnes« Tristan gesättigt wird: *Tristan der
was sîn wirtschaft: / daz er Tristanden an sach, / daz was sîn
meiste gemach* (4110 ff.). Auch hier wird die besonders
innige Beziehung zwischen den beiden durch eine Art
Speisewunder angedeutet. – Hingewiesen sei auf die literarische Tradition des Speisewunders etwa vom »Parzival«
(Gral) bis zum Märchenmotiv des Tischlein-deck-dich.

16822 *mangerîe* (von afrz. *mangerie*) ist nur bei Gottfried
belegt.

16834 Ganz/Bechstein und Marold haben *fiuret*, das durch
die handschriftliche Überlieferung gestützt wird. Jedoch
bleibt *vuoren* im Bild des Kontextes.

16842 *erbepfluoc* ist ein nur hier belegter, nicht ganz geklärter Begriff (*hapax legomenon*). Die Bildung mit *erbe-* ist bei Gottfried häufig (vgl. *erbevater* 4301, *erbevogetîn* 11765, *erbesmerzen* 19127, *erbeminne* 19179); sie bezeichnet ›durch Erbschaft Überkommenes‹. Damit stellt der Autor den Bezug zur Vorgeschichte her (vgl. Anm. zu 11765). Das Minneschicksal Tristans (und Isoldes) wird in dem von Riwalin und Blanscheflur präfiguriert. – Hier wird mit der Doppelbedeutung von *pfluoc* gespielt: *den pfluoc strîchen* heißt ›pflügen‹; zugleich aber steht *pfluoc* auch für ›das geschäft, das man treibt‹ (so BMZ II.512[b]; dort auch Angaben über die unsichere Etymologie des Wortes). Entsprechend bezeichnet *erbepfluoc* ›das geerbte geschäft, von dem man lebt‹ (BMZ II.513[a]; auch dort erscheint der Begriff als Apposition zu *liebe*, und das *ir* bezieht sich auf die Liebenden). – Über andere Übersetzungsmöglichkeiten vgl. die ausführliche Anmerkung bei Bechstein II, S. 218 f.

16870 Gemeint ist ein Ring mit einem »Stein« aus wertlosem Glas, also eine Umschreibung für etwas Geringes. Vgl. Walther von der Vogelweide (L. 50,12): *und nim dîn glesîn vingerlîn für einer küneginne golt*; dazu E. Nickel, Studien zum Liebesproblem (1927), S. 24, Anm. 1. Zu dem Motiv vgl. auch *Anulus ex uitro debetur amico* (MSD XXVII,2, S. 59, Nr. 7; dazu die Anm. in Bd. 2, S. 137).

16876 Vgl. dazu eine entsprechende Stelle in der Vorgeschichte: Riwalin und Blanscheflur *enhaeten niht ir leben / umb kein ander himelrîche gegeben* (1371 f.; s. Anm. dazu). Über *bône* als Inbegriff der Nichtigkeit s. BMZ I.222[a].

16877 Die *êre* steht hier für die soziale Komponente der Existenz von Tristan und Isolde: ihre gesellschaftliche Anerkennung, ihre Reputation. Die Bedeutung des Begriffes, der für die höfische Ethik des Mittelalters zentral ist, bleibt an dieser Stelle weitgehend rätselhaft, weil er in widersprüchlichem Zusammenhang verwendet wird: Die subjektive *êre* der Liebenden ist unvereinbar mit den ethischen

Normen derer, von denen sie die Bestätigung ihrer objekti-
ven *êre* und damit die Vervollkommnung ihrer notwendig
defizienten, da außerhalb des Hofes und gegen seine Gesetze sich verwirklichenden Liebe erhoffen. Über den
Konflikt zwischen solch »individueller« und »sozialer« *êre*
vgl. auch das Nachwort S. 309 sowie die Worterklärung
von W. Hoffmann, in: Weber, S. 833 f.

16884 Hier hat *riviere* (im Gegensatz zu 5344; vgl. Anm.
dazu) die Bedeutung des französischen Wortes behalten.
Die Übersetzung in BMZ II.755[b] ist wohl ein Versehen.

16887 *dienest* bezeichnet hier wohl das Hofgesinde (BMZ
I.371[a]).

16889 *merlîn* (von afrz. *merle*, lat. *merula*) lebt in frz. und
engl. ›merle‹ fort.

16891 *galander* (von afrz. *calandre*) ist die große Ringeller-
che, die für ihren schönen Gesang berühmt ist: ›Kalander-
lerche‹. Gelegentlich wird sie mit der ›Haubenlerche‹ (von
lat. *caliendrum*) verwechselt. Vgl. dazu Hertz, S. 548 f.

16904 Chiastische Anordnung von *man – wîp – wîp – man*;
vgl. Anm. zu 129.

16909 ff. Der hier folgende »autobiographische« Exkurs
dient zur Bekräftigung des vorher Gesagten. Die frühere
Forschung hat jedoch aus Stellen wie dieser Rückschlüsse
auf Leben und Person des Autors gewinnen zu können
geglaubt; vgl. R. Heinzel, »Über Gottfried von Straßburg«
(1868), in: »Kleine Schriften«, Heidelberg 1907, S. 51:
»Nun hat Gottfried Tristan jedenfalls nicht im Zustande
jungfräulicher Reinheit geschrieben – die leidenschaftlichen wie die mutwilligen Stellen sprechen dagegen –: so
wird er die sinnliche Seite der Liebe wohl in niederer, vielleicht gekaufter Minne, die er erwähnt und verdammt,
kennen gelernt haben.« Die moderne »Tristan«-Philologie
ist bei der Beurteilung derartiger »Bekenntnisse« zurück-
haltender. Vgl. dazu die Anm. zu 17100 ff.

16914 *weder* im Sinne von ›ob‹ (Mhd. Gramm., § 348,
S. 435) hat sich im engl. ›whether‹ erhalten.

16923 ff. Es folgt die ausführliche Grottenallegorese, die völlig Gottfrieds Eigentum ist. Dabei bedient er sich des Verfahrens der mittelalterlichen Bibelexegese, die jedem Phänomen und jedem Bild eine bestimmte *significatio* (vgl. *meine* in 16925) zuweist und die den Text nicht im wörtlichen Sinne, sondern nach seiner allegorischen Bedeutung auslegt. Diese Art der Interpretation, die auf theologische Ursprünge zurückgeht, konnte jedoch auch auf nicht-biblische Gegenstände übertragen werden.

U. Stökle, Die theologischen Ausdrücke und Wendungen (1915), S. 52 ff., sieht die Grottenallegorese bis ins Detail beeinflußt durch den Abschnitt über das *domus naturae* im »Anticlaudianus« des Alanus ab Insulis. F. Ranke (Die Allegorie der Minnegrotte, 1925) meint dagegen, daß Gottfrieds Werk in Analogie zur tropologisch-mystischen Ausdeutung des Kirchengebäudes gestaltet sei (vgl. Anm. zu 16700) – eine These, die die Forschung lange Zeit bestimmt hat, bis dann H. Kolb (*Der Minnen hus*, 1962) vergleichbare Darstellungen in anonymen allegorischen Minnedichtungen aus Frankreich fand, in denen die Anlage und die Bestandteile der *maison d'amor* in ihrer spiritualen Bedeutung erklärt werden (vgl. Anm. zu 16700). Allerdings ist in diesen Werken die Trennung zwischen Beschreibung einerseits und allegorischer Auslegung andererseits nicht so deutlich wie in der Bibelexegese oder bei Gottfried. Stökle, Ranke und Kolb (wie auch die übrigen Forscher, die ihnen in Ansatz und Ergebnis verpflichtet sind; vgl. den Überblick bei R. Dietz, Der ›Tristan‹ Gottfrieds, 1974, S. 208 ff.) nennen zu zahlreichen Details der Grotten-Schilderung und -Ausdeutung entsprechende Parallelen.

Zu Gottfrieds ausführlicher Allegorese vgl. auch die komparatistische Studie von U. Ernst (1976), S. 18 ff., der in dem *fossiure*-Abschnitt »verschiedene traditionelle Vorstellungen [...] zu einer neuen Gestaltungssynthese verschmolzen« (S. 39) findet. Ernst stellt fest, daß die »antike

Vorstellung der Grotte als eines sakralen Ortes und verborgener Stätte der Liebe, der allegorische Liebespalast der antiken und romanischen Überlieferung, der alttestamentliche Tempel Salomons als *figura ecclesiae*, die gläserne und lichtdurchflutete Gottesstadt der Apokalypse und das christliche Kirchengebäude in der imposanten Bauform der gotischen Kathedrale« (S. 39) hier zusammenwirken, daß aber die Auslegungsphasen häufig in erster Linie dem Schema der ekklesiologischen Allegorese folgen. – F. Urbanek (Die drei Minne-Exkurse, 1979) deutet die Grottenallegorese (16923–17138) als »Minnelehrpredigt« (vgl. Anm. zu 12187).

16939 A. Arnold (»Studien über den Hohen Mut«, Leipzig 1930 [Von deutscher Poetery, 9], S. 45 ff.) sieht in der Beschreibung und Auslegung der Minnegrotte (namentlich 16939–962) einen prägnanten Beleg für Gottfrieds Auffassung vom *hôhen muot*.

16943 ff. Zu dieser allegorischen Darstellung der *tugent* vgl. C. S. Jaeger, »The Crown of Virtues in the Cave of Lovers Allegory of Gottfried's *Tristan*«, in: Euph. 67 (1973) S. 95 ff. – Eine eingehende Analyse des Begriffs bietet die Studie von G. R. Dimler, *Diu fossiure in dem steine* (1975), S. 29 ff.

16953 f. Zu den Begriffen *kapfen* und *schouwen* und ihrer mystischen Relevanz vgl. D. Mieth, Dichtung, Glaube und Moral (1976), S. 178: »Der ›Mystiker‹ Gottfried schaut das absolute Minnegeschehen, an dem er teilhat, das er aber nicht vollkommen erlangt.« Dazu siehe auch des Dichters »Bekenntnisse« in 17116.

16985 ff. Die nun folgende Tür-Allegorese mit den untergeordneten Einzel-Auslegungen von *rigel, heftelîn, valle* etc. bildet den gewichtigsten Abschnitt innerhalb der Grotten-Allegorese. Gottfried wollte ihr wohl eine besonders exponierte Bedeutung geben; vgl. zu der Stelle R. Gruenter, Bauformen der Waldleben-Episode (1957), S. 32 f. – W. Betz (Gottfried als Kritiker, 1969) neigt zwar (gegen H.

Kolbs *maison d'amor*-Parallele) Rankes Sakralraum-These
zu, bietet jedoch für die Tür-Allegorese eine neue Deutung
an: Er legt diese Stelle als »Allegorie des Liebesaktes« aus,
die Gottfrieds »Sakralisierungsversuch der Liebesvereini-
gung« (S. 522) kröne. Betz sieht in den Bezeichnungen für
die Bestandteile dieser Tür sexuelle Zweideutigkeiten: *valle* und *heftelîn* sind nicht nur »Klinkenfalle« und »Türöff-
ner«, sondern zugleich noch Metaphern für *vagina* und
membrum virile, und auch *spinele* übersetzt Betz mit »Pe-
nis«. Ähnlich ambivalente Erklärungen bietet er auch für
andere Begriffe, belegt seine Deutungen jedoch (falls überhaupt) ausschließlich mit jüngeren Text-Zeugnissen (etwa
Fastnachtspielen des 15. Jh.s). Diese »wohl freimütigste
Schilderung der Psycho-Physiologie der Liebe in der mittelalterlichen Literatur« (Betz, S. 524) kritisiere in ihrer ab-
sichtlichen, kaum verhohlenen Obszönität den höfischen
Ehrbegriff und sei zugleich ein Plädoyer für eine religiös
bestimmte erotische Emanzipation. P. Ganz weist in seiner
Anm. (Ganz/Bechstein II, S. 329) darauf hin, daß »eine
solche sexuelle Zweideutigkeit dem Gottfriedschen
Sprachstil völlig fremd« wäre. Zur Tür-Allegorese auch U.
Ernst, Gottfried in komparatistischer Sicht (1976),
S. 29 ff., der die Stelle im Zusammenhang mit biblischen
Vorstellungen (etwa von der *porta caeli* oder der *angusta
porta*) untersucht, ohne auf Betz Bezug zu nehmen. Zustimmung hat Betz bei F. Urbanek (Die drei Minne-Exkurse, 1979, S. 350) gefunden.

17022 Die erotisch besetzten Konnotationen der Zeder werden schon durch das »Hohelied« (8,9) bestimmt. Zugleich
galt die Zeder als besonders kostbares Edelholz.

17025 f. Diese Auslegung des Elfenbeines entspricht einer
Stelle bei Alanus ab Insulis, in der *ebur* als *castus sive casti-
tas* bezeichnet wird; vgl. U. Stökle, Die theologischen
Ausdrücke und Wendungen (1915), S. 53 f.

17040 f. R. Gruenter übersetzt *guote andâht ze tougenlî-
chem dinge* mit »kluge Behutsamkeit in Dingen höfischer

Liebe« und definiert sie als »Grundtugend des höfischen Liebhabers, wie sie der Minnesang als die strenge Spielregel der *tougenlichen minne* zeigt« (Bauformen der Waldleben-Episode, 1957, S. 32).

17059 Auch bei Alanus ab Insulis haben die Fenster allegorische Bedeutung: *fenestra dicuntur virtutes*; vgl. U. Stökle, Die theologischen Ausdrücke und Wendungen (1915), S. 54.

17100 ff. Der nun folgende zweite ›autobiographische Exkurs‹ (zum ersten vgl. Anm. zu 16909; außerdem Anm. zu 12187) hat abermals Bekräftigungsfunktion und bringt auf ›persönlicher‹ Ebene des Dichters alle Themen der Allegorese noch einmal. Über die Frage, ob diesen Zeilen ›Bekenntnis-Charakter‹ über des Autors eigene Liebeserfahrungen zukomme, hat die Forschung lange gestritten; vgl. dazu die Darstellungen bei U. Stökle, Die theologischen Ausdrücke und Wendungen (1915), S. 98 ff., sowie Bechsteins Anm. zum Problem (Bechstein II, S. 228). Auch die scheinbar präzisen Angaben in 17136 ff. schließen die Möglichkeit nicht aus, daß es sich bei der Stelle um eine rhetorische *adtestatio rei visae* handelt. P. Wapnewski (1985) sieht in seiner Erläuterung der Stelle den »Versuch einer topischen Beglaubigung des Unerhörten kraft persönlichen Zeugnisses« (S. XV). – Stökle (S. 100 f.) vermutet, daß Gottfried sich hier auf eigene Schullektüre (etwa von Ovid) bezieht, durch die er »mit 11 Jahren die Minne kennen gelernt« habe, ohne doch jemals nach Cornwall gefahren zu sein. Stökle stützt seine Interpretation durch den Hinweis auf eine Stelle in Hartmanns von Aue »Gregorius«, in der gleichfalls von einem Elfjährigen die Rede ist (1181–84):

> An sîm einleften jâre
> dô enwas zewâre
> dehein bezzer grammaticus
> danne daz kint Grêgôrjus.

Beteuerungen seiner Liebesunerfahrenheit gibt auch Hartmann von Aue: *ichn gewan nie liep noch ungemach* (»Gregorius« 798); vgl. dazu auch die ergänzende Stelle im
»Iwein«, an der Frau Minne zum Autor sagt: *dich geruorte
nie mîn meisterschaft* (»Iwein« 3015). Aber auch hier dürfte
es sich weniger um Bekenntnisse als um Demutsformeln
handeln.

17107 Mit dem *bast*, der weidgerechten Enthäutung des Wildes, wird die Jagd beschlossen (vgl. die Jagd-Episode
2759 ff.). Hier bezeichnet der Begriff die erfolgreiche Be-
endigung des Strebens nach Minne, das mit der Jagd-Metapher ausgedrückt wird; vgl. auch Anm. zu 12975.

17139 ff. In der nun folgenden Schilderung des *wunschlebens*
werden noch einmal die drei Bereiche der Wald-Idylle angesprochen: Lustort (17139–199), Grotte (17200–237),
Wildnis (17242–274). Der Hauptakzent liegt nun aber
nicht mehr auf der Beschreibung (oder Auslegung) dieser
Schauplätze, »sondern dem Aspekt ›Was tut man am Lustort‹, indem Ausstattung und Reize des Lustorts mit entsprechenden Handlungen verknüpft werden« (R. Gruenter, Bauformen der Waldleben-Episode, 1957, S. 39). Zu
den »Idealen Zuständen und Beschäftigungen« vgl. R.
Gruenter, Das *wunnecliche tal* (1961), S. 383 ff.

17151 *prâerîe* gehört zu den entlehnten Wörtern auf *-îe*, für
die Gottfried eine besondere Vorliebe hatte (vgl. Maurer/
Rupp I, S. 210). Der Ausdruck (von afrz. *praerie*) ist nur
hier (und in 17386) belegt.

17169 f. Wortspiel (Diaphora) mit *linde* (Subst.) und *lint*
(Adj.); auch in 558 f. und 17177 f.

17172 Dieselbe Formulierung auch in 8052 (vgl. Anm.
dazu); sie drückt die Totalität der Empfindung aus.

17184 ff. Die in der Folge nur kurz erwähnten, da dem gebildeten Publikum Gottfrieds wohlvertrauten Liebesgeschichten, die sich sämtlich bei Ovid finden, handeln
durchweg von Frauen, die aus Liebe den Tod gefunden
haben; vgl. dazu P. Ganz, Tristan, Isolde und Ovid (1971),

S. 397 ff. In den tragischen *senemaeren* wird das traurige Minneschicksal des Paares prophetisch gespiegelt; vgl. G. Weber, Gottfrieds Tristan I (1953), S. 293. Daß Tristan und Isolde in ihrem *wunschleben* eine entschiedene Vorliebe für Erzählungen entwickeln, die von unglücklicher Liebe berichten, deutet auf eine schmerzliche Defizienz ihrer Grotten-Existenz hin: Ihr Minneglück ist unvollkommen ohne die soziale Komponente, d. h. ohne die Zeugenschaft und Anerkennung durch den Hof. So ist denn die Zeit höchster Liebeswonnen für die beiden eine Phase inhaltsleeren Glücks – eine »beschädigte Utopie«, wie K. Bertau (Deutsche Literatur II, 1973, S. 975) es ausdrückt. Auf den Widerspruch zwischen dem idealen arkadischen Ambiente der Episode und der morbiden Neigung des Liebespaares für traurige Geschichten über tödliche, heil-lose Leidenschaften, die in typologischer Klimax das Schicksal der beiden antizipieren, verweist auch U. Ernst, Gottfried in komparatistischer Sicht (1976), S. 48 ff. – Zugleich aber nimmt Gottfried in dieser Episode das literarische Programm des Prologs (121 ff.) wieder auf. Dort wird *edelen senedaeren* die Beschäftigung mit *seneden maeren* geradezu empfohlen.

17189 Phyllis (aus Ovids »Heroides« II) war die Tochter des thrakischen Königs und liebte den Sohn des Theseus, Demophon. Als dieser fortfuhr und nicht wiederkehrte, erhängte sie sich und wurde in einen blätterlosen Mandelbaum verwandelt, der, als Demophon nach seiner Rückkunft ihn klagend umschlang, plötzlich grüne Blätter hervortrieb.

17190 Auch Kanake (aus Ovids »Heroides« XI), Tochter des Äolus, nahm sich das Leben, nachdem sie ihrem geliebten Bruder Makareus ein Kind geboren hatte und von ihrem Vater zum Selbstmord gezwungen worden war.

17192 Byblis (aus Ovids »Metamorphoses« IX, 453 ff.) weinte sich schließlich zu Tode, als ihr schöner Bruder Kaunus sich ihrer leidenschaftlichen Liebeswerbung entzog und sie ihn auf ihrer langen Suche von Land zu Land nicht wiederfinden konnte.

17196 Zu Dido (aus Ovids »Heroides« VII) vgl. Anm. zu 13347.

17220 Bisher hatten Tristan oder Isolde immer nur allein musiziert. Die Ineinssetzung der beiden Liebenden dokumentiert sich in dieser Episode auch darin, daß das Paar nunmehr in völlig harmonischem Zusammenspiel vorgestellt wird.

17254 ff. Das Detail der Jagdhund-Abrichtung findet sich bereits in der »Saga« (S. 176) und im »Sir Tristrem« (S. 271). Gottfried dürfte an dieser Stelle also wohl auf Thomas zurückgreifen. Zugleich wirkt hier eine alte Stoff-Tradition fort, die in Tristan überhaupt den Erfinder der Jagd mit Spürhunden sieht (vgl. Anm. zu 2759).

17266 Die folgende Bekräftigung bezieht sich auf das Speisewunder, das ja die Jagd aus Gründen der Ernährung überflüssig machte. Zudem mag hier von Gottfried angedeutet werden, »warum auch der Bewohner des Paradieses sich sehnt nach dem unparadiesischen Zustand der übrigen Menschen: Er bedarf des strengen Glücks eines zweckgerichteten, somit als ›sinnvoll‹ empfundenen Handelns« (P. Wapnewski, 1985, Anm. zur Stelle, S. XV).

17275 f. Das folgende Kapitel über die Entdeckung der Liebenden und ihre Reintegration in den Hof ist mit dem vorangehenden Minnegrotten-Abschnitt inhaltlich wie kompositorisch eng verknüpft; vgl. R. Gruenter, Bauformen der Waldleben-Episode (1957), S. 40 ff.

17285 Das Motiv von der Jagd als Mittel gegen Liebeskummer, das im Zusammenhang steht mit der erotischen Symbolkraft der Jägerei (vgl. Anm. zu 12975), geht auf antike Vorstellungen (Properz, Ovid) zurück; vgl. U. Ernst, Gottfried in komparatistischer Sicht (1976), S. 51.

17293 Der *vremede hirz* hat über seine dramaturgische Funktion (die Verbindung zwischen Marke und den Liebenden wieder herzustellen) hinaus auch symbolische Be-

deutung. Nach R. Gruenter (»Der *vremede hirz*«, in:
ZfdA 86, 1955/56, S. 231 ff.) gehört das Tier zum zaubrischen Bereich der *fossiure*, und daß Marke das Wild nicht
selbst erjagen kann, deutet darauf hin, daß er die Liebe
Isoldes nicht verdient. Mit dem Detail der vergeblichen
Jagd hat Gottfried ein altes Sagenmotiv aufgenommen und
abgewandelt, das dem (weißen) Hirsch eine Schlüsselfunktion in einem erotischen Abenteuer zuweist (S. 236 f.); s.
dazu aber auch den Artikel »Hirsch« im HDA 4, Sp. 86 ff.,
bes. Sp. 96 f. P. W. Tax, Wort, Sinnbild, Zahl (1961),
S. 130, stellt fest, daß der Hirsch ein Symbol für die Tristan-Isolde-Liebe sei und daß er darüber hinaus als christli-
ches Symboltier dazu beitrage, diese Liebe in den Bereich
religiöser Verklärung zu erheben – wie schon zuvor in der
Minnegrotte (S. 132). Zu ähnlichen Ergebnissen kommt
auch J. Rathofer, Der ›wunderbare Hirsch‹ (1966), der auf
die Analogien zwischen dieser Episode und anderen hinweist, in denen gleichfalls Tiere als Symbole für die Liebenden erscheinen: die Eber-Szene (S. 383 ff.) und das Petit-
crü-Kapitel (auch Petitcrü trägt das Attribut *vremede*;
S. 390). Zu der Episode mit dem rätselhaften weißen
Hirsch, der sich »durch die Multivalenz allegorischer Si-
gnifikationen auszeichnet«, liefert U. Ernst, Gottfried in
komparatistischer Sicht (1976), S. 52 ff., eine »strukturelle
Untersuchung vor dem Hintergrund mittelalterlicher Tier-
symbolik« (S. 52). Dabei vergleicht er die Stelle mit entsprechenden Partien aus anderen zeitgenössischen Werken
(vor allem der altfranzösischen Poesie und der theologischen Literatur).

17295 *blank* ist ein Epitheton, das im übrigen nur den Liebenden beigegeben wird (vgl. dazu J. Rathofer, Der ›wunderbare Hirsch‹, 1966, S. 389). Auch in diesem Detail wird
die enge Beziehung zwischen dem Symboltier und dem
Liebespaar verdeutlicht.

17333 *leitseil* ist die lange Leine, an der Jagdhunde auf der
Pirsch gehalten wurden; vgl. Dalby, S. 197.

17347 Hier folgt noch einmal eine ausführliche *locus amoenus*-Schilderung (bis 17393). Über die Beschreibung des virtuosen Vogelsangs vgl. L. Gnaedinger, Musik und Minne (1967), S. 79 ff.

17361 Das ›Latein‹ der Vögel (oder anderer Tiere) steht hier als Signum ihrer chiffrierten Sprache (vgl. auch ›Jägerlatein‹). Dazu siehe Hertz, S. 551.

17369 *anderunge* ist – ähnlich wie *wandelunge* (vgl. Anm. zu 4789) – der Fachbegriff für die Modulation der Tonfolge; vgl. L. Gnaedinger, Musik und Minne (1967), S. 81.

17371 Die beiden Verben werden hier in afrz. Präteritalformen gebraucht; afrz. *(s)chanter* bedeutet ›(die erste Stimme) singen‹, und afrz. *discanter* heißt ›die zweite (= Ober-) Stimme singen‹ (vgl. ›Diskant‹). Dazu L. Gnaedinger, Musik und Minne (1967), S. 81.

17385 *flôrîe* (von afrz. *flori*) erscheint bei Wolfram auf die blühende, frische Hautfarbe übertragen: *swaz der Franzoys heizt flôrî, | der glast kom sînem velle bî* (»Parzival« 796,5 f.).

17398 In dem Augenblick, in dem die Liebenden (wenn auch vorerst nur akustischen) Kontakt zum Hof haben, befällt sie erneut ihre *angest*. Und sofort verfallen sie wieder auf das Mittel des Betrugs.

17413 Das trennende Schwert im Bett ist ein altes Rechtssymbol, wenn ein Mann die Frau, mit der er das Lager teilt, nicht berühren will (Belege bei J. Grimm, Rechtsaltertümer I, [4]1899, S. 232 ff.). Zudem findet sich das Motiv in zahlreichen Sagen und Märchen; vgl. dazu den materialreichen Überblick bei Hertz, S. 551 ff. – In sämtlichen Bearbeitungen des Tristanstoffes erscheint dieses Schwert-Motiv wieder. Allerdings fehlt in der »Saga« wie im »Sir Tristrem« jeder Hinweis darauf, daß Tristan hier, durch die gefährliche Situation gewitzt, zu einer List gegriffen habe; das Schwert liegt einfach da. Das (ältester Stoff-Stufe zugehörige) Motiv ist also blind geworden. Eilhart und seine Bearbeiter betonen eigens, daß Tristrant stets ein Schwert

zwischen sich und Ysald legte (vgl. »Tristrant« 4581 ff.).
Gottfried hat also das Detail, das die Überlieferung ihm
vorgab, psychologisch vertieft.

17419 ff. Es ist bezeichnend, daß der Jäger (gewiß doch ein
erfahrener Fährtenleser) die Fußspuren von Tristan und
Isolde nurmehr als eine einzige Spur ansieht – als die überdies des »wunderbaren Hirschen«, der symbolische Ver-
weisungsfunktion für die Liebenden hat. Vgl. dazu J. Rathofer, Der ›wunderbare Hirsch‹ (1966), S. 381 f.

17498 ff. Für die folgende Szene vgl. A. Snow, die den König
an dieser Stelle zu Hartmanns »Armem Heinrich« in Beziehung setzt (»Heinrich und Mark. Two medieval voyeurs«,
in: Euph. 66, 1972, S. 113 ff.).

17534 Gottfried ändert hier gegenüber seiner Vorlage. In der
»Saga« sind des Königs Zweifel angesichts des – Keuschheit
vortäuschenden – Schwertes sofort ausgeräumt. Den *zwi-
velaere* Marke des Straßburgers aber bedrängt alsbald neuer Argwohn.

17536 ff. Als *süenaerinne* erschien die Minne bereits in 11721
(vgl. Anm. dazu). Zur bezeichnenden Parallelität der beiden Textstellen sowie zur folgenden Darstellung der Minne als gleisnerisch aufgeputzter Verführerin, die Marke in
seiner Verblendung bestärkt, vgl. R. Gruenter, Das *guldine lougen* (1961), S. 1 ff., aber auch Bechsteins Anm. zur
Stelle (Bechstein II, S. 241). Zum Bild der »Färberin« Minne s. Anm. zu 11908.

17555 Hier wird noch einmal die religiöse Anspielung auf
das *gaudium paschale* (wie bei Reinmar MF 170,19 und
Heinrich von Morungen MF 140,16) aufgenommen; vgl.
Anm. zu 927.

17562 Die »Saga« spricht nur von der »Ermüdung« Isoldes
(S. 177). Gottfried hat seine ausführliche Begründung, die
er mit delikater Verzögerung liefert, womöglich selbst eingefügt.

17593 f. Über das Bild der Minne als *viuraerinne* vgl. Anm.
zu 930.

17613 ff. In der »Saga« (S. 177) und im »Sir Tristrem«
(S. 271) wird – wohl in getreuer Übernahme von Thomas –
berichtet, daß Marke seinen Handschuh auf Isoldes Wange
legt, um das Sonnenlicht fernzuhalten. Nach ihrem Erwachen erkennen die Liebenden sogleich, daß der König da-
gewesen ist. Zugleich wird mit dem Handschuh (einem
altbekannten Rechts-, Herrschafts- und Besitzsymbol;
vgl. B. Schwineköper, »Der Handschuh in Recht, Ämterwesen, Brauch und Volksglauben«, Berlin 1938) des Königs Anspruch auf Isolde »durch Handauflegen« versinnbildlicht. Gottfried hat dieses Detail geändert und erhöht
damit die Spannung. Tristan und Isolde vermuten nur, wer
der Eindringling gewesen ist, jedoch *dekeine gewisheit /
die enhaeten si dar an niht*, wodurch das *zwîvel/gewisheit*-
Dilemma Markes auf die Liebenden übertragen wird. Zu
der Szene und ihrer Tradition auch die Darstellung von H.-
F. Rosenfeld, »Handschuh und Schleier. Zur Geschichte
eines literarischen Symbols« [zuerst 1957], in: Ders.,
»Ausgewählte Schriften I«, Göppingen 1974 (GAG 124),
S. 1 ff., bes. S. 10 ff.

17698 ff. Gottfrieds Gebrauch von *êre* in den folgenden Versen zeigt die schillernde Bedeutung des Begriffs; vgl. K. J.
Meyer, »The ambiguity of honor in Gottfried's *Tristan*:
lines 17694–17769«, in: »Neophilologus« 70 (1986)
S. 406 ff.

17723 ff. Beginn des *blintheit*-Exkurses (bis 17816; in der
Forschung auch »zweite Minnerede« genannt), an den sich
der *huote*-Exkurs (17817–18114; vgl. Anm. dazu) anschließt. – Einen erhellenden Zusammenhang zwischen
beiden Partien erkennt P. W. Hurst, »Zur Interdependenz
von Gottfrieds *blintheit*- und *huote/maze*-Exkursen (›Tristan‹, vv. 17723–18114)«, in: ZfdPh 105 (1986) S. 321 ff.

17727 Hier kritisiert Gottfried Markes Verhältnis zu Isolde,
das nicht von den Geboten der Minne-*êre*, sondern von
undifferenzierter Sinnlichkeit bestimmt sei. Vgl. dazu auch
G. Hollandt, Hauptgestalten (1966), S. 71 f., die den *êre*-

Begriff an dieser Stelle (und in 17730) vor dem Hintergrund der mittelalterlichen Ehe-Lehre diskutiert. Die Verfehlung des Königs liegt darin, daß er seine Frau nur *ze vröuden*, d. h. zum physischen Liebesgenuß (*ze lîbe*) begehre, sie jedoch seelisch und sittlich, d. h. im Sinne einer *êre*, wie sie in der Tristanliebe exemplarisch vorgestellt wird, nicht verdient (vgl. Markes Verhalten in der Hochzeitsnacht; Anm. zu 12666). So bleibt denn ihm, dem Repräsentanten einer höfischen Freudenwelt, nur der äußerliche Rahmen einer bloß gesellschaftlichen *êre* (17732-734); ein inneres Recht auf die Liebe Isoldes hat er dagegen nicht. In der sinnlichen Begierde Markes sieht M. Batts (»The Role of King Marke in Gottfried's *Tristan* – and elsewhere«, in: A. Stevens / R. Wisbey, Gottfried von Strassburg, 1990, S. 117) das eigentliche Vergehen des Königs, den er im übrigen als durchaus sympathisch gezeichnet empfindet.

17739 *herzelôse blintheit* bezeichnet die Sinnengier Markes, die ihn für die Liebe Isoldes disqualifiziert.

17741 f. Zu diesem Sprichwort und der hier verwendeten Metapher vgl. Anm. zu 15166.

17764 f. Zwischengeschobene, durch Reim in den Kontext eingebundene Zwischenfrage der Zuhörer, die als rhetorisches Mittel die Erzählung verlebendigen soll; vgl. R. Preuss, Stilistische Untersuchungen (1883), S. 39.

17784 f. Vgl. dazu die rhetorische Frage in 17753 ff., auf die hier eine Teil-Antwort gegeben wird.

17805 Das Sprichwort bezeichnet die Scheinhaftigkeit des höfischen Lebens. Als Schlüssel zum Verständnis des Romans versteht diesen Vers K. Morsch, *schoene daz ist hoene* (1984).

17805 Wieder ist – wie im vergleichbaren V. 16007 (s. Anm. dazu) – die Überlieferung sehr uneinheitlich. Ganz/Bechstein liest hier *blinden* (wie die Hss. FRSP); alle anderen Ausgaben haben (wie früher auch Bechstein) *blüenden*.

17817–18114 Der lange Exkurs über die *huote*, den Gottfried hier einschaltet, findet sich in keiner anderen Bearbeitung

des Tristanstoffes. Zur Deutung des ganzen Abschnitts
(den einige Interpreten allerdings erst bei V. 17858 (s.
Anm. dazu) beginnen lassen, was für das Verständnis der
Stelle ohne Belang ist), vgl. E. Nickel, Studien zum Liebesproblem (1927), S. 25 ff.; I. Hahn, »*daz lebende paradis*
(Tristan 17858–18114)«, in: ZfdA 92 (1963), S. 184 ff.; L.
Peiffer, Exkurse (1971), S. 205 ff.; außerdem F. Urbanek,
Die drei Minne-Exkurse (1979), der diese *digressio* (»Minnelobpredigt«) in enger inhaltlicher wie formaler Korrela-
tion sieht zu den früheren Einschüben: »Minnebußpredigt« 12183–357 (vgl. Anm. dazu) und »Minnelehrpredigt«
16923–17138 (vgl. Anm. dazu), die, jeweils einem der drei
mittelalterlichen *genera praedicandi* zugeordnet, zur Vermittlung »ihrer – vom Dichter offensichtlich chiffrierten
bzw. periphrasierten – Hauptbotschaft« (Urbanek, S. 358)
über das Wesen der wahren Minne dienen. Ausführlich
analysiert T. Tomasek (Die Utopie, 1985, S. 180 ff.) den
huote-Exkurs vor dem Hintergrund geistlicher Vorstellungen; die *huote* erscheint ihm (vor allem durch den Rekurs
auf Eva) »als Signum und Stimulans der Sünde in ein ›heils-
geschichtliches‹ Konzept der Liebe eingebettet« (S. 189).
Daß die Überwachung der Frauen nicht nur nutzlos, sondern sogar schädlich ist, weil sie sie zur Untreue erst ermutigt, ist ein altes, schon bei Ovid (»Amores« III,4) vorge-
bildetes, populäres Motiv, das auch in der Schwanklitera-
tur der neueren Zeit, vor allem in Lustspielen etwa von
Molières »George Dandin« (Szene II,1) bis hin zu Curt
Goetz' »Ingeborg«, immer wieder Verwendung gefunden
hat. In Übereinstimmung mit den Lyrikern seiner Zeit
(vgl. dagegen jedoch Friedrichs von Hausen Lied MF
50,19 ff., das die *huote* rechtfertigt) beklagt Gottfried die
Bewachung. Ähnlich kritisch wird die *huote* in der einge-
schobenen Minnehandlung von Meister Ottes (kurz zuvor
entstandenem) »Eraclius« gesehen: als entlastender Grund
für die ehebrecherische Beziehung zwischen Athânais und
Parides, die ihrerseits gewisse Ähnlichkeiten zur Konstel-

lation des »Tristan« aufweist. Aber Gottfried steigert das Motiv zu einer Reflexion über das rechte Verhältnis zwischen *lîp* (›Körper‹ als Ausdruck von ›Natur‹) und *êre* (›Ehre‹ als Ausdruck von ›Anstand, Sitte‹). Dabei geht es ihm nicht um eine Rechtfertigung Isoldes (vgl. M. Bindschedler, Gottfried und die höfische Ethik, 1955, S. 31) und auch nicht um eine Definition der Tristan-Minne durch das Exkurs-Ideal (vgl. I. Hahn, 1963, S. 195); hier wird vielmehr unabhängig von der Handlung (wie häufiger in den Exkursen) eine Utopie entworfen, die über weite Strecken jedoch nicht weit entfernt ist von höfisch-galanter Causerie, durch die der Autor die Unterhaltungsfunktion seines Romans à la mode zu erfüllen versucht. – Zum Terminus *huote* vgl. W. Hoffmanns Worterklärung, in: Weber, S. 840; außerdem L. Seibold, »Studien über die Huote«, Berlin 1932, bes. S. 89 ff. Ferner s. Anm. zu 12196.

17838 Zu *gespenstige gelange* vgl. Anm. zu 11793.

17858 Nach Ansicht einiger Interpreten setzt hier der eigentliche *huote*-Exkurs ein; vgl. Anm. zu 17817. – Vor dem Hintergrund moraltheologischer und gattungspoetischer Aspekte interpretiert R. Schnell diesen zweiten Minne-Exkurs, der wegen seiner vermeintlichen Befürwortung einer »freien Liebe« und seiner sozialkritischen Implikationen großes Interesse in der Forschung gefunden hat, als »Reihung von gängigen Vorstellungen«, die für die Suche nach revolutionären Äußerungen des Autors »ein denkbar ungeeignetes Betätigungsfeld« darstelle (»Der Frauenexkurs in Gottfrieds Tristan [V. 17858–18114]. Ein kritischer Kommentar«, in: ZfdPh 103, 1984, S. 1 ff.; Zitat S. 25); dazu vgl. auch R. Schnell, »Gottfrieds Tristan und die Institution der Ehe«, in: ZfdPh 101 (1982) S. 334 ff. – Zum *huote*-Exkurs auch K. Ruh, Höfische Epik II (1980), S. 244 ff.

17859 ff. Hier erscheint noch einmal die »Ackerbau-Metapher«, die Gottfried in der Minnebußpredigt (12228 ff.; vgl. Anm. dazu) verwendet hat.

17891 ff. Die folgende Sentenz erinnert an Publilius Syrus (hrsg. von H. Beckby, München 1969, S. 18): *Bonus animus laesus gravius multo irascitur*.

17896 ff. Hier bezieht sich Gottfried wohl auf seine Ovid-Lektüre. In den »Amores« III,4 finden sich ganz ähnliche Gedanken: *Desine, crede mihi, vitia inritare vetando; / Obsequio vinces aptius illa tuo* (III,4 und 11 f.).

17917 ff. Zur folgenden Spruchweisheit vgl. die Sentenz des Publilius Syrus (hrsg. von H. Beckby, München 1969, S. 14): *Amor extorqueri non pote, elabi potest* [sic].

17925 ff. Zu dem folgenden Eva- und Sündenfall-Exkurs und seinen theologischen Voraussetzungen vgl. U. Stökle, Die theologischen Ausdrücke und Wendungen (1915), S. 89 ff.

17943 Mit den *pfaffen* sind wohl die Gelehrten gemeint, die ja durchweg Geistliche waren, da alle Bildung in der Hand der Kirche war; auch in 7697 (vgl. Anm. dazu).

17944 Daß die »verbotene Frucht« eine Feige gewesen sei, ist eine Theorie der rabbinischen Literatur. Gottfried könnte sich hier auf Hugo von St. Victor oder auf den von diesem beeinflußten Petrus Comestor beziehen; vgl. U. Stökle, Die theologischen Ausdrücke und Wendungen (1915), S. 91 ff., und H.-G. Nauen, Religion und Theologie (1947), S. 44.

17962 Solche Wortbildungen nach Eigennamen (vgl. auch *g'îsôtet* in 19006) waren zu Gottfrieds Zeit offenbar gerade en vogue. Vgl. W. Schwarz, Studien (1973), S. 224; über die Funktion des Eva-Vergleichs im *huote*-Exkurs ausführlich ebd., S. 229 ff., sowie bei T. Tomasek (Die Utopie, 1985, bes. S. 187 ff.), der auf die heilsgeschichtlichen Bezüge des Abschnittes verweist.

17968 Zu *natiure* vgl. Anm. zu 11634.

17979 ff. Zum Folgenden vgl. MSD XXVII,2, S. 62, Nr. 90 f.: *Immutando locum non mutant poma saporem, / non mutare ualet innatum femina morem*. Auf biblische Parallelen zur Verkehrung der Natur verweist U. Stökle,

Die theologischen Ausdrücke und Wendungen (1915), S. 44 f. Die Metapher der »Naturunmöglichkeit« heißt in der Stilistik ›Adynaton‹.

18043 f. Vgl. die Sentenz des Publilius Syrus (hrsg. von H. Beckby, München 1969, S. 40): *mulier, quae multis nubit, multis non placet.*

18066 Das *lebende paradîs* als »anthropozentrisches Ideal« ist nach T. Tomasek (Die Utopie, 1985, S. 204) mehr als »eine bloße Metapher für extremes Liebesglück: es hat den Charakter eines gegenwärtig relevanten, historisch-utopischen Fixpunktes«. – J. Wharton, »›Daz lebende paradis‹? A Consideration of the Love of Tristan and Isot in the Light of the ›huote‹ Discourse«, in: A. Stevens / R. Wisbey, Gottfried von Strassburg (1990), S. 143 ff., interpretiert den im *huote*-Diskurs entwickelten, idealen Minnebegriff als Folge einer freiwillig eingegangenen und auf Liebe gegründeten Ehe, die so zwischen Marke und Isolde nicht bestanden habe.

18115 Hier endet der *huote*-Exkurs, und Gottfried leitet unter Verwendung des Schlüsselwortes, das die Abschweifung begründet hatte, wieder auf die eigentliche Erzählung zurück.

18128 Die Zeile ist nicht ganz klar. Möglich ist eine Interpretation, die hier einen Hinweis darauf sieht, daß die *êre* des Paares nun bald dahinschmelzen wird wie Schnee in der Sonne. *ûf* ist aber auch zu übersetzen als ›hinsichtlich‹: »für ihre Ehre war es verderblich, daß die Sonne so heiß schien . . .«.

18163 f. Womöglich basiert diese Stelle auf der mittelalterlichen Etymologie, die lat. *mors* von *morsus*, dem verhängnisvollen Biß in Evas Apfel im Paradies, herleitet; vgl. H. Rolf, »Der Tod in mittelalterlichen deutschen Dichtungen«, München 1974, S. 142. – Hinzuweisen ist auch auf die Parallele zur Minnetrank-Szene: Damals bot Tristan das Elixier Isolde an, sie trank – und trank (wie Brangäne erklärt) den Tod (vgl. 11681 ff.).

18195 ff. Die Entdeckungsszene ist eine der beiden Passagen, zu denen parallele Fragmente der Thomas-Fassung erhalten sind (Thomas, »Les Fragments du Roman de Tristan«, ed. par B. H. Wind, Genf/Paris ²1960). Das sogenannte Cambridger Fragment (S. 31–33) umfaßt 52 Verse und deckt die Gottfried-Verse 18195–305 (also 114 Zeilen) ab. Einen ausführlichen Vergleich der beiden Stücke bieten P. Wapnewski, Tristans Abschied (1964); M. Huby, »L'adaption des Romans courtois en Allemagne au XIIe et au XIIIe siècle«, Paris 1968, S. 442 ff.; sowie K. Bertau, Deutsche Literatur II (1973), S. 923 ff. In der Fassung von Thomas, die in der »Saga« und im »Sir Tristrem« wohl verläßlich wiedergegeben wird, tritt der König zusammen mit dem Zwerg auf, den er, nachdem er die Liebenden entdeckt hat, am Schauplatz zurückläßt, um seine Ratsherren als Zeugen zu holen. Der Zwerg gerät dann aber bei dem anschließenden Gespräch zwischen Tristran und Yseut ganz in Vergessenheit. Gottfried läßt ihn völlig weg, und so entfällt bei ihm auch die zornige Rede Markes, in der dieser seine Absicht erklärt: die Liebenden auf den Scheiterhaufen zu schicken (später spricht er zu seinen Baronen vom *lantreht*, das man an ihnen vollstrecken möge). Nach mittelalterlicher Rechtsauffassung durfte der betrogene Ehemann die bei handhafter Tat ertappten Liebenden sogar auf der Stelle töten; vgl. R. Combridge, Das Recht im ›Tristan‹ (²1964), S. 133 f.

Die psychologische Verfeinerung, die Gottfried seiner Vorlage angedeihen läßt, dokumentiert sich auch in seiner Fassung des Abschiedsgesprächs zwischen Tristan und Isolde. Er ersetzt die panische Ich-Befangenheit, die Tristans Abschiedsworte bei Thomas auszeichnet, durch eine letzt- und abermalige Beschwörung ihrer Gemeinsamkeit. Entscheidender noch als diese Änderung ist jedoch die Aufwertung und Ausweitung, die Gottfried der Isolde-Rede zugesteht, die er nicht nur um das Fünffache amplifiziert, sondern in der er noch einmal die ganze Selbstlosig-

keit und Verinnerlichung dieser exemplarischen Liebe jenseits aller sinnlich-körperlichen Verfallenheit ausdrücken
läßt durch den Mund der Frau, die, wie auch an anderen
Stellen des Romans (etwa beim Ordal-Betrug) als Sachwal-
terin dieser Beziehung vorgestellt wird; vgl. dazu Wapnewski (1964), S. 357 ff.

18195 ff. Die folgende Beschreibung der Umarmung zwischen Tristan und Isolde erinnert an Wolframs Tagelieder,
in denen der Autor mit ähnlicher Detailgenauigkeit schildert, wie die Liebenden sich bei Tagesanbruch vor ihrer
Trennung noch einmal leidenschaftlich umarmen. Vgl.
auch P. Wapnewski, »Die Lyrik Wolframs von Eschenbach«, München 1972, S. 30 f.

18231 Die seelische Erschütterung Markes, bei Thomas
nicht erwähnt, wird bei Gottfried breit ausgemalt. Diese
Beschreibung gipfelt in jenem vielsagenden *swîgende*, dessen beschwerte Hebung ein klassisches Beispiel für die
sinntragende Funktion formaler Äußerlichkeiten in mittelalterlicher Literatur darstellt. »Diesen Mann gibt es fortan
nicht mehr, sein Schweigen ist Ausdruck auch seines Tot-
Seins« (P. Wapnewski, Tristans Abschied, 1964, S. 357).
Auch in der Mehlstreu-Szene war Marke nach der Entdek-
kung der Liebenden vor Entsetzen und Kummer ver-
stummt (15224). – Vergleichbar ist die signifikante Verwendung der beschwerten Hebung durch den Dichter des
»Nibelungenliedes«: Die tiefe Betrübnis von König Gunther wird gleich zweimal durch die metrische Hervorhe-
bung des Wortes *trûrende* unterstrichen (153,2 sowie
647,4). Im zweiten Falle dient dieser formale Kunstgriff
bezeichnenderweise der Betonung von Gunthers Kummer
nach seiner verunglückten Hochzeitsnacht. Vgl. zu dieser
Parallele R. Krohn, »Gunther, Gernot und Giselher«, in
»Die Nibelungen. Bilder von Liebe, Verrat und Unter-
gang«, hrsg. von W. Storch, München 1987, S. 17.

18232 f. Das hergebrachte Recht gestand dem betrogenen
Ehemann bei Entdeckung des ehebrecherischen Paares i

flagranti sofortigen Vollzug der Rache zu. Marke aber schlägt »nicht zu, wie die Alten würden getan und gefordert haben, vielmehr ist er als Repräsentant einer anderen Zeit dem zivilisierenden Gesetz untertan, er holt also Zeugen« – wie P. Wapnewski (1985, Einführung, S. IX) darlegt.

18234 ff. Marke scheut sich, den eigenen Augenschein zuzugeben. Er beruft sich statt dessen auf ein Gerücht. Vgl. R. Combridge, Das Recht im ›Tristan‹ (²1964), S. 131 f.

18250 ff. Brangäne ist in der Thomas-Fassung nicht zugegen. Gottfried führt sie ein und sieht diese Szene, die das äußerliche Ende der Tristan-Isolde-Beziehung markiert, in bezeichnender Verbindung mit der Minnetrank-Episode: Auch damals hatte Brangänes (unverschuldete) Unachtsamkeit die Entwicklung in Gang gesetzt. Brangänes permanente Teilhabe am Minne-Schicksal des Paares wird hier abermals demonstriert.

18286 In dieser Szene wird der Unterschied zwischen der Thomas- und der Gottfried-Fassung besonders deutlich: Bei Thomas zögert Yseut, ihrem Geliebten den Abschiedskuß zu geben (*De li baisier Yseut demore*); Gottfried dagegen berichtet nicht nur von diesem Zögern vor der letzten Umarmung, sondern er versinnlicht Isoldes Reaktion, indem er sie in einer aussagekräftigen Gebärde verdeutlicht. »Dieser eine Vers demonstriert den Unterschied zwischen dem der redet und dem der bildet« (P. Wapnewski, Tristans Abschied, 1964, S. 361; zu dieser Szene S. 360 ff.). K. Bertau (Deutsche Literatur II, 1973, S. 928) weist jedoch darauf hin, daß Isolde keinen Schritt zurücktreten konnte, da sie noch im Bett bei Tristan gelegen habe und von Aufstehen keine Rede gewesen sei: »Die rhetorische Inszenierung hat sich von der epischen Situation ähnlich freigemacht wie das Reden der Figuren von ihren Rollen.«

18335 ff. In den folgenden Zeilen (bis 18350) wird noch einmal die unauflösliche Verschränkung, die selbstvergessende Ineinssetzung, das Mit- und Durcheinander der Liebenden dokumentiert.

18405 ff. Für den nun folgenden zweiten Teil des Romans, von dem Gottfried jedoch nur ein Bruchstück gestaltet hat (zur Vervollständigung vgl. die Thomas-Bearbeitungen sowie die spielmännischen Fassungen) ist durch S. Singer als Vorlage eine Liebesgeschichte des arabischen Dichters Kais ibn Doreidsch nachgewiesen worden, die bis ins Detail (etwa die Rolle des Bruders des Mädchens oder die Namensgleichheit der Frauen) mit dem Tristanstoff übereinstimmt (S. Singer, »Arabische und europäische Poesie im Mittelalter«, Berlin 1915, Abhandlungen der Preußischen Akademie der Wissenschaften, Philosophisch-historische Klasse, 13; auch in: S. S., »Germanisch-Romanisches Mittelalter. Aufsätze und Vorträge«, Zürich 1935, S. 162 ff.).

Die Zustimmung, die Singers Entdeckung in der Forschung gefunden hat, bewog F. R. Schröder dazu, die (bereits 1872 von H. Ethé und 1911 von R. Zenker formulierte) umstrittene These von der Herleitung der Tristan-Sage aus dem persischen Epos »Wîs und Râmîn« erneut und unter Auswertung umfangreichen Materials in die wissenschaftliche Diskussion einzubringen (»Die Tristansage und das persische Epos *Wîs* und *Râmîn*«, in: GRM 42, 1961, S. 1 ff.; dazu vgl. auch die bekräftigende Darstellung von W. Haug, »Die Tristansage und das persische Epos ›Wîs und Râmîn‹«, in: GRM 54, 1973, S. 404 ff.). So auffällig jedoch die Ähnlichkeiten zwischen den morgenländischen Quellen und der »Tristan«-Geschichte sein mögen, so lassen doch einige Abweichungen (vor allem etwa das Fehlen des Liebestrank-Motivs) eine direkte Übernahme durch den Dichter des »Ur-Tristan« als unwahrscheinlich erscheinen. Immerhin wecken die stupenden Parallelen zwischen den Zeugnissen gewichtige Zweifel an der seit G. Schoepperle (Tristan und Isolt, 1913, [2]1960) und F. Ranke (Tristan und Isold, 1925) weitgehend etablierten Überzeugung von dem überwiegend, wo nicht gar rein keltischer Ursprung der Tristansage. – Zur Frage der orientalischer

Quellen vgl. auch den Forschungsbericht von R. Picozzi
(1971), S. 47 f., sowie die skeptischen Ausführungen bei G.
Weber / W. Hoffmann, Gottfried von Straßburg (1981),
S. 35 f.

18431 Tristan folgte mit seiner Flucht Isoldes Bitte
(18334 ff.), mit seinem Leben das ihre (und umgekehrt) zu
bewahren.

18437 F. Ranke (»Die Überlieferung von Gottfrieds Tristan«, in: ZfdA 55, 1917, S. 438) bemerkt zur Stelle: »der
vers faßt echt gottfriedisch das 18425 ff. ausgeführte wortspiel vom doppelten tode zur kurzen formel zusammen:
›so ward er durch zweierlei tod bedrängt‹.« Marold, Golther und Ganz/Bechstein folgen der Lesart der Hs. M, die
hier – wie auch an anderen Stellen (vgl. K. Herold, Der
Münchner Tristan, 1911, S. 54 ff.) – Gottfrieds Wortspiel
verfälscht und der sich die Hs. F anschließt.

18445 ff. Vielleicht eine Anspielung auf die Auseinandersetzungen zur Zeit des Doppelkönigtums in Deutschland. D.
Buschinger vermutet, daß Gottfried hier – in Übereinstimmung mit seiner Straßburger Zielgruppe – die (staufische)
Partei Philipps ergreift und den Stoff damit für sein Publikum mit aktualisierenden Untertönen versieht. Das würde
freilich bedeuten, daß der »Tristan« vor dem Tode Philipps
(1208) geschrieben sein müsse. Überdies setzt eine solche
Auslegung eine sehr frühe Datierung des Werkes voraus,
zumal sich die fragliche Stelle im letzten Teil des Fragments
findet. Vgl. D. Buschinger, »Gottfried von Strassburg,
adapteur de Thomas de Bretagne (vers 18443–454 et
15765–16402)«, in: D. B. (Hrsg.), La Légende de Tristan
(1982), S. 167 ff. Zu diesem Verfahren vgl. auch Anm. zu
5873.

18458 Wieder beweist Gottfried geringes Interesse an der
Schilderung ritterlicher Vorgänge. G.-D. Peschel, Prolog-
Programm (1976), S. 166, vermutet hier »eine besondere
Form des Unsagbarkeitstopos, in der der Autor seine Fä-
higkeit nicht durch Beteuerung seiner Unfähigkeit, son-

dern seiner Unlust betont«. Des Dichters Abneigung gegenüber den gar zu grellen Effekten der üblichen Ritterdichtung ist jedoch wohl grundsätzlicher, als eine bloße
rhetorische Attitüde es glauben machen kann. Gottfrieds
Einstellung hatte sich auch schon an anderen Stellen (vgl.
Anm. zu 5054) gezeigt.

18596 In der hier zum Ausdruck kommenden Uneigennüt-
zigkeit der liebenden Isolde sieht A. Wolf, Gottfried von
Straßburg (1989), eine »Entsprechung zur Absolutheit der
Liebe Heloisens« (S. 250).

18648 Zum Reflexivpronomen *sich* als personalem Objekt,
das identisch ist mit dem Subjekt des Satzes, vgl. Mhd.
Gramm., § 277, S. 338.

18673 Sie boten ihm also außer ihren Diensten und ihrer
Habe auch Unterkunft in ihren eigenen Wohnungen – eine
Geste besonderer Verbundenheit.

18681 f. Vgl. dazu das »Unmutslied« Hartmanns von Aue:
Hartman, gên wir schouwen, / ritterlîche vrouwen (MF
216,31 f.).

18688 Arundel ist eine Stadt in der südenglischen Grafschaft
Sussex. Daß Gottfried den Ort zwischen die Bretagne und
England verlegt, zeugt von seiner »geographischen Unbefangenheit« (vgl. Hertz, S. 553 f.). »Saga« und »Sir Tristrem« haben den Namen nicht, und auch in den spielmännischen »Tristan«-Bearbeitungen kommt er nicht vor.

18689 Arundel in Sussex liegt in Wirklichkeit etwa 10 km
landeinwärts.

18709 An anderer Stelle nennt Gottfried das Mädchen *diu
mit den wîzen handen* (18957 u. ö.) und übersetzt damit
den französischen Namen, den er wohl von Thomas (Fragment Douce 113: *Ysolt as Blanches Mains*; Turiner Fragment 176: *Ysolt as blansdoiz* ›die Weißfingrige‹) übernommen hat. Auch Gottfrieds Fortsetzer haben diesen Namen
In der »Saga« heißt das Mädchen stets *Isodd* (im Gegensatz
zur Königin *Isond*), während der »Sir Tristrem« sie *Ysonde
with the white hand* nennt. Eilhart spricht nur von *Tri*

strandes wîp (zur Unterscheidung von *koning Marken wîp*). Über die Verbreitung des Namens sowie zu den Legenden, die sich um ihn ranken, vgl. Hertz, S. 554 ff.

18710 Den Namen hat Gottfried ebenfalls von Thomas, wobei *li frains* wohl eine entstellte Form von afrz. *li frans* ›der Freie, der Edle‹ (von mlat. *francus*; ein verbreitetes Epitheton in der altfranzösischen Dichtung) ist. Zur Verbreitung und Abwandlung des Namens vgl. Hertz, S. 556 f.

18711 In der Thomas-Gruppe ist der Name nicht bekannt; dort wird er nur nach seinem Titel (Thomas: *li dux de Bretaigne*) benannt. Bei Eilhart allerdings heißt er *Havelîn*; vgl. Hertz, S. 557. Bei Geoffrey von Monmouth (»Historia Regum Britanniae« V,8) erscheint ein keltischer Name *Ioelinus, Iobelinus*. P. Ganz vermutet (Ganz/Bechstein II, S. 373): »vielleicht walisisch *Llywelyn*«.

18713 *Karsîe* heißt die Herzogin nur bei Gottfried und seinem Fortsetzer Heinrich von Freiberg.

18724 In der Thomas-Gruppe wird der Name des Schlosses nicht genannt. Bei Eilhart heißt es *Karahes*. Hertz vermutet hinter der Angabe die bretonische Bergstadt Carhaix (S. 558 f.). P. Ganz (Ganz/Bechstein II, S. 374) verweist auf *Kaercarrei* bei Geoffrey von Monmouth (»Historia Regum Britanniae« VI,11).

18732 *Occêne* (von mlat. *occeanus*, afrz. *occeane*) ist nur bei Gottfried belegt. Erst im 16. Jh. führen die Humanisten die klassische Form *oceanus* ein, die im 17. Jh. auf ›Ozean‹ verkürzt wird (s. Kluge/Mitzka, S. 527). Vgl. auch Hertz, S. 559.

18777 Raub und Brand gehören als Kampfmittel der Plünderung und Verwüstung zur mittelalterlichen Kriegführung (vgl. auch in 394). Das Begriffspaar erscheint in zahlreichen chronikalischen wie literarischen Zeugnissen. Über »Fehdeübung und Fehderecht« vgl. O. Brunner, »Land und Herrschaft. Grundfragen der territorialen Verfassungsgeschichte Österreichs im Mittelalter«, Wien [5]1965,

S. 41 ff. (über »Raub und Brand« S. 80 ff., mit reichem Belegmaterial).

18790 *covertiure* (›Pferdedecke‹; vgl. Anm. zu 4580) steht hier als pars pro toto für ein Ritterheer. Vgl. auch den Begriff ›Livree‹ als Bezeichnung für den, der sie trägt (Chauffeur, Liftboy).

18837 Marold, Golther und Ganz/Bechstein haben (mit den Hss. FWRP) *offenlîcher*. Ranke folgt seinem Editionsprinzip und übernimmt die Lesart der Hss. MHE.

18838 Der Name setzt sich zusammen aus afrz. *Rogier* und der Herkunftsbezeichnung (von afrz. *doleis* nach der Landschaft Dolde-Bretagne). Diese Figur tritt (im Gegensatz zu den beiden anderen) in keiner anderen Bearbeitung auf.

18839 Hinter Nautenis könnte sich *Naupateniß* aus Eilharts »Tristrant« (zuerst 5986; danach öfter in abgewandelten Namensformen) verbergen. *Hante* entspricht wohl dem heutigen ›Hampshire‹, dessen Abkürzung ›Hants.‹ noch heute an die alte Form erinnert. Vgl. Hertz, S. 560.

18840 Bei Eilhart (»Tristrant« 5542 u. ö.) gibt es einen Grafen *Rjôl von Mantiß* (oder *Ryole von Nantiß*), den Gottfried hier übernommen hat. *Rigolîn* ist ein keltischer Name; *Nante* bezeichnet das heutige ›Nantes‹. Vgl. Hertz, S. 559.

18879 ff. Zu diesen Kampfrufen, in denen die Streitenden sich und ihre Partei bzw. ihr Land zu erkennen geben, vgl. Anm. zu 9165.

18891 Hier steht der Eber als Sinnbild für besondere Kampfeswut; vgl. Anm. zu 4942.

18913 *enschumpfieren* (afrz. *desconfire*, *esconfire*) hängt mit *schunfentiure* (vgl. Anm. zu 5609) zusammen.

18958 Zum theologischen Gebrauch der Blumen-Metapher vgl. U. Stökle, Die theologischen Ausdrücke und Wendungen (1915), S. 35, der an die *flos campi* des Hohenliede (2,1) erinnert. Mit *bluome* wird in der mhd. Literatur häufig ›das erste, das beste‹ (BMZ I.216[b]; dort zahlreiche Belege) ausgedrückt. Dabei beschränkt sich der Gebrauch dieses Bildes nicht allein auf die Beschreibung von Frauenschönheit; vgl. *er bluome an mannes schoene* (»Parzival« 39,22).

18994 ff. Zu Tristans sophistischen Reflexionen über die Namensgleichheit der beiden Isolden, die den Autor auf der Höhe seiner sprachlich-stilistischen Brillanz zeigen, vgl. W. Christ, Rhetorik und Roman (1977), S. 128 ff. und 144 ff., der diese Stelle zum Anlaß nimmt, einen Exkurs über »Gottfried und die Sprache« einzufügen (S. 130 ff.). Zu der Passage auch (unter dem programmatischen Titel »Tristan gegen Tristan«) A. Wolf, Gottfried von Straßburg (1989), S. 250 ff. – Einen ähnlich ausführlichen Monolog Tristans über die Namensverwirrung haben weder die »Saga« noch der »Sir Tristrem«. Bei Eilhart allerdings sagt Tristrant: »*Ysalden hon ich verlorn, / Ysalden hab ich wider funden*« (5690 f.). Vgl. auch Anm. zu 18405 und 19011. – Zu der gesamten Episode s. S. Ries, »Erkennen und Verkennen in Gottfrieds Tristan mit besonderer Berücksichtigung der Isold-Weißhand-Episode«, in: ZfdA 109 (1980) S. 316 ff.

19006 *g'îsôtet* ist eine Gottfriedsche Bildung, mit der er dem Zeitgeschmack entsprach; vgl. Anm. zu 17962.

19011 Das Spiel mit dem Namensgleichklang erinnert an Ovid (»Remedia Amoris« 475), wo sich Agamemnon über den Verlust seiner Geliebten Chryseis hinwegtröstet mit der Namensähnlichkeit seiner neuen (Briseis); vgl. W. Hoffa, Antike Elemente (1910), S. 345 f.

9045 *viuwerniuwen* ist eine Wortschöpfung Gottfrieds und nur hier belegt.

9093 *bekliben* heißt ›Wurzel fassen, haften bleiben‹; wörtlich wäre etwa zu übersetzen: »wenn sie sich in seinem Herzen festsetzte«.

9127 Hier geht es gar um ein doppeltes Erbe: das der Eltern in der Vorgeschichte und das aus der Beziehung mit der blonden Isolde.

19164 Die beschwerte Hebung auf der ersten Silbe des
Namens und auf dem Adjektiv *irre* unterstreicht mit formalen Mitteln, die im klassischen Mhd. stets auch inhaltliche Funktion haben, die innere Zerrissenheit und Verwirrung des Helden.

19179 Zu *erbeminne* vgl. die Anm. zu 19127.

19201 Die nach mittelalterlichem Zeugnis angeblich von Tristan verfaßten und vertonten Lais sind aufgeführt bei J.
Maillard, »Problèmes musicaux et littéraires du Lai«, in:
»Quadrivium« 2 (1958) S. 32 ff., bes. S. 35 und 42. Vgl.
auch Hertz, S. 560 f. – Über die ganze Musizier-Szene in
Karke handelt L. Gnaedinger, Musik und Minne (1967),
S. 89 ff. – P. K. Stein, Die Musik (1980), S. 616 ff., weist
darauf hin, daß Tristan hier erstmals ohne konkrete, eigen-
nützige Absicht musiziert und »nun, in konsequenter Verfolgung der Entwicklung der ohnmächtigen Macht der
Musik, deren Opfer« (S. 620) wird. Das folgenschwere
Mißverständnis, das sein Gesang auslöst, entsteht dadurch,
daß die Musik, eben weil sie nicht mehr kalkuliert ist, alle
und alles verwirrt und »zur Dienerin des einzig Konsequenten und Erfolgreichen in diesem Roman [wird], der
epischen Faktizität und Fatalität« (ebd.).

19213 ff. Im Turiner Fragment der Thomas-Fassung heißt es
über die blonde Isolde: *La bele raine, sa amie, / En cui est sa
mort e sa vie* (121 f.). – *drûe* (von afrz. *drue*) ist bedeu-
tungsgleich mit *amie*, das hier französisch ausgesprochen
wird (mit einsilbiger Endung).

19249 *zwîvel*, das bisher vor allem auf König Marke angewendet worden war, erscheint hier plötzlich im Zusammenhang mit Tristans Zerrissenheit; vgl. auch *zwîvelnôt* in
19352.

19354 ff. Zur Schiffahrtsmetapher vgl. Anm. zu 8105.

19361 Hier wird womöglich auf das Sprichwort von der
blindmachenden Minne angespielt; vgl. Anm. zu 15166.

19416 Dreimal bereits hatte Tristan sich unsicher gezeigt
(19167 ff., 19246 ff. und 19353 ff.). Daß dieser vierte Ver-

such Isoldes erfolgreich ist, zeigt der Fortgang der Handlung bei Thomas, dessen Fassung an dieser Stelle wieder bezeugt ist: Tristan und Isolde heiraten. Gottfrieds Werk freilich bricht vorher ab.

19424 ff. Der gesamte Schlußmonolog Tristans (von G. Ehrismann in dessen »Geschichte der deutschen Literatur bis zum Ausgang des Mittelalters«, Bd. 2,1, München 1927, S. 306, treffend-wortspielerisch »Entschlußmonolog« genannt) ist auch in der Thomas-Fassung (Fragment Sneyd[1]) überliefert. Abermals hat Gottfried gegenüber seiner Vorlage erweitert. Anders aber als in der Baumgartenszene (18195 ff.; vgl. Anm. dazu) gibt es hier wenig Gelegenheit zu einschneidenden Veränderungen. In einer kasuistisch distinguierenden Betrachtung, die weniger der Lösungssuche als vielmehr der Rechtfertigung dient, rationalisiert Tristan seine Entfremdung von der fernen blonden Isolde und gewinnt daraus seine Legitimation für seine Hinwendung zu der anderen, der präsenten Frau. P. W. Tax, Wort, Sinnbild, Zahl (1961), S. 164, sieht den Helden hier auf dem Tiefpunkt seiner Moral, die sich kaum mehr unterscheidet von der kleinlichen, unwürdigen Haltung Markes. Tatsächlich wirken die Argumente, die Tristan für sich selber vorbringt, recht fadenscheinig.

Auch W. Christ (Rhetorik und Roman, 1977, S. 118 ff.) weist, nachdem er die Diskussion um die literarische *remedia*-Topik im Prolog (vgl. Anm. zu 41 und 81) noch einmal in Erinnerung gerufen hat, auf den Widerspruch hin zwischen der am Anfang des Romans formulierten Theorie einerseits und Tristans tatsächlichem Verhalten in der Fremde andererseits. Während nämlich Gottfried im Prolog die Ratschläge Ovids ablehnt (vgl. 101 ff. und Anm. zu 81 ff.), scheint er ihm hier durchaus zu folgen (vgl. nächste Anm.). – Zum Vergleich des Tristan-Monologs bei Gottfried und bei Thomas vgl. die Arbeit von M. Heimerle, Gottfried und Thomas (1942), S. 156 ff., sowie G.-D. Peschel, Prolog-Programm (1976), S. 190 ff.

19432 ff. Hier spielt der Dichter auf Ovid-Lektüre an (»Remedia Amoris« 444 ff.):

> *Alterius vires subtrahit alter amor:*
> *Grandia per multos tenuantur flumina rivos,*
> *Cassaque seducto stipite flamma perit.*

Die Gründe, aus denen Tristan hier auf diese ovidische Lehre zur Lösung seiner Liebeswirrnis verfällt, sind nur zu durchsichtig. Bei Thomas fehlt dieses Detail an dieser Stelle; Gottfried hat es zur psychologischen Vertiefung eingeführt. Vgl. Hertz, S. 501 f., der über die Verbreitung des Ovid-Lehrsatzes in der mittelalterlichen Literatur handelt.

19464 *triurelôs* ist eine Gottfriedsche Bildung, die mit der Etymologie von »Tristan« (von *triste*) spielt.

19516 Zu dem Motiv der Suche vgl. F. Ohly, »Die Suche in Dichtungen des Mittelalters«, in: ZfdA 94 (1965) S. 179 ff., bes. S. 181.

19544 M. Heimerle (Gottfried und Thomas, 1942, S. 159 f.) weist darauf hin, daß die entsprechende Zeile bei Thomas den Anfang von Tristans Klage bilde, bei Gottfried jedoch den Zielpunkt seines Monologs darstelle. Der Satz, in dem Tristan seinen endgültigen Standpunkt formuliere, mache »jetzt das Getrenntsein von Isolde zu einem Akt unfreiwillig-freiwilligen Willensentschlusses« (S. 159). Damit allerdings sei eine Fortsetzung des Romans im Sinne der Stofftradition ausgeschlossen. Heimerle hält das Ende von Gottfrieds »Tristan« für beabsichtigt; vgl. Anm. zu 19548.

19548 Die Hss. FBNP überliefern im Anschluß an diese letzte Zeile noch die folgenden Verse:

> *ich alte in wunderlicher chlage*
> *mine iare vnd mine tage*

Die (Wiener) Hs. W (aus dem 14. Jh.), die als einzige der »vollständigen« Hss. auf eine Fortsetzung des Gottfried

Fragments verzichtet, trägt an dieser Stelle (von späterer
Hand) den resümierenden, moralisierenden Zusatz:

> *nieman herren gelóben sol*
> *wan si sint aller vntrúwe vol*
> *dar an gedenket schóne wip*
> *vñ lant iu túre sin ïwern lip*
> *ich ratez schónen frówen iuch*
> *vil minncliche frowe vlivch*
> *manne vñ herren heinlichkeit*
> *si bringet niht wan herzeleit*
> *diz sage ich schoenen wiben*
> *die swarzen lan ich beliben*   (Nach Marold, S. 271.)

Die Frage, wie Gottfried seinen Roman, hätte er ihn zu
Ende schreiben können (oder wollen), weitererzählt haben
würde, hat die Forschung zu einer Reihe von Spekulationen veranlaßt, die hier nicht alle aufgeführt und referiert
werden können (vgl. dazu die Zusammenfassung der Diskussion bei R. Dietz, Der ›Tristan‹ Gottfrieds, 1974,
S. 223 ff.). So einig sich die Interpreten einerseits darüber
sind, daß das Werk an einer entscheidenden Stelle abbricht,
so wenig haben sie doch andererseits Übereinkunft darüber
erzielen können, welche Konsequenzen der Autor aus seinen gewichtigen Änderungen und Umakzentuierungen
hätte ziehen müssen oder können. Die Ansichten reichen
da von der These, dieses Fragment sei tatsächlich gar keines, sondern »vollendete Dichtung«, und es dürfte »als
ausgeschlossen gelten, daß Gottfried den Tristanroman –
wie man meint – bis zum Ende habe nacherzählen wollen«
(B. Mergell, Tristan und Isolde, 1949, S. 188), bis hin zu
der Überzeugung, die Handlung wäre genauso weiter ver-
laufen wie in der Vorlage – eine Ansicht, die von den meisten Forschern vertreten wird, die aber gerne übersieht,
daß die psychologische Vertiefung des inneren Geschehens
im Roman, Tristans moralische Demontage gegen Ende
und die bewußte Spiritualisierung der Minne-Konzeption

bei Gottfried sein Werk von der Thomas-Fassung deutlich
abgesetzt haben und daß deswegen der Gedanke an eine
neuerliche Liebeseinheit zwischen Tristan und der blonden
Isolde, die die vergangenen, sorgfältig ausgestalteten Entwicklungen einfach ignoriert, und an den schließlichen,
verklärenden Liebestod ein wenig gewaltsam erscheint. In
seiner »Einführung« zu Autor und Werk weist P. Wapnewski (1985) darauf hin, daß der fehlende dritte Teil der
Geschichte »in sich eine Widerlegung der ersten beiden
Teile« darstellt: »So mag es denn seinen guten Grund haben, wenn als Fragment in die Öffentlichkeit trat, was sich
recht eigentlich als Torso erweist. Als Vollendung in der
Versehrung, als vollkommen in der Brüchigkeit des weiter-
weisenden, des über sich hinausweisenden Defektes«
(S. V).
M. Heimerle kommt in ihrer Untersuchung (Gottfried und
Thomas, 1942) zu dem radikalen Ergebnis, daß Gottfried
durch seine Darstellung den beiden Hauptgestalten die
durch Thomas überlieferten Geschehnisse des zweiten Tei-
les versperrt habe (S. 162; vgl. auch Anm. zu 19544). F.
Neumann (Warum brach Gottfried den Tristan ab?, 1963,
S. 205 ff.) wägt die Arbeiten von Mergell und Heimerle, die
beide – wenn auch mit abweichenden Gründen – die These
von dem gewollten Ende des »Tristan« zu stützen suchen,
gegeneinander ab. Er wendet sich gegen eine Deutung, die
zu stark mit einer modernen Vorstellung von psychologischer »Entwicklung« operiert, und kommt schließlich zu
der Überzeugung, Gottfried habe trotz aller Änderungen
gegenüber Thomas durchaus den Roman beenden können,
er sei indessen »durch ein uns unbekanntes Geschick, also
wohl durch einen raschen Tod, daran verhindert worden«
(S. 215).
Gottfried mag gemerkt haben, daß er mit seiner modifizie-
renden Darstellung immer mehr von dem Wege abdriftete,
den ihm die Tradition und Thomas vorgezeichnet hatten
und die Vermutung liegt nahe, daß er seinen Roman be

wußt abgebrochen hat – nicht weil er ihn für vollendet
hielt, sondern weil er die Unvereinbarkeit seines eigenen
schöpferischen Wollens mit der literarischen Konvention,
wie sie sich in dem Stoff verdinglicht hatte, erkennen mußte (vgl. zu dieser Theorie auch J. Schwietering, »Die deutsche Dichtung des Mittelalters«, Darmstadt 1957, S. 186,
der freilich von einem etwas anderen Ansatz her zu dieser
Lösung kommt). Zu solchen Diskrepanzen zwischen den
Vorstellungen eines Bearbeiters und den Forderungen seiner Vorlage kam es bekanntlich auch im Falle von Wolframs von Eschenbach »Willehalm«, der – nach der Meinung einiger Interpreten – gleichfalls Fragment blieb, weil
dem Dichter (durch die drastische Ausweitung und Aufwertung der Rennewart-Handlung) der Stoff immer mehr
entglitten war und er keine Möglichkeit mehr sah, das
Werk im Sinne der verbindlichen Tradition abzuschlie-
ßen.
Zudem verstieß der Tristan-Stoff, dessen moralische wie
gesellschaftliche Sprengkraft schon in seiner überlieferten
Fassung beträchtlich war, in der verschärften Bearbeitung
Gottfrieds so eklatant gegen geltende Normen und Vorstellungen, daß womöglich auch dieser Widerspruch eine
Fortsetzung des Werkes zunächst verhindert hat. Der Autor hat eine Version des Romans geschrieben, die sowohl
mit den Vorgaben seiner Quelle als auch mit den Gesetzen
und Übereinkünften seiner Zeit zu kollidieren drohte.
Als gesichert darf gelten, daß Gottfried sein Werk vor der
Vollendung abgebrochen und also nicht als abgeschlossen
betrachtet hat. Für den unabsichtlichen Fragment-Charak-
ter des Romans spricht neben einer Reihe von inneren
Gründen vor allem die Tatsache, daß die umarmende Ini-
tialenreihe des gliedernden Akrostichons mit den ineinander verschlungenen Buchstaben T–R–I–S und I–S–O–L ein
vorzeitiges Ende findet (vgl. J. H. Scholte, Gottfrieds Initialenspiel, 1942).
Ob Gottfried seinen Plan für endgültig gescheitert hielt

oder ob der Tod ihn an einer späteren Wiederaufnahme
seiner – nur vorläufig unterbrochenen – Arbeit am »Tristan« hinderte (wie die Einleitung seines ersten Fortsetzers
Ulrich von Türheim:

> owê der herzelîchen klage,
> daz im der tôt sine lebende tage
> leider ê der zît zebrach,
> daz er diz buoch niht vollesprach

[hrsg. von T. Kerth, Tübingen 1979, V. 15–19] angedeutet
– wenn wir sie nicht dahingehend verstehen wollen, daß
der Tod dem Dichter mitten in der Arbeit »die Feder aus
der Hand genommen« habe): diese Frage ist eindeutig nicht
zu beantworten.

Von solchen Skrupeln, die den Autor zum Abbruch des
Werkes genötigt hatten, wußten seine beiden »Vollender«,
Ulrich von Türheim und Heinrich von Freiberg, sich frei.
Sie führten Gottfrieds Roman zum traditionell vorgezeich-
neten Ende – als wär's kein Stück von ihm.

Traditionell vorgezeichnet – das bedeutet hier jedoch
nicht, daß die Fortsetzer sich bei ihren Roman-Schlüssen
an die *version courtoise* der Thomas-Gruppe gehalten hätten. Der Publikumsgeschmack wandte sich offenbar schon
bald nach Gottfrieds Tod wieder den grelleren Farben und
dem deutlicheren Unterhaltungswert der spielmännischen
Tradition zu. Sowohl Ulrich als auch Heinrich stützten
sich bei ihren Versuchen auf Eilharts Bearbeitungen, die
dann ja auch später noch im »Prosa-Tristan« (von 1484) zu
großer Verbreitung gelangten. In dieser gröberen Fassung
waren die Widersprüche zwischen den Ansprüchen des
Autors und dem Erwartungs- und Erfahrungshorizont seines Publikums nicht so brisant wie bei Gottfried. Beide
Fortsetzer bemühten sich um eine harmonisierende, mil-
dernde Umdeutung ihrer Vorlage, die deren unkonventio-
nelle, widersetzliche Tendenz aufzuheben trachtete und
die – ganz im Sinne der herrschenden christlich-religiösen

sowie der einsetzenden frühbürgerlichen Moralvorstellungen – den abschließenden Tod der Liebenden implizite als angemessene, gottgegebene Strafe für deren sündiges Leben interpretierte. Zu den »Mißverständnissen« und Änderungen, die Gottfrieds Torso bei seinen Vollendern widerfuhren, vgl. W. Golther »Tristan und Isolde in den Dichtungen des Mittelalters und der neuen Zeit« Leipzig 1907, S. 87 ff., sowie P. Strohschneider, »Gotfrit-Fortsetzungen. Tristans Ende im 13. Jahrhundert und die Möglichkeiten nachklassischer Epik«, in: DVjs 65 (1991) S. 70 ff. (unter Einbeziehung des im 13. Jh. entstandenen, anonymen Romans »Tristan als Mönch«); außerdem W. Spiewok, Zur ›Tristan‹-Rezeption (1963); B. Wachinger, Zur Rezeption Gottfrieds (1975); H. Kuhn, Bemerkungen zur Rezeption (1976); A. R. Deighton, »Studies in the Reception of the Works of Gottfried von Strassburg in Germany During the Middle Ages«, Diss. [masch.] Oxford 1979; D. Buschinger, »Zur Rezeption des Tristan-Stoffes in der deutschen Literatur des Mittelalters nach 1250«, in: »Sammlung – Deutung – Wertung. Ergebnisse, Probleme, Tendenzen und Perspektiven philologischer Arbeit. Festschrift für W. Spiewok«, hrsg. von D. Buschinger, o. O. [Stuttgart] 1988, S. 39 ff. – Zur Stoff- und Motivgeschichte vgl. den Forschungsbericht von B. M. Langmeier (1978). Die »Tristan«-Hss. MHBNRS überliefern die knappe, 3728 Verse umfassende Fortsetzung Ulrichs von Türheim. Sie entstand, angeregt durch den Schenken Konrad von Winterstetten, um 1235–43 und bleibt künstlerisch-formal wie auch gedanklich weit unter dem Niveau von Gottfrieds Dichtung. Zum Vergleich der beiden Fassungen siehe G. Meissburger, Tristan und Isold mit den weißen Händen (1954), sowie K. Grubmüller, »Probleme einer Fortsetzung. Anmerkungen zu Ulrichs von Türheim ›Tristan‹-Schluß«, in: ZfdA 114 (1985) S. 338 ff. Der Text Ulrichs wurde kritisch hrsg. von T. Kerth, Tübingen 1979 (ATB 89); außerdem im Anhang zu der (an der Heidelberger Hs.

H orientierten) »Tristan«-Ausgabe von Spiewok (1989),
S. 271 ff.

Die Fortsetzung durch Heinrich von Freiberg, um 1290 im
Auftrag des böhmischen Adligen Reimund von Lichten-
berg entstanden, fußt nicht nur auf Eilhart, sondern auch
auf Ulrichs Bearbeitung. Heinrich, dessen »Tristan«-
Schluß mit 6890 Versen erheblich umfangreicher ist als der
Ulrichs, ist seinem Vorgänger auch formal deutlich überlegen. In seinem Werk wird zudem ein starker geistlicher
Einfluß spürbar. Bezeichnenderweise endet sein »Tristan«-Schluß, der in den Hss. FOE überliefert ist, mit einem dreimaligen *Amen*. Vgl. dazu M. Sedlmeyer, »Heinrichs von Freiberg Tristanfortsetzung im Vergleich zu anderen Tristandichtungen«, Bern / Frankfurt a. M. 1976
(Europäische Hochschulschriften I/159). Der Text Heinrichs wurde hrsg. von A. Berndt, Halle 1906, Nachdr.
Hildesheim 1978.

Abkürzungen

AfdA	Anzeiger für deutsches Altertum und deutsche Literatur
afrz.	altfranzösisch
ahd.	althochdeutsch
Anm.	Anmerkung
ATB	Altdeutsche Textbibliothek
Beitr.	Beiträge zur Geschichte der deutschen Sprache und Literatur ([seit Jg. 1955] T = Tübingen; H = Halle)
BMZ	Mittelhochdeutsches Wörterbuch mit Benutzung des Nachlasses von G. F. Benecke. Ausgearb. von W. Müller und G. Zarncke. 4 Bde. Leipzig 1854–66. Neudr. Hildesheim 1963.
CB	Carmina Burana (vgl. unter »Texte«)
Dalby	D. Dalby: Lexicon of the mediaeval German Hunt. A Lexicon of Middle High German terms (1050–1500), associated with the Chase, Hunting with Bows, Falconry, Trapping and Fowling. Berlin 1965.
Diss.	Dissertation
DVjs.	Deutsche Vierteljahrsschrift für Literaturwissenschaft und Geistesgeschichte
DWb.	Jacob und Wilhelm Grimm: Deutsches Wörterbuch. 32 Bde. Leipzig 1854–1960. Nachdr. München 1984.
ed.	editor, edited (Herausgeber, herausgegeben)
engl.	englisch
Euph.	Euphorion. Zeitschrift für Literaturgeschichte
fränk.	fränkisch
frz.	französisch
GA	Gesammtabenteuer. Hundert altdeutsche Erzählungen. Hrsg. von F. H. von der Hagen. Bd. 1–3. Stuttgart/Tübingen 1850. Nachdr. Darmstadt 1961.
GAG	Göppinger Arbeiten zur Germanistik
germ.	germanisch
got.	gotisch
GRM	Germanisch-Romanische Monatsschrift
HDA	Handwörterbuch des deutschen Aberglaubens. Hrsg. von H. Bächtold-Stäubli unter Mitwirkung

	von E. Hoffmann-Krayer. 10 Bde. Berlin / Leipzig 1927–42. Nachdr. Berlin / New York 1987.
HRG	Handwörterbuch zur deutschen Rechtsgeschichte. Hrsg. von A. Erler und E. Kaufmann. Bd. 1 ff. Berlin 1964 ff.
Hrsg., hrsg.	Herausgeber, herausgegeben
Hs(s).	Handschrift(en)
Jh.	Jahrhundert
kelt.	keltisch
Kluge/Mitzka	F. Kluge: Etymologisches Wörterbuch der deutschen Sprache. 21. Aufl. bearb. von W. Mitzka. Berlin 1975.
lat.	lateinisch
Lexer	Matthias Lexer: Mittelhochdeutsches Handwörterbuch. 3 Bde. Leipzig 1872–78. Nachdr. Stuttgart 1970.
LdMA	Lexikon des Mittelalters. Bd. 1 ff. München 1980 ff.
Maurer/Rupp	F. Maurer / H. Rupp: Deutsche Wortgeschichte. Bd. 1. 3., neubearb. Aufl. Berlin / New York 1974.
MF	Des Minnesangs Frühling (vgl. unter »Texte«)
MGG	Die Musik in Geschichte und Gegenwart. Hrsg. von F. Blume [u. a.]. 16 Bde. Kassel 1949–76. Nachdr. München 1989.
mhd.	mittelhochdeutsch
Mhd. Gramm.	H. Paul / H. Moser / I. Schröbler / S. Grosse: Mittelhochdeutsche Grammatik. Tübingen ^{22}1982.
mlat.	mittellateinisch
MLN	Modern Language Notes
Monatshefte	Monatshefte für deutschen Unterricht, deutsche Sprache und Literatur
MSD	Denkmäler deutscher Poesie und Prosa aus dem 8.–12. Jahrhundert. Hrsg. von K. Müllenhoff und W. Scherer. 3. Ausg. von E. Steinmeyer. Berlin 1892. Nachdr. Berlin/Zürich 1964.
Neophil.	Neophilologus
NGA	Neues Gesamtabenteuer. Hrsg. von H. Niewöhner und W. Simon. Dublin/Zürich 1967.
PMLA	Publications of the Modern Language Association of America
Tristania	Tristania. A journal devoted to Tristan studies
VL	Die deutsche Literatur des Mittelalters. Verfasserle-

xikon. Unter Mitarb. zahlreicher Fachgenossen hrsg. von W. Stammler und K. Langosch. 5 Bde. Berlin ¹1933–55. 2. Aufl. Hrsg. von Kurt Ruh [u. a.]. Bd. 1 ff. 1978 ff.

WW	Wirkendes Wort
ZfdA	Zeitschrift für deutsches Altertum und deutsche Literatur
ZfdPh	Zeitschrift für deutsche Philologie
ZfdW	Zeitschrift für deutsche Wortforschung
ZfrPh	Zeitschrift für romanische Philologie

Texte

Carmina Burana. Hrsg. von Alfons Hilka und Otto Schumann. 4 Bde. Heidelberg 1930–70.

Eilhart von Oberg: Tristrant. Edition diplomatique des manuscrits et traduction en français moderne avec introduction, notes et index par Danielle Buschinger. Göppingen 1976. (GAG 202.)

Hartmann von Aue: Erec. Hrsg. von Albert Leitzmann. 3. Aufl. bes. von Ludwig Wolff. Tübingen 1963. (ATB 2.)

Hartmann von Aue: Gregorius. Hrsg. von Hermann Paul. 12. Aufl. bes. von Ludwig Wolff. Tübingen 1973. (ATB 2.)

Hartmann von Aue: Iwein. Hrsg. von Georg Friedrich Benecke und Karl Lachmann. Neu bearb. von L. Wolff. Berlin 1968.

Heinrich von Veldeke: Eneasroman. Nach dem Text von Ludwig Ettmüller ins Neuhochdeutsche übers., mit einem Stellenkomm. und einem Nachw. von Dieter Kartschoke. Stuttgart 1986. (Reclams Universal-Bibliothek. 8303.)

Des Minnesangs Frühling. Unter Benutzung der Ausgaben von Karl Lachmann und Moriz Haupt, Friedrich Vogt und Carl von Kraus bearb. von Hugo Moser und Helmut Tervooren. 36., neugest. und erw. Aufl. Bd. 1: Texte. Stuttgart 1977. [Meine Zitierweise folgt der alten, gewohnten Übung, die für alle MF-Ausgaben gleichermaßen brauchbar ist.]

Das Nibelungenlied. Nach der Ausgabe von Karl Bartsch hrsg. von Helmut de Boor. 22., rev. und von Roswitha Wisniewski erg. Aufl. Mannheim 1988. (Deutsche Klassiker des Mittelalters.)

[Saga:] Eugen Kölbing: Die nordische und die englische Version der Tristan-Sage. T. 1: Tristrams Saga ok Ísondar. Heilbronn 1878.

[Sir Tristrem:] Eugen Kölbing: Die nordische und die englische Version der Tristan-Sage. T. 2: Sir Tristrem. Heilbronn 1882.

Thomas: Les Fragments du Roman de Tristan. Poème du XIIe siècle. Édités avec un commentaire par Bartina H. Wind. Genf/Paris ²1960. (Textes Littéraires Français. 92.)

Walther von der Vogelweide. Hrsg. von Karl Lachmann. 13., aufgrund der 10. von Carl von Kraus bearb. Ausg. neu hrsg. von Hugo Kuhn. Berlin 1965.

Wernher der Gartenaere: Helmbrecht. Hrsg. von Friedrich Panzer. 7. Aufl. bes. von Kurt Ruh. Tübingen 1965. (ATB 11.)

Wolfram von Eschenbach: Hrsg. von Karl Lachmann. Berlin/Leipzig ⁶1926. [Die einzelnen Werke werden nach ihren Titeln zitiert.]

Benutzte Textausgaben, Kommentare und Übersetzungen von Gottfrieds »Tristan«

Bechstein   Gottfried von Straßburg: Tristan. Hrsg. von Reinhold Bechstein. 2 Bde. Leipzig ³1890. (Deutsche Classiker des Mittelalters. 7.)

Closs   Gottfried von Straßburg: Tristan und Isolt. Edited with an introduction, notes, glossary and a facsimile by August Closs. Oxford 1974 (¹1944). (Blackwell's German Texts.)

Ertzdorff   Gottfried von Straßburg: Tristan. Übers. von Xenja von Ertzdorff, Doris Scholz und Carola Voelkel. München 1979. (Uni-Taschenbücher. 858.)

Ganz/Bechstein   Gottfried von Straßburg: Tristan. Nach der Ausg. von Reinhold Bechstein hrsg. von Peter Ganz. 2 Bde. Wiesbaden 1978. (Deutsche Klassiker des Mittelalters N. F. 4.)

Golther   Tristan und Isolde und Flore und Blanscheflur. Hrsg. von Wolfgang Golther. 2 Bde. Stuttgart 1888–89. (Kürschners National-Litteratur. IV,2.3.)

Hatto   Gottfried von Strassburg: Tristan. Translated entire for the first time. With the surviving fragments of the Tristan of Thomas newly translated. With an introduction by Arthur T. Hatto. Harmondsworth 1972 (¹1960). (Penguin Classics.)

Hertz   Gottfried von Straßburg: Tristan und Isolde. Neu bearb. von Wilhelm Hertz. Mit einem Nachtr. von Wolfgang Golther. Stuttgart/Berlin ⁶1911.

Kramer   Gottfried von Straßburg: Tristan und Isolde. Aus dem Mittelhochdeutschen übertr. und erl. von Günter Kramer. Berlin 1966.

Marold   Gottfried von Straßburg: Tristan. Hrsg. von Karl Marold. 3. Abdr. mit einem durch Friedrich Rankes Kollationen erw. und verb. Apparat bes. und mit einem Nachw. vers. von Werner Schröder. Berlin 1969.

Mohr   Gottfried von Straßburg: Tristan und Isold. Nach der Übertragung von Hermann Kurtz bearb. von Wolfgang Mohr. Göppingen 1979. (GAG 290.)

Ranke	Gottfried von Straßburg: Tristan und Isold. Hrsg. von Friedrich Ranke. Dublin/Zürich [14]1969.
Spiewok	Das Tristan-Epos Gottfrieds von Straßburg. Mit der Fortsetzung des Ulrich von Türheim. Nach der Heidelberger Handschrift Cod. Pal. germ. 360 hrsg. von Wolfgang Spiewok. Berlin 1989. (Deutsche Texte des Mittelalters. 75.)
Wapnewski	Gottfried von Straßburg: Tristan. Wunschleben und Minnegrotte. Mit zehn Bildern von Friedrich Hechelmann und einer Einf. und Anm. von Peter Wapnewski. Nach dem Text von Friedrich Ranke neu hrsg. und ins Neuhochdeutsche übers. von Rüdiger Krohn. München 1985.
Weber	Gottfried von Straßburg: Tristan. Text, Nacherzählung, Wort- und Begriffserklärungen von Gottfried Weber in Verbindung mit Gertrud Utzmann und Werner Hoffmann. Darmstadt 1967.

Weitere Ausgaben und Übersetzungen, die zwar konsultiert wurden, für diese Arbeit jedoch irrelevant blieben, nennt Hans-Hugo Steinhoff in seinen Gottfried-Bibliographien (vgl. unter »Forschungsliteratur«), auf die hier ergänzend verwiesen sei.

Nachzutragen sind zwei »Tristan«-Übersetzungen, die nach Abschluß der vorliegenden Überarbeitung erschienen und nicht mehr berücksichtigt werden konnten:

Kühn, Dieter: Tristan und Isolde des Gottfried von Straßburg. Frankfurt a. M. 1991.

Spiewok, Wolfgang: Das Tristan-Epos Gottfrieds von Straßburg. Versübertragung. Amiens 1991. (Wodan. Studien zur Literatur des Mittelalters. 9.)

Forschungsliteratur

Eine vollständige Bibliographie der Gottfried-Forschung (bis Anfang 1970) bietet:

Steinhoff, Hans-Hugo: Bibliographie zu Gottfried von Straßburg. [Bd. 1.] Berlin 1971. (Bibliographien zur deutschen Literatur des Mittelalters. 5.)

Einige Ergänzungen dazu enthält die Rezension von James W. Marchand. In: Journal of English and Germanic Philology 72 (1973) S. 262 ff.

Für die seither erschienene Sekundärliteratur vgl.:

Hans-Hugo Steinhoff: Bibliographie zu Gottfried von Straßburg. Bd. 2. Berichtszeitraum 1970–1983. Berlin 1986. (Bibliographien zur deutschen Literatur des Mittelalters. 9.)

Im übrigen sind die entsprechenden Angaben in jüngeren Untersuchungen zum »Tristan« sowie in den einschlägigen Bibliographien zu vergleichen.
Die folgende Titelauswahl will nur einen ersten Überblick über die sehr umfangreiche Forschungsliteratur ermöglichen, ohne indessen Vollständigkeit anzustreben, die in diesem Rahmen weder möglich noch sinnvoll erschien.
Zahlreiche weitere Untersuchungen, die sich mit sehr speziellen Problemen des Werkes auseinandersetzen, sind zwar im Stellenkommentar vermerkt, fehlen jedoch in dieser Liste. Die Auswahl berücksichtigt grundsätzlich alle Interpretationsmodelle, die die »Tristan«-Forschung bislang entwickelt hat.
Zugleich dient die Bibliographie zur Auffindung und korrekten Wiedergabe der im Kommentar nur verkürzt zitierten Literatur. Sie nennt überdies die wichtigsten Hilfsmittel.

Bayer, Hans: Gralsburg und Minnegrotte. Die religiös-ethische Heilslehre Wolframs von Eschenbach und Gottfrieds von Straßburg. Berlin 1978. (Philologische Studien und Quellen. 93.)
Bédier, Joseph: Le roman de Tristan par Thomas. Poème du XIIᵉ siècle. 2 Bde. Paris 1902–05. (Société des anciens textes français. 46.)

Bertau, Karl: Deutsche Literatur im europäischen Mittelalter. Bd. 2: 1195–1220. München 1973.

Bertau, Karl: Über Literaturgeschichte. Literarischer Kunstcharakter und Geschichte in der höfischen Epik um 1200. München 1983.

Betz, Werner: Gottfried von Straßburg als Kritiker höfischer Kultur und Advokat religiöser erotischer Emanzipation. In: Festschrift Konstantin Reichardt. Bern 1969. – Wiederabgedr. in [und zit. nach]: A. Wolf (Hrsg.): Gottfried von Straßburg. Darmstadt 1973. S. 518 ff.

Bindschedler, Maria: Gottfried von Straßburg und die höfische Ethik. Halle 1955. – Vorher in: Beitr. 76 (1955) S. 1 ff.

Boor, Helmut de: Die Grundauffassung von Gottfrieds Tristan. In: DVjs. 18 (1940) S. 262 ff. – Wiederabgedr. in [und zit. nach]: A. Wolf (Hrsg.): Gottfried von Straßburg. Darmstadt 1973. S. 25 ff.

Boor, Helmut de: Der strophische Prolog zum Tristan Gottfrieds von Straßburg. In: Beitr. (T) 81 (1959) S. 47 ff. – Wiederabgedr. in: H. de B.: Kleine Schriften. Bd. 1. Berlin 1964. S. 173 ff.

Boor, Helmut de: Die höfische Literatur. Vorbereitung, Blüte, Ausklang. München [7]1966. (Geschichte der deutschen Literatur. 2.)

Bräuer, Rolf: Der Helden minne, triuwe und êre. Literaturgeschichte der mittelhochdeutschen Blütezeit. Berlin 1990. (Geschichte der deutschen Literatur von den Anfängen bis zur Gegenwart. 2.)

Brinkmann, Hennig: Der Prolog im Mittelalter als literarische Erscheinung. Bau und Aussage. In: WW 14 (1964) S. 1 ff. – Wiederabgedr. in [und zit. nach]: H. B.: Studien zur Geschichte der deutschen Sprache und Literatur. Bd. 2. Düsseldorf 1966. S. 79 ff.

Bumke, Joachim: Studien zum Ritterbegriff im 12. und 13. Jahrhundert. Heidelberg [2]1977. (Beihefte zum »Euphorion«. 1.)

Bumke, Joachim: Höfische Kultur. Literatur und Gesellschaft im hohen Mittelalter. 2 Bde. München 1986.

Bumke, Joachim: Geschichte der deutschen Literatur im hohen Mittelalter. München 1990.

Buschinger, Danielle (Hrsg.): La Légende de Tristan au Moyen Age. Actes du colloque des 16 et 17 janvier 1982. Göppingen 1982. (GAG 355.)

Buschinger, Danielle (Hrsg.): Tristan et Iseut. Mythe Européen et Mondiale. Actes du colloque des 10, 11 et 12 janvier 1986. Göppingen 1987. (GAG 474.)

Christ, Winfried: Rhetorik und Roman. Untersuchungen zu Gottfrieds von Straßburg ›Tristan und Isold‹. Meisenheim (Glan) 1977. (Deutsche Studien. 31.)

Clark, Susan L. / Wasserman, Julian N.: The Poetics of Conversion. Number Symbolism and Alchemy in Gottfried's ›Tristan‹. Bern 1977. (Utah Studies in Literature and Linguistics. 7.)

Combridge, Rosemary Norah: Das Recht im ›Tristan‹ Gottfrieds von Straßburg. Berlin ²1964. (Philologische Studien und Quellen. 15.)

Curtius, Ernst Robert: Europäische Literatur und lateinisches Mittelalter. Bern/München ⁸1973.

Deist, Rosemarie: Die Nebenfiguren in den Tristanromanen Gottfrieds von Straßburg, Thomas' de Bretagne und im »Cligès« Chrétiens de Troyes. Göppingen 1986. (GAG 435.)

Dickerson, Harold Douglas: A Survey of Critical Commentary on Gottfried's Tristan. Diss. Ohio 1967.

Dietz, Reiner: Der ›Tristan‹ Gottfrieds von Straßburg. Probleme der Forschung (1902–1970). Göppingen 1974. (GAG 136.)

Dilg, Wolfgang: Zur Frage der Gliederung des *Tristan*-Prologs Gottfrieds von Straßburg. In: Euph. 71 (1977) S. 268 ff.

Dimler, G. Richard: *Diu fossiure in dem steine*. An Analysis of the Allegorical Nomina in Gottfried's ›Tristan‹ (16923–17070). In: Amsterdamer Beiträge zur älteren Germanistik. 9 (1974) S. 13 ff.

Eifler, Günter: Publikumsbeeinflussung im strophischen Prolog zum ›Tristan‹ Gottfrieds von Straßburg. In: Festschrift für Karl Bischoff. Köln/Wien 1975. S. 357 ff.

Endres, Marion: Word Field and Word Content in Middle High German. The Applicability of Word Field Theory to the Intellectual Vocabulary in Gottfried von Strassburg's ›Tristan‹. Göppingen 1971. (GAG 47.)

Endres, Rolf: Einführung in die mittelhochdeutsche Literatur. Berlin 1971. (Ullstein Buch. 2811.) S. 166 ff.

Ernst, Ulrich: Gottfried von Straßburg in komparatistischer Sicht. Form und Funktion der Allegorese im Tristanepos. In: Euph. 70 (1976) S. 1 ff.

Ertzdorff, Xenja von: Die höfische Liebe im ›Tristan‹ Gottfrieds von Straßburg. In: R. Krohn / B. Thum / P. Wapnewski (Hrsg.): Stauferzeit. Geschichte, Literatur, Kunst. Stuttgart 1979. (Karlsruher Kulturwissenschaftliche Arbeiten. 1.) S. 349 ff.

Fourquet, Jean: Le cryptogramme du ›Tristan‹ et la composition du poème. In: Études Germaniques 18 (1963) S. 271 ff. – In dt. Übers. wiederabgedr. in [und zit. nach:] A. Wolf (Hrsg.): Gottfried von Straßburg. Darmstadt 1973. S. 362 ff.

Fromm, Hans: Zum gegenwärtigen Stand der Gottfried-Forschung. In: DVjs. 28 (1954) S. 115 ff.

284   *Forschungsliteratur*

Fromm, Hans: Tristans Schwertleite. In: DVjs. 41 (1967) S. 333 ff.

Furstner, Hans: Der Beginn der Liebe bei Tristan und Isolde in Gottfrieds Epos. In: Neophil. 41 (1957) S. 25 ff.

Ganz, Peter F.: Polemisiert Gottfried gegen Wolfram? In: Beitr. (T) 88 (1966/67) S. 68 ff.

Ganz, Peter F.: Minnetrank und Minne. Zu Tristan Z. 11707 f. In: Formen mittelalterlicher Literatur (Festschrift für Siegfried Beyschlag). Göppingen 1970. (GAG 25.) S. 63 ff.

Ganz, Peter F.: Tristan, Isolde und Ovid. Zu Gottfrieds ›Tristan‹ Z. 17182 ff. In: Mediaevalia litteraria (Festschrift für Helmut de Boor). München 1971. S. 397 ff.

Geil, Gerhild: Gottfried von Straßburg und Wolfram von Eschenbach als literarische Antipoden. Zur Genese eines literaturgeschichtlichen Topos. Köln/Wien 1973.

Gnaedinger, Louise: Musik und Minne im ›Tristan‹ Gotfrids von Straßburg. Düsseldorf 1967. (Beihefte zur Zeitschrift »Wirkendes Wort«. 19.)

Goebel, Dieter: Tristans Einkleidung. In: ZfdPh 96 (1977) S. 61 ff.

Goessing, Diane Maureen: Dichterpräsenz: Eine Untersuchung ihrer textlichen Spiegelungen im *Tristan* Gottfrieds von Straßburg. Diss. [masch.] University of Rochester 1976.

Gombert, Johannes: Eilhart von Oberg und Gottfried von Straßburg. Beitrag zur Tristanforschung. Rotterdam 1927.

Grimm, Jakob: Deutsche Rechtsaltertümer. 2 Bde. Leipzig ⁴1899. Nachdr. Darmstadt 1965.

Gruenter, Rainer: Bauformen der Waldleben-Episode in Gotfrids Tristan und Isold. In: Gestaltprobleme der Dichtung (Festschrift für Günther Müller). Bonn 1957. S. 21 ff.

Gruenter, Rainer: Das *wunnecliche tal*. In: Euph. 55 (1961) S. 341 ff.

Gruenter, Rainer: Das *guldine lougen*. Zu Gotfrids Tristan vv. 17536 bis 17556. In: Euph. 55 (1961) S. 1 ff.

Gruenter, Rainer: Der Favorit. Das Motiv der höfischen Intrige in Gotfrids *Tristan und Isold*. Ein Vortrag. In: Euph. 58 (1964) S. 113 ff.

Haage, Bernhard D.: Heilkunde im ›Tristan‹ Gottfrieds von Straßburg. In: Okken III (1988). Appendix S. 187 ff.

Hahn, Ingrid: Raum und Landschaft in Gottfrieds Tristan. Ein Beitrag zur Werkdeutung. München 1963 (Medium Aevum. 3.)

Hahn, Ingrid: Zu Gottfrieds von Straßburg Literaturschau. In: ZfdA 96 (1967) S. 218 ff. – Wiederabgedr. in [und zit. nach]: A. Wolf (Hrsg.): Gottfried von Straßburg. Darmstadt 1973. S. 424 ff.

Hatto, Arthur T.: *Der minnen vederspil Isot*. In: Euph. 51 (1957) S. 302 ff. – Wiederabgedr. in [und zit. nach]: A. Wolf (Hrsg.): Gottfried von Straßburg. Darmstadt 1973. S. 209 ff.

Haupt, Barbara: Zum Prolog des ›Tristan‹ Gottfrieds von Straßburg. Prolegomenon zu einer wirkungs- und rezeptionsorientierten Untersuchung mittelalterlicher volkssprachlicher Prologe. In: Beiträge zur älteren Deutschen Literaturgeschichte. Bd. 1: Literatur – Publikum – Historischer Kontext. Bern / Frankfurt a. M. 1977. S. 109 ff.

Heer, Friedrich: Die Tragödie des heiligen Reiches. Stuttgart 1952.

Heimerle, Magda: Gottfried und Thomas. Ein Vergleich. Frankfurt a. M. 1942. (Frankfurter Quellen und Forschungen. 31.)

Herold, Kurt: Der Münchner Tristan. Ein Beitrag zur Überlieferungsgeschichte und Kritik des Tristan Gottfrieds von Straßburg. Straßburg 1911. (Quellen und Forschungen zur Sprach- und Culturgeschichte der Germanischen Völker. 114.)

Herzmann, Herbert: Nochmals zum Minnetrank in Gottfrieds *Tristan*. Anmerkungen zum Problem der psychologischen Entwicklung in der mittelhochdeutschen Epik. In: Euph. 70 (1976) S. 73 ff.

Hoffa, Wilhelm: Antike Elemente bei Gottfried von Straßburg. In: ZfdA 52 (1910) S. 339 ff.

Hofmann, Winfried: Die Minnefeinde in der deutschen Liebesdichtung des 12. und 13. Jahrhunderts. Eine begriffsgeschichtliche und sozialliterarische Untersuchung. Diss. [masch.] Würzburg 1974. Coburg 1974.

Hollandt, Gisela: Die Hauptgestalten in Gottfrieds Tristan. Wesenszüge – Handlungsfunktion – Motiv der List. Berlin 1966. (Philologische Studien und Quellen. 30.)

Huber, Christoph: Gottfried von Straßburg ›Tristan und Isolde‹. Eine Einführung. München/Zürich 1986.

Huby, Michel: Prolegomena zu einer Untersuchung von Gottfrieds *Tristan*. Bd. 1: Text; Bd. 2: Anhang. Göppingen 1984. (GAG 397/ I, II.)

Jackson, W. T. H.: Tristan the artist in Gottfried's poem. In: PMLA 77 (1962) S. 364 ff. – In dt. Übers. wiederabgedr. in [und zit. nach]: A. Wolf (Hrsg.): Gottfried von Straßburg. Darmstadt 1973. S. 280 ff.

Jackson, W. T. H.: The Anatomy of Love. The *Tristan* of Gottfried von Strassburg. New York / London 1971.

Jaeger, Stephen C.: Medieval Humanism in Gottfried von Strassburg's Tristan und Isolde. Heidelberg 1977.

Jupé, Wolfgang: Die »List« im Tristanroman Gottfrieds von Straßburg. Intellektualität und Liebe oder die Suche nach dem Wesen der individuellen Existenz. Heidelberg 1976. (Germanische Bibliothek.)

Kästner, Hannes: Harfe und Schwert. Der höfische Spielmann bei Gottfried von Straßburg. Tübingen 1981. (Untersuchungen zur deutschen Literaturgeschichte. 30.)

Klein, Josef: Die Schwertleite in Gotfrids *Tristan und Isold* als »epische Einheit«. In: Euph. 64 (1970) S. 1 ff.

Klein, Karl Kurt: Das Freundschaftsgleichnis im Parzivalprolog. Ein Beitrag zur Klärung der Beziehungen zwischen Wolfram von Eschenbach und Gottfried von Straßburg. In: Ammann-Festgabe. Bd. 1. Innsbruck 1953. S. 75 ff. – Wiederabgedr. in [und zit. nach]: H. Rupp (Hrsg.): Wolfram von Eschenbach. Darmstadt 1966. (Wege der Forschung. 57.) S. 173 ff.

Kolb, Herbert: *Der Minnen hus*. Zur Allegorie der Minnegrotte in Gottfrieds Tristan. In: Euph. 56 (1962) S. 229 ff. – Wiederabgedr. in [und zit. nach]: A. Wolf (Hrsg.): Gottfried von Straßburg. Darmstadt 1973. S. 305 ff.

Kolb, Herbert: *Der ware Elicon*. Zu Gottfrieds Tristan vv. 4862–4907. In: DVjs. 41 (1967) S. 1 ff. – Wiederabgedr. in [und zit. nach]: A. Wolf (Hrsg.): Gottfried von Straßburg. Darmstadt 1973. S. 453 ff.

Kolb, Herbert: Der Hof und die Höfischen. Bemerkungen zu Gottfried von Straßburg. In: ZfdA 106 (1977) S. 236 ff.

Kolb, Herbert: Isoldes Eid. Zu Gottfried von Straßburg, Tristan 15267–15764, in: ZfdPh 107 (1988) S. 1 ff.

Konecny, Silveria: Die Eheformen in den Tristanromanen des Mittelalters. In: Beitr. (H) 99 (1978) S. 182 ff.

Krohn, Rüdiger: Erotik und Tabu in Gottfrieds ›Tristan‹: König Marke. In: R. Krohn / B. Thum / P. Wapnewski (Hrsg.): Stauferzeit. Geschichte, Literatur, Kunst. Stuttgart 1979. (Karlsruher Kulturwissenschaftliche Arbeiten. 1.) S. 362 ff.

Küsters, Urban: Liebe zum Hof. Vorstellungen und Erscheinungsformen einer ›höfischen‹ Lebensordnung in Gottfrieds *Tristan*. In: Höfische Literatur, Hofgesellschaft, höfische Lebensformen um 1200. Hrsg. von G. Kaiser und J.-D. Müller. Düsseldorf 1986. (Studia humaniora. 6.) S. 141 ff.

Kuhn, Hugo: Tristan, Nibelungenlied, Artusstruktur. München 1973. (Bayerische Akademie der Wissenschaften. Sitzungsberichte der philologisch-historischen Klasse. 5.)

Kuhn, Hugo: Bemerkungen zur Rezeption des Tristan im deutschen Mittelalter. Ein Beitrag zur Rezeptionsdiskussion. In: Festschrift Hermann Meyer. Tübingen 1976. S. 53 ff.

Langer, Otto: Der ›Künstlerroman‹ Gottfrieds – Protest bürgerlicher ›Empfindsamkeit‹ gegen höfisches ›Tugendsystem‹? In: Euph. 68 (1974) S. 1 ff.

Langmeier, Beatrice Margaretha: Forschungsbericht zu Gottfrieds von Strassburg ›Tristan‹ mit besonderer Berücksichtigung der Stoff- und Motivgeschichte für die Zeit von 1759–1925. Diss. Freiburg (Schweiz) 1976. Zürich 1978.

Lanz-Hubmann, Irene: »Nein unde jâ«. Mehrdeutigkeit im »Tristan« Gottfrieds von Straßburg: Ein Rezipientenproblem. Bern [u. a.] 1989. (Deutsche Literatur von den Anfängen bis 1700. 5.)

Maurer, Friedrich: Leid. Studien zur Bedeutungs- und Problemgeschichte in den großen Epen der staufischen Zeit. Bern/München ³1964. (Bibliotheca Germanica. 1.) Bes. S. 205 ff.

Meissburger, Gerhard: Tristan und Isold mit den weißen Händen. Die Auffassung der Minne, der Liebe und der Ehe bei Gottfried von Straßburg und Ulrich von Türheim. Basel 1954.

Mergell, Bodo: Tristan und Isolde. Ursprung und Entwicklung der Tristansage im Mittelalter. Mainz 1949.

Meyer, Johann Jakob: Isoldes Gottesurteil in seiner erotischen Bedeutung: Ein Beitrag zur vergleichenden Literaturgeschichte. Berlin 1914. (Neue Studien zur Geschichte des menschlichen Geschlechtslebens. 2.)

Mieth, Dietmar: Dichtung, Glaube und Moral. Studien zur Begründung einer narrativen Ethik. Mit einer Interpretation zum Tristanroman Gottfrieds von Straßburg. Mainz 1976. (Tübinger theologische Studien. 7.)

Mohr, Wolfgang: Syntaktisches Werbe- und Liebesspiel. Zu einem sprachlichen Kunstgriff in der mittelalterlichen Lyrik und Epik. In: Beitr. (T) 81 (1959) S. 161 ff.

Mohr, Wolfgang: ›Tristan und Isold‹ als Künstlerroman. In: Euph. 53 (1959) S. 153 ff. – Wiederabgedr. in [und zit. nach]: A. Wolf (Hrsg.): Gottfried von Straßburg. Darmstadt 1973. S. 248 ff.

Morsch, Klaus: *schoene daz ist hoene*. Studien zum Tristan Gottfrieds von Straßburg. Erlangen 1984. (Erlanger Studien. 50.)

Mosselman, Frederik: Der Wortschatz Gottfrieds von Strassburg. Den Haag 1953.

Müller-Kleimann, Sigrid: Gottfrieds Urteil über den zeitgenössischen deutschen Roman. Ein Kommentar zu den Tristanversen 4619–4748. Stuttgart 1990. (Helfant-Studien. 6.)

Nagel, Bert: Staufische Klassik. Deutsche Dichtung um 1200. Heidelberg 1977.

Nauen, Hans-Günther: Die Bedeutung von Religion und Theologie im Tristan Gottfrieds von Straßburg. Diss. Marburg 1947.

Neumann, Friedrich: Warum brach Gottfried den Tristan ab? In: Festschrift für Ulrich Pretzel. Berlin 1963. S. 205 ff.

Nickel, Emil: Studien zum Liebesproblem bei Gottfried von Straßburg. Königsberg 1927. (Königsberger Deutsche Forschungen. 1.)

Niedner, Felix: Das deutsche Turnier im XII. und XIII. Jahrhundert. Berlin 1881.

Okken, Lambertus: Kommentar zum Tristan-Roman Gottfrieds von Straßburg. 3 Bde. Amsterdam 1984–88. (Amsterdamer Publikationen zur Sprache und Literatur. 57, 58, 81.)

Peiffer, Lore: Zur Funktion der Exkurse im ›Tristan‹ Gottfrieds von Straßburg. Göppingen 1971. (GAG 31.)

Pensel, Franzjosef: Rechtsgeschichtliches und Rechtssprachliches im epischen Werk Hartmanns von Aue und im Tristan Gottfrieds von Straßburg. Diss. [masch.] Berlin 1961.

Peschel, Gerd-Dietmar: Prolog-Programm und Fragment-Schluß in GOTFRITs Tristanroman. Erlangen 1976. (Erlanger Studien. 9.)

Picozzi, Rosemary: A History of Tristan Scholarship. Bern / Frankfurt a. M. 1971. (Kanadische Studien zur deutschen Sprache und Literatur. 5.)

Preuss, Richard: Stilistische Untersuchungen über Gottfried von Straßburg. In: Straßburger Studien 1 (1883) S. 1 ff.

Raab, Rudolf Wolfgang: Gottfrieds Tristan. Eine sozialliterarische Interpretation. Diss. [masch.] Berkeley (Cal.) 1977.

Ranke, Friedrich: Tristan und Isold. München 1925. (Bücher des Mittelalters. 3.)

Ranke, Friedrich: Die Allegorie der Minnegrotte in Gottfrieds Tristan. In: Schriften der Königsberger Gelehrten Gesellschaft. Geisteswissenschaftliche Klasse 2/1925. S. 21 ff. – Wiederabgedr. in [und zit. nach]: A. Wolf (Hrsg.): Gottfried von Straßburg. Darmstadt 1973. S. 1 ff.

Rathofer, Johannes: Der »wunderbare Hirsch« der Minnegrotte. In: ZfdA 95 (1966) S. 27 ff. – Wiederabgedr. in [und zit. nach]: A. Wolf (Hrsg.): Gottfried von Straßburg. Darmstadt 1973. S. 371 ff.

Reinnagel, Edith G.: Gottfried-Forschung im 20. Jahrhundert. Diss. [masch.] Graz 1967.

Rougemont, Denis de: Die Liebe und das Abendland. Köln 1966. [Zuerst unter dem Titel: L'Amour et l'Occident. Paris 1939.]

Ruh, Kurt: Höfische Epik des deutschen Mittelalters. Tl. 2: ›Reinhart Fuchs‹, ›Lanzelet‹, Wolfram von Eschenbach, Gottfried von Straßburg. Berlin 1980. (Grundlagen der Germanistik. 25.)

Sälzer, Gerda: Studien zu Gottfried von Straßburg. Diss. [masch.] Bochum 1975.

Sawicki, Stanislaw: Gottfried von Straßburg und die Poetik des Mittelalters. Berlin 1932. Nachdr. Nendeln (Liechtenstein) 1967. (Germanische Studien. 124.)

Sayce, Olive: Der Begriff *edelez herze* im Tristan Gottfrieds von Straßburg. In: DVjs. 33 (1959) S. 389 ff.

Schaik, Martin van: Musik, Aufführungspraxis und Instrumente im Tristan-Roman Gottfrieds von Straßburg. In: Okken II (1985). Appendix S. 165 ff. Nachträge und Berichtigungen in: Okken III (1988). Appendix S. 181 f.

Scharschuch, Heinz: Gottfried von Straßburg. Stilmittel – Stilästhetik. Berlin 1938. Nachdr. Nendeln (Liechtenstein) 1967. (Germanische Studien. 197.)

Schindele, Gerhard: Tristan. Metamorphose und Tradition. Stuttgart [u. a.] 1971.

Schirok, Bernd: Zu den Akrosticha in Gottfrieds ›Tristan‹. Versuch einer kritischen und weiterführenden Bestandsaufnahme. In: ZfdA 113 (1984) S. 188 ff.

Schöne, Albrecht: Zu Gottfrieds ›Tristan‹-Prolog. In: DVjs. 29 (1955) S. 447 ff. – Wiederabgedr. in [und zit. nach]: A. Wolf (Hrsg.): Gottfried von Straßburg. Darmstadt 1973. S. 147 ff.

Schoepperle, Gertrude: Tristan and Isolt. A Study of the Sources of the Romance. 2 Bde. Frankfurt a. M. 1913. – 2nd edition expanded by a bibliography and critical essay on Tristan scholarship since 1912 by R. S. Loomis. New York ²1960.

Scholte, Jan Hendrik: Gottfrieds von Straßburg Initialenspiel. In: Beitr. 65 (1942) S. 280 ff. – Wiederabgedr. in [und zit. nach]: A. Wolf (Hrsg.): Gottfried von Straßburg. Darmstadt 1973. S. 74 ff.

Schröder, Walter Johannes: Der Liebestrank in Gottfrieds Tristan und Isolt. In: Euph. 61 (1967) S. 22 ff.

Schröder, Werner: *Die von Tristande hant gelesen*. Quellenhinweise und Quellenkritik im ›Tristan‹ Gottfrieds von Straßburg. In: ZfdA 104 (1975) S. 307 ff.

Schröder, Werner: Text und Interpretation. Das Gottesurteil im ›Tristan‹ Gottfrieds von Straßburg. In: Sitzungsberichte der Wissenschaftlichen Gesellschaft an der Johann Wolfgang Goethe-Universität Frankfurt am Main 16 (1976) Nr. 1. S. 47 ff.

Schultz, Alwin: Das höfische Leben zur Zeit der Minnesinger. 2 Bde. Leipzig ²1889.

Schulze, Ursula: Literarkritische Äußerungen im ›Tristan‹ Gottfrieds von Straßburg. In: Beitr. (T) 88 (1967) S. 285 ff. – Wiederabgedr. in [und zit. nach]: A. Wolf (Hrsg.): Gottfried von Straßburg. Darmstadt 1973. S. 489 ff.

Schwarz, Werner: Studien zu Gottfrieds ›Tristan‹. In: Festschrift für Ingeborg Schröbler. Beitr. (T) 95 (Sonderh. 1973) S. 217 ff.

Schwietering, Julius: Der Tristan Gottfrieds von Straßburg und die Bernhardische Mystik. Berlin 1943. (Abhandlungen der Preußischen Akademie der Wissenschaften. Philologisch-Historische Klasse. 5.) – Wiederabgedr. in [und zit. nach]: J. Sch.: Mystik und höfische Dichtung im Hochmittelalter. Tübingen 1960. S. 1 ff. – Erneut abgedr. in: J. Sch.: Philologische Schriften. München 1969. S. 338 ff.

Seitz, Dieter: Gottfried von Straßburg. Tristan. In: W. Frey / W. Raitz / D. Seitz [u. a.] (Hrsg.): Einführung in die deutsche Literatur des 12. bis 16. Jahrhunderts. Bd. 1: Adel und Hof – 12./13. Jahrhundert. Opladen 1979. (Grundkurs Literaturgeschichte.) S. 222 ff.

Speckenbach, Klaus: Studien zum Begriff ›edelez herze‹ im Tristan Gottfrieds von Straßburg. München 1965. (Medium Aevum. 6.)

Spiewok, Wolfgang: Zur Tristan-Rezeption in der mittelalterlichen deutschen Literatur. In: Wissenschaftliche Zeitschrift der Ernst-Moritz-Arndt-Universität Greifswald 12 (1963) S. 152 ff.

Spiewok, Wolfgang: Zum Begriff ›edelez herze‹ bei Gottfried von Straßburg. In: Weimarer Beiträge 9 (1963) S. 27 ff. – Wiederabgedr. in [und zit. nach]: A. Wolf (Hrsg.): Gottfried von Straßburg. Darmstadt 1973. S. 334 ff.

Stein, Peter K.: Formaler Schmuck und Aussage im »strophischen« Prolog zu Gottfrieds von Straßburg Tristan. In: Euph. 69 (1975) S. 371 ff.

Stein, Peter K.: Tristans Schwertleite. Zur Einschätzung ritterlich-höfischer Dichtung durch Gottfried von Straßburg. In: DVjs. 51 (1977) S. 300 ff.

Stein, Peter K.: Die Musik in Gotfrids von Straßburg Tristan – ihre Bedeutung im epischen Gefüge. Vorstudien zu einem Verständnishorizont des Textes. In: P. K. S. (Hrsg.): Sprache – Text – Geschichte. Göppingen 1980. (GAG 304.) S. 569 ff.

Stein, Peter K.: Tristan in den Literaturen des europäischen Mittelalters. Habil.-Schr. [masch.] Salzburg 1983.

Steinhoff, Hans-Hugo: Gottfried von Straßburg. ›Tristan‹. Ausgewählte Abbildungen zur Überlieferung. Göppingen 1974. (Litterae. 19.)

Stevens, Adrian / Wisbey, Roy (Hrsg.): Gottfried von Strassburg and
the medieval Tristan legend. Papers from an Anglo-North Ameri-
can Symposium. Cambridge 1990. (Arthurian Studies XXIII.
Publications of the Institute of Germanic Studies. 44.)

Stockum, Theodorus C. van: Die Problematik des Gottesbegriffs im
Tristan des Gottfried von Straßburg. Amsterdam 1963. (Medede-
lingen der Koninklijke Nederlandse Akad. van Wetenschappen,
Afd. Letterkunde. N. R. 26,9.) S. 283 ff.

Stökle, Ulrich: Die theologischen Ausdrücke und Wendungen im
Tristan Gottfrieds von Straßburg. Ulm 1915.

Tax, Petrus W.: Wort, Sinnbild, Zahl im Tristanroman. Studien zum
Denken und Werten Gottfrieds von Straßburg. Berlin 1961. (Philologische Studien und Quellen. 8.)

Tax, Petrus W.: Rezension zu: Gottfried von Straßburg, Tristan.
Nach dem Text von Friedrich Ranke hrsg., ins Neuhochdeutsche
übers., mit einem Stellenkomm. und einem Nachw. von Rüdiger
Krohn. Stuttgart 1980. In: Journal of English and Germanic Philology 82 (1983) S. 98 ff.

Tomasek, Tomas: Die Utopie im ›Tristan‹ Gotfrids von Straßburg.
Tübingen 1985. (Hermaea. N. F. 49.)

Tubach, Frederic C.: The ›locus amoenus‹ in the Tristan of Gottfried
von Straszburg. In: Neophil. 43 (1959) S. 37 ff.

Tubach, Frederic C.: On the Recent Evaluations of the Tristan of
Gottfried von Straszburg. In: MLN 74 (1959) S. 532 ff.

Urbanek, Ferdinand: Die drei Minne-Exkurse im ›Tristan‹ Gottfrieds
von Straßburg. In: ZfdPh 98 (1979) S. 344 ff.

Valk, Melvin E.: Word-Index to Gottfried's *Tristan*. Madison 1958.

Vogt, Friedrich: Der Bedeutungswandel des Wortes edel. Marburg
1908.

Wachinger, Burghart: Zur Rezeption Gottfrieds von Straßburg im
13. Jahrhundert. In: Deutsche Literatur des Mittelalters. Hrsg. von
W. Harms und L. P. Johnson. Berlin 1975. (Hamburger Collo-
quium. 1973.) S. 56 ff.

Wagner, Wilfried: Die Gestalt der jungen Isolde in Gottfrieds *Tristan*. In: Euph. 67 (1973) S. 52 ff.

Wapnewski, Peter: Herzeloydes Klage und das Leid der Blancheflur.
Zur Frage der agonalen Beziehungen zwischen den Kunstauffas-
sungen Gottfrieds von Straßburg und Wolframs von Eschenbach.
In: Festschrift Ulrich Pretzel. Berlin 1963. S. 173 ff.

Wapnewski, Peter: Tristans Abschied. Ein Vergleich der Dichtung Gotfrits von Straßburg mit ihrer Vorlage Thomas. In: Festschrift für Jost Trier. Köln/Graz 1964. S. 335 ff.

Weber, Gottfried: Gottfrieds von Straßburg Tristan und die Krise des hochmittelalterlichen Weltbildes um 1200. 2 Bde. Stuttgart 1953.

Weber, Gottfried / Hoffmann, Werner: Gottfried von Straßburg. Stuttgart ⁵1981. (Sammlung Metzler. M 15.)

Wehrli, Max: Das Abenteuer von Gottfrieds Tristan. In: M. W.: Formen mittelalterlicher Erzählung. Aufsätze. Zürich/Freiburg 1969. S. 243 ff.

Weinand, Heinz Gerd: Tränen. Untersuchungen über das Weinen in der deutschen Sprache und Literatur des Mittelalters. Bonn 1958. (Abhandlungen zur Kunst-, Musik- und Literaturwissenschaft. 5.)

Weinhold, Karl: Die deutschen Frauen in dem Mittelalter. 2 Bde. Wien ²1882.

Wenzel, Horst: Gottfried von Straßburg. In: U. Liebertz-Grün (Hrsg.): Aus der Mündlichkeit in die Schriftlichkeit: Höfische und andere Literatur (750–1320). Reinbek b. Hamburg 1988. (Deutsche Literatur. Eine Sozialgeschichte. 1.) S. 250 ff.

Wessel, Franziska: Probleme der Metaphorik und die Minnemetaphorik in Gottfrieds von Straßburg ›Tristan und Isolde‹. München 1984. (Münstersche Mittelalter-Schriften. 54.)

Wolf, Alois: Die Klagen der Blanscheflur. Zur Fehde zwischen Wolfram von Eschenbach und Gottfried von Straßburg. In: ZfdPh 85 (1966) S. 66 ff. – Wiederabgedr. in [und zit. nach]: A. W. (Hrsg.): Gottfried von Straßburg. Darmstadt 1973. S. 392 ff.

Wolf, Alois (Hrsg.): Gottfried von Straßburg. Darmstadt 1973. (Wege der Forschung. 320.)

Wolf, Alois: diu wâren wirtinne – der wâre Elicôn. Zur Frage des typologischen Denkens in volkssprachlicher Dichtung des Hochmittelalters. In: Amsterdamer Beiträge zur Älteren Germanistik 6 (1974) S. 93 ff.

Wolf, Alois: Gottfried von Straßburg und die Mythe von Tristan und Isolde. Darmstadt 1989.

Zijlstra-Zweens, H. M.: Kostüme und Waffen. Die mittelalterliche Sachkultur und ihre Wiedergabe in der höfischen Dichtung. In: Okken II (1985). Appendix S. 227 ff.

Zijlstra-Zweens, H. M.: Heilkunde. Der Niederschlag der Heilkunde im Tristan-Roman Gottfrieds von Straßburg. In: Okken II (1985). Appendix S. 345 ff.

Tristan im Kreise der Venus-Anbeter

Nachwort

daz si dâ heizent minne,
deis niewan senede leit.

Walther von der Vogelweide
(L. 88,19 f.)

Gottfried von Straßburg?

Über den Autor wissen wir nichts. Keine Urkunde nennt ihn; keine Chronik überliefert uns verläßlich seinen Namen; kein Zeitgenosse berichtet uns über seine Lebensumstände. Das ist für das Mittelalter nicht verwunderlich, ja die Regel. Auch über die beiden anderen bedeutenden Epiker der »mittelhochdeutschen Blütezeit« um 1200, Hartmann von Aue und Wolfram von Eschenbach, über die großen Lyriker wie etwa Walther von der Vogelweide oder Reinmar den Alten erfahren wir nichts, was wir nicht – mit allem Vorbehalt und mit einiger Unsicherheit – ihren Werken selbst meinen entnehmen zu können. Solches Desinteresse gegenüber der Individualität des Dichters entsprach durchaus dem Kunstempfinden des Mittelalters, dem das Werk, der Text, das Wort allein entscheidend und von Belang war, nicht aber der Verfasser, den es als bloßen Vermittler, als Medium der Botschaft begriff und mit Gleichgültigkeit überging.

Unser Versuch, die Biographien der mittelalterlichen Dichter zu erschließen, bleibt mithin angewiesen auf undeutliche Anspielungen, versteckte oder allgemeine Hinweise, auf die trügerische Gewißheit relativer Chronologie, auf Mutmaßungen und fabulöse Berichte, auf blanke Hypothesen und schwankende Theorien, die allemal abhängig sind von den interpretatorischen Vorgaben, mit denen wir unser Verständnis der literarischen Zeugnisse unterlegen und aus denen wir dann gar zu leicht in jenen Zirkelschluß geraten, der uns scheinbare Sicherheit vorgaukelt und dessen An- und Hinfäl-

ligkeit beim ersten Zweifel an der Richtigkeit der jeweiligen
Interpretation offenbar wird. Gerade die »Tristan«-For-
schung ist voll von solchen Mißverständnissen, Sinnbeugun-
gen und hermeneutischen Gewaltsamkeiten.

Gottfried von Straßburg, der uns den faszinierendsten,
bedeutendsten Liebesroman des Mittelalters, die Geschichte
von Tristan und Isolde, hinterlassen hat und dessen Werk,
auch wenn es nur Fragment geblieben ist, mit Recht einen
prominenten Platz in der gesamten deutschen Literaturgeschichte beanspruchen darf; Gottfried von Straßburg, den
wir den virtuosesten, brillantesten Stilisten unter den mittelhochdeutschen Epikern nennen und dessen Sprachkunst, von
seinen Epigonen so eifrig wie erfolglos nachgeahmt, bis heute
von ihrer hinreißenden, zaubrischen Kraft nichts eingebüßt
hat – zieht man einmal die historische, sprachgeschichtliche
Distanz ab; Gottfried von Straßburg, der wohl der kühnste
Denker unter den zeitgenössischen Dichtern war und dessen
Gedicht bislang in seiner stupenden Vielschichtigkeit, Tiefe
und Ambivalenz sowie in seinem unerhörten Anspielungsreichtum nur unzureichend entschlüsselt ist und wohl auch
niemals ganz wird erschlossen werden können – dieser Gottfried von Straßburg ist uns als Mensch, als historische Person,
als schreibendes Individuum nur in schemenhafter Vorstellung.

Zwar taucht in Straßburger Urkunden aus der Zeit um 1200
der Name *Gotfridus* mehrfach auf.[1] Aber es findet sich kein
Hinweis darauf, ob einer der dort Genannten etwa unser
Dichter sein könnte. Auch in seinem Roman selbst nennt der
Autor sich nicht – wenn man denn nicht den ersten Buchstaben des Akrostichons im Prolog als bescheiden abgekürzte
und getarnte Selbstnennung deuten will, anstatt hierin eine

---

1 Vgl. dazu das Register des von W. Wiegand bearbeiteten und herausgegebenen Urkundenbuches der Stadt Straßburg, Bd. 1, Straßburg 1879; außerdem
die Darstellung bei H. Fischer, »Über Gottfried von Straßburg«, München
1916 (Sitzungsberichte der Königlich Bayerischen Akademie der Wissenschaften, Philosophisch-philologische und historische Klasse, Abh. 5), S. 35
sowie G. Sälzer, Studien (1975), S. 227 ff.

Titel-Abbreviatur im Bezug auf den folgenden Namen DIE-TERICH zu sehen, hinter dem sich wohl der Name von Gottfrieds Gönner verbirgt[2]: G(*râve*).[3] Ob der Verfasser sich am Schluß seines – nicht vollendeten – Werkes genannt haben würde, wie es andere Dichter gelegentlich, aber durchaus nicht immer getan haben, bleibt Spekulation – wie ja überhaupt die Mutmaßungen über das fehlende letzte Drittel des Romans und dessen möglichen Inhalt die Forschung zu kühnen Extrapolationen und Theorien veranlaßt haben.[4] Untersuchungen haben überdies ergeben, daß auch das nicht vollständig ausgeführte Initialenspiel, das den ganzen Roman strukturierend durchzieht, den Namen des Dichters verschlüsselt enthalten könnte.[5]

Das alles ist freilich nicht gesichert. Und doch wissen wir, daß das »Tristan«-Fragment Gottfrieds Werk ist. Nicht nur bezeugen seine beiden Fortsetzer Ulrich von Türheim und Heinrich von Freiberg übereinstimmend seine Verfasserschaft, sondern auch andere Kollegen und Bewunderer nach Gottfried erwähnen seinen Namen[6]: Konrad von Würzburg

2 Die Identität dieses Auftraggebers, Förderers oder Freundes ist bislang ungeklärt (vgl. die Anm. zu 5). Reine Fiktion bleibt jedenfalls die phantastische These, die Widmung des Akrostichons gelte – bewußt doppeldeutig – vordergründig dem Straßburger Kanzlisten Meister (Dietrich) Hesse (s. S. 298) und tatsächlich dem Hagenauer Pronotar Dieterich, der, mit Gottfried befreundet, dessen heimliche Sympathie für die ketzerischen Lehren Amalrichs von Bena teilte. Solche und ähnliche Konstruktionen einer begeisterten, allerdings durch nichts gedeckten und gesicherten »Tatsachenphantasie« (ein von A. Döblin – wenngleich aus anderem Anlaß – geprägter Begriff) finden sich in der Erzählung »Dieterich« von Bruno Gloger (Berlin 1976), deren Untertitel freilich zu Recht den gar zu gutgläubigen Leser warnen sollte: »Vermutungen um Gottfried von Straßburg«.

3 Hierzu vgl. Fischer (s. Anm. 1), S. 24 f.

4 Vgl. dazu auch Anm. zu 19548.

5 Zur Frage des Buchstabenspiels vgl. J. Fourquet, Das Kryptogramm des »Tristan« (1963), S. 362 ff.; K. Bertau, Deutsche Literatur II (1973), S. 933 ff.; G. Sälzer, Studien (1975), S. 183 ff.; zweifelnd G.-D. Peschel, Prolog-Programm (1976), S. 120 ff.; im übrigen vgl. die Anm. zu 1–244.

6 Diese Kollegen-Kommentare sind zusammengestellt in dem hilfreichen, von G. Schweikle herausgegebenen Bändchen »Dichter über Dichter in mittelhochdeutscher Literatur«, Tübingen 1970 (Deutsche Texte, 12).

im »Herzmaere«[7] und in der »Goldenen Schmiede«[8], Rudolf von Ems im »Alexander«[9] und im »Willehalm von Orlens«[10], Konrad von Stoffeln im »Gauriel von Muntabel«[11] und Johann von Würzburg im »Wilhelm von Österreich«[12]. Stets wird der Autor dabei als vorbildlicher, ästhetische Maßstäbe setzender Dichter gerühmt.[13]

Gottfrieds Herkunft ist nicht nur durch diese Zeugnisse belegt, sondern auch durch die Textüberlieferung seines »Tristan«: Die ältesten Handschriften stammen fast ausnahmslos aus dem Elsaß, wenn nicht gar aus Straßburg selbst. Die von Friedrich Ranke aufgestellte These, die Abschriften seien hauptsächlich wohl in der Schreibstube des – urkundlich bezeugten, am mittelalterlichen »Literaturbetrieb« offenbar intensiv beteiligten – Straßburger *notarius burgensius* Meister Hesse entstanden (und dort dem Hartmannschen Stilideal angeglichen, also »iweinisiert« worden),[14] ist von der Forschung inzwischen widerlegt worden.[15] Gleichwohl gilt das Elsaß, genauer: sein kulturelles und wirtschaftliches Zentrum, die in jener Zeit aufblühende Stadt Straßburg,[16] als

7 Bei Schweikle (s. Anm. 6), S. 55.
8 Bei Schweikle (s. Anm. 6), S. 56.
9 Bei Schweikle (s. Anm. 6), S. 18 und 86.
10 Bei Schweikle (s. Anm. 6), S. 24.
11 Bei Schweikle (s. Anm. 6), S. 59.
12 Bei Schweikle (s. Anm. 6), S. 69.
13 Zu diesen und weiteren literarischen Zeugnissen über Gottfried und sein Werk vgl. auch die Einleitung von R. Bechstein zu seiner »Tristan«-Ausgabe I (³1890), S. XXI ff.; außerdem G. Sälzer, Studien (1975), S. 60 ff.
14 F. Ranke, »Die Überlieferung von Gottfrieds Tristan«, in: ZfdA 55 (1917) S. 404 f.
15 G. Bonath, »Untersuchungen zur Überlieferung des Parzival Wolframs von Eschenbach«, Bd. 1, Lübeck/Hamburg 1970 (Germanistische Studien, 238), S. 33 ff. Dazu außerdem W. Schröders Nachwort im verbesserten Neudruck der Maroldschen »Tristan«-Ausgabe (³1969), S. 294 ff.
16 Vgl. dazu den Abschnitt über »Das Straßburg des ›Tristan‹«, in: K. Bertau, Deutsche Literatur II (1973), S. 961 ff.; außerdem E. von Borries, »Geschichte der Stadt Straßburg«, Straßburg 1909, S. 32 ff., und H. Mosbacher, »Kammerhandwerk, Ministerialität und Bürgertum in Straßburg. Studien zur Zusammensetzung und Entwicklung des Patriziats im 13. Jahrhundert«, in: »Zeitschrift für Geschichte des Oberrheins« (Karlsruhe) 119 (1971) S. 33 ff.

Wirkungsstätte des Dichters, wie Ranke anhand von Dialekt-
merkmalen der »Tristan«-Überlieferung nachgewiesen hat.[17]

Gottfrieds weitere Werke

Der »Tristan« ist das einzige Werk, von dem wir sicher wissen, daß es von Gottfried gedichtet wurde. Zwar überliefert
die Große Heidelberger (Manessische) Liederhandschrift C
unter dem Namen »Meister Gottfried von Straßburg« insgesamt drei Lieder:
– ein sechsstrophiges Minnelied, das – bis auf die letzte Strophe – auch in der Kleinen Heidelberger Hs. A (ebenfalls
  unter Gottfrieds Namen) enthalten ist;[18]
– einen Marienpreis und Lobgesang auf Christus in 63 Strophen, die – jeweils unvollständig und ohne Namensnen-
  nung – auch in der Weingartner Hs. B (36 Strophen) und
  einer Karlsruher Hs. K (11 Strophen) überliefert sind;[19]
– und schließlich ein dreizehnstrophiges Lehrgedicht über
  die Armut.[20]
Keines dieser Lieder ist jedoch tatsächlich von Gottfried verfaßt worden.[21]

17 Ranke (s. Anm. 14), S. 406 ff.
18 Abgedruckt bei C. von Kraus (Hrsg.), »Deutsche Liederdichter des 13. Jahrhunderts«, Bd. 1, Tübingen 1952, S. 129 f.
19 Abgedruckt bei L. Wolff, »Der Gottfried von Straßburg zugeschriebene
   Marienpreis und Lobgesang auf Christus. Untersuchungen und Text«, Jena
   1924 (Jenaer Germanistische Forschungen, 4), S. 82 ff.
20 Abgedruckt bei F. H. von der Hagen (Hrsg.), »Minnesinger. Deutsche Liederdichter des zwölften, dreizehnten und vierzehnten Jahrhunderts«, Bd. 2,
   Leipzig 1838, Neudr. Aalen 1963, S. 276 f.
21 Das Minnelied wurde zuerst von R. Heinzel, »Über Gottfried von Straßburg«, in: »Kleine Schriften«, Heidelberg 1907, S. 52 ff., und zuletzt von C.
   von Kraus, »Deutsche Liederdichter des 13. Jahrhunderts«, Bd. 2: »Kommentar«, bes. von H. Kuhn, Tübingen ²1978, S. 165 ff., für unecht erklärt. –
   Der Lobgesang auf Maria und Christus wurde Gottfried – nach einiger Diskussion in der Forschung – durch L. Wolff (in der unter Anm. 19 genannten
   Untersuchung) überzeugend abgesprochen. – Das Lehrgedicht ist nach F.
   Pfeiffer, in: »Freie Forschung. Kleine Schriften zur Geschichte der deut-

Dagegen erwähnt Rudolf von Ems in seinem »Alexander«, der *wîse meister Gotfrit* habe einen Spruch über *daz glesîn gelücke* verfaßt.[22] In der Tat ist in der Hs. C ein Gedicht dieses Themas überliefert – allerdings unter dem Namen Ulrichs von Lichtenstein. Auf Grund innerer wie äußerer Kriterien hat die Forschung jedoch diese Strophe wie auch die vorangehende im selben Tone als Schöpfungen Gottfrieds identifiziert, wozu sie überdies durch den Umstand ermutigt wurde, daß beide Sprüche sich am Schluß der Lichtenstein-Sammlung finden, wo gemeinhin allerlei unsichere, nicht genau zuweisbare Texte angefügt werden. Womöglich bilden die beiden Strophen eine Einheit.[23]

I

Liut unde lant diu möhten mit genâden sîn
wan zwei vil kleiniu wortelîn ›mîn‹ unde ›dîn‹,
diu briuwent michel wunder ûf der erde.
wie gânt si früetend und wüetend über al
und trîbent al die werelt umbe als einen bal:
ich waene ir krieges iemer ende werde.
diu vertâne gîte
diu wahset allez umbe sich dâ her sît Êven zîte
und irret elliu herze und elliu rîche.
weder hant noch zunge
dien meinent noch enminnent niht wan valsch und
lêr unde volge liegent offenlîche.   ⌊*anderunge*

II

Gelücke daz gât wunderlîchen an und abe:
man vindet ez vil lîhter danne manz behabe;

schen Litteratur und Sprache«, Wien 1867, S. 111 ff., dem Straßburger z
Unrecht zugewiesen worden. – Vgl. zur Frage der unechten Gottfried-Wer
ke die überblickende Darstellung bei G. Weber / W. Hoffmann, Gottfrie
von Straßburg (1981), S. 9 ff.
22 Bei Schweikle (s. Anm. 6), S. 86.
23 Der Text folgt der Ausgabe von C. von Kraus (s. Anm. 18), S. 128.

ez wenket dâ man ez niht wol besorget.
swen ez beswaeren wil, dem gît ez ê der zît
und nimt ouch ê der zîte wider swaz ez gegît.
ez tumbet den swem ez ze vil geborget.
fröide gît den smerzen:
ê daz wir âne swaere sîn des lîbes und des herzen,
man vindet ê daz glesîne gelücke.
daz hât kranke veste:
swenn ez uns under ougen spilt und schînet aller beste,
sô brichet ez vil lîhte in kleiniu stücke.

Übersetzung:

I: Alle Welt könnte in ruhiger Behaglichkeit leben, wenn es die beiden Wörtchen »mein« und »dein« nicht gäbe. Die stiften viel Aufregung auf der Erde. Freude und Leid säend gehen sie überall um und treiben die Welt wie einen Spielball hin und her. Ich glaube, diese Zwietracht findet niemals ein Ende. Die verfluchte Habgier wächst dadurch überall seit Evas Zeiten und verwirrt alle Herzen in allen Ländern. Jede Hand und jede Zunge dringt nur auf und strebt nach Treulosigkeit und Umsturz. Solche Lehren und ihre Befolgung betrügen in aller Offenheit.

II: Das Glück kommt und geht auf merkwürdige Weise. Es ist leichter zu finden als zu behalten. Wenn man es nicht gut beschützt, entweicht es. Wen es unglücklich machen will, dem gibt es zur Unzeit und nimmt ihm zur Unzeit wieder weg, was es ihm gegeben hat. Es verblendet den, den es zu sehr begünstigt hat. Freude verwandelt sich ihnen in Schmerz. Eher als daß wir an Leib und Seele unbekümmert sind, finden wir das gläserne Glück. Das aber ist von fragiler Hinfälligkeit. Wenn es uns am allerschönsten vor Augen schwebt und schimmert, zerbricht es sehr leicht in tausend Stücke.

R. Heinzel[24] hat inhaltliche und formale Parallelen zwischen diesen beiden Sprüchen und dem »Tristan« festgestellt: gedankliche Entsprechungen, Wortanklänge, stilistische Analogien.[25] Und auch die Verwendung des Bildes von der Unbeständigkeit der *vitrea fortuna* verweist auf Gottfrieds Verfasserschaft: Die Metapher entstammt der lateinischen Sentenzen-Sammlung des Publilius Syrus, die im Mittelalter zur Schullektüre gehörte und aus der der Autor auch in seinem »Tristan« mehrfach geschöpft hat.[26]

Tatsächlich lassen sich die beiden Sprüche, die wohl durch Walther von der Vogelweide beeinflußt, stilistisch und sprachlich jedoch nicht auf der einsamen Höhe von Gottfrieds »Tristan« sind, wie ein »melancholisches Motto«[27] für den ganzen Liebesroman lesen, der ja gleichfalls den Konflikt von Mein und Dein auf erotischem Gebiet, die dadurch entstehende Spannung von Freude und Leid sowie die schicksalhafte Notwendigkeit von *valsch* und *anderunge* thematisiert und der darüber hinaus die Unmöglichkeit dauerhafter Liebe sowie die Vergänglichkeit irdischen Glücks in tragischer Verdichtung vorführt.[28]

Magister oder Meister?

Über Gottfrieds Stand und Beruf können wir – abermals – nur Vermutungen anstellen. Mit einiger Verläßlichkeit läßt sich allerdings sagen, daß er nicht von Adel gewesen ist. Dafür gibt es zunächst einen äußeren Grund: Seine Nachfol-

---

24 R. Heinzel, »Über Gottfried von Straßburg«, in: »Kleine Schriften«, Heidelberg 1907, S. 58 ff.
25 Dazu vgl. auch H. Kuhns Kommentarband zu C. von Kraus, »Deutsche Liederdichter« (s. Anm. 21), S. 163 f.
26 Dazu W. Hoffa, Antike Elemente (1910), S. 348 ff.
27 P. Ganz in seiner Einleitung zu Ganz/Bechstein I, S. XVII.
28 Zur Interpretation der beiden Strophen K. Stackmann, »*Gîte* und *Gelücke*. Über die Spruchstrophen Gotfrieds«, in: »Festschrift für U. Pretzel«, Berlin 1963, S. 191 ff.

ger nennen ihn, wenn sie ihm überhaupt einen Titel beigeben, stets nur *meister*, und auch die Hs. C, die das einzige Bildnis von ihm überliefert, nennt ihn so.[29] Das ist auffällig – um so mehr, als die anderen großen Epiker in der Regel mit *hêr* tituliert werden, was auf ihre Zugehörigkeit zur Ministerialität und Ritterschaft schließen läßt[30] (selbst wenn speziell im späten Mittelalter die Anrede *hêr* auch als bloße Höflichkeitsbezeugung für einen Bürgerlichen gemeint sein konnte[31]). Besonders deutlich wird die soziale Differenzierung in der Dichter-Aufzählung bei Konrad von Stoffeln (2. Hälfte des 13. Jahrhunderts):

> *meister Gotfrit und hêr Hartman*
> *von Eschenbach hêr Wolfram.*[32]

Nun läßt sich aber die Bezeichnung *meister* nicht einfach als eindeutiger Hinweis auf den sozialen Stand des Autors interpretieren. Mit *meister* konnte zwar ein Bürgerlicher (im weiteren Verlauf des 13. Jahrhunderts auch ein Meister seines Handwerks und damit auch ein Berufsdichter[33]) angesprochen werden. Die Anrede galt aber ebenfalls für den, der sich

29 Vgl. dazu E. Jammers, »Das Königliche Liederbuch der deutschen Minnesangs. Eine Einführung in die sogenannte Manessische Handschrift«, Heidelberg 1965, S. 143 f., sowie J. Bumke »Ministerialität und Ritterdichtung. Umrisse der Forschung«, München 1976, S. 18 ff. – Bezeichnenderweise hat der Illuminator der Gottfried-Miniatur (vgl. unsere Abbildung zu Beginn des ersten Bandes) seiner Darstellung kein Wappen oder sonstige ritterliche Attribute beigegeben (dazu auch Bumke, S. 41 f.). Bumke bestreitet die Verläßlichkeit einer »ständischen Interpretation der Titel *her* und *meister*« (S. 18).

30 Zu der Problematik vgl. auch Fischer (wie Anm. 1), S. 28 ff. – Systematisch zuerst F. Grimme, »Die Bezeichnungen *her* und *meister* in der Pariser Handschrift der Minnesinger«, in: »Germania« 33 (1888) S. 437 ff.

31 Um 1500 wird Gottfried von Straßburg von Ulrich Füetrer als *her* bezeichnet; vgl. R. Bechsteins Einleitung zu seiner »Tristan«-Ausgabe I (^{3}1890), S. XXVI.

32 Bei Schweikle (s. Anm. 6), S. 59.

33 Auch Gottfried selbst spricht in seinem »Literatur-Exkurs« von *meistern* in diesem Sinne (4736). Hierzu vgl. H. Kuhn, »Gottfried von Straßburg«, in: H. K., »Text und Theorie«, Stuttgart 1969, S. 200 (zuvor in: »Neue Deutsche Biographie«, Bd. 6, Berlin 1964, S. 673).

in den *septem artes liberales* bewährt oder gar die akademische Würde eines *magister* (eingedeutscht zu *meister*) erworben hatte.[34]

Diese letztere Deutung liegt besonders nahe angesichts der Tatsache, daß Gottfried sich in seiner Dichtung als ein Autor von ungewöhnlicher Belesenheit, Gelehrsamkeit und Sprachbegabung erwiesen hat. Er kannte sich aus in Theologie, Mythologie, Musik, Rechtskunde, ritterlichen Bräuchen und höfischer Lebenshaltung. Mit antikem wie zeitgenössischem Geistesgut war er so glänzend vertraut, daß der Schluß, er müsse sich diese umfassenden Kenntnisse durch den Besuch einer Lateinschule oder womöglich an einer der bedeutenden Universitäten des Mittelalters erworben haben, geradezu zwingend erscheint. Freilich, an welcher Hochschule er studiert haben mag, ob er gar in Paris ausgebildet wurde, ja sogar welches – über das grundlegende Studium Generale hinaus – seine speziellen Studienfächer gewesen sind: das alles vermögen wir nicht zu sagen, obgleich Aufschlüsse in dieser Hinsicht auch hilfreich sein könnten bei der umstrittenen Frage, ob Gottfried etwa häretisches Gedankengut angehangen hat und wo er mit ihm in Berührung gekommen ist.

Da überdies die Bezeichnung *meister* auch für Lehrer an Dom- und Stiftsschulen angewandt werden konnte (*magister puerorum*), erweitert sich theoretisch das Spektrum der Möglichkeiten – und wächst damit die Unsicherheit über den sozialen Status und den Beruf Gottfrieds. Seine eher abfälligen Bemerkungen allerdings über den »frostigen« Einfluß, den die Schulzeit auf das blühende Leben des heranwachsenden Tristan ausübte (vgl. 2074 ff.), sprechen wenn nicht von kritisch ablehnender, so doch von zumindest ironischer Distanz des Autors zum Lehrberuf. Mit solchen und ähnlichen Bemerkungen ist zwar die Theorie, Gottfried sei ein gelehrter Schulmeister in Straßburg gewesen, nicht völlig

---

34 Vgl. A. Schulte, »Die Standesverhältnisse der Minnesänger«, in: ZfdA 39 (1895) S. 232 f.

widerlegt; sie gewinnt aber auch nicht eben an Wahrscheinlichkeit.

Als Irrtum erwies sich schon bald die »Entdeckung«, Gottfried sei identisch mit einem 1207 urkundenden *Godofredus Rodelarius* (= Stadtschreiber) *de Argentina* (= lateinischer Name für Straßburg):[35] *Rodelarius* stellte sich als Verlesung für ein tatsächliches *Zidelarius* (= Zeidler) heraus, einen in Straßburg recht häufigen Eigennamen.[36] Gleichwohl hat sich die Vorstellung, der Autor habe irgendeine Art Beamtenstellung bei der Stadt oder auch in bischöflichem Dienste innegehabt, in der Sekundärliteratur bis heute gehalten.[37]

Gerade die Frage, ob Gottfried ein geistliches Amt ausgeübt habe oder nicht, hat die Forschung intensiv beschäftigt. Solches Interesse wurde natürlich beflügelt durch den immer wieder durchscheinenden theologischen Ideengehalt im »Tristan«, der höchst unterschiedliche, ja gegensätzliche Interpretationen ermöglichte. Besonders an des Autors ambivalentem Kommentar zu Isoldes Gottesurteil schieden sich die Meinungen (vgl. Anm. zu 15733 ff.). So plädierte U. Stökle dafür, daß Gottfried »den Kreisen der Geistlichkeit sehr nahe gestanden ist; vielleicht hat er selbst zu ihr gezählt«.[38] Er hielt den Dichter für einen *magister secund(ari)us*, einen Hilfslehrer an einer größeren Kirche; am Straßburger Domkapitel selbst zu unterrichten, dessen Lehrpersonal aus freiherrlichem Stande sein mußte, sei dem bürgerlichen Gottfried verwehrt gewesen. Stökles Thesen sind jedoch nicht unwidersprochen geblieben.[39]

---

35 Erstmals bei E. H. Meyer, »Walther von der Vogelweide identisch mit Schenk Walther von Schipfe. Eine auf Urkunden gestützte Untersuchung«, Bremen 1863, S. 5.

36 Dazu Ch. Schmidt »Ist Gottfried von Straßburg der Dichter Straßburger Stadtschreiber gewesen? Eine historische Untersuchung«, Straßburg 1876.

37 So etwa bei F. Vogt, »Geschichte der mittelhochdeutschen Literatur«, Bd. 1, Berlin/Leipzig ³1922, S. 321. Ganz ausschließen mögen auch G. Weber / W. Hoffmann, Gottfried von Straßburg (1981), S. 7, diese Möglichkeit nicht.

38 U. Stökle, Die theologischen Ausdrücke und Wendungen (1915), S. 104.

39 Vgl. M. Thiel, »Hat Gottfried von Straßburg dem Kreise der Geistlichkeit angehört?«, in: »Historisches Jahrbuch« 41 (1921) S. 20 ff. – In einer Rezen-

Ob nun ein Geistlicher im engeren Sinne oder nicht – ein *clericus* war der »Tristan«-Verfasser allemal: wenn schon nicht in der modernen Bedeutung eines »Klerikers«, so doch in jener des engl. ›clerk‹. Ein Beamter also womöglich, ein Angestellter, dessen gelehrte Bildung, an einer Dom- bzw. Klosterschule oder gar an der Universität erworben, außer Frage steht, dessen Tätigkeitsbereich jedoch mit letzter Sicherheit nicht zu bestimmen ist, da mit seiner Bezeichnung als *clericus* zwar etwas über seine Ausbildung, nicht aber notwendigerweise über seine Stellung ausgesagt wird, wie etwa das Beispiel der *clerici vagantes* zeigt.

Anti-höfischer Bürgerstolz?

In Gottfried haben wir, so weit sind die Biographen sich heute einig, einen kultivierten Stadtbürger vor uns. Vielleicht war er sogar ein Mitglied des Straßburger Patriziats – obwohl eine solche Annahme nicht zuletzt auch von der konventionsverhafteten Vorstellung befördert wird, daß ein so fein gebildeter Dichter wie dieser wenn schon nicht dem Adel selbst, so doch zumindest den gehobenen Kreisen des aufstrebenden Bürgertums angehört haben müsse.

Anders als sein großer Gegenspieler, der Autodidakt *hêr* Wolfram von Eschenbach, der sein angehäuftes Wissen gerne mit großer Imponiergeste in eitler Fülle demonstrativ ausbreitete, setzt Gottfried seine profunden, auch für die damalige Zeit erheblichen Kenntnisse mit kühler Distanz und artistischer Disziplin ein. Hatte Wolfram in seiner berühmten »Selbstverteidigung« im zweiten Buch des »Parzival« selbstbewußt auftrumpfend von sich behauptet: *schildes ambet ist*

---

sion zu Stökles Arbeit hat K. Stenzel (in: »Zeitschrift für die Geschichte des Oberrheins« N. F. 31, 1916, S. 473) die Ansicht vertreten, Gottfried sei womöglich eher Jurist als Theologe gewesen. In der Tat werden im »Tristan« Fragen des Rechts mit besonderer Genauigkeit erörtert.

mîn art,[40] um sich auf diese Weise von den »Nur-Dichtern«
und den unritterlichen »Intellektuellen« abzusetzen, so
unternimmt Gottfried an keiner Stelle den Versuch, sich als
Vertreter oder gar als Verfechter jener feudalen Lebens- und
Gesellschaftsordnung und damit jenes höfischen Kulturideals
auszugeben, an dem die großen »klassischen« Epen etwa
Wolframs oder Hartmanns von Aue so entscheidend orientiert sind. Zwar zählen wir den »Tristan« ebenso zu den höfischen Romanen wie etwa den »Parzival«, den »Erec« oder
»Iwein« – Stoffe allesamt, die als »matière de Bretagne« aus
der altfranzösischen Literatur entlehnt und ins Mittelhochdeutsche übertragen wurden. Und doch unterscheidet Gottfried sich spürbar von seinen dichtenden Zeitgenossen.
Bezeichnenderweise sind es gerade die aufwendigen, offenbar
höchst populären Schilderungen glanzvollen ritterlichen
Tuns, prächtiger Turniere, pompöser, waffenklirrender Auf-
züge und strahlender Bewährung in heldischem, nicht selten
zweckentleertem Kampfe: literarische Wirklichkeitsent-
würfe und Formen also, in denen das höfisch-aristokratische
Publikum des Hohen Mittelalters sich selbst verklärt zu sehen
liebte, durch die es Orientierungshilfen, Bestätigung und
Beglaubigung zu finden hoffte bei der Ausbildung einer eigenen, sozialen und kulturellen Identität und die gerade die
Artus-Epik in immer neuen, stets affirmativen Variationen
anbot, bei denen Gottfried jedoch eine auffällige, ja schroffe
Zurückhaltung erkennen läßt.
Das feinsinnige, weitgehend entsinnlichte Widerspiel von
Dienst und Lohn im strikt begrenzten Empfindungskatalog
der gesellschaftlich sanktionierten Minne-Ideologie, die
maienselige Welt der Artus-Dichtung, das gattungsverbind-
liche Ritual der symbolhaltigen *âventiuren*-Fahrt, die tröst-
liche Gewißheit der schließlichen Restitution idealer Har-

---

40 »Parzival« 115,11. Damit ist jedoch nicht zweifelsfrei Wolframs Ritterbür-
    tigkeit erwiesen, sondern allenfalls ausgesagt, daß das Waffenhandwerk sein
    Beruf sei. Vgl. dazu die Einführung von J. Bumke, »Wolfram von Eschen-
    bach«, Stuttgart ³1970 (Sammlung Metzler, 36), S. 4 f.

monie nach zeitweiliger Abweichung von der verpflichtenden Norm, die Entdinglichung der eigenen Realität zugunsten einer elitär geprägten Welt als Wille und Vorstellung: das hochkomplexe, durch Übereinkunft verfestigte System ritterlich-höfischer Idealität mithin findet sich bei Gottfried nicht – oder doch nur in einer so charakteristisch abgewandelten Form, daß die alten, allgemein als gültig erachteten Gesetze des zeitgenössischen aristokratischen Selbstverständnisses nunmehr zu einer völlig neuen, zumindest ungewohnten Werte-Ordnung zusammengefügt erscheinen.

Artikulieren sich in solcher Umwertung, in solcher kritischen Reserve erste Anzeichen eines anti-höfischen Bürgerstolzes? Man wird hier differenzieren müssen zwischen des Autors offenkundiger Abneigung gegen die gar zu aufdringliche Entfaltung ritterlich-äußerlichen Pomps und seiner Einstellung den grundsätzlichen höfischen Normen gegenüber. Unzweifelhaft spricht etwa die geringschätzige Weigerung, über das prachtvolle Turnier im Anschluß an Tristans Schwertleite ausführliche Auskunft zu geben, für Gottfrieds ablehnende Distanz gegenüber solch fragwürdigem Waffengetöse:[41]

> *wie s'aber von ringe liezen gân,*
> *wie sî mit scheften staechen,*
> *wie vil sî der zebraechen –*
> *daz suln die garzûne sagen:*
> *die hulfen ez zesamene tragen.*
> *ine mag ir bûhurdieren*
> *niht allez becrôieren.*   (5056 ff.)

In solcher Herabwürdigung klingt stets des Autors Verachtung für *ir aller werlde* mit, von der er sich im Prolog ausdrücklich abgesetzt und der er vorgeworfen hatte, daß sie

---

41 Vgl. Anm. zu 5054 ff. Die Beispiele für solche Verachtung prunkvoll ausgestellten Rittertums ließen sich leicht vermehren.

> *keine swaere enmüge getragen*
> *und niwan in vröuden welle sweben.*
> *die lâze ouch got mit vröuden leben!*
> *Der werlde und diseme lebene*
> *enkumt mîn rede niht ebene.*
> *ir leben und mînez zweient sich.* (52 ff.)

Als leichtfertige, oberflächliche Vergnügungssucht also empfindet Gottfried die zeitgenössische Lust an Turnieren und
anderen ritterlichen Unterhaltungen. Das haltlose Streben
nach *vröude*, das ohne Leidensbereitschaft dem unvermisch-
ten Genuß nachjagt, verurteilt er als ein unwürdiges Lebens-
konzept, mit dem er sich nicht identifizieren und das er auch
nicht durch die literarische Erfüllung der mit solcher Haltung
verbundenen Sensationsgelüste bedienen mag.

Andererseits aber hält der Autor fest an den verbindlichen
ethischen Kategorien der höfischen Kultur wie etwa *êre*,
triuwe, staete.[42] Diese grundsätzliche Bejahung der gültigen
Normen bestätigt sich auch dann noch, wenn im Roman
gegen sie verstoßen wird: Tristans und Isoldes sündhaftes
wunschleben in der Minnegrotte wird von Gottfried unmißverständlich als defizient dargestellt, eben weil dieser erfüll-
ten *minne* zu ihrer Vollkommenheit die Anwesenheit von
êre, d. h. die Legitimation durch die gesellschaftliche Anerkennung fehlt. Und es ist gerade dieser Mangel an *êre*, der die
Liebenden zurücktreibt an den Hof. Daß freilich auch dort
ihre Reputation nur oberflächlich wiederhergestellt, daß die
Norm der *êre* mithin durch den bloßen Anschein von *êre*
widerlegt wird, mag hier unberücksichtigt bleiben. An der
Tatsache, daß Gottfried sich den ideellen Grundvorausset-
zungen der höfischen Kultur – ob nun direkt oder in kritischer Distanz – verpflichtet weiß, ändern auch diese Überlegungen nichts.

---

42 Über des Autors Verhältnis zu den höfischen Verhaltensnormen handelt M.
Bindschedler, Gottfried und die höfische Ethik (1955). R. W. Raab, Gottfrieds Tristan (1977), betont dagegen die bürgerlichen Züge des Romans; vgl.
bes. das Kap. über *êre* (Raab, S. 82 ff.).

Solche Zustimmung zu den Konventionen der aristokratischen Kreise hatten ihren sozial- und kulturgeschichtlichen
Grund. Nicht nur nämlich waren die Träger der ritterlichen
Kultur, die Ministerialität und der niedere Adel, in ihrer Literatur auf der Suche nach Leit-Koordinaten zur Fixierung
ihres eigenen geistigen, politischen wie kulturellen Stand-
punktes, sondern auch das erstarkende Stadtbürgertum, das
mit dem Durchbruch der Geldwirtschaft im 11. und 12. Jahrhundert zu beträchtlichem Wohlstand und wachsender
Macht gelangt war, bemühte sich um neue Orientierungsmo-
delle – und fand sie in den vorgegebenen Mustern der (bereits
im Absinken begriffenen) Adelskultur. Das Patriziat der
wirtschaftlich aufblühenden Handelsstädte, an Einfluß und
Mitteln dem Rittertum zunehmend überlegen, nobilitierte
sich durch die Übernahme von Versatzstücken feudaler
Denk- und Lebensart.

Straßburg, an einer der meistbenutzten, wichtigsten Ver-
kehrsverbindungen der Zeit, dem Rhein, außerordentlich
günstig gelegen, Sitz der lukrativen Fluß-Schiffahrt zwischen
Basel und Mainz, im Schnittpunkt der Transport- und Han-
delswege von Nord nach Süd wie von Ost nach West, nahm
schon im 12. Jahrhundert einen gewaltigen Aufschwung und
entwickelte sich zu einer zentralen Schaltstelle des europäischen Wirtschaftslebens. Die Stadt, zunächst noch unter der
Gerichtsbarkeit und Herrschaft ihres Bischofs,[43] erlangte

---

43 Die bischöfliche Gewalt war jedoch vergleichsweise gering: »Für Straßburg
finden sich neben starker Stadtherrlichkeit des Bischofs wichtige Anzeichen
bürgerlicher Selbständigkeit und Verwaltung« (H. Planitz, »Die deutsche
Stadt im Mittelalter. Von der Römerzeit bis zu den Zunftkämpfen«, Graz/
Köln ²1965, S. 108). – Zur stadt- und sozialgeschichtlichen Situation und
Entwicklung vgl. die differenzierte Darstellung bei O. Langer, Der ›Künstlerroman‹ Gottfrieds (1974), S. 32 ff., der für die Jahre 1190–1210 eine »all-
mähliche Umstrukturierung der Herrschaftsverhältnisse [...] zu einer von
den Bürgern durchgesetzten rechtlichen Konstituierung des Rates als zentraler Verwaltungsbehörde und Gerichtsinstanz« (S. 38) konstatiert. Daß sich
das Straßburger Bürgertum bereits um 1129 weitgehend emanzipiert hatte,
belegt auch die »sozialliterarische Interpretation« von R. W. Raab, Gottfrieds Tristan (1977), die der Untersuchung des historischen Hintergrundes
breiten Raum widmet (S. 29 ff.).

hohe Bedeutung und Prosperität als reger Umschlagsort für Waren aller Art, vor allem für Wein, Holz und Getreide. Die Zahl der Einwohner wuchs explosionsartig: in der Zeit von 1150 bis 1250 versiebenfachte sie sich;[44] zur Zeit Gottfrieds betrug sie etwa 10000,[45] und die äußeren Befestigungen der aufblühenden Handelsmetropole mußten um 1200 erweitert werden, um der ständig steigenden Bevölkerung ausreichenden Raum zu gewähren.[46]

Im Zuge der lebhaften politischen Auseinandersetzungen um die Nachfolge Kaiser Heinrichs VI. erhielten die Straßburger Stadtbürger, die sich auf die staufische Seite gestellt hatten, am 12. Juli 1205 durch Philipp von Schwaben die reichsunmittelbare Freiheit verbrieft. Damit war die Oberhoheit des herrschenden Bischofs Heinrich II. von Veringen (1202–23), der sich für den welfischen Gegenkönig Otto IV. von Braunschweig eingesetzt und somit das politische Spiel (zunächst) verloren hatte, fürs erste beendet; später allerdings konnte er sich einen Teil der früheren Macht zurückholen. Fortan standen sich das selbstbewußte Patriziat der neuen Reichs- und die Geistlichkeit der alten Bischofsstadt weitgehend gleichberechtigt gegenüber.

Aus diesem gleichgewichtigen Gegenüber ein ideologisches Gegeneinander zu konstruieren, war die Forschung immer wieder versucht. Vor allem Gottfrieds ambivalente Kommentierung von Isoldes Gottesurteil und sein Exkurs über die Erkenntnis,

> *daz der vil tugenthafte Crist*
> *wintschaffen alse ein ermel ist* (15735 f.)

haben den Verdacht aufkommen lassen, hier wende sich ein aufgeklärter, womöglich gar freidenkerischer und anti-

---

44 A. Rapp, »Reichsstadt am Oberrhein. Straßburg in der altdeutschen Geschichte«, Straßburg o. J. [1942?], S. 13.

45 L. Pfleger »Kirchengeschichte der Stadt Straßburg im Mittelalter«, Kolmar 1941, S. 92.

46 Planitz (s. Anm. 43), S. 32 und 218.

bischöflicher Autor gegen die Vorgänge des Jahres 1212, bei denen – mit Billigung Heinrichs von Veringen – über 80 Männer und Frauen wegen ihres katharischen Glaubens angeklagt, zum größten Teil durch die Eisenprobe überführt und dann auf dem Scheiterhaufen hingerichtet worden waren.[47] Eine solche Deutung setzt freilich voraus, daß Gottfried seinen »Tristan« erst nach 1212 geschrieben oder doch zumindest die Ordal-Szene und den anschließenden Exkurs als Reaktion auf dieses aufsehenerregende historische Ereignis[48] verfaßt haben müsse. Diese Spät-Datierung würde dann in der Tat die Interpretation nahelegen, der Autor habe einer anti-bischöflichen Parteiung angehört. Andererseits aber haben Untersuchungen ergeben, daß Gottfried sich bei seiner Ablehnung des Gottesurteils durchaus in Übereinstimmung mit der offiziellen Ansicht der Kirche (auch vor 1212) befand. Ein »Konflikt« zwischen dem bürgerlichen Dichter und der Geistlichkeit läßt sich also aus dieser Episode schwerlich ableiten.[49] Damit aber entfällt zugleich die Notwendigkeit, das Jahr 1212 als *terminus post quem* für die Abfassung des »Tristan« anzusetzen.

Die Beispiele haben deutlich gemacht, daß es eine bequeme, aber nicht gerechtfertigte Vereinfachung wäre, wollte man Gottfried rundweg eine anti-höfische oder anti-geistliche Haltung unterstellen. Das Stadtbürgertum, als dessen literarischer Repräsentant uns der Dichter immer wieder erscheint, sah sich ja auch nicht in unüberbrückbarem Gegensatz zur aristokratischen Gesellschaft, jener immer noch vorbildlichen Elite, die es in der Entwicklung seines eigenen standesgemäßen Selbstbewußtseins sicherlich nicht diffamieren, sondern mit der es viel eher gleichziehen wollte. Eine solche

---

47 Vgl. dazu W. Betz, Gottfried als Kritiker (1969), und die Anm. zu 15733 ff.

48 Auch anderswo erlangte dieser spektakuläre Ketzerprozeß alsbald einige Berühmtheit: Caesarius von Heisterbach berichtet bereits im 1220 eine Wundergeschichte über die blutige Begebenheit; vgl. die Übersetzung von A. Kaufmann, in: »Annalen des Historischen Vereins für den Niederrhein« 47 (1888) S. 223 ff.

49 Zu der Forschungsdiskussion hierüber vgl. Anm. zu 15733 ff.

Anverwandlung vollzog sich jedoch notwendigerweise auf dem Wege über die Ablehnung und Ausscheidung solcher Elemente des ursprünglich fremden Normen-Katalogs, die mit den Lebensbedingungen und existenziellen Glaubenssätzen der neuen städtischen Oberschicht nicht vereinbar waren.

Bezeichnenderweise richtet sich Gottfrieds Kritik, wie oben gezeigt wurde, denn auch etwa gegen die sinnleere Demonstration ritterlicher Kampfeslust um ihrer selbst willen. Seine Darstellung höfischer Vorgänge, wie er sie versteht, ist entschieden pragmatischer: kriegerische Konflikte innerhalb seines Romans dienen stets konkreten, offensichtlichen Zwecken; Fehden verfolgen handfeste wirtschaftliche oder politische Interessen; Heldentum richtet sich auf rationale, unmittelbare Ziele. Dadurch aber erhält die ideale Welt der beim zeitgenössischen Publikum so populären Artus-Dichtung, die Gottfried mit dem Prinzip nachvollziehbarer Funktionalität anreichert, unversehens einen bislang ungekannten realistischen Akzent. Der Geist der neuen Zeit: die bürgerliche Tugend absichtsvoller Vernunft und kaufmännischer Nüchternheit, weiß mit der rein ritterlichen Vorstellung heroischen Tuns und kämpferischer Bewährung allein um Ruhm und Ehre nichts anzufangen und verleiht deshalb den überkommenen Mustern der hochhöfischen Epik, die noch vom schönen Schein einer heilen – oder doch zumindest stets heilbaren – Welt lebte, durch entscheidende Eingriffe eine völlig andere, bezeichnend gewandelte innere Struktur. Der Rahmen aber bleibt, und er muß bleiben, um der Wirklichkeit dieser – an neuen Wertvorstellungen orientierten – Gesellschaft noch ein wenig von dem Glanz der alten mitzuteilen. Gottfrieds »Tristan« ist – bei allen Einschränkungen – ein höfischer Roman, in dem auch die bürgerliche Oberschicht sich wiedererkennen sollte – und wollte.

Ganz deutlich werden solche Identifikationsangebote im »Tristan« an jenen Stellen, die von Kaufleuten handeln, von jenem Berufsstande also, dem ein Großteil von Gottfrieds

stadtbürgerlichem oder patrizischem Publikum in Straßburg
sich zugehörig fühlte. Da sind zunächst die norwegischen
Handelsherren, deren feine Lebensart schon dadurch offenkundig wird, daß sie das »königliche« Schachspiel beherrschen und die von Tristan darum sogleich ehrerbietig mit
edelen koufman (2230) angeredet werden. Daß diese feinsinnigen Kaufleute wenig später schnöde genug sind, den Wun-
derknaben Tristan in der Hoffnung auf hohes Lösegeld einfach zu entführen, ist in diesem Zusammenhang ohne Belang:
Gottfried folgt hier dem Stoffzwang seiner Vorlage, die einen
solchen äußerlichen Verlauf der Handlung vorschrieb.
Auffällig ist auch, daß der Autor in Tristans erfundenen Her-
kunftsgeschichten, zuerst an Markes Hof und später in
Irland, immer wieder auf das höchst kultivierte Savoir-vivre
und die beneidenswerte Wohlhabenheit des Handelsstandes
verweist. Dem Jägermeister seines *unverwânten* Oheims
Marke stellt der *ellende knabe* Tristan (2842) sich als der Sohn
eines reichen parmenischen Kaufherrn vor (3097 ff.); der
Jägermeister aber, als er seinem König von dem erstaunlichen
Jüngling berichtet, fügt zweifelnd hinzu:

> *in geloube ez aber niemer,*
> *wie haete ein koufman iemer*
> *in sîner unmüezekeit*
> *sô grôze muoze an in geleit?*   (3283 ff.)

Und wenig später, nachdem Tristan sich als virtuoser Musiker erwiesen hat, verwundern sich die überwältigten Höflinge:

> *›â, saelic sî der koufman,*
> *der ie sô höfschen sun gewan!‹*   (3599 f.)

Da stehen denn beide Begriffe in unmittelbarer Nachbar-
schaft. Die Gleichstellung des bürgerlichen Kaufmanns
(bzw. seines Sohnes) mit dem höfisch gebildeten, ästhetisch
raffinierten Aristokraten: im Roman ist sie vollzogen.
Diese wünschenswerte Ineinssetzung der bislang streng

geschiedenen Stände wiederholt sich bald danach, als Tristans Pflegevater, der Marschall Rual li Foitenant, auf der Suche nach seinem »Sohn« an Markes Hof erscheint. Die Ritter und Barone, die ihn doch alle für den Kaufmann halten müssen, als den Tristan ihn geschildert hatte, wundern sich bei Ruals noblem Auftreten: *ist daz der höfsche koufman?* (4055), und nachdem der Marschall seine abgerissene Reisekleidung gegen feine Gewänder ausgetauscht hat, da bestätigen die versammelten Mitglieder von Markes *familia* mit beifälligem Staunen:

> *diu cleider stânt dem koufman*
> *wol unde lobelîche an.*
> *ouch ist er selbe hêrlîch.* (4081 ff.)

Unwichtig ist in diesem Zusammenhang, daß Rual ja tatsächlich von Adel ist und daß er seine natürliche Noblesse auch in unansehnlicher Garderobe nicht verleugnen kann. Was für Gottfrieds stadtbürgerliches Publikum viel eher zählte, ist die bewundernde Bereitschaft des (vom Dichter bis dahin stets als vorbildlich beschriebenen) Hofes, den vorgeblichen Kaufmann selbst in seinen schäbigen Lumpen und um so mehr in prächtigen, standesgemäßen Kleidern als einen der ihren anzuerkennen.

In solchen Szenen zeigt der Autor, daß Adel für ihn nicht eine Frage der aristokratischen Abkunft, sondern in erster Linie die Ausdrucksform einer inneren Gesinnung wie äußeren Gesittung ist, die nicht durch Geburt allein, wohl aber durch die Orientierung an bestimmten ästhetisch-ethischen Kategorien erworben werden kann. Deutlicher noch offenbart sich diese neuartige Einstellung Gottfrieds in seiner vielumrätselten Adresse an die *edelen herzen* (47) im Prolog, eine geistige, von *ir aller werlde* (50) deutlich abgesetzte Elite, die sich zu dem notwendigen Nebeneinander von *liep* und *leit* (204 ff.) bekennt und für deren gesteigertes ästhetisches wie ethisches Empfinden er seinen »Tristan« nach ausdrücklichem eigenem Bekenntnis geschrieben hat.

Unbeschadet einer lebhaften Forschungsdiskussion darüber, ob etwa Gottfrieds Begriff der *edelen herzen* absichtsvollen Bezug nimmt auf die mystische Vorstellung der *anima nobilis*, ob er zurückgeht auf die antike, vom Christentum aufgenommene und ins Mittelalter tradierte Idee vom Geistes- und Tugendadel (*nobilitas cordis*) oder ob er in Analogie zu sehen ist zu der romanischen Wendung des *gentil cor*[50] – entscheidend ist, daß der Autor das geläufige, bislang eindeutig besetzte Wort *edel* hier nicht in ausschließlich ständischem Sinne, sondern überdies in der Bedeutung des »inneren Adels«[51] verwendet, daß er sich also an ein ausgewähltes Publikum richtete, das zwar höfisch (oder womöglich »neuhöfisch«) sein mochte, zu dem jedoch durchaus auch Bürgerliche zählen konnten: jene *edelen herzen*, die, ohne selbst zum Geburtsadel zu gehören, Gottfrieds Definition des neuen Kultur- und Gesellschaftsideals genügten.

Daß er mit seiner ambivalenten Terminologie jenen vornehmen Kreisen des gebildeten Straßburger Stadtbürgertums, in deren Auftrag und für deren Bedürfnisse er möglicherweise arbeitete, erheblich schmeichelte, weil er ihnen so die Würde einer zumindest verbal bestätigten Nobilität verlieh, ist ebenso offenkundig wie andererseits die Tatsache, daß auch eine genuin höfische Zuhörerschaft, für die der »Tristan« wohl gleichfalls – sei es zur Unterhaltung, sei es zur Ermahnung – geschrieben war, an des Autors differenzierender Darstellung und unorthodoxer Sehweise keinen unmittelbaren Anstoß nehmen konnte.

Gerade diese Ambivalenz ist kennzeichnend für das Werk. Sie ermöglichte adligen wie bürgerlichen, höfischen wie städtischen Rezipienten einen jeweils eigenen Verstehens- und Identifikationsansatz, ohne daß der spezifische Zugang der einen den der anderen notwendig ausgeschlossen hätte – so

---

50 Zur wissenschaftlichen Erörterung der unterschiedlichen Forschungsmeinungen vgl. die Anm. zu 47.

51 Dagegen vgl. O. Sayce, Der Begriff *edelez herze* (1959), deren Beharren auf einer strikt aristokratischen Definition des Ausdrucks in der Diskussion jedoch keine Zustimmung gefunden hat.

wie ja ohnehin die verschiedenen sozialen und kulturellen Gruppen des Hohen Mittelalters bereits ein beträchtliches Maß an Integrationsbereitschaft und Harmonisierungswillen aufbringen mußten, weil sie, bedingt durch die gesellschaftliche Mobilität dieser »Aufbruchsepoche«,[52] in ihrem inneren Gefüge durchaus nicht so geschlossen und homogen waren, wie es in dieser zwangsläufig vereinfachenden, grobrasternden Darstellung leicht erscheinen mag.

Die charakteristische Ambivalenz von Gottfrieds »Tristan« dokumentiert sich in aller Eindringlichkeit – wie unten zu zeigen sein wird – auch in der überaus kontroversen Forschungsgeschichte, in der abweichende, nicht selten gegensätzliche Interpretationen und »Grundauffassungen« mit dem Anschein der Gleichberechtigung nebeneinander- oder gar mit dem Anspruch der Alleingültigkeit sich gegenüberstehen.

Datierung des »Tristan«

Im Sommer 1203 wurden, als die böhmischen Hilfstruppen des Landgrafen Hermann von Thüringen die Stadt Erfurt belagerten, in die der staufische König Philipp sich zur Verteidigung zurückgezogen hatte, die Weingärten außerhalb der Ringmauern weitgehend verwüstet. Dieses kriegsalltägliche Ereignis, an sich eher belanglos, ist gleichwohl von entscheidender Bedeutung für die – wenigstens relative – Chronologie eines Großteils der »klassischen« mittelhochdeutschen Literatur.[53]

---

52 Dazu vgl. zuletzt K. Bosl, »Der Aufbruch von Mensch und Gesellschaft. Eine epochale Struktur in der europäischen Geschichte«, in: R. Krohn / B. Thum / P. Wapnewski (Hrsg.), »Stauferzeit. Geschichte, Literatur, Kunst«, Stuttgart 1979 (Karlsruher Kulturwissenschaftliche Arbeiten, 1), S. 11 ff.

53 Über die zentrale Rolle, die die Zerstörung der Erfurter Rebenkulturen für die Datierung vor allem von Wolframs, Hartmanns und Gottfrieds Werken in der Literaturgeschichte der »höfischen Klassik« spielt, vgl. W. Schröder, »Zur Chronologie der drei großen mittelhochdeutschen Epiker«, in: DVjs. 31 (1957) bes. S. 274 f. und 283.

Wolfram von Eschenbach spielt im VII. Buch seines »Parzival« auf diesen Zwischenfall an, dessen Folgen noch immer
festzustellen seien:

> *Erffurter wîngarte giht*
> *von treten noch der selben nôt:*
> *maneg orses fuoz die slâge bôt.*   (379,18 ff.)

Das bedeutet für die Datierung dieser Stelle, daß Wolfram sie
wohl nicht lange nach dieser Belagerung, also etwa im Zeitraum vom Herbst 1203 bis spätestens 1205 geschrieben haben
dürfte.
Wenn es nun zutrifft, daß Gottfried von Straßburg im Literatur-Exkurs seines »Tristan« (4621 ff.) bei der furiosen
Attacke auf einen Dichter-Kollegen (4639 ff.), dem er nicht
einmal die Ehre der namentlichen Nennung zuteil werden
lassen mag, tatsächlich Wolfram von Eschenbach gemeint
hat;[54] wenn es ferner stimmt, daß der Autor sich in seiner
hasen-Polemik auf eine Stelle im VIII. Buch des »Parzival«
(409,26) bezieht; und wenn es außerdem wahr ist, daß der so
Gescholtene sich seinerseits im Prolog seines Romans, den er
in Wahrheit erst nach Abschluß des Werkes und mithin
eigentlich als Epilog geschrieben hat, mit dem Bild vom *schel-
lec hase* (»Parzival« 1,19) gegen seinen aggressiven Kritiker
zur Wehr setzt – wenn sich all diese (durchaus ungesicherten)
Vermutungen, die sich noch im Vorfeld einer zeitlichen
Fixierung bewegen, als berechtigt erweisen würden, dann
ergäbe sich daraus in der Tat ein ungefährer Anhaltspunkt für
den Entstehungstermin des »Tristan« oder doch zumindest
der »Dichter-Revue«: nach 1204/05.
Aber so einfach, wenn man denn dieses labile Bedingungsge-
füge überhaupt »einfach« nennen darf, liegen die Dinge leider

---

54 Diese Auffassung, die sich in der »Tristan«-Forschung allgemein durchgesetzt hat, ist jedoch nicht ganz unwidersprochen geblieben: zuerst von P. F.
Ganz, Polemisiert Gottfried gegen Wolfram? (1966/67), an dessen provoka-
tive Frage sich eine rege Diskussion anschloß; zu dem Problem vgl. auch die
Anm. zu 4638.

nicht. Denkbar wäre überdies eine andere, noch vergleichsweise unverwickelte Möglichkeit, aus dem kontroversen Verhältnis zwischen den beiden Epikern Erkenntnisse für die
Datierung des »Tristan« zu ziehen: Falls nämlich Wolfram
nicht schon im »Parzival«, sondern erst im »Willehalm« (und
zwar an der Stelle 4,19 ff.) auf den Angriff seines Widersa-
chers reagiert hat, dann ließen sich aus dieser Hypothese Ent-
scheidungshilfen allenfalls für den *terminus ad quem* von
Gottfrieds Roman gewinnen: das Entstehungsdatum des
»Willehalm« – dessen zeitliche Fixierung freilich unsicher ist
und zwischen 1212 und 1217 schwankt.[55]
Auch dieser Versuch einer wenigstens relativen Chronologie
muß mit zu vielen Unbekannten operieren, als daß er Hoff-
nungen auf verläßliche Ergebnisse zu wecken vermöchte. An
weiteren Bemühungen um eine Erhellung der dunklen Datie-
rungsprobleme hat es nicht gefehlt. Jedoch ist hier nicht der
Ort, die vielen Spekulationen und feinsinnigen Konstruktionen nachzuzeichnen, mit denen die Gottfried- und Wolfram-
Philologie die hochkomplexen und nicht minder hochkom-
plizierten Beziehungs- und Anspielungsstrukturen in den
Werken der beiden literarischen Antipoden zu präzisieren
und zu entschlüsseln versucht hat.[56]
So viel ist gewiß: Ausgangspunkt aller Überlegungen über die
Entstehungszeit des »Tristan« ist im wesentlichen die »Dichter-Revue«.[57] In diesem ersten Beispiel einer zeitgenössischen
volkssprachigen Literaturkritik nennt Gottfried Reinmar von

---

55 Zur »Willehalm«-Datierung vgl. Bumke (s. Anm. 40), S. 12 f.
56 Dazu vgl. die Darstellung bei Schröder (s. Anm. 53), S. 283 ff. sowie das
   entsprechende Kapitel bei G. Weber / W. Hoffmann, Gottfried von Straßburg (1981), S. 17 ff.
57 Abgesehen von der S. 311 f. erwähnten, von der Forschung nicht weiter
   verfolgten Theorie, die Ordal-Szene und den Kommentar Gottfrieds über
   den *wintschaffen Crist* als Reflex auf die Straßburger Ketzerprozesse von
   1212 zu interpretieren. G. Weber / W. Hoffmann, Gottfried von Straßburg
   (⁴1973), S. 20, deuten dieses Datum sogar ausdrücklich als »Terminus ad
   quem der Vollendung des ›Tristan‹, genauer: des Abbruchs der Arbeit an
   ihm«. (In der überarbeiteten 5. Auflage des Bandes [1981] fehlt diese Fest-
   legung jedoch.)

Hagenau und Heinrich von Veldeke unter den Verstorbenen;
Hartmann von Aue, Bligger von Steinach und Walther von
der Vogelweide dagegen leben nach Aussage des Autors
noch. Aber auch diese Angaben ergeben keine Handhabe für
eine genaue Datierung. Von Reinmar glaubt die Forschung,
daß er etwa um 1205/07 gestorben sein müsse;[58] allerdings
stützt diese Annahme sich in erster Linie eben auf Gottfried
und außerdem auf die – gleichfalls nur vage datierbare –
Totenklage Walthers von der Vogelweide[59] über den älteren
Kollegen. Der Hinweis auf Reinmars Tod also trägt ebensowenig zur zeitlichen Fixierung des Romans bei wie die
beredte Vergangenheitsform, in der Gottfried über die litera-
turgeschichtliche, epochemachende Leistung des frühhöfischen Epikers Heinrich von Veldeke, den er als Lyriker nicht
zur Kenntnis nimmt, berichtet: Veldekes Ableben ist ander-
weitig und für unsere Zwecke dienlich nicht bezeugt.

Auch die erschlossenen Lebensdaten Bliggers von Steinach
und Walthers von der Vogelweide erbringen für die Entstehungszeit des »Tristan« keinerlei Aufschlüsse. Am ehesten
noch könnte die Klage über den Tod Hartmanns von Aue in
der »Crône« des Heinrich von dem Türlin von Nutzen sein;
aber auch die Datierung dieses Werkes schwankt beträchtlich
zwischen etwa 1215 und 1230. Sie kann also die Beantwor-
tung der Frage, wann Gottfried seinen Roman geschrieben
haben könnte, nicht wesentlich präzisieren.

Die vielfältigen Bemühungen um eine relative Chronologie
der mittelhochdeutschen Literatur haben auch hinsichtlich
des Gottfried-Romans nur zu sehr vorläufigen, ungefähren
Ergebnissen geführt. Immerhin aber hat sich im Kernbereich
der vielen Eingrenzungsversuche ein – von der Forschung fast
einhellig übernommenes – Datum stabilisiert, an dem der
»Tristan« in der jetzt vorliegenden, fragmentarischen Form

---

58 C. von Kraus, »Walther von der Vogelweide. Untersuchungen«, Berlin
    1935, S. 326, referiert sogar Meinungen, die auf ein Spätdatum 1210 zielen,
    mag sich jedoch selbst nicht festlegen.
59 L. 82,24–83,13.

abgeschlossen gewesen sein dürfte: um 1210. Das ist ein den Literarhistoriker nicht eben befriedigendes Maß an Gewißheit; aber es reicht aus, das Werk angemessen in seine Zeit einzuordnen.

Überlieferung und Text

In der Literaturwissenschaft ist es üblich, aus der Anzahl der überlieferten Textzeugen eines Werkes auf dessen Verbreitung und Wirkungsgrad – und letztlich auch auf seine Popularität zu schließen. Daß dieses naive Prinzip nicht von absoluter Zuverlässigkeit ist, sondern daß es durch Zufälle, Verluste und Manipulationen verfälscht werden kann, hat die Philologie durchaus erkannt. So war denn etwa Hartmanns von Aue »Erec« im 13. und 14. Jahrhundert gewiß bekannter, als seine dürftige Überlieferung (in einer einzigen, sehr späten und noch dazu lückenhaften Handschrift, die durch ein Fragment teilweise ergänzt wird) zu vermuten Anlaß geben dürfte; andererseits bezeugen die insgesamt 28 »Iwein«-Handschriften unmißverständlich die Beliebtheit von Hartmanns zweitem großen Artus-Roman. Wolframs »Parzival« ist in nicht weniger als 84, sein »Willehalm« immerhin noch in etwa 80 Handschriften erhalten. Dabei kann es gleichgültig sein, ob diese Zeugnisse den Text vollständig oder nur fragmentarisch wiedergeben. Aufschlußreicher für die Einschätzung der zeitgenössischen Rezeption eines Werkes ist es da schon, zu fragen, wie bald oder wie lange nach seiner (mutmaßlichen) Entstehung seine Vervielfältigung und Verbreitung in Handschriften eingesetzt hat.

In dieser Hinsicht ist die Überlieferung von Gottfrieds »Tristan« verhältnismäßig reich und geschlossen. Von den insgesamt elf vollständigen Handschriften stammen zwei (der [ältere] Münchner Codex M und der Heidelberger Codex H) noch aus dem 13., vier (BFNW) aus dem 14. und die übrigen (durchweg Papierhandschriften) aus dem 15. Jahrhundert.

Die 15 erhaltenen Fragmente des Romans gehören zum großen Teil ebenfalls noch ins 13. Jahrhundert.[60] Solche Dichte
und Einheitlichkeit der Überlieferung macht diese jedoch
zugleich auch sehr unübersichtlich, so sehr sie andererseits
gerade wegen ihrer weitgehenden Homogenität und zeitlichen Gedrängtheit den Philologen beeindrucken kann.

Es mag nicht zuletzt auch mit ebendieser höchst kompli-
zierten und problematischen Überlieferungslage zusammenhän-
gen, daß die Germanistik eine kritische Ausgabe des »Tristan«, die sämtliche bekannten Textzeugen des Werkes
berücksichtigt, alle Varianten in einem Apparat zur Verfügung stellt und ihre Editionsprinzipien konsequent darlegt
und befolgt, bis heute nicht hervorgebracht hat. Diese Lücke
ist um so verwunderlicher in einer Wissenschaft, die sich im
übrigen doch mit bemerkenswertem Eifer und Erfolg der philologischen Erschließung aller übrigen Werke der »klassischen« mittelhochdeutschen Dichtung gewidmet hat.

Das erstaunliche Versäumnis wurde womöglich auch mitver-
schuldet durch das frühe Verdikt eines Gelehrten, der maß-
geblichen Anteil an der Entwicklung der Fachdisziplin Germanistik hatte und der sich durch die gültige, verläßliche
Bereitstellung zahlreicher Denkmäler namentlich der höfischen Literatur um die einschlägige Forschung außerordentliche Verdienste erworben hat: Karl Lachmann schätzte den
»weichlichen und unsittlichen Gottfried«[61] nicht und nahm

---

60 Über Entstehungszeit, Aufbewahrungsort, Schreib- und Dialekt-Eigentüm-
lichkeiten des gesamten Überlieferungsmaterials unterrichten K. Marold in
der Einleitung zu seiner »Tristan«-Edition (³1969), S. VIII ff. sowie (auf dem
neuesten Stande der Forschung) H.-H. Steinhoff im Nachwort zu derselben
Ausgabe, S. 284 ff. – Von Steinhoff hrsg. wurde auch: »Gottfried von Straßburg, ›Tristan‹. Ausgewählte Abbildungen zur Überlieferung«, Göppingen
1974 (Litterae, 19); zur Beschreibung der Handschriften ebd., S. V ff. – Zum
Verhältnis der überliefernden Handschriften vgl. zuletzt A. R. Deighton,
»Zur handschriftlichen Überlieferung des ›Tristan‹ Gottfrieds von Straßburg«, in: ZfdA 112 (1983) S. 199 ff.

61 So Lachmann in einem Brief an Jacob Grimm vom 11./12. Dezember 1819;
vgl. A. Leitzmann (Hrsg.), »Briefwechsel der Brüder Jacob und Wilhelm
Grimm mit Karl Lachmann«, Bd. 1, Jena 1927, S. 15. Der angesprochene

mit dieser Aversion seinen Nachfolgern, die sich von dem Urteil des hochgeachteten Mannes bestimmen ließen, die Neigung für das entsagungsvolle Geschäft einer philologisch angemessenen Herausgabe des »Tristan«.[62]

Die erste, ausdrücklich an kritischen Ansprüchen orientierte Ausgabe des Romans veranstaltete Karl Marold (1906). Allerdings zeigte sich schon bald, daß seine Edition nicht zuverlässig war, daß der Apparat Lücken und Irrtümer aufwies, daß außerdem Marolds Bevorzugung der Überlieferungsgruppe FHW, die er als »kompakte Einheit«[63] wertete, und vor allem sein Vertrauen in die weitgehende Authentizität des Heidelberger Codex Palatinus H genauer Betrachtung nicht immer standhielt. Der von Marold in seinem Vorwort geäußerte Plan, in einem zweiten Bande die notwendigen »sachlichen und kritischen Erklärungen«[64] nachzuliefern, kam nie zur Ausführung: der Gelehrte starb 1909. Wohl aus Pietät fielen die Rezensionen der Fachkollegen zu seinem Werk eher milde aus. Aber selbst bei aller Zurückhaltung blieb das Mißvergnügen der Wissenschaft deutlich genug.

Eine Überprüfung der Ausgabe (elf Jahre nach ihrem Erscheinen), die Friedrich Ranke in einem überaus penibel verfahrenden, nochmals das gesamte Text-Material sichtenden und neu kollationierenden Aufsatz[65] vornahm, führte zu einem

---

Jacob Grimm schätzte dagegen »Gottfrieds Anmuth und den geschlossenen, einfachen Inhalt seines Tristan mehr als Sie es tun« (Brief an Lachmann vom 28. Dezember 1819; ebd., S. 21).

62 Zur Geschichte der »Tristan«-Editionen vgl. W. Schröders Nachwort zu dem von ihm besorgten Neudruck der Marold-Ausgabe (³1969), S. 189 ff. sowie die ausführliche Darstellung bei R. Picozzi, A History of Tristan Scholarship (1971), S. 61 ff.

63 Marold in seiner Einleitung, S. LX.

64 Marold in seiner Einleitung, S. VII.

65 Ranke (s. Anm. 14), S. 157 ff. und 381 ff. – Zur Zusammenfassung von Rankes Thesen vgl. Schröder im Nachwort der Marold-Ausgabe (³1969), S. 294 ff., sowie G. Weber / W. Hoffmann, Gottfried von Straßburg (1981), S. 13 ff. – Ranke selbst hat seine Überlegungen in aller Knappheit noch einmal resümiert im Vorwort seiner Auswahl-Ausgabe: »Gottfried von Straßburg: Tristan und Isold«, Bern 1946 (Altdeutsche Übungstexte, 3), S. 2 f.

vernichtenden Urteil, das Ranke mit nicht weniger als 47
Seiten voller Berichtigungen, Nachträge und Ergänzungen
bekräftigte. Gleichwohl war Rankes Auffassung von der
Überlieferungslage und den Verwandtschaftsverhältnissen
der »Tristan«-Handschriften, obgleich sehr viel differenzier-
ter und komplexer[66] als die Marolds, in ihren Ergebnissen von
den Vorstellungen seines Vorgängers nicht sehr weit entfernt,
und so lag es denn nahe, Rankes Kollationen in den kritischen
Apparat einer Neu-Ausgabe des Marold-Textes einzuar-
beiten.[67]

Dreizehn Jahre nach seiner ungemein material- und ergebnis-
reichen Untersuchung erschien (1930) Rankes eigene »Tristan«-Edition, und wieder blieb es – wie schon bei Marold –
beim bloßen Text: Der versprochene zweite Band, der den
kritischen Apparat enthalten und damit die Möglichkeit der
philologischen Text-Überprüfung bieten sollte, erschien
weder (wie angekündigt) 1931 noch danach, und er fand sich,
nach dem Tode des Gelehrten (1950), auch nicht in Rankes
Nachlaß. Der Lesarten-Band wird nun schon seit Jahren von
dem Ranke-Schüler Eduard Studer vorbereitet, ohne daß der
Termin seiner Fertigstellung sich auch nur annähernd vorher-
sagen ließe. Daß dennoch dieser Text von der Forschung als
maßgebliche Ausgabe betrachtet wird, gründet sich vor allem
auf den Vertrauenskredit, den Ranke sich durch seine gründ-
lichen Studien zur »Tristan«-Überlieferung erworben hat –
auch wenn seine Autorität an jenen Stellen geschwächt wird,
an denen er seinen eigenen Editionsprinzipien aus interpretatorischen, inhaltlichen oder stilistischen Gründen untreu
wird.[68]

---

66 Rankes Stemma der »Tristan«-Überlieferung ist abgedruckt in seinem großen Aufsatz (s. Anm. 14), S. 404; vereinfacht wiederholt in Steinhoffs »Litterae«-Bändchen von 1974 (s. Anm. 60), S. V.
67 So geschehen in der von W. Schröder besorgten und verbesserten Neuausgabe (³1969), die damit die derzeit einzige, einigermaßen verläßliche Möglichkeit zur Überprüfung der handschriftlichen Überlieferungen bietet.
68 Vgl. W. Schröders Nachwort zur Marold-Ausgabe (³1969), S. 299 sowie die
Anm. zu 1372 und 4658.

Die Benutzung des Ranke-Textes, der auch der hier vorliegenden Ausgabe zugrunde liegt, wird – abgesehen von dem
bedauerlichen Fehlen des notwendigen Rechenschaftsberich-
tes – erschwert durch sein äußeres Erscheinungsbild, das sich
in seiner bewußt nicht-Lachmannschen Manier und archai-
schen Schreibung der spontanen Lektüre widersetzt und das
geprägt ist von des Gelehrten Orientierung an einer Druck-
Ästhetik, wie sie etwa auch im gleichzeitigen Stefan-George-
Kreis kultiviert wurde, und von seiner Neigung zu einem
puristischen Historismus, die ihn sogar dazu veranlaßte, die
245 Seiten seiner Buchausgabe mit jeweils zwei Kolumnen so
eng zu füllen, daß der (beabsichtigte) Eindruck entsteht, das
Papier sei ähnlich rar und kostbar wie zu Gottfrieds Zeiten
das Pergament. Solches Bemühen um eine vordergründige
(typographische) Authentizität fand seine innere Entsprechung in der eigentlichen Textgestalt, die Ranke durch zahlreiche Glättungen, Verkürzungen und Verschleifungen in
jenes »Ebenmaß« gebracht hatte, das er, nach Auffassung
seiner eigenen Zeit, für dem Mittelalter (und dem Form-
künstler Gottfried) angemessen hielt.
Hier nun habe ich verändernd oder besser: restituierend ein-
gegriffen und den Text in aller Behutsamkeit den – durch die
Lachmann-Schule begründeten – Usancen germanistisch-
mediävistischer Editionspraxis angeglichen. Nirgendwo ist
der Ranke-Wortlaut in seiner Substanz angegriffen oder verändert – selbst da nicht, wo seine Lesart mir fragwürdig
erschien (und wo ich dann in einer Anmerkung auf mögliche
Alternativen bzw. die Lösungsvorschläge anderer Editoren
hingewiesen habe). Wohl aber habe ich Längenzeichen gesetzt, pro- und enklitische Zusammenfügungen, die Ranke
oft gegen die überliefernden Handschriften vorgenommen
hatte, wieder aufgelöst und, wo nicht ohnehin durch Elision
die metrischen Implikationen geregelt werden konnten, durch trennende Apostrophe geschieden.
Dadurch verliert der Text (zumindest optisch) an Geschmei-
digkeit und fließender Eleganz – wobei der handschriftliche

Befund häufig zu zweifeln Anlaß gibt, ob er sie im Original jemals gehabt hat. Aber er wird auf diese Weise lesbarer und erschließt sich so auch dem Verständnis des ungeübteren Benutzers leichter als in Rankes Fassung. Zu solcher Anpassung an die Bedingungen unserer »Normalausgaben« fühlte ich mich nicht zuletzt auch durch Ranke selbst ermutigt, der in seiner Auswahl-Edition (1946) sich ebenfalls entschlossen hatte, durch die Einführung von »Längezeichen und Lesehilfen« die Lektüre zu erleichtern. Die Zählung der Verse und die Verteilung der Initialen folgt Rankes Ausgabe, jedoch habe ich, der besseren Übersicht halber, kleinere Absätze und Kapitelüberschriften eingeführt, wobei die Einteilung in 30 Handlungsabschnitte jener in der Ausgabe von Ganz/Bechstein kompatibel ist, um – etwa zu Unterrichts- oder Vergleichszwecken – beide Fassungen besser nebeneinander verwenden zu können.

Zur Übersetzung

An dieser Stelle sei eine Bemerkung zu meiner Übersetzung eingefügt: Es ist mehr als eine bescheidene oder gar kokette Floskel, wenn heute die Verfasser von modernen Übersetzungen aus dem Mittelhochdeutschen immer wieder bekräftigen, sie wollten dem Verständnis des originalen Textes lediglich dienen, ihn aber keineswegs ersetzen. Der Optimismus der enthusiastischen Nachdichter des vorigen oder vom Beginn unseres eigenen Jahrhunderts, die da glaubten, durch Beibehaltung des bloßen Wortklangs (ungeachtet seiner gewandelten Bedeutung – etwa von *triuwe* zu »Treue«), durch Konservierung des Metrums und des Reims den poetischen Gehalt eines Werkes aus einer älteren Sprachstufe in eine neuere transponieren zu können, ist uns heute verlorengegangen.[69] So verdienstvoll die Vers-Übertragungen des

69 Ludwig Uhland etwa war sich der Problematik solchen Vorgehens durchaus bewußt. Trotzdem hat er bei seinen Übersetzungen stets »das Altertümliche

»Tristan« etwa von Kurtz (¹1844), Simrock (¹1855), Hertz
(¹1877) oder Pannier (bei Reclam 1903) auch gewesen sein
mögen, so wenig tragen sie doch zum näheren Verständnis
des Romans bei. Die moderne Philologie ist da bescheidener.
Sie bekennt sich zur nüchterneren aber genaueren Prosa[70],
und was sie an lyrischen und ästhetischen Obertönen nicht zu
vermitteln vermag, das sucht sie nach Möglichkeit auszuglei-
chen durch Beigabe des Original-Textes und/oder durch
begleitenden Kommentar.

In diesem Sinne versteht sich auch meine eigene Übersetzung.
Sie kann zwar den nackten Inhalt der Fabel wiedergeben. Wer
aber die Finessen von Gottfrieds Stil, seine Wortspiele, Dop-
pelungen, Antithesen, Chiasmen, Allusionen, Ambivalenzen
etc. in ihrer ganzen Virtuosität erfassen will, der muß sich an
den gegenüberstehenden mittelhochdeutschen Wortlaut halten. Ohne ihn ist die Übersetzung kaum mehr als eine
schnöde Verstehensprothese.

Dies ist, wie schon angedeutet wurde, nicht die einzige und
erste »Tristan«-Übertragung; sie hat vielmehr eine Reihe von
Vorgängerinnen,[71] und ich habe sie alle benutzt. Wo mir eine
Wendung gelungen, eine Formulierung treffend, eine Stelle
präzise erfaßt schien, hatte ich zur eigenen Verwendung solcher überzeugenden Lösungen »mit dem Rechte auch die

---

zu erhalten gesucht«, wie er in der Vorrede zu seiner (1822 entstandenen)
folgenreichen Abhandlung »Walther von der Vogelweide, ein altdeutscher
Dichter« (L. U., »Werke«, hrsg. von H. Fröschle und W. Scheffler, Bd. 4:
Wissenschaftliche und poetologische Schriften, politische Reden und Aufsätze, München 1984, S. 34) betont. Er hat dabei die Gefahr des »bloßen
Scheinverständnisses« in Kauf genommen – und übersehen, daß die mittelalterlichen Texte zumindest im Mittelalter gemeinhin gar nicht »altertümlich«
waren.

70 Vgl. etwa die neueren Übersetzungen von Kramer (1966) oder Ertzdorff
(1979). Zum Vergleich der »Tristan«-Übersetzungen s. die Studie von W.
Hoffmann, »Gottfrieds von Straßburg *Tristan* neuhochdeutsch«, in: »Poetica. Journal of Linguistic-Literary Studies« (Tokio) 25/26 (1987) S. 23 ff.

71 Genaue Angaben hierzu in H.-H. Steinhoff, »Bibliographie zu Gottfried
von Straßburg«, Berlin 1971, S. 26 f.; weitere Hinweise in der Fortsetzung
von Steinhoffs Bibliographie (1986), S. 24 f.; vgl. auch das Literaturverzeichnis im Anhang dieser Ausgabe.

Nachwort

Pflicht«[72]. Mich in diesen Fällen unter allen Umständen um das Profil einer unbedingt selbständigen Ausdrucksweise zu bemühen, habe ich für so unnötig wie unredlich befunden. Jede Arbeit in einer fortschreitenden, auf Erworbenem aufbauenden Wissenschaft ist ihren jeweiligen Vor-Arbeiten in dieser oder jener Weise verpflichtet. Besonderen Dank schulde ich in diesem Zusammenhang jedoch der vorzüglichen Übersetzung von A. T. Hatto ([1]1960), der modernen Prosa-Version von G. Kramer (1966) sowie vor allem den überaus förderlichen Hilfen, die die kommentierte Ausgabe von Ganz/Bechstein (1978) bietet.[73]

Gottfried und sein Stoff

Das Mittelalter kannte noch nicht den Begriff des »Originalgenies«, des aus sich selbst heraus schöpfenden Künstlers, der zu den wesentlichen Voraussetzungen der neuzeitlichen Literaturkritik gehört, der in Deutschland aber erst in der Epoche des Sturm und Drang aufkam bzw. poetologisch fixiert wurde. Den mhd. Dichtern galt es vielmehr als verpönt, ihre Werke aus eigener Phantasie zu »erdichten«. Stets suchten sie das Geschriebene zu beglaubigen durch den beflissenen Hinweis auf ihre Quelle. So wie die geistliche Literatur sich immer wieder rechtfertigend auf die Autorität der Heiligen Schrift und ihrer kanonisierten Exegeten bezog, so offenbarten auch die weltlichen Autoren in der Regel das Bedürfnis, ihr Tun durch die Nennung eines bekannten (gelegentlich auch unbekannten bzw. fiktiven)[74] Bürgen oder wenigstens

---

72 So schon im Vorwort zu: »Walther von der Vogelweide«, hrsg. von F. Pfeiffer. Leipzig [6]1880 ([1]1864); Deutsche Classiker des Mittelalters mit Wort- und Sacherklärungen, 1), S. XIV.

73 Hier vgl. auch die Bemerkungen zur Neuauflage des vorliegenden Bandes S. 11 ff.

74 In diesem Zusammenhang vgl. das berüchtigte Kyot-Problem im »Parzival« Wolframs von Eschenbach; dazu Bumke (s. Anm. 40), S. 40 ff. – Über »fabulistische Quellenangaben« in Antike und Mittelalter vgl. F. Wilhelm, in Beitr. 33 (1908), S. 286 ff.

durch die allgemein gehaltene Berufung auf die Zeugenschaft
einer überlieferten *âventiure* bzw. die Authentizität eines
verläßlichen *maere* zu legitimieren. Dichtung war im Mittelalter nicht »Erfindung«, sondern »Findung« eines vorgegebenen, geeigneten Stoffes zur getreuen Nacherzählung, weswe-
gen die Autoren in der Romania denn auch »Trouvères« hie-
ßen und im Mittelhochdeutschen *vindaere* genannt werden
konnten.[75]

War also stoffliche Originalität für die mittelalterliche Literatur kein angestrebtes Ziel, sondern eher ein beargwöhntes
Indiz für unzeitgemäße Freigeisterei, so kannte das Zeitalter
doch andererseits auch kein Prinzip der absoluten Quellentreue in strikt philologischem Sinne. Zwar beriefen die Dichter sich mit vehementer Entschiedenheit auf ihre jeweiligen
Vorlagen, tatsächlich aber gingen sie nicht selten eher unbekümmert mit ihnen um. Da erweist sich denn bei näherem
Hinsehen die vorgeblich unveränderte Übersetzung häufig
als recht eigenständige Bearbeitung. Die Artus-Dichtungen
des altfranzösischen Epikers Chrétien de Troyes etwa haben
in der »Eindeutschung« durch Hartmann von Aue und Wolfram von Eschenbach erhebliche Veränderungen erfahren,
und ähnlich ist es anderen romanischen oder antiken Stoffen
ergangen, die in der mittelhochdeutschen Literatur rezipiert
wurden.

Daß solche Unbefangenheit im Umgang mit der überlieferten
Vorlage nicht auf den deutschsprachigen Raum beschränkt
blieb, belegt eine Stelle aus dem »Tristan«-Roman des Anglo-
normannen Thomas (Fragment Douce 835): *Seigneurs, cest
cunte est mult divers* (Meine Herren, diese Geschichte wird
auf höchst unterschiedliche Weise erzählt). Und in der Tat
hat die reizvolle Fabel um Tristan und Isolde, deren ungesetz-

---

[75] Gottfrieds Polemik gegen den *vindaere wilder maere* (4665) richtet sich
deswegen wohl auch nicht gegen den »Geschichten-Erfinder« Wolfram, dessen Erzählung durch die bezeugende Tradition nicht gedeckt ist; der kritische Akzent liegt vielmehr auf dem Adjektiv *wilder* und mithin auf dem
formalen Aspekt (vgl. dazu die Anm. zu 4665 f.).

liche, schicksalhafte Liebe im Gegensatz steht zu den gesellschaftlichen Normen ihrer Umwelt, gerade wegen ihrer
pikanten Problematik die mittelalterlichen Autoren fasziniert
und zu einer Vielzahl von Bearbeitungen angeregt.
Über die Entstehung und Geschichte des Stoffes ist viel spe-
kuliert worden. Eine ganze Forschungsrichtung hat sich um
die Erhellung der Ursprünge und Traditionszusammenhänge
bemüht, auf denen die erhaltenen Fassungen der Fabel basie-
ren. Die umfangreiche, leidenschaftliche Diskussion über
diesen Fragenkomplex, die bisweilen nicht nur von rein akademischen, sondern auch von quasi-politischen (»insulare«
versus »kontinentale«, »keltophile« versus »keltophobe«
Theorien) Erwägungen getragen wurde, ist hier kaum nachzuzeichnen.[76] Das Ineinander von regionalmythischen, halb-
historischen, novellistischen und märchenhaften Elementen,
von internationalem Erzählgut und aktualisierender Anverwandlung, von unterschiedlichen Stoffkreisen und gegensätzlichen Kulturobjektivationen hat sich in der »Tristan«-
Tradition zu einem überaus komplexen, dabei hochvariablen
Motiv-System verdichtet, dessen nachträgliche Zergliede-
rung in einzelne Bestandteile und Überlieferungsstränge
kaum noch möglich scheint.
Den eindrucksvollsten Versuch in dieser Richtung hat Gertrude Schoepperle(-Loomis) unternommen.[77] Ihre These

---

76 Die Literatur zu diesem Thema ist sehr umfangreich; vgl. die Gottfried-
   Bibliographien von H.-H. Steinhoff (1971), S. 87 ff., bzw. (1986), S. 78 ff. –
   Resümierende Darstellungen finden sich bei R. Picozzi, A History of Tristan
   Scholarship (1971), S. 11 ff.; K. O. Brogsitter, »Artusepik«, Stuttgart [2]1971
   (Sammlung Metzler, 38), S. 97 ff.; G. Weber / W. Hoffmann, Gottfried von
   Straßburg (1981), S. 31 ff. und 60 ff. – Zur stoff- und motivgeschichtlichen
   Forschung bis 1925 vgl. den Überblick bei B. M. Langmeier (1978), S. 77 ff. –
   Komparatistische Untersuchungen, die sich – unter spezifischen Aspekten –
   mit den verschiedenen mittelalterlichen Tristan-Dichtungen beschäftigen,
   veröffentlichten U. Ernst (1976), S. Konecny, Eheformen (1978), P. K. Stein
   (1983) sowie A. Wolf (1989).
77 »Tristan and Isolt. A Study of the Sources of the Romance« ([1]1913], second
   edition, expanded by a bibliography and critical essay on Tristan scholarship
   since 1912 by Roger Sherman Loomis, New York 1960.

vom grundsätzlich keltischen Ursprung der »Tristan«-Sage
ist von der Forschung weitgehend akzeptiert, wenn auch in
einzelnen Punkten modifiziert worden.[78] In der für die deutsche »Tristan«-Philologie entscheidenden Stoffuntersuchung
hat F. Ranke,[79], teilweise im Anschluß an Schoepperles[80]
Auffassung, die Entwicklung des »Tristan«-Romans in drei
Hauptetappen[81] dargestellt:

– zunächst eine (nicht erhaltene) keltische Urschicht, die sich
  noch durch archaische Primitivität auszeichnete und deren
  Fabel in zwei selbständige Handlungsteile: *immram*
  (Schiffahrt ins Ungewisse: später Tristans erste Reise nach
  Irland zur Heilung seiner Wunde) und *aithed* (Flucht-
  erzählung: später das Waldleben des Liebespaares) zer-
  fiel;[82]
– dann ein (gleichfalls erschlossenes) »älteres Epos«, das
  durch die Einführung des Liebestrankes und Integration
  der ursprünglichen disparaten Handlungsstränge die eigentliche Urfassung des »Tristan«-Stoffes darstellt;[83]
– schließlich eine (abermals supponierte) »jüngere Fortsetzung«, die der Handlung eine Vorgeschichte von Tristans
  Eltern voranstellt und die die Erzählung nicht, wie bis dahin, mit dem Waldleben enden läßt, sondern die Rückkehr
  der Liebenden an den Hof, ihre Trennung und die Isolde-
  Weißhand-Episode anschließt.[84]

In dieser, der zuletzt charakterisierten, Version des Stoffes
hat man jene *estoire* sehen wollen, von der – nach verbreiteter,
jedoch nicht unangefochtener Meinung der Forschung – die

---

[78] Zur jüngsten Forschung vgl. O. J. Padel, »Les élements celtiques«, in: D.
  Buschinger (Hrsg.), La Légende de Tristan (1982), S. 81 ff., sowie W. J.
  McCann, »Tristan: The Celtic Material Re-examined«, in: A. Stevens / R.
  Wisbey, Gottfried von Strassburg (1990), S. 19 ff.
[79] F. Ranke, »Tristan and Isold«, München 1925 (Bücher des Mittelalters).
[80] Ihr ist Rankes Buch bezeichnenderweise zugeeignet.
[81] Zusammengefaßt bei Ranke (s. Anm. 79), S. 38 f.
[82] Ranke (s. Anm. 79), S. 3 ff.
[83] Ranke (s. Anm. 79), S. 8 ff.
[84] Ranke (s. Anm. 79), S. 22 ff.

weiteren (erhaltenen) »Tristan«-Fassungen abstammen und auf die der Normanne Béroul sich in seinem (nur fragmentarisch überlieferten) Roman gleich zweimal beruft.[85] Die Datierung von Bérouls Werk ist jedoch unsicher; sie schwankt zwischen 1170 und 1191,[86] so daß wir nicht sicher sind, ob wir in diesem archaisch wirkenden Text das älteste überlieferte Zeugnis der mittelalterlichen »Tristan«-Rezeption vor uns haben. Ob es neben der von Béroul bezeugten *estoire* noch andere, schriftliche oder mündliche, Versionen des Stoffes gegeben hat, ist oft vermutet, jedoch nicht gültig nachgewiesen worden.

Eng verwandt mit Bérouls Roman, ohne überprüfbar von ihm abzuhängen, ist der »Tristrant« des frühhöfischen Dichters Eilhart von Oberg. Ob er auf dieselbe Quelle zurückgeht oder eine andere, dieser nahestehende und ebenfalls verlorene Vorlage verwendet hat, ist mit Sicherheit nicht festzustellen. Auch die Identität des Verfassers, in dem einige Forscher den Braunschweigischen Ministerialen Eilhardus de Oberch zu erkennen glaubten, der zwischen 1189 und 1209 in dem (heute noch existierenden) Dorf Oberg bei Hildesheim urkundlich nachgewiesen ist, läßt sich mit letzter Sicherheit nicht bestimmen.[87] Der »Tristrant«-Roman, der uns vollständig, wenn auch zum großen Teil in späterer, mangelhafter Bearbeitung, erhalten ist,[88] spielt bei der Erschließung der *estoire* bzw. des angenommenen »Ur-Tristan« eine entscheidende Rolle. Immerhin bietet er, da Béroul, Thomas und Gottfried nur fragmentarisch überliefert sind, bis ins

---

85 A. Ewert, »The Romance of Tristram by Beroul«, Bd. 1, Oxford [6]1967, V. 1267 und 1789.

86 Dazu Ewert (s. Anm. 85), Bd. 2, Oxford 1970, S. 33 f.

87 Zu Herkunft, Biographie und Werk des Dichters vgl. die Einleitung bei H. Bußmann, »Eilhart von Oberg, Tristrant. Synoptischer Druck der ergänzter Fragmente mit der gesamten Parallelüberlieferung«, Tübingen 1969 (ATB 70), S. VII ff.

88 Eine kommentierte und (ins Französische) übersetzte Neuausgabe der gesamten Romans hat 1976 D. Buschinger (GAG 202) veranstaltet (vgl Literaturverzeichnis unter »Texte«).

13. Jahrhundert hinein die einzige abgeschlossene Darstellung des »Tristan«-Stoffes und ist deshalb für die romanistische wie für die germanistische Forschung von eminenter Wichtigkeit.

Wie bei den meisten Werken des Mittelalters, so ist auch bei diesem Roman die Frage der Datierung ungeklärt.[89] Man hat versucht, durch den Nachweis von Ähnlichkeiten zwischen dem Monolog Isoldes und dem Lavinias eine gewisse Abhängigkeit Eilharts von der »Eneide« Heinrichs von Veldeke zu begründen und die Entstehung des »Tristrant« entsprechend für die Zeit von 1185 bis 1190 anzusetzen. Andererseits lassen einige archaische Eigentümlichkeiten des Romans darauf schließen, daß er schon früher geschrieben sein müsse: um 1170. Zwischen beiden Terminen bewegt sich nun die zeitliche Fixierung, aber die »stärkeren Argumente sprechen wohl für die frühe Datierung«.[90]

Die Fassungen von Béroul und Eilhart gehören eher der spielmännischen als der höfischen Tradition an. Sie sind realistischer, naiver, welthaltiger und in ihrer Erzählstruktur gröber als die Bearbeitungen von Thomas und Gottfried; ihre Gliederung in episodische Begebenheiten, die zwar in sich spannend, aber kaum miteinander verspannt sind, betont ihren oberflächlichen Unterhaltungszweck; von psychologischer Begründung und reflektierter Thematisierung ihres delikaten Gegenstandes lassen sie wenig erkennen. Sie deswegen unhöfisch zu nennen, wäre gleichwohl ungerechtfertigt. Immerhin sind sie höfisch genug, um den notwendigen Widerspruch der Tristan-Minne zur herrschenden Konvention zu erkennen

---

89 Zur Datierung vgl. Bußmann (s. Anm. 87), S. XII ff.

90 G. Weber / W. Hoffmann, Gottfried von Straßburg (1981), S. 41. – Vom Gegenteil berichtet Bußmann (s. Anm. 87), S. XV f.; für eine Spätdatierung plädiert jetzt auch D. Kartschoke, »Eneas – Erec – Tristrant. Zur relativen Chronologie der frühen höfischen Versromane«, in: A. Ebenbauer (Hrsg.), »Philologische Untersuchungen, gewidmet E. Stutz zum 65. Geburtstag«, Wien 1984 (Philologica germanica, 7), S. 212 ff.

und als irritierend zu empfinden. Sowohl Béroul (soweit wir das aus den Fragmenten entnehmen können), als auch Eilhart verwenden große Anstrengungen darauf, den stoffimmanenten Konflikt zwischen dem Recht autonomer Liebe und der gesellschaftlichen Ordnung in seiner Brisanz zu mindern. Dabei hilft ihnen die Funktion, die sie dem Liebestrank zuteilen: Als magisches Elixier stiftet er einen Ausnahmezustand, in dem die Liebenden, solange sie unter dem Einfluß des unkontrollierbaren Zaubers stehen, von jeder Schuld freizusprechen sind. Die exzeptionelle und exzipierende Macht des Trankes verdeutlicht sich auch durch den Umstand, daß seine Wirkung begrenzt ist; bei Béroul erlischt sie nach drei, bei Eilhart verringert sie sich nach vier Jahren.

Auf den vor- oder frühhöfischen Roman Eilharts greifen später auch die Gottfried-Fortsetzer zurück.[91] Durch den deutschen »Prosa-Tristan«[92], der 1484 erstmals gedruckt wurde und große Verbreitung fand, kam Eilharts Werk zu nachhaltiger Wirkung, die durch seine vordergründige Stofflichkeit und seinen hohen Unterhaltungswert gewiß befördert wurde.[93]

91 Vgl. die Anm. zu 19548.

92 »Tristrant und Isalde«, hrsg. und eingeleitet von A. Brandstetter, Tübingen 1966 (ATB, Ergänzungsreihe 3). Das Abhängigkeitsverhältnis zwischen dem »Prosa-Tristan« und Gottfried untersuchte zuletzt B. Plate, »Gottfried-Rezeption im Prosa-Eilhart?«, in: Euph. 71 (1977) S. 250 ff.

93 Über die mittelalterliche Rezeption der »Tristan«-Sage, die hier natürlich nicht erschöpfend behandelt werden kann, vgl. die Übersicht bei E. Frenzel, »Stoffe der Weltliteratur. Ein Lexikon dichtungsgeschichtlicher Längsschnitte«, Stuttgart ²1963 (Kröners Taschenausgabe, 300), S. 630 ff.; außerdem E. Brand, »Tristan-Studien. Zur Art und inneren Entwicklung der mittelalterlichen Tristan-Dichtungen«, Diss. Göttingen 1929, sowie J. M. Ferrante, »The Conflict of Love and Honor. The Medieval Tristan Legend in France, Germany and Italy«, Den Haag / Paris 1973. In seiner Materialfülle immer noch wertvoll W. Golther, »Tristan und Isolde in den Dichtungen des Mittelalters und der neuen Zeit«, Leipzig 1907; vor allem hinsichtlich der Eilhart-Aufnahme W. Spiewok (1963), S. 147 ff.; für das 13. Jh. vgl. bes. B Wachinger (1975); außerdem der Beitrag von H. Kuhn (1976) sowie die hilfreichen Überblicksdarstellungen bei Brogsitter (s. Anm. 76), S. 105 ff und bei G. Weber / W. Hoffmann, Gottfried von Straßburg (1981), S. 40 ff

Ob Gottfried den Roman Eilharts gekannt hat, ist mit
Gewißheit nicht festzustellen. Zwar distanziert er sich in seinem Prolog ausdrücklich von seinen Vorgängern:

> *Ich weiz wol, ir ist vil gewesen,*
> *die von Tristande hânt gelesen;*
> *und ist ir doch niht vil gewesen,*
> *die von im rehte haben gelesen.* (131–134)[94]

Diese Kritik könnte zwar, muß sich aber nicht unbedingt auf
Eilhart beziehen. An anderer Stelle korrigiert der Autor eine
Version der Fabel, die fälschlich behaupte, Riwalin sei König
von Lohnois gewesen (324–327), und tatsächlich findet sich
diese geographische Zuweisung bei Eilhart (75 f.). Später
mokiert sich Gottfried über eine Darstellung, derzufolge eine
Schwalbe, auf der Suche nach Baumaterialien für ihr Nest,
von Cornwall nach Irland geflogen sei und dort ein Frauenhaar geholt habe (8601–13). Dieses märchenhafte Detail
erscheint ihm, dem abgeklärten Intellektuellen, gar zu
absurd, und er bemerkt mit abfälliger Ironie:

> *weiz got, hie spellet sich der leich,*
> *hie lispet daz maere.* (8614 f.)

Welches *maere*? Zu Eilharts Roman, der eine entsprechende
Episode wirklich enthält (1381 ff.), würde diese Polemik rein
inhaltlich durchaus passen. Ob sich in solcher spöttischen
Besserwisserei womöglich schon »das gefühl unserer modernen kritiker regt«,[95] bleibe ebenso dahingestellt wie die Frage,
ob sich Gottfried hier unzweifelhaft mit dem »Tristrant« auseinandersetzt. Er könnte ähnliche Zurückweisungen verfälschender Erzähl-Varianten auch bereits in seiner Vorlage

Einen guten Überblick bietet P. K. Stein, »Tristan«, in: »Epische Stoffe des
Mittelalters«, hrsg. von V. Mertens und U. Müller, Stuttgart 1984 (Kröners
Taschenausgabe, 483), S. 365 ff.
94 Vgl. dazu auch die Anm. zu 131 ff.
95 So Jacob Grimm in einer Rezension über Büschings und von der Hagens
»Buch der Liebe« (1812, in: J. Grimm, »Kleinere Schriften«, Bd. 6, Berlin
1882, S. 96.)

gefunden und einfach übernommen haben oder aber sich auf ein ganz anderes, uns nicht bekanntes Werk beziehen.[96]

So unsicher es ist, von welchem seiner Vorgänger sich Gottfried in seiner Quellenkritik absetzen möchte, so eindeutig wissen wir doch andererseits, auf wen er sich beruft. Keiner nämlich, so betont der Autor in seinem Prolog, habe die Geschichte so korrekt wiedergegeben,

> als Thômas von Britanje giht,
> der âventiure meister was
> und an britûnschen buochen las
> aller der lanthêrren leben
> und ez uns ze künde hât gegeben.   (150–154)[97]

Über diesen Thomas, der sich in seinem altfranzösischen »Tristan« zweimal selbst als Autor nennt (Fragment Douce 862 und Fragment Sneyd[2] 820), wissen wir kaum mehr als über Gottfried. Auch der Zusatz von Britanje ist wenig hilfreich, weil der Dichter diese Bezeichnung sowohl für die Bretagne (Britannia minor) als auch für die britische Insel (Britannia major) verwendet. Gemeinhin sprechen wir von Thomas d'Angleterre, weil wir annehmen, daß er in der zweiten Hälfte des 12. Jahrhunderts am englischen Hofe Heinrichs II. (Plantagenet) für ein anglo-normannisches höfisches Publikum seinen Roman in französischer Sprache verfaßt hat. Auftraggeberin seines Werkes mag Eleonore von Aquitanien gewesen sein, die kultivierte und literarisch hochgebildete Gattin – zunächst Ludwigs VII. von Frankreich, seit 1152 jedoch – des Grafen von Anjou und späteren englischen Königs, Mäzenin so bedeutender Dichter wie etwa Waces

---

96 Über Gottfrieds »polemische Äußerungen« und ihre mögliche Anwendbarkeit auf Eilharts »Tristrant« vgl. die Zusammenstellung und Diskussion bei J. Gombert, Eilhart und Gottfried (1927), S. 142 ff.

97 Die Stelle ähnelt im Wortlaut jener Passage im »Parzival« (453,1 ff.), in der Wolfram sich auf seinen (fiktiven) Gewährsmann Kyot beruft; vgl. zu dieser Übereinstimmung Schröder (s. Anm. 53), S. 284. – Über einen vergleichbaren Hinweis auf die Autorität eines Kenners bei Thomas vgl. die Anm. zu 150–154.

oder Bernharts von Ventadorn – eine mittelalterliche Femme
fatale, die in der exemplarischen Dreiecksgeschichte des »Tristan«-Stoffes wohl ihre eigene Stellung zwischen zwei Männern pikant gespiegelt gesehen haben mochte. Solche Vermutungen zur Biographie, so verlockend sie auch sein mögen,
bleiben jedoch notwendigerweise vage. Sie stützen sich vor
allem auf die Tatsache, daß Thomas in seinem Gedicht die
englische Hauptstadt London preist (Fragment Douce
1379 ff.) und daß er Tristan das Wappen des Angevinischen
Hauses, den goldenen Löwen auf rotem Grunde, zugewiesen
hat.[98]

Auch Thomas hatte Kenntnis von unterschiedlichen Erzähl-
versionen des »Tristan«-Stoffes, wie S. 329 gezeigt wurde.
Die Authentizität seiner eigenen Fassung versuchte er zu
beglaubigen durch die Berufung auf einen Gewährsmann
namens Breri.[99] Ob es sich hierbei um eine fabulöse Quellen-
angabe handelt oder ob der Genannte identisch ist mit jenem
fabulator famosus namens Bledhericus, den Giraldus Cam-
brensis erwähnt, ist nicht geklärt.[100] Auch Vermutungen,
denenzufolge Breri der Verfasser jener *estoire* ist, auf die
Béroul sich stützt, sind durch nichts zu begründen.

Unsicher ist außerdem die Datierung. Da Thomas offensichtlich den »Roman de Brut« des Wace benutzt hat, ist der *terminus post quem* nicht umstritten: nach 1155. Schwieriger ist
die Frage, bis wann der Roman beendet worden sein muß.
Wenn es zuträfe, daß Chrétien de Troyes in seinem (etwa
1170) als »Anti-Tristan« verfaßten »Cligès« auf Thomas
anspielt,[101] dann ergäbe sich daraus ein äußeres Datum: bis
um 1170. Möglich ist jedoch auch, daß Chrétien sich auf eine

98 Vgl. A. T. Hatto im Anhang zu seiner englischen »Tristan«-Übersetzung
   (¹1960), S. 355 ff. und 365 f.
99 Vgl. die Anm. zu 150–154.
100 Dazu W. Kellermann, »Le problème de Breri«, in: »Les Romans du Graal
    dans la littérature des XIIe et XIIIe siècles«, Paris 1956 (Colloques Interna-
    tionaux du Centre de la Recherche Scientifique, 3), S. 137 ff.
101 Vor allem mit dem Wortspiel um *l'amer – amer – la mer*, das sich in den
    beiden Dichtungen findet.

andere Fassung des Stoffes bezieht und daß Thomas erst auf den »Cligès« folgt. Diese Annahme wird gestützt dadurch, daß Dublin im »Roman de Tristan« bereits als Hauptstadt Irlands bezeichnet ist; das aber wurde sie erst im Jahre 1172.[102] Ist jedoch diese Datierungsschwelle einmal überschritten, bleibt auch eine noch spätere Entstehungszeit nicht ausgeschlossen – etwa zwischen 1180 und 1190.[103] Als wahrscheinlichster Termin gilt in der Forschung »um 1170«; weitergehende Einordnungsversuche tendieren eher zu einem noch früheren Zeitpunkt als zu einem späteren.[104]

Von Thomas' Roman sind uns nur Fragmente überliefert.[105] Das Gesamtwerk können wir deshalb allenfalls erschließen durch Bearbeitungen, die es in der Folge gefunden hat. Hauptzeugen hierfür sind die altnordische »Tristram-Saga« des Bruders Robert (1226)[106], das mittelenglische Gedicht über »Sir Tristrem« (vor 1300)[107], die italienische »Tavola ritonda« (13. Jahrhundert) – und eben Gottfrieds unvollendeter Roman (um 1210).[108] Der Vergleich zwischen der mittel-

---

102 P. Ganz in seiner Einleitung zu Ganz/Bechstein I, S. XX. – Allgemein hat sich jedoch die Ansicht durchgesetzt, daß Chrétien mit seinem »Cligès« auf Thomas' Roman antwortet; vgl. dazu H. Weber, »Chrestien und die Tristandichtung«, Bern / Frankfurt a. M. 1976 (Europäische Hochschulschriften XIII, 32); zur Frage der Priorität bes. S. 29, Anm. 1. – Zu den Bezügen allgemein vgl. E. Höfner, »Zum Verhältnis von Tristan- und Artusstoff im 12. Jahrhundert«, in: »Zeitschrift für französische Sprache und Literatur« 92 (1982) S. 289 ff.

103 So bei Ranke (s. Anm. 79), S. 127.

104 Zur Frage der Datierung vgl. B. H. Wind, »Nos incertitudes au sujet du ›Tristan‹ de Thomas«, in: »Mélanges Frappier«, Paris 1970, S. 1129 ff.

105 Insgesamt 8 Bruchstücke (aus 5 Hss.) mit zusammen über 3100 Versen: etwa ein Sechstel des Gedichts; hrsg. von B. H. Wind (²1960).

106 Zweifel an der Zuverlässigkeit von Roberts Bearbeitung als Grundlage für die Rekonstruktion der Thomas-Version äußert M. Huby, Prolegomena I (1984), S. 13 ff.

107 Zur Charakterisierung dieser Bearbeitung vgl. A. Crepin, »Position de ›Sir Tristrem‹«, in: D. Buschinger (Hrsg.), La Légende de Tristan (1982), S. 89 ff.

108 Eine Rekonstruktion der vollständigen Erzählung hat J. Bédier gewagt: »Le roman de Tristan par Thomas. Poème du XIIe siècle«, 2 Bde., Paris 1902–05.

hochdeutschen Fassung des deutschen Autors und seiner Vorlage, die er getreu wiederzugeben versichert (155 ff.), wird behindert dadurch, daß die überlieferten Thomas-Fragmente genau da einsetzen, wo der Straßburger abbricht: kurz vor der Heirat des Helden mit *Ysolt as Blanches Mains* (Isolde Weißhand). Gottfrieds Quellentreue läßt sich also (mit zwei Ausnahmen)[109] nur mittelbar überprüfen durch den Blick auf spätere Thomas-Adaptationen, die freilich in ihrer Verläßlichkeit durchaus nicht unumstritten sind.

Es war Thomas, der den populären »Tristan«-Stoff, soweit wir wissen, erstmals dem Geschmack und den literarischen Erwartungen eines höfischen Publikums anglich. Seine Version bemüht sich – durch eingeschobene Reflexionen – um psychologische Vertiefung, sie eliminiert unrealistische Details und mildert die Widersprüche, die sich aus dem episodischen Nebeneinander verschiedener Erzählstränge und Fabeltraditionen ergaben. Eine charakteristische Veränderung erfährt die Darstellung des Waldlebens, das in der *version commune*, der spielmännischen Fassung bei Béroul und Eilhart, als eine Zeit entbehrungsreichen Exils und leidvoller Härte erscheint, bei Thomas aber (und dann noch verstärkt bei Gottfried) zu einer vorübergehenden Phase von idyllischer Harmonie und idealisierter Beglückung umgestaltet wird – wobei dann in Gottfrieds Roman der Wechsel von realistischer Beschreibung zu symbolischer Überhöhung ganz deutlich wird.

In einer solchen Bearbeitung bestand keine Notwendigkeit mehr, den Ausnahme-Charakter der Tristanliebe durch ihre zeitliche Limitierung zu unterstreichen: von einer begrenzten Wirkdauer des Minnetranks ist in der *version courtoise* von Thomas und Gottfried deshalb keine Rede mehr. Liebe wird begriffen als elementare, autonome Macht, ja als systemsprengende Gewalt, die mit der romanischen *amour fine* oder der mhd. *hôhen minne* nicht mehr viel gemein hat. Da ist

---

109 Parallel überliefert ist ein Stück der Baumgarten-Szene (vgl. Anm. zu 18195 ff.) und Tristans Schlußmonolog (vgl. Anm. zu 19424 ff.).

kaum noch etwas geblieben von der entsinnlichten Dienst-
Lohn-Mechanik und der zierlich reflektierten Melancholie
des erotischen Spiels in den Werken des »klassischen« Mittelalters. Nicht aus der Entsagung, aus der prinzipiellen Nicht-
Erfüllung sinnlicher Bedürfnisse, dem ritualisierten *trûren*
nach erwarteter Verweigerung, der elegischen Kapitulation
angesichts der gesellschaftlichen Übereinkunft, die nur das
sehnliche Streben nach dem Ziel, nicht aber seine Erlangung
sanktionierte; nicht also aus dem immanenten Widerspruch
der höfischen Minnekonzeption entsteht die Tragödie Tristans und Isoldes, sondern aus ihrer rückhaltlosen Hingabe
aneinander, dem uneingeschränkten Bekenntnis zu ihrer
Liebe – und dem unausweichlich daraus folgenden Konflikt
mit ihrer Außenwelt, der schmerzlichen Ambivalenz, die die
Liebenden einerseits soziale Wesen und andererseits Opfer
ihrer schicksalhaften Zuneigung sein läßt.

Hier besteht nun tatsächlich ein wesentlicher, d. h. wesenhaf-
ter Unterschied nicht nur zum System der *hôhen minne*, sondern zum Menschen- und Weltbild des konventionellen höfischen Romans. Zwar gesteht auch die Artus-Epik dem Helden das Recht auf Autonomie und die Möglichkeit der Vervollkommnung und mithin der Verwirklichung seiner selbst
zu. Aber das Individuum wird, durchaus entsprechend dem
zeitgenössischen Glauben an die Kraft eines himmlischen
Heilsplans, in seiner existentiellen Befindlichkeit und Be-
dingtheit allemal bezogen auf ein übergeordnetes Prinzip, in
dem – verkürzt und neuzeitlich ausgedrückt – das Sein das
Bewußtsein definiert. Tristan und Isolde jedoch, autonom
auch im Bereich ihres unbedingten Gefühls, wollen zueinander finden aus eigener Kraft und gegen die Normen ihrer
bestimmenden Welt. Damit geraten sie nicht nur in tragischen Konflikt mit ihrem eigenen Bewußtsein, das der höfischen Übereinkunft doch stets verpflichtet bleibt; sie setzen
sich auch in Widerspruch zu dem Sein der sie umgebenden
Wirklichkeit.[110]

110 Dieser Umstand ist für E. Köhler »bedeutend genug, den ›höfischen‹ Charakter des Thomas-*Tristan* anzuzweifeln« (in: »Ideal und Wirklichkeit in

Bezeichnenderweise ist der Artuskreis, der mit den früheren Versionen des Stoffes eng verknüpft war, in den höfischen Bearbeitungen der »Tristan«-Sage von der Handlung völlig ausgeschlossen; er wird allenfalls noch, an Vergangenes erinnernd, zitiert.[111] Die Kollision der beiden Welten wäre, wenn man die stoffliche Verquickung beibehalten hätte, zu heftig gewesen, und die Gefahr hätte bestanden, daß der individualistische Lebensanspruch der »Tristan«-Erzählung die Prinzipien der Artusepik in Frage stellte.

In diesem Zusammenhang muß jedoch auf den »Lancelot«-Stoff hingewiesen werden, der ja gleichfalls einen Idealherrscher (Artus) als Opfer einer Ehebruchsgeschichte vorführt. In der Tat sind die Parallelen zwischen den beiden Fabeln – oft bis in Details des Handlungsverlaufs hinein – so stupend, daß der Gedanke an ein absichtsvolles, dialektisch verschränktes Beziehungssystem zwischen der »Tristan«- und der »Lancelot«-Tradition sehr nahe liegt. Nur: Lancelot unterwirft sich und seine ungesetzliche Liebe dem entwirklichenden Prinzip des höfischen Minne-Dienstes. Dadurch wird dieser Ehebruch, so schmerzvoll er für Artus immer gewesen sein mag, vereinbar mit den Forderungen der geltenden Liebesideologie, integrierbar in das idealistische Gefüge der höfischen Epik und sogar tolerabel für die gehobenen sittlichen Ansprüche, die die mystisierende Gralsdichtung stellte.[112]

---

der höfischen Epik. Studien zur Form der frühen Artus- und Graldichtung«, Tübingen ²1970, Beihefte zur ZfrPh 97, S. 267). Dieser Vorwurf der »Gesellschaftsfeindlichkeit« (Köhler, S. 150) gegenüber der Thomas-Version wird von der Forschung nicht völlig geteilt. Dagegen ist das anti-höfische Potential in Gottfrieds Roman sehr viel stärker ausgebildet.

111 Gottfried bezieht sich bei der Beschreibung des *locus amoenus* nahe der Minnegrotte auf die maienselig-festliche Idealwelt des *saeligen* (also bereits als verstorben bezeichneten) König Artus und seiner Tafelrunde (16861 und 16900).

112 Über die Zusammenhänge zwischen der »Tristan«- und der »Lancelot«-Tradition vgl. M. Lot-Borodine, »Tristan et Lancelot«, in: »Medieval Studies in Memory of Gertrude Schoepperle-Loomis«, Paris / New York 1927, S. 21 ff., sowie X. von Ertzdorff, »Tristan und Lanzelot. Zur Problematik

Die stoffimmanente Problematik der »Tristan«-Sage ist von
Gottfried von Straßburg noch verschärft worden. Ob daraus
ein antihöfischer Affekt des Dichters abgeleitet werden kann,
ist fraglich – obwohl natürlich ein Autor sich stets zu erkennen gibt nicht nur in der Bearbeitungsweise, sondern schon in
der Auswahl seines Gegenstandes. Auch die Frage, ob in
dieser Dichtung noch der Geist des Mittelalters wehe oder ob
sich bereits eine neue, »renaissancehafte« Epoche ankündige,
mag unberücksichtigt bleiben angesichts des Umstandes, daß
der Roman sich auch in seiner Abweichung von den Normen
und Erwartungen seiner Entstehungszeit diesen doch unverkennbar – durch Rechtfertigung, Anspielung und Distanzierung – verbunden zeigt. Ohne Zweifel ist F. Ranke zuzustim-
men, wenn er feststellt, Gottfried habe »dem Tristanstoff die
klassische Form gegeben«.[113]

Angesichts der mangelhaften Überlieferung von Thomas'
Roman ist es jedoch kaum möglich, mit letzter Bestimmtheit
nachzuweisen, ob und wo Gottfried gegenüber seiner Vorlage verändert hat. Daß er gelegentlich von ihr abgewichen
ist, unterliegt keinem Zweifel. Sein im Prolog formuliertes
Bekenntnis zu gewissenhafter Quellentreue (149–172) hinderte ihn nicht, den vorgegebenen Stoff den eigenen Über-
zeugungen anzuverwandeln und seinem Publikum in einer
individuellen Auslegung (*mîn lesen* 167) zu offerieren.[114]

---

der Liebe in den höfischen Romanen des 12. und frühen 13. Jahrhunderts«,
in: GRM 62 (1983) S. 21 ff. – Von Chrétiens (wohl zwischen 1170 und 1180
entstandenem) »Lancelot«-Roman weiß man, daß der Dichter durch seine
Gönnerin, Maire de Champagne, zu dieser delikaten Ehebruchsgeschichte
angeregt worden ist. Dieses Detail ist aufschlußreich insofern, als Thomas
d'Angleterre zu seiner – gleichfalls anstößigen – Dreiecksgeschichte um
Tristan und Isolde von der Mutter der Chrétien-Mäzenin, nämlich Eleonore von Aquitanien, beauftragt worden sein könnte (s. S. 336 f.).

113 Ranke (s. Anm. 79), S. 178.

114 Einen »direkten Vergleich zwischen Thomas und Gottfried« bietet M.
Huby, Prolegomena I (1984), S. 191 ff. – W. T. H. Jackson, The Anatomy
of Love (1971), hebt hervor, daß »comparisons as can be made between the
extant parts of the two authors indicate that Gottfried created a work com-
pletely different from Thomas' narrative« (S. 49).

Eigenständiges Werk des Dichters ist gewiß der Prolog, die
»Dichter-Revue« und die allegorische Auslegung der Minnegrotte. Hinzugefügt hat er seiner Vorlage überdies die kom-
mentierenden Exkurse, die freilich in den reflektierenden
Partien bei Thomas zumindest vorgebildet waren, die Gottfried aber wohl beträchtlich ausgeweitet hat, so daß sein Roman, hätte er ihn vollendet, gewiß bedeutend umfangreicher
geworden wäre, als der seines Vorgängers gewesen ist.[115]
Aber nicht nur in der Einlassung dieser größeren Darstel-
lungsteile liegt Gottfrieds Eigenleistung. Aufschlußreich sind
auch die Veränderungen im Detail. Hier ist der Autor offensichtlich um höhere Plausibilität bemüht, er deutet psychologische Motivationen an und vertieft so den geistigen Gehalt
der Erzählung, die doch gerade in den spielmännischen Bearbeitungen so sehr auf äußerliche Handlung, auf Betrugs-,
Flucht- und Kampfepisoden abgestellt war und die sich von
solchem Erbe auch in der *version courtoise* bei Thomas nicht
ganz befreit hatte. Gottfrieds Streben nach innerer Glaubwürdigkeit seines Gedichtes wird ergänzt durch seine Versuche, die kompositorische Folgerichtigkeit der Fabel zu ver-
vollkommnen.
Bezeichnend ist in diesem Zusammenhang die stringentere
Ausgestaltung des altirischen *immram*-Erzählmotivs, das
der keltischen Urschicht des »Tristan«-Stoffes angehört
(s. S. 331) und sich bis Gottfried erhalten hat, der es dann
freilich entscheidend modifizierte. In den alten Fassungen
und noch bei Eilhart begibt sich der Held nach seiner Verwundung im Morold-Kampf, der übrigens gleichfalls zu den
ältesten Elementen der Fabel zählt, auf eine Seefahrt ins
Ungewisse – um dann durch wundersame Fügung in Irland
zu landen und bei Isolde, von der er nichts weiß, Heilung zu

---

115 Die Hochrechnung von P. W. Tax, Wort, Sinnbild, Zahl (1961), S. 170,
     kommt auf 25 000 Verse; P. Wapnewski, Tristans Abschied (1964), S. 353,
     schätzt Gottfrieds Roman-Projekt sogar auf 32 000 Verse (gegenüber 19 000
     Versen bei Thomas) und unterstellt dem Autor damit eine Erweiterungsten-
     denz von rund 60 Prozent.

finden. Solche märchenhafte *vart nâch wâne* konnte nicht
nach dem eher nüchternen Geschmack des intellektuellen
Autors sein. Schon bei Thomas, dessen Lesart von der »Saga«
verbürgt wird, hatte er das Detail gefunden, daß Morold dem
vergifteten Tristan triumphierend erklärt, nur die Königin
Isolde könne diese Wunde heilen. Dennoch begibt sich der
Held bei Thomas (bzw. in der »Saga«) auf eine – durch unre-
flektierten Stoffzwang begründete – Reise nach Irgendwo
und landet schließlich, offensichtlich nur durch glücklichen
Zufall, in Irland, wo die Geschichte ihren traditionsgebunde-
nen Fortgang nimmt. Thomas war also mit der logischen
Begründung der episch-dramaturgischen Zusammenhänge
nur halb fertig geworden. Immerhin aber hatte er einen
Ansatz zur folgerichtigen Verknüpfung gefunden.

Bei Gottfried nun ist das alte Motiv vollends zu einer plausiblen Darstellung umgeformt: Tristan weiß, daß nur Isolde
ihm helfen kann, und so macht er sich denn, nachdem er mit
Marke ein Ablenkungsmanöver, die Nachricht von seiner
vergeblichen Reise nach Salerno, verabredet hat, zielstrebig
auf den Weg nach Irland. Dort freilich landet er nicht mit
seinem wohlausgestatteten Reise-Segler, sondern er läßt sich
nahe dem Ziele in einem kleinen Boot aussetzen – so als ob er
durch Zufall an die irische Küste getrieben worden wäre. Auf
diese Weise stellt Gottfried sicher, daß der logische Anschluß
an den vorgegebenen Handlungsverlauf nicht gefährdet
wird.

Solche Sorgfalt verwendet der Autor jedoch nicht auf alle
Episoden seiner Erzählung. Zahlreiche Brüche, Ungereimtheiten, Darstellungssprünge und Widersprüche der überlieferten Fabel bleiben auch in der Fassung des Straßburgers
erhalten. Das Mittelalter legte geringen Wert auf logische
Abfolge und stringente Verklammerung der narrativen
Schritte;[116] ihm war Vielfalt wichtiger als Konsequenz der

---

116 B. Thum erklärt dieses auffällige, uns bisweilen irritierende Desinteresse an
     Kohärenz und Stimmigkeit in Argumentation und Darstellung mit dem
     Phänomen der »Identitätsdiffusion«, die Thum zu den elementaren be-

Geschehnisse,[117] und so darf man denn die innere Verfügung des Gottfriedschen »Episodengewebes«[118] nicht mit den Kategorien eines modernen Empfindens auf ihre Dichte überprüfen wollen. Ansätze zur Herstellung einer epischen oder psychologischen Einheit, wie sie im Roman gelegentlich durchaus nachweisbar sind, sollten den Betrachter gleichwohl nicht zu der hoffnungsvollen Annahme verleiten, diese Versuche stellten die Elemente eines durchgehenden Prinzips dar.

Um so bemerkenswerter sind deshalb jene Abweichungen von der Vorlage, in denen sich ein verändertes inhaltliches Konzept erkennen läßt. Dazu gehört bei Gottfried zweifellos die modifizierte Funktion des Minnetranks. Bei Thomas spricht Tristan eindeutig davon (Fragment Douce 1214 ff.), daß zwischen ihm und Isolde schon vor dem Genuß des Elixiers eine *amur fine e veraie* bestanden habe. Thomas hatte also mit der magischen Kraft des Tranks auch seine symbolische, Liebe bewirkende Macht eliminiert; der schicksalhafte *beivre* (›Trunk‹) der alten Fabel war in seiner Bedeutung für die Erzählung fast aufgehoben. Gottfried jedoch läßt erkennen – oder genauer: er gibt zu zweifeln keinen Anlaß –, daß erst in jenem Augenblick die Liebe zwischen Tristan und Isolde einsetzt, in dem sie (versehentlich) das Zaubermittel zu sich nehmen.[119]

wußtseinsgeschichtlichen Kategorien zählt, mit denen sich das Verhalten der Menschen im Hohen Mittelalter bestimmen und deren Folgen sich nicht nur in literarischen, sondern auch in chronikalischen, rechtsgeschichtlichen und urkundlichen Texten nachweisen lassen; vgl. B. Thum, »Politik und soziales Handeln im Mittelalter. In Elementarformen dargestellt an der Chronistik und politischen Spruchdichtung des Ostalpenraums im 13. und beginnenden 14. Jahrhundert«, Karlsruhe 1976 [unveröff. Habil.-Schr.], S. 77 ff., bes. S. 90 ff.

117 Vgl. R. Gruenter in seiner Rezension über G. Weber: Gottfrieds Tristan (1953), in: »Deutsche Literaturzeitung« 75 (1954) Sp. 279 f.

118 Ein Begriff von H. Kuhn, »Die Klassik des Rittertums in der Stauferzeit 1170–1230«, in: »Annalen der deutschen Literatur«, hrsg. von H. O. Burger, Stuttgart ²1962, S. 168.

119 Dieser Punkt ist allerdings in der Forschung sehr umstritten; vgl. dazu die Anm. zu 11435.

Gleichwohl hat der Trank für ihn nicht den vordergründig-mechanischen Sinn der unvermittelten Liebesstiftung, und er bezeichnet auch nicht den Einbruch des Dämonischen, Unberechenbaren in die Welt des Paares. Dadurch, daß Gottfried in dieser Szene die Liebe als übergeordnetes Lebensprinzip seiner Helden darstellt (und im Roman immer wieder personifiziert), macht er die Elementargewalt ihrer Leidenschaft nur um so deutlicher. Es geht ihm nicht um die »Erklärung« des Sinnlichen aus dem Übersinnlichen, nicht um die Apologie des Frevels oder eine Legitimation der Fabel; es geht um den Primat des Gefühls vor den Geboten der Gesellschaft wie *êre*, *triuwe* oder *staete*, die als Werte nicht angetastet, sondern nur in ihrer Gewichtung der *minne* nachgeordnet und allein dadurch hinterfragt werden.

Das Elixier ist nicht Symbol für eine äußere Macht, die der Erzählung auf diese Weise aufgezwungen wird. In dem Trank konkretisiert sich pointiert – d. h. hier: auf den Zeit-Punkt gebracht – ein überlegenes Geschick, das in der Darstellung zwar erahnbar, aber nicht manifest war. Tristan und Isolde, mit allen Anzeichen höfischer Vollkommenheit ausgestattet, sind offensichtlich füreinander bestimmt; in der Idealität ihrer Harmonie verwirklicht sich die Idee der Liebe, und es bedarf des Minnetranks, mit dem »der unbesiegbare Eros selbst in die Handlung eingreift«,[120] um die überwältigende Zuneigung der beiden, die totale, die fatale Einsheit des Paares episch zu formulieren.

Von großer Bedeutung, so erkennt die Gottfried-Philologie in zunehmendem Maße, sind auch die zahlreichen Exkurse, in denen der Autor den Verlauf der Handlung kommentiert, ihn einer nicht selten kritisch distanzierenden Deutung unterzieht und oft genug, vom Stoffzwang befreit, auch »private« Äußerungen artikuliert, die sich von denen des »offiziellen« Vermittlers einer vorgegebenen Fabel unterscheiden.[121]

---

120 P. F. Ganz, Minnetrank und Minne (1970), S. 65.

121 Vgl. L. Peiffer, Exkurse (1971); dazu auch W. Christ, Rhetorik und Roman (1977), bes. S. 51 ff. – F. Urbanek, Die drei Minne-Exkurse (1979), hat die

Gerade in diesen Partien, die Eigentum des Dichters sind,
offenbart er zudem einen auffälligen Hang zu didaktischer
Erläuterung, spekulativer Betrachtung, beredter Rechtfertigung – und bisweilen auch nur geistreicher Causerie. Immerhin aber lassen sich aus den Exkursen erhellende Schlüsse
ziehen für das Verständnis des Werkes – obwohl auch hier
davor gewarnt werden sollte, aus einer vereinzelten Bemerkung, selbst wenn sie den Umfang einer kleinen (oder auch
größeren) Digression besitzt, die Interpretation für den ganzen Roman gewinnen zu wollen.

Artistik der Sprache

Gottfrieds Leistung als Bearbeiter des »Tristan«-Stoffes liegt
jedoch nicht allein im Bereich der inhaltlichen und gedanklichen Veränderung, Erweiterung oder Vertiefung. Von seinen
Epigonen gerühmt und den Philologen gepriesen wurde und
wird er auch wegen seiner unerhörten Sprach- und Stilkunst,
die »artistisch« zu nennen mehrfach begründbar ist: zunächst
weil »Kunst« mit lat. *ars* zu übersetzen ist und weil des Dichters verbale Kunstfertigkeit durch fast jeden seiner nahezu
20 000 Verse eindrucksvoll bewiesen wird; alsdann weil Gottfried, als schulgebildeter Literat (*poeta doctus*), mit den
Begriffen und Forderungen der antiken und zeitgenössischen
Poetik und Rhetorik, deren verbindliche Regeln der epideik-
tischen Beredsamkeit in den mittellateinischen *artes poeti-
cae*[122] fixiert waren, genau vertraut war und deswegen ein

wichtige Funktion dieser Einschübe für das Verständnis des ganzen Romans unterstrichen. Er sieht in den drei Minne-»Predigten« chiffrierte Bot-
schaften des Autors, in denen dieser die vordergründigen Aussagen seiner
Erzählung vertieft bzw. relativiert. Mit den großen Minne-Exkursen und
ihrem utopischen Charakter beschäftigt sich eingehend auch die Studie von
T. Tomasek, Die Utopie (1985).

122 Zu den Normenkatalogen der mittelalterlichen Rhetorik vgl. das Standard-
werk von E. Faral, »Les Arts poétiques du XIIe et du XIIIe siècle. Recher-
ches et documents sur la technique littéraire du Moyen Age«, Paris 1924;

»Artist« auch in dieser engeren, vom System der *septem artes liberales* hergeleiteten Bedeutung[123] genannt werden darf; und schließlich weil er sein Ausdrucksmedium, Sprache und Form, mit einer so überwältigenden Virtuosität zu handhaben versteht, daß den Zuhörer bzw. Leser seines Werkes bisweilen jenes entrückte, fassungslose Staunen befallen (haben) mag, das uns heute noch die »Kunst«-Stücke der zirzensischen Artisten zu entlocken vermögen.

Allerdings führte Gottfried seine stupende Vers- und Formulierkunst niemals nur aus reinem Selbstzweck vor. Stets war der äußere Ausdruck integraler Bestandteil der inneren Aussage. Gehalt und Gestalt gehen bei ihm eine ideale, symbiotische Verbindung ein. *wort* und *sin*, Eindeutschungen der rhetorischen Begriffe für *figurae verborum* und *figurae sententiarum*, ergänzen und entsprechen einander; das *ûzen* und das *innen* dieser Sprache erscheinen zu einem unauflöslichen Durch- und Ineinander legiert, in dem der »Schönheits-« und der »Gedankenstil«[124] als getrennte Kategorien aufgehoben sind zugunsten einer ausgewogenen Synthese von vollendeter Eleganz und Präzision. Stets wird des Autors kultivierte Eloquenz reguliert durch das Bedürfnis nach größtmöglicher Transparenz des Ausdrucks und durch das Prinzip der *mâze*, das Gesetz der klugen Beschränkung sowie der Angemessenheit von Gegenstand und Vermittlung, dem *aptum* der geltenden Schulrhetorik.[125]

Gottfrieds Stilideal läßt sich nun aber nicht allein aus seinem Roman herleiten; er hat es auch selbst formuliert. Im »Litera-

E. R. Curtius, Europäische Literatur (⁸1973); speziell zum »Tristan«-Dichter S. Sawicki, Gottfried und die Poetik des Mittelalters (1932), sowie W. Christ, Rhetorik und Roman (1977), bes. S. 17 ff.

123 Vgl. in diesem Zusammenhang auch den alten akademischen Ausdruck der »Artisten-Fakultät«.

124 Diese Begriffe verwendet G. Ehrismann in seiner »Geschichte der deutschen Literatur bis zum Ausgang des Mittelalters«, Bd. 2,2.1, München 1927, Nachdr. 1965, S. 323 und 325.

125 Über die antiken und zeitgenössischen Einflüsse auf Gottfrieds Stil vgl. die ausgezeichnete Darstellung, die P. Ganz in der Einleitung zu Ganz/Bechstein I, S. XXIV ff., gibt.

tur-Exkurs«[126] rühmt er an seinem verehrten Zeitgenossen
Hartmann, von dessen konventioneller Konzeption der
Artusepik ihn, den »aufgeklärten« Stadtbürger, andererseits
doch Welten trennen mußten, jene Vorzüge, die ihm als Inbegriff vollendeter Schreibkunst erscheinen:

> *Hartman der Ouwaere,*
> *âhi, wie der diu maere*
> *beide ûzen unde innen*
> *mit worten und mit sinnen*
> *durchverwet und durchzieret!*
> *wie er mit rede figieret*
> *der âventiure meine!*
> *wie lûter und wie reine*
> *sîniu cristallînen wortelîn*
> *beidiu sint und iemer müezen sîn!*   (4621–30)

Da ist noch einmal alles genannt, was – nach Ansicht Gottfrieds und der lateinischen Schulrhetorik – die wahre Dichtung ausmacht: die Harmonie zwischen innerer Aussage und
äußerer Darstellung (4623–25); das adäquate Verhältnis von
Erzählstoff und Erzählweise (4626 f.); die Luzidität des
sprachlichen Ausdrucks (4628–30). Das gleichgewichtige
Mit- und Nebeneinander von *wort* und *sin* findet Gottfried
wenig später auch bei seiner Würdigung Bliggers von Steinach verwirklicht (4707), dessen Sprache die wünschenswerte
perspicuitas (auch dies ein Ideal der mittelalterlichen Poetik)
an den läuternden Quellen der Nymphen erhalten habe
(4699 ff.). Wiederum also artikuliert der Straßburger seine
Vorstellung davon, was denn *den wunsch von worten* (4698),
die vollkommene Dichtkunst, ausmache. Dadurch, daß er die
Normen der zeitgenössischen Dichtungslehre am Beispiel
seiner – als vorbildlich geschilderten – Kollegen objektiviert,
unterstreicht er ihre Verbindlichkeit auch für sich selbst.
Gottfried stellt sich damit in eine Tradition, die er in seinem

---

126 4621–4820. – Vgl. zur Ergänzung die Anmerkungen des Kommentars zur
ganzen Stelle.

eigenen Werk glänzend bestätigt und die zugleich ihn aufwertet insofern, als sie seine Kunst durch die beglaubigte Autorität ihres Regelkanons adelt.

Daß diese nach festen Gesetzen gefügte und durch bestimmte ästhetische Prinzipien gebändigte Form- und Sprachkunst nicht selten in vordergründigem Kontrast steht zu den ethischen Inhalten, die sich in ihr ausdrücken, macht einen besonderen Reiz und eine sehr individuelle Qualität des Gottfriedschen Stils aus. Hier wird nicht mit Hilfe einer brillanten Rhetorik der problematische Gehalt der Fabel in blendendes Wohlgefallen aufgelöst, sondern das gewollte Spannungsverhältnis zwischen dem Stoff und seiner Vermittlung, in dem die Forderung nach dem *aptum* der Poetiken stets mitgedacht und zugleich differenziert wird, entspricht auf einer höheren Ebene der Zwiespältigkeit des Gegenstandes selbst.

Wiederum ist es die charakteristische Ambivalenz des »Tristan«-Stoffes, die auf die Wahl der Stilmittel bei Gottfried einen bestimmenden Einfluß gewonnen hat. Bezeichnenderweise ist die Antithese die beherrschende rhetorische Figur des ganzen Romans. Dabei kann die Gegensätzlichkeit sprachlich auch zu paradoxen Begriffskoppelungen und Oxymora verdichtet werden. Auffällig bleibt die Dominanz des gedanklichen und verbalen Spiels mit dem Kontrast, der existenziellen Polarität, der antinomischen Spannung der realen Dinge wie der Gefühle. Zugleich aber wird deutlich, daß in der pointierten Opposition, der Differenzierung und Distanzierung der Wunsch verborgen liegt nach Harmonie, nach Integration oder wenigstens einer komplementären Einheit. Als Beispiel für dieses Streben nach der dialektischen Verklammerung der Extreme mag eine Partie aus dem Prolog zitiert werden, an der evident wird, daß gerade die Konzeption der *minne* bei Gottfried entscheidend definiert ist durch die Teilhabe entgegengesetzter Empfindungen und Gefühlswerte.[127]

---

127 In diesem Zusammenhang vgl. die Erörterung der »antinomischen Liebe« bei X. von Ertzdorff, Die höfische Liebe im ›Tristan‹ (1979).

> *War umbe enlite ein edeler muot*
> *niht gerne ein übel durch tûsent guot,*
> *durch manege vröude ein ungemach?*
> *swem nie von liebe leid geschach,*
> *dem geschach ouch liep von liebe nie.*
> *liep unde leit diu wâren ie*
> *an minnen ungescheiden.*   (201–207)

Aber auch andere Stilfiguren sind offensichtlich wegen ihrer besonderen Beziehung zum Gegenstand ausgewählt worden. So wird denn etwa die symbolmächtige Umfassungsstruktur der chiastischen Wortstellung gleich zu Beginn des Romans am Beispiel der beiden Liebenden exemplarisch vorgeführt:

> *ein man ein wîp, ein wîp ein man,*
> *Tristan Isolt, Isolt Tristan.*   (129 f.)

Gottfrieds reiches Repertoire an rhetorischen Ornamenten en détail hier aufzuführen und zu belegen ist unmöglich.[128] Bei ihrem Auftreten im Text werden die einzelnen Zierfiguren ohnehin in den entsprechenden Anmerkungen erläutert.

Hingewiesen sei jedoch ergänzend darauf, daß des Autors virtuose Formkunst sich nicht allein in stilistischen oder sprachlichen Mitteln erschöpft. Ein wesentliches Element der ästhetischen Wirkung, die dieser Roman ausübt, liegt auch in Gottfrieds souveräner Handhabung der Verstechnik. Bei ihm herrscht nicht das monotone Einerlei des strikt regelmäßigen Auf und Ab von Hebung und Senkung des Silbentons. Vielmehr gelingt es ihm, durch gegenläufige Verschiebung von Sinn- und rhythmischem Akzent, durch beschwerte oder schwebende Betonung, durch Enjambement und Flexibilität bei Auftakt und Füllung den Eindruck fließender, aber nie-

---

128 Vgl. dazu die einschlägige Literatur (s. Anm. 122 und 125). Außerdem die Zusammenstellung bei R. Preuss, Stilistische Untersuchungen (1883), sowie H. Scharschuch, Gottfried von Straßburg. Stilmittel – Stilästhetik (1938). Eine hilfreiche Übersicht findet sich auch bei Ehrismann (s. Anm. 124), S. 323 ff. und bei Vogt (s. Anm. 37), S. 349 ff.

mals eintöniger Musikalität zu erzeugen, der die Lektüre –
und noch mehr: das Anhören – dieser Dichtung so außerordentlich genußreich macht.[129]

Positionen der Forschung[130]

Es waren vor allem die ästhetischen Qualitäten in Gottfrieds
»Tristan«, die dem Roman bei den Philologen erste Anerkennung eintrugen. In den Anfängen unserer Wissenschaft hatte
das Werk gleichwohl noch nicht das Gewicht, das wir ihm
heute beimessen. So nannte denn Jacob Grimm den »Tristan«
zwar »eines der anmutigsten gedichte der welt«, aber ihn
irritierte doch zugleich »etwas störendes und eine gewisse
künstliche zusammenhangslosigkeit«.[131] Durchaus lobend
äußerten sich zu Gottfrieds Bearbeitung im übrigen mehrere Stimmen aus dem »Vorhof der deutschen Philologie«[132].

129 Zu Gottfrieds »metrischem Verhalten« vgl. F. Ranke, »Zum Vortrag der
Tristanverse«, in: »Festschrift für P. Kluckhohn und H. Schneider«, Tübingen 1948, S. 528 ff.; wiederabgedr. in: F. R., »Kleinere Schriften«, Bern/
München 1971, S. 105 ff.

130 Ausführliche Forschungsberichte bei G. Weber, Gottfrieds Tristan I
(1953), S. 9 ff. und II (1953), S. 7 ff., der freilich die gesamte Forschung
unter dem Gesichtspunkt seines eigenen Interpretationsansatzes ordnet
und wertet. Außerdem siehe H. Fromm, Zum gegenwärtigen Stand
der Gottfried-Forschung (1954); E. Reinnagel, Gottfried-Forschung im
20. Jahrhundert (1967); R. Picozzi, A History of Tristan Scholarship
(1971); R. Dietz, Der ›Tristan‹ Gottfrieds (1974); B. M. Langmeier, Forschungsbericht (1978); G. Weber / W. Hoffmann, Gottfried von Straßburg
(1981), S. 58 ff. Eine ausführliche Darstellung der Forschung auch bei P. K.
Stein, Tristan in den Literaturen des europäischen Mittelalters (1983). – Zur
Bewertung des »Tristan« in der Literaturgeschichtsschreibung vgl. jetzt W.
Fritsch-Rößler, »Der ›Tristan‹ Gottfrieds von Straßburg in der deutschen
Literaturgeschichtsschreibung (1768 – 1985)«, Frankfurt a. M. [u. a.] 1989
(Europäische Hochschulschriften I, 1119).

131 Grimm (s. Anm. 95), S. 95.

132 Mit diesem Begriff charakterisiert F. Neumann, »Studien zur Geschichte
der deutschen Philologie. Aus der Sicht eines alten Germanisten«, Berlin
1971, S. 39 ff., die wissenschaftsgeschichtlich bedeutsame Phase der Frühgermanistik zu Beginn des 19. Jh.s; das Ende dieser Phase setzt etwa mit
dem Wirken Lachmanns ein.

J. B. Docen schätzte diesen »Roman für Liebende« gar als das »Schönste, was in jenen Zeiten der Deutsche Kunstsinn hervorgebracht hat«, und rühmte die »Schönheit« des Werkes, »die durch die harmonische Übereinstimmung der Form und des Inhalts, des Ausdrucks und des Gegenstandes«[133] bestimmt werde – wobei Docen bezeichnenderweise Wertungskategorien aufnahm, die Gottfried selbst (in seiner Würdigung Hartmanns von Aue) verwendet hat. Jacob Grimm nannte Docens Äußerungen über den »Tristan« zustimmend »das beste, was ich von ihm noch gelesen habe«[134], und auch die Brüder Schlegel[135] waren sich in ihrer Hochschätzung des Werkes einig. Häufig wurde vor allem im Vergleich zu Wolfram von Eschenbach die stilistische Überlegenheit und formale Virtuosität Gottfrieds hervorgehoben[136] – etwa noch bei H. Heine, der diesen Gegensatz auf eine symptomatische Formel bringt: »Gottfried von Straßburg, der Verfasser dieses schönsten Gedichts des Mittelalters, ist vielleicht auch dessen größter Dichter, und er überragt noch alle Herrlichkeit des Wolfram von Eschilbach.«[137]
Eher zuungunsten Gottfrieds entscheidet L. Tieck den Vergleich mit dem »Parzival«-Dichter, der sich vor allem auf die

---

133 »Museum für Altdeutsche Literatur und Kunst«, hrsg. von F. H. von der Hagen, J. B. Docen und J. G. Büsching, Bd. 1, Berlin 1809, S. 52 ff.
134 Im »Briefwechsel zwischen Jacob und Wilhelm Grimm aus der Jugendzeit«, hrsg. von H. Grimm und G. Hinrichs, 2., verm. und verb. Aufl. besorgt von W. Schoof, Weimar 1963, S. 111.
135 A. W. Schlegel begann sogar eine Umdichtung des »Tristan«-Romans, deren »Erster [und einziger] Gesang« 1811 erschien. Auf seine »treffliche poetische Bearbeitung [...] in Oktaven« verweisen schon F. H. von der Hagen / J. G. Büsching, »Literarischer Grundriß zur Geschichte der Deutschen Poesie von der ältesten Zeit bis in das sechzehnte Jahrhundert«, Berlin 1812, S. 125.
136 Dazu vgl. J. Götz, »Die Entwicklung des Wolframbildes von Bodmer bis zum Tode Lachmanns in der germanistischen und schönen Literatur«, Endingen 1940, S. 12 f.
37 In der Abhandlung über »Die romantische Schule«; zitiert nach: H. H., »Sämtliche Werke«, hrsg. von K. Briegleb, München 1976, Bd. 5, S. 366.

Frage der Religiosität bezieht: Für ihn ist der »*Tristan* ganz
Leichtsinn, Liebe, Leidenschaft [. . .]; der Graal und Parceval
sind eins, Tristan und Liebes-Abentheuer, in diesem Gedicht
widerspricht alles dem Religiösen, ja auf gewisse Weise ist
Spott damit getrieben«[138]. Der Kontext dieser Äußerung freilich läßt vermuten, daß Tieck sich bei seiner Ablehnung mehr
an der Frivolität des Stoffes als an dessen Bearbeitung durch
den Straßburger Autor orientierte. Folgenreicher für die
eigentliche Gottfried-Rezeption im 19. Jahrhundert waren
indessen die Vorbehalte, die Karl Lachmann, einer der besten
Kenner und rührigsten Propagandisten »altdeutscher Literatur« in den Gründungsjahren der Germanistik, gegen den
Dichter hatte und die sich ebenfalls einer aus religiösem Empfinden gespeisten Ethik verdankten: Der Gelehrte anerkannte
zwar Gottfrieds »gehaltene, verständig geschmückte Darstel-
lungsweise«, empörte sich aber über den Inhalt des Romans,
denn »anderes, als Üppigkeit und Gotteslästerung, boten die
Haupttheile seiner weichlichen unsittlichen Erzählung nicht
dar«.[139]

Lachmanns moralische Entrüstung angesichts der »auf ehebruch und fälschung eines gottesurteils mitgegründeten
fabel«[140] hat nicht nur die angemessene Edition des Romans
auf Dauer behindert (s. S. 322 f.), sondern sie hat auch die
Beurteilung des Werkes nachhaltig negativ beeinflußt. Im
günstigeren Falle äußerten die Interpreten sich zwiespältig –
wie etwa G. G. Gervinus, dessen Interesse an der nationalen
und ethischen Qualität eines Textes beim »Tristan« natürlich
nicht recht befriedigt werden konnte, dessen Gespür für
ästhetische Valeurs jedoch die Meisterschaft Gottfrieds hoch

---

138 In einem Brief an A. W. Schlegel (1802); vgl. »Ludwig Tieck und die Brüder Schlegel: Briefe«, hrsg. und komm. von E. Lohner, München 1972,
S. 116 f.

139 K. Lachmann, »Kleinere Schriften«, Bd. 1, Berlin 1876, Neudr. Berlin
1969, S. 159.

140 J. Grimm in seiner Gedenk-»Rede auf Lachmann« (1851), in: J. G., »Kleinere Schriften«, Bd. 1, Berlin 1864, S. 157.

einschätzte: »man muß verdammen, aber bewundern und bedauern«.[141]

Gelegentlich allerdings fielen die Urteile auch entschieden ablehnender aus: Eichendorff zum Beispiel nennt – in seiner »Geschichte der poetischen Literatur Deutschlands« (1857) – den Stoff des Romans »durchaus gemein«; Isolde erscheint ihm als »verheiratete(n) Frau, die gern Lob und Ehre und Seele ihrer ehebrecherischen Liebesbrunst opfert«; und Tristan schließlich ist ihm »ein artiger, sich vor den Damen niedlich machender Fant, wie wir ihm wohl allezeit unter den eleganten Pariser Pflastertretern begegnen«.[142] Zwar bestätigt auch Eichendorff die Formkunst des Dichters, aber er hält sie – wie schon Lachmann – für unnütz vergeudet: »Wie schade um so viel Schönheit, die hier an das absolut Häßliche verschwendet ist.«[143]

In dem immer wieder feststellbaren Einerseits-Andererseits des gelehrten wie des öffentlichen Urteils drückt sich wohl auch unbewußt das prägende Prinzip aus, dem Gottfried in seiner Bearbeitung des Stoffes mit einzigartiger Delikatesse und subtilem Kalkül gefolgt ist: Ambivalenz. Unterschwellig mag bei den zitierten Äußerungen auch der – im 19. Jahrhundert lebendige – nationalromantische, anti-welsche (und antibritische) Affekt eine Rolle gespielt haben, der die »hartstirnige(n) Frechheit« und »nackte(n) Schamlosigkeit«, welche den patriotisch-biederen Literaturfreund »mit Ekel erfüllt«, nicht anders zu erklären wußte als dadurch, »daß manches dieser Dinge auf Rechnung der französischen Bearbeiter, und der damals schon in hoher Blüte stehenden französischen Leichtfertigkeit, Frivolität und Lüsternheit komme; die Grundzüge dieser schamlosen Unsittlichkeit liegen bereits in

141 So resümiert Gervinus, Dante zitierend, seine Auseinandersetzung mit Gottfried in seiner »Geschichte der deutschen Dichtung«, Bd. 1, Leipzig [4]1853 ([1]1835), S. 423.

142 Zitiert nach der von S. Baumann und S. Grosse besorgten »Neuen Gesamtausgabe der Werke und Schriften«, Bd. 4, Stuttgart 1958, S. 76.

143 Eichendorff (s. Anm. 142), S. 77.

den britischen Erzählungen selbst«.[144] Den deutschen Autor
allerdings traf damit immer noch der Vorwurf, die »walisi-
sche Schandgeschichte mit all ihrem Schmuze reproducirt«[145]
zu haben.

Gegenbild solcher undeutschen Weichlichkeit und Sittenlo-
sigkeit, die sich in um so gleisnerischerer Ästhetik präsen-
tierte,[146] war diesen vaterländischen Germanisten allemal der
»tiefe«, der »dunkle« Wolfram von Eschenbach, der, wie es
noch F. Ranke empfand, an »seinem deutschen Echtheitsbe-
dürfnis«[147] zu erkennen ist und »unter dessen gütig ernstem
Blick welsches Formwesen zu reinem Menschentum gesun-
dete«.[148]

Neben der Gruppe der – an Lachmanns Verdikt und dem
zeitgenössischen Sittlichkeitsempfinden orientierten – Gott-
fried-Gegner bemühten sich einige Forscher, mit mytholo-
gie- und sagengeschichtlichen Untersuchungen, in denen der
»Tristan«-Stoff eng mit der Siegfried-Legende verknüpft
wurde, des Dichters literarhistorischen Rang, der ihm doch
schon aufgrund seiner eminenten Sprach- und Formkunst
unzweifelhaft zukam, auch inhaltlich dadurch zu begründen,
daß sie vorführten, in welchem Maße der Autor seine Vorlage

144 A. F. C. Vilmar, »Geschichte der deutschen National-Literatur«, Bd. 1,
    Marburg ⁸1860, S. 182.
145 G. Haebler, »Über Wolfram von Eschenbach und Gottfried von Straß-
    burg«, in: »Deutsches Museum« 15 (1865) S. 514.
146 »Aber all diese Künste sind einem Stoffe gewidmet, der unsittlich ist, und je
    verlockender er vom Dichter ausgebildet wurde, nur um so mehr die ethi-
    sche Natur des Dichters herabdrückt.« Diese charakteristische Äußerung
    stammt von K. Goedeke, »Grundrisz zur Geschichte der deutschen Dich-
    tung aus den Quellen«, Bd. 1, Dresden ²1862, S. 30.
147 Ranke (s. Anm. 79), S. 177.
148 Ranke (s. Anm. 79), S. 176. Eine grundsätzliche, nicht weniger »aktuell«,
    aber »innerdeutsch« definierte Opposition zwischen den beiden Epikern
    sieht auch schon der (anonyme) Verfasser der »literar-geschichtlichen Ein-
    leitung« zum ersten Band der »Bibliothek der Deutschen Klassiker«, der
    »Die Blüthe der deutschen Dichtung im Zeitalter der Hohenstaufen« (Hild-
    burghausen 1861) zum Gegenstand hat: »Könnte man Wolfram den Schiller
    des Mittelalters nennen, so steht in Gottfried eine mittelalterliche Anticipa-
    tion Goethe's vor uns« (S. XXVI).

verbessert, ja veredelt habe.[149] Auf diese Weise dann konnte
Gottfrieds Anteil am Werk auf seine ideellen Beigaben reduziert und die Frage nach der Anstößigkeit der Erzählung auf
den (ausländischen) Stoff abgelenkt werden: »Theilen wir
also gerecht was des Stoffes und was des Dichters ist: die
Schuld und der unvermeidliche Trug [...] gehört der Märe
an; die Liebe, die Treue, das Fromme und Heilige ist des
Dichters Eigenthum« – jenes Dichters, der »eine novellenhaft
heruntergekommene Tragödie in den Kreis des rein Menschlichen, in die Sprache echter Minne zurück übertrug«.[150]

In engem Zusammenhang mit solchen – von vaterländischem
Eifer beflügelten – Versuchen, die alten Mythen und Sagen in
Gottfrieds »Tristan« wiederzufinden, stehen auch die großen
stoffgeschichtlichen Untersuchungen, die vor allem zu
Beginn unseres Jahrhunderts entstanden und die sich um die
Ursprünge, Entwicklungen und Beziehungen der einzelnen
Erzähltraditionen bemühten. Diese internationalen Quellen-
studien, die hier nicht im einzelnen angeführt und referiert
werden sollen,[151] konnten sich freihalten von der Empörung
über die »Unmoral« des Romans, sie waren über die deutsch-
tümelnden Versuche eifernder »Ehrenrettungen« erhaben,
und sie mußten sich auch nicht befleißigen, die »Unsittlichkeit« von Gottfrieds Gedicht durch den »reinigenden« Hinweis auf dessen »volkstümliche« und mithin sündlose
Abkunft zu eskamotieren. Insofern also stellt dieser
Abschnitt der Forschungsgeschichte über den Dichter und
sein Werk einen wesentlichen Fortschritt dar.

Wenn unser gegenwärtiges wissenschaftliches Interesse am
»Tristan« sich gleichwohl inzwischen anderen Aspekten und
Problemen des Werkes zugewandt hat, so liegt das daran, daß

49 Vgl. hierzu von der Hagen (s. Anm. 20), Bd. 4, Leipzig 1838, S. 559 ff.
50 H. Kurtz in der umfangreichen, sagen- und motivgeschichtlich orientierten
    Einleitung zu seiner »Tristan«-Übersetzung, Stuttgart 1847, S. LXXXVIII.
51 Vgl. das Kapitel »Gottfried und sein Stoff« (S. 328 ff.) und die unter
    Anm. 76 genannte Literatur. Über die Entdeckung orientalischer Quellen
    vgl. gesondert den Kommentar zu 18405.

die Gottfried-Philologie seit 1925 in eine entscheidende neue
Phase eingetreten ist – durch die wahrhaft bahnbrechende
Studie von F. Ranke über »Die Allegorie der Minnegrotte«.
Ranke, der noch im gleichen Jahre einen gewichtigen Beitrag
zur Quellen-Diskussion geleistet hatte,[152] wies mit seiner
Untersuchung, in der er zeigte, daß die Beschreibung der
Liebesgrotte dem theologischen Muster der tropologisch-
mystischen Auslegung des Sakralraumes nachgestaltet sei[153]
und daß die Tristanliebe dadurch eine spiritualisierende
Überhöhung ins Religiöse erfahre, »der Gottfriedforschung
neue Wege«.[154]
Diese Wege nun im einzelnen nachzuzeichnen, ist nicht Aufgabe des vorliegenden Abrisses, dem es nur darum geht, in
großen Zügen die Zusammenhänge darzustellen, in denen die
verschiedenen Forschungsmeinungen, die im Stellenkommentar bei den jeweils auftretenden Interpretationsproble-
men und kontroversen Deutungsansätzen[155] aufgeführt werden, zu sehen sind. Abermals sei – zur genaueren Information
– auf die einschlägigen Forschungsberichte und namentlich
auf den von R. Picozzi (1971) hingewiesen.
Schon vor Rankes Minnegrotten-Abhandlung hatte – im
Zuge der zahlreichen biographischen Untersuchungen, die
die positivistisch ausgerichtete Gottfried-Philologie am Ende
des vergangenen und zu Beginn unseres Jahrhunderts hervor-
brachte[156] – der katholische Theologe U. Stökle (1915) versucht, die Religiosität des Dichters allgemein zu belegen,[157]

---

152 Mit seinem unter Anm. 79 genannten Buch, das freilich auch schon Hinweise auf die innere Problematik des »Tristan« enthielt, in denen die neuen
Interpretationsansätze sich ankündigten.
153 Dazu vgl. den Kommentar zu 16700 ff. und 16923 ff.
154 G. Weber / W. Hoffmann, Gottfried von Straßburg (1981), S. 71.
155 Dazu zählen vor allem: Prolog (1 ff.; bes. *edele herzen* 47), Minnetrank
(11435 ff.), Exkurs über den *wintschaffen Crist* (15733 ff.), Minnegrotte
(16700 ff. und 16923 ff.), aber auch zahlreiche weitere Detailfragen.
156 Vgl. die Kapitel über Person, Bildung und Stand des Dichters; außerdem
die Ausführungen über »Biographical Studies« bei R. Picozzi, A History of
Tristan Scholarship (1971), S. 92 ff.
157 Dagegen wandte sich 1921 Thiel (s. Anm. 39).

und F. Vogt hatte die Darstellung des Himmlischen Jerusalem als theologisches Vorbild der Grotten-Allegorie namhaft gemacht.[158] Nun aber ging es um mehr: um den Nachweis einer »in die Sphären religiöser Andacht emporgesteigerten Liebesverherrlichung, einer Liebesreligion von erstaunlicher Kühnheit«.[159] Gestützt wurden Rankes Überlegungen durch die Dissertation seines Schülers E. Nickel (1927), der die geistesgeschichtlichen Zusammenhänge dieser Auffassung erörterte.

An Rankes epochemachender Arbeit führte fortan kaum ein Weg der Forschung mehr vorbei – sei es, daß spätere Interpreten ihn bestätigten, sei es, daß sie seine Ergebnisse modifizierten und ergänzten. Es war die Zeit der großen Würfe, der harmonisierenden Gesamtdarstellungen und der auf totale Werk-Erfassung zielenden Deutungsversuche. Der Einfluß der geistesgeschichtlichen Methode prägte die Gottfried-Philologie und brachte imponierende Untersuchungen hervor, die den präsumtiven »Zeitgeist« des Romans zu erfassen und ihn im Text reflektiert zu finden suchten. Der »Tristan« wurde als ein literarisches Denkmal begriffen, an dem sich – in analogem Bezug – die ideengeschichtlichen Voraussetzungen seiner Entstehungsepoche abzeichneten. Freilich, daß eine solche Befragung des Gedichtes unterschiedliche Aufschlüsse in dem Maße ergeben mußte, in dem man die historischen, geistigen und ideologischen Determinanten des Werkes unterschiedlich definierte, die eigene hermeneutische Position neu bestimmte und also die Fragestellung veränderte, erhellt aus der methodologischen Überprüfung dieses Verfahrens.

Mit der Überzeugung, den Hauptschlüssel zur gehaltlichen Erschließung des »Tristan« in Händen zu haben, trat auch H. de Boor in seiner (1940 erschienenen) Studie auf, die schon im Titel ihren Anspruch formulierte: »Die Grundauffassung von

---

58 Vogt (s. Anm. 37), S. 342.
59 F. Ranke, Die Allegorie der Minnegrotte (1925), S. 16.

Gottfrieds Tristan«. Bei ihm erscheint die Tristanliebe religiös gesteigert zu einer »Minnelegende«; die Liebenden werden zu Märtyrern ihrer Passion stilisiert und schließlich zu
»Minneheiligen«[160]: »Gottfried entfaltet seine Minne-Transzendenz nicht nur bewußt als Gegenbild der christlichen
Transzendenz, stellt bewußt den Daseinsgipfel ›Minne‹ auf
die Höhe des alten Daseinsgipfels ›Gott‹. Er verwendet auch
als das gegebene literarische Vorbild infolgedessen die
Legende.«[161] In der Auslegung der Minnegrotte schließt sich
de Boor an Ranke an, geht aber über dessen These noch hinaus, indem er das kristallene Bett der Grotte *per tropologiam*
mit dem kirchlichen Altar gleichsetzt, auf dem die Liebenden
sich zu einer spiritualisierten *unio mystica* vereinigen.

Während de Boor in seinem Aufsatz noch davon ausging, daß
Gottfried die Tristanliebe in engem Anschluß an das Ideal der
höfischen Hohen Minne definiert hat, neigt J. Schwietering
eher zu einer gegenteiligen Ansicht. In seiner großen, gleichfalls den künftigen Gang der Forschung entscheidend bestimmenden Abhandlung über die Abhängigkeit des Dichters von
der Mystik Bernhards von Clairvaux (1943) betont er: »Tristanliebe ist nur erfahrbar im Gegensatz zur Liebeslehre des
zeitgenössischen Frauendienstes, des Minnesangs und des

---

160 Mit dieser Vorstellung konnte de Boor auf Muster der romantischen »Tristan«-Rezeption zurückgreifen, wie sie etwa in einem Brief A. W. Schlegels
an Tieck (1802) zum Ausdruck kommen: »Dieses Gemisch von Sündlichkeit und Unschuld, von Leichtfertigkeit und Frömmigkeit, scheint mir
eben der eigenste Geist des Gedichtes und Tristan besonders wird als ein
wahrer Heiliger und Märtyrer der Treue aufgestellt« (»Ludwig Tieck und
die Brüder Schlegel: Briefe«, hrsg. und komm. von E. Lohner, München
1972, S. 121).

161 H. de Boor, Grundauffassung (1940), S. 40. – Gegen solche Vergottung der
Liebe wandte sich entschieden F. Maurer, Leid (¹1951), S. 208 ff., der allerdings bestätigte, daß durch die mystischen bzw. christlichen Parallelen die
Tristanliebe auf eine besonders hohe Stufe gehoben werde. Das Hauptthema des Romans sei überdies nicht die Sakralisierung der Liebe, sondern der
Konflikt zwischen *minne* und *êre*, in dem sich der mittelalterliche Dualismus der Spannung zwischen Welt und Gott verkörpere und der das Zentralmotiv *leit* bestimme. Vgl. auch W. Schröder, Text und Interpretation
(1976).

Artusromans.«[162] Das Streben des Paares nach völliger
Einung und nach der Ekstase der Erfüllung, das immer wieder aufgenommene Bild des Tausches von Leib und Leben
sowie die ganze Begrifflichkeit des Romans sieht Schwietering in enger Beziehung zu Vorstellungen der zeitgenössischen mystischen Literatur. Wie de Boor und Ranke interpretiert auch er die Minnegrotte vor dem Hintergrund theo-
logischer Muster: Palast und Bett Salomos (*cubiculum* bzw.
lectulus Salomonis) im Hohenlied.[163] Schwietering beschreibt
den Roman als *analogia entis* zu christlichen Vorstellungen,
und auch die *edelen herzen*, die Gottfried im Prolog als esote-
rische Zielgruppe definiert, werden nun in Verbindung
gebracht mit der *anima nobilis* der mystischen Terminologie.

Was die Arbeiten Rankes, de Boors, Schwieterings und Mer-
gells[164] verbindet, ist ihr Bemühen, den Roman Gottfrieds in
absichtsvoller Analogie zu geläufigen Vorstellungen mittelalterlicher Frömmigkeit (Sakralraum, Hohelied) zu deuten.
Stets sehen sie dabei die Parallelen zu religiösen Mustern als
Mittel an, die Tristan-Minne zu überhöhen und in ihrer
Bedeutung betont positiv zu besetzen. Auf diese Weise konn-

---

162 J. Schwietering, Der Tristan Gottfrieds (1943), S. 7 f.; vgl. hierzu auch K.
Allgaier, »Der Einfluß Bernhards von Clairvaux auf Gottfried von Straßburg«, Frankfurt a. M. / Bern 1983 (Europäische Hochschulschriften I,
641).

163 Auf die Beziehung zwischen Gottfrieds Roman und dem Hohenlied, durch
die sich »Gehalt und Form der deutschen Tristandichtung bedeutsam verändert« habe, verweist – ausdrücklich angeregt durch Schwieterings These – auch B. Mergell, Tristan und Isolde (1949), S. 123, der, Ranke und
de Boor noch übertreffend, die dem Werk zugrunde liegende Christlich-
keit so extrem betont, daß er die Tristanliebe schließlich als ein *summum
bonum* darstellt, dem sich alles nachordne und dem auch Gott seine
Unterstützung (etwa beim Ordal) gewähre. Mit Entschiedenheit hat W.
Schröder, Text und Interpretation (1976), dieser Argumentation wider-
sprochen.

164 Zu ergänzen wäre aus jüngster Zeit D. Mieth, Dichtung, Glaube und Moral
(1976), der den »Tristan« vor dem Hintergrund der theologischen Ethik
interpretiert und als »anthropologisches Modell mit moral- und religions-
kritischen Implikationen« (S. 209) darstellt.

ten die inneren Widersprüche des Werkes thematisiert und in einer gedanklichen Synthese integriert werden.

Eine gänzlich andere Position nimmt dagegen G. Weber ein, der 1953 eine monumentale zweibändige Monographie über den Roman veröffentlichte: »Gottfrieds von Straßburg Tristan und die Krise des hochmittelalterlichen Weltbildes um 1200«.[165] In dieser Gesamtdarstellung, einem – bei all seiner Fragwürdigkeit – imponierenden Zeugnis der geistesgeschichtlichen Interpretationsmethode, deutet er die Tristanliebe als krasses Gegenbild (*analogia antithetica*) zur Liebesmystik. Zentraler Begriff seines Werkverständnisses ist das »Dämonische« dieser Liebe, die durch den Genuß des Minnetranks von der reinen Seelenliebe in ein heil-loses Nebeneinander von Seelen- und Sinnenliebe pervertiert worden sei und die in offenem Widerspruch stünde zur kirchlichen Lehre: »Die Ideen*struktur* des Dichters ist ganz und gar christlich; sie lebt aus dem Christlichen. Der Ideen*inhalt* dagegen ist gänzlich unchristlich, weil verabsolutierte Anthropologie, genauer anthropozentrisch verabsolutierte Liebesmystik der Kirche.«[166] Diese kirchliche Mystik habe Gottfried »entchristlicht und sodann durch die wesensbestimmende Sinnenkomponente in ein in der Tiefe widerchristliches Metaphysisches gewandelt«.[167]

Die vom Dichter insinuierte Gleichstellung von »Liebe« und »Gott«, die in de Boors Deutung den besonderen Rang der Tristanminne schuf, führt bei Weber, der die Begriffe bezeichnend anders faßt, zu entgegengesetztem Ergebnis: »Das Sinnenhafte im Liebeswillen ist als eine offenkundig dämonische Macht selbst ein ›Gott‹, ist dem Gott des Glaubens an Stärke gleich, dem guten Gott der wahren, geistigen

---

165 Schon vorher hatte G. Weber die wesentlichen Ergebnisse seiner Untersuchung in einem umfangreichen Aufsatz publiziert: »Gottfrieds Tristan in der Krise des hochmittelalterlichen Weltbildes um 1200«, in: ZfdA 82 (1948/50) S. 335 ff.

166 G. Weber, Gottfrieds Tristan I (1953), S. 127.

167 Weber (s. Anm. 166), S. 128.

Liebe nicht unter-, sondern nebengeordnet. Solche Ideologie aber ist manichäismusnaher Dualismus!«[168]
Gottfried von Straßburg – ein Häretiker. Diese These ist nicht Webers Erfindung; sie war schon vorher geäußert worden[169] und ist gelegentlich noch heute zu hören.[170] Zu ihrer Untermauerung hatte der Verfasser in seiner Monographie eine überwältigende Masse von Material zur theologisch-philosophisch-literarischen Situation um 1200 angehäuft, ohne daß die Ergebnisse seiner verdienstvollen Untersuchungen die einschlägige Wissenschaft nachhaltig überzeugt hätten.[171] Webers Buch stellt den letzten, eindrucksvollen Versuch dar, in einer groß angelegten, harmonisierenden Studie den Roman in seiner Vielschichtigkeit und Widersprüchlichkeit, in der Totalität seiner Möglichkeiten und der Komplexität seiner Aspekte zu entschlüsseln. Daß dieser Versuch schließlich

168 G. Weber, Gottfrieds Tristan II (1953), S. 186.
169 D. de Rougemont, Die Liebe und das Abendland (1966; frz. [1]1939), hatte Gottfrieds »Tristan« vor dem Hintergrund der katharischen Lehre interpretiert, ohne allerdings großen Widerhall in der Forschung zu finden. – H. Goerke, »Die Minnesphäre in Gottfrieds Tristan und die Häresie des Amalrich von Bena«, Diss. [masch.] Tübingen 1952, brachte den Dichter ebenfalls mit ketzerischem Gedankengut in Verbindung und sah in der Tristanliebe »die Begründung einer neuen, die Sinnesweite voll bejahenden Geschlechtsmoral« (S. 91), wobei die Sündhaftigkeit dieser Liebe (nach orthodoxem Glauben) noch verstärkt werde durch die »Verlagerung des Heilszieles in die Diesseitigkeit eines transzendent überhöhten Minneerlebens« (S. 98).
170 So sieht etwa W. Betz, Gottfried als Kritiker (1969), den Autor als Parteigänger der Katharer. – Zuletzt hat H. Bayer, Gralsburg und Minnegrotte (1978), die Überzeugung wiederholt, Gottfried habe selbst häretischem Glauben angehangen und in seinem Roman manichäisch-bogomilische Vorstellungen verarbeitet. Bayer stützt seine These jedoch nicht zuletzt auf seine kühnen Spekulationen über die historische Identität des Dichters, in dem er den »(nachweislich katharisch orientierten) Prinzenerzieher Gunther von Pairis« vermutete, einen Straßburger Kleriker, der zeitweilig auch in Oberschwaben tätig war (S. 194 ff.). – Allgemein jedoch (und trotz Bayers neuerlichem Vorstoßes) hat sich in der Forschung die Theorie von dem angeblichen »Ketzertum« Gottfrieds nicht durchgesetzt.
71 Stellvertretend für die sorgsam abwägende, überwiegend jedoch zweifelnde bzw. ablehnende Rezeption von Webers Buch sei hier die Rezension von Gruenter genannt (s. Anm. 117; Sp. 267 ff.).

fehlschlug, daß die geistesgeschichtliche Verstehensmethode sich in diesem Monument ehrenwerten Scheiterns widerlegte, vermindert grundsätzlich nicht den Beitrag, den Weber mit seiner Arbeit für die »Tristan«-Philologie geleistet hat.

Webers Buch hat ernüchternd gewirkt. Umfassende Deutungssynthesen sind seither nicht mehr gewagt worden, weil der Facettenreichtum des Romans eine einheitliche, integrative Auslegung offensichtlich nicht zuläßt. So hat sich in der Forschung zwar kein Konsensus herstellen lassen darüber, wie Gottfrieds Werk »richtig« zu verstehen sei, wohl aber darüber, daß ein solcher Konsensus unerreichbar ist.[172] Die allgemeine Überzeugung vom proteischen Charakter des »Tristan« ist zu einem einigenden Schibboleth der Mediävisten geworden.[173]

Das Interesse der Gottfried-Philologie hat sich vielmehr Detailfragen und der Untersuchung von Einzelproblemen des Gedichtes zugewandt. So sind etwa Anstrengungen unternommen worden nachzuweisen, daß bei der Beschreibung der Minnegrotte nicht (nur) tropologisch-mystische

---

172 Die Aporie der »Tristan«-Forschung wurde von W. Haug erneut bekräftigt: »Gottfrieds von Straßburg ›Tristan‹. Sexueller Sündenfall oder erotische Utopie«, in: »Kontroversen, alte und neue«, hrsg. von A. Schöne, Tübingen 1986 (Akten des VII. Internationalen Germanisten-Kongresses Göttingen 1985, Bd. 1: Ansprachen, Plenarvorträge, Berichte), S. 41 ff. Den Grund für die anhaltende Kontroverse sieht Haug darin, »daß sie [= die ›Tristan‹-Interpretationen; R. K.] dem Roman mehr oder weniger bewußt einen neuzeitlichen Individualitäts- und Entwicklungsbegriff unterstellen« (ebd., S. 51). – Einen neuerlichen Versuch, den »Tristan« einer (strukturalistisch verfahrenden) Gesamtdeutung zu unterziehen und dabei »den ganzen Text aus der Kombinatorik einiger weniger Denkbestimmungen in seiner Poetik zu erfassen«, unternimmt R. Simon, »Thematisches Programm und narrative Muster im Tristan Gottfrieds von Straßburg«, in: ZfdPh 109 (1990) S. 354 ff.

173 Daß mittelalterliche Werke notwendigerweise unseren hermeneutischen Bemühungen enge Grenzen setzen, hat P. Ganz in einer Untersuchung in Erinnerung gerufen, die auch den hier vorgelegten Versuch, Gottfrieds »Tristan« einem zumindest annähernden Verständnis zuzuführen zu helfen, mit Untertönen resignativer Melancholie auszustatten geeignet ist »Vom Nichtverstehen mittelhochdeutscher Literatur«, in: W. Schröder (Hrsg.), »Wolfram-Studien V«, Berlin 1979, S. 138 ff.

oder ekklesiologische Muster eingewirkt haben, sondern daß
der Autor ebensogut auch auf literarische, antike oder gar
alchimistische Darstellungstraditionen zurückgreifen konnte.[174] Keiner dieser (bisweilen recht disparaten) Vorschläge
kann indessen Anspruch auf Alleingültigkeit erheben. Vielmehr liegt gerade in dem assoziativen Nebeneinander unter-
schiedlicher Bezugssysteme eine besondere Qualität des
Werkes, dessen immanente Ambivalenz nach einer entsprechenden Mehrschichtigkeit im Bild- und Ausdrucks-
bereich nachgerade verlangt. Das zeitgenössische Publikum
hat den Anspielungsreichtum des Textes gewiß genossen.
Spezialuntersuchungen, die allesamt beitragen wollen zum
angemessenen Verständnis des Ganzen, haben die rechtshi-
storischen,[175] musikgeschichtlichen[176] und poetologischen[177]
Voraussetzungen des Gedichtes erhellt; wieder andere sich
um die Frage des Allegorie-Gebrauchs,[178] der Landschaftsschilderung[179] sowie um die Klärung des problematischen
Prologs[180] bemüht. Aufmerksamkeit fand überdies Gott-

---

174 Vgl. dazu die Kommentare zu 16700 ff. und 16923 ff.
175 F. Pensel, Rechtsgeschichtliches und Rechtssprachliches (1961); R. Combridge, Das Recht im ›Tristan‹ (²1964).
176 H. P. Jürgensen, »Die Musik in der deutschen Dichtung bis zum Ende des
13. Jahrhunderts«, Diss. [masch.] Kiel 1963 (zu Gottfried S. 105 ff.); L.
Gnaedinger, Musik und Minne (1967), die die wichtige, verständnisleitende
Rolle der Musik in diesem Roman hervorhebt; P. K. Stein, Die Musik
(1980), der dagegen die »extreme Geschehensirrelevanz«, die »ohnmächtige
Macht und mächtige Ohnmacht« sowie die »realitätsverschleiernde Kraft«
der Musik unterstreicht und resümiert, Gottfried formuliere im »Tristan«
die »hochkünstlerisch-artistisch gestaltete Bankrotterklärung denkbar
künstlerisch-artistischer Dichtung jener Welt gegenüber, in der sie wirken
will und muß« (S. 671). Zur musikalischen Terminologie und namentlich zu
den Instrumenten bei Gottfried außerdem M. van Schaik, in: Okken II
(1985), S. 165 ff.; Nachträge in: Okken III (1988), S. 181 f.
177 Die Literatur zur »Dichter-Revue« ist sehr umfangreich; vgl. dazu den
Kommentar zu 4621 ff. und H.-H. Steinhoff, Gottfried-Bibliographie
(1971), S. 75 f., bzw. (1986), S. 62 ff.
178 Zuletzt U. Ernst, Gottfried in komparatistischer Sicht (1976).
179 Vor allem R. Gruenter, Bauformen der Waldleben-Episode (1957);
I. Hahn, Raum und Landschaft (1963).
180 Vgl. den Kommentar zum Prolog.

frieds Verhältnis zur Welt des Hofes,[181] zur Antike,[182] zur
rhetorischen Tradition[183] und zum zeitgenössischen Huma-
nismus.[184] Ausführlich ist auch diskutiert worden, ob der
»Tristan« als »Künstlerroman«[185] zu lesen sei, welchen
Gebrauch der Autor von Symbolen[186] und Metaphern[187]
macht, welche paradigmatische Bedeutung er seinem Liebesbegriff gibt,[188] wie er seine Gestalten psychologisch vertieft[189]
und wie er auf das Konfliktpotential, das dem »Tristan«-Stoff
innewohnt, mit der Utopie von einer menschlichen Individualität und deren Behauptung gegen die Normen der Gesellschaft reagiert.[190] Der Katalog der Themen ist lang. Er ließe
sich lange fortsetzen, aber dazu ist in diesem Zusammenhang,

181 Etwa Bindschedler (s. Anm. 42) und zuletzt H. Kolb, Der Hof und die
     Höfischen (1977), R. W. Raab, Gottfrieds Tristan (1977), sowie U. Kü-
     sters, Liebe zum Hof (1986).
182 Außer W. Hoffa, Antike Elemente (1919), bes. A. Wolf, »Zur Frage anti-
     ken Geistesgutes im ›Tristan‹ Gottfrieds von Straßburg«, in: »Innsbrucker
     Beiträge zur Kulturwissenschaft« 4 (1956) S. 45 ff., und P. F. Ganz, Tri-
     stan, Isolde und Ovid (1971).
183 Zuletzt in der eindrucksvollen Studie von W. Christ, Rhetorik und Roman
     (1977).
184 C. S. Jaeger, Medieval Humanism (1977), der allerdings so etwas wie eine
     umfassende Deutung anstrebt dadurch, daß er die drei Protagonisten des
     Romans als Verkörperungen (*Integumenta Galfredi*) abstrahierter Vorstel-
     lungen interpretiert: Marke steht für »Body«, die Liebenden für dessen
     Widerpart, die Seele, die sich untergliedert in »Sense« (= Isolde) und »Rea-
     son« (= Tristan). Jaeger (S. 153 ff.) stützt seine Theorie durch eine Fülle von
     entsprechenden Textbeispielen aus der humanistischen Literatur der Zeit.
185 W. Mohr, ›Tristan und Isold‹ als Künstlerroman (1959); W. T. H. Jackson,
     Der Künstler Tristan (1962); O. Langer, Der ›Künstlerroman‹ Gottfrieds
     (1974).
186 P. W. Tax, Wort, Sinnbild, Zahl (1961).
187 F. Wessel, Probleme der Metaphorik (1984); außerdem S. Kraschewski-
     Stolz, »Studien zu Form und Funktion der Bildlichkeit im ›Tristan‹ Gott-
     frieds von Straßburg«, Göppingen 1983 (GAG 403), die auch die »Tristan«-
     Bearbeitungen von Eilhart und Thomas einbezieht.
188 W. T. H. Jackson, The Anatomy of Love (1971). Die Studie bemüht sich
     um den Nachweis, daß »Gottfried's *Tristan* is a unique attempt to portray
     the overwhelming power of love and the essential incompatibility between
     it and the society in which Gottfried's contemporaries lived« (S. VII).
189 G. Hollandt, Hauptgestalten (1966).
190 T. Tomasek, Die Utopie (1985).

in dem es nur um die Demonstration der Vielfalt, nicht aber um eine erschöpfende Aufzählung geht, nicht der Ort (noch der Platz).

Aufschlußreich ist nach einem (notwendigerweise) flüchtigen Blick über die – traditionsgemäß oder erst seit kurzem – bebauten und gehegten Felder der Gottfried-Philologie auch eine kurze Bestandsaufnahme des Brachlandes. Nun sind freilich Fehlbestände naturgemäß schwieriger zu registrieren als geleistete Beiträge. Spürbar werden die Lücken der Forschung meist erst dann, wenn eigenes Interesse bei der Suche nach Antwort auf bestimmte Fragen in der Sekundärliteratur keine Hilfe findet. Kein Zweifel: der Acker der »Tristan«-Forschung ist wohlbestellt, und das ist nach anderthalb Jahrhunderten ständig wiederholten Umpflügens und erneuten Säens auch kein Wunder. Der embarras de richesse an Früchten akademischen Fleißes macht das Jäten oft mühsamer als das Ernten. Aber gelegentlich reicht eben auch die Ernte nicht aus.

Was uns noch immer fehlt, ist eine sozialgeschichtlich fundierte Untersuchung darüber, wie der Bürgerliche Gottfried seinen gewählten Stoff, der ja doch bei Hofe spielt und auf den Normen der höfischen Kultur – und sei es auch nur dialektisch – aufbaut, für das neue Publikum der aufblühenden Städte und ihrer selbstbewußten Bewohner aufbereitet; mit welchen Mitteln der Darstellung, Akzentuierung und Änderung er den gegebenen Stoff so vermittelt, daß unterschiedliche Rezipientenkreise sich durch den Gegenstand und seine Aufarbeitung in ihrem eigenen Selbstgefühl angesprochen fühlen konnten. Es geht also um die Lösung des Problems, die soziale Ambivalenz der Zielgruppe(n) im Kommunikationsprozeß zu berücksichtigen bzw. in der künstlerischen Umsetzung durch Gottfried nachzuweisen.[191] Im Zusam-

191 Den konsequenten Versuch einer »sozialliterarischen Interpretation« hat R. W. Raab, Gottfrieds Tristan (1977), gemacht. Dabei legt er jedoch das Gewicht zu sehr auf die Konstatierung »bürgerlicher« Züge in diesem Roman, als daß er den Aspekt der werkspezifischen Ambivalenz noch ange-

menhang mit diesem umfassenden Fragenkomplex stehen
kleinere Einzelprobleme, die der Erörterung und Klärung
gleichfalls noch harren.

So ist zwar der schillernde Begriff der *edelen herzen* ausführlich analysiert worden,[192] wobei seine Bedeutungsvielfalt und
Anwendbarkeit auf unterschiedliche Adressaten deutlich
wurden. Aber vergleichbare Studien zu weiteren Kernbegrif-
fen des Romans fehlen.[193] Die subtile Differenzierung in
kaum merklich, aber doch signifikant abweichende Bedeu-
tungsnuancen bei ehedem eindeutigen Normen wie *êre* und
triuwe, die Gottfried vornimmt und die seine Helden einem
leiderfüllten Zwiespalt zwischen konkurrierenden Werteord-
nungen aussetzt, verdiente eine nähere Betrachtung. In der
bewußt eingesetzten Doppeldeutigkeit etwa von sozialer und
individueller *êre*, von ethischer und erotischer *triuwe*, von
existenzieller und emotionaler *vröide* offenbart sich abermals das den ganzen Roman prägende Prinzip der absichtsvollen Ambivalenz. Dieses auch im Wortgebrauch präzise
nachzuweisen, wäre lohnend, weil es die Makrostruktur des
Werkes auf allen Ebenen nachvollziehen und bekräftigen
könnte.[194]

Es kann nicht der Sinn eines Forschungsabrisses sein, am
Ende einen erreichten »Forschungsstand« zu formulieren,
und gerade beim »Tristan« wäre solches Bemühen zudem
aussichtslos, weil die Deutungsversuche an diesem Gedicht

messen berücksichtigen könnte. Eher schon weist die Darstellung bei D.
Seitz, Gottfried von Straßburg (1979), die die innere Widersprüchlichkeit
der Erzählung aus der sozialen »Randstellung« des Dichters zwischen Feu-
dalgesellschaft und Bürgertum zu verstehen versucht, in eine erfolgverspre-
chende Richtung.

192 Dazu vgl. den Kommentar zu 47.

193 Für die positiv und die negativ besetzten »Verstandeswörter« (wie etwa
wisheit, list, bescheidenheit, spaehe oder *sin* bzw. *tumpheit, gouch, alwaere*
oder *einvalte*) leistet diese Untersuchung M. Endres, Word Field and Word
Content (1971); die Arbeit relativiert am Beispiel des »Tristan« die Ergebnisse von J. Trier, »Der deutsche Wortschatz im Sinnbezirk des Verstandes.
Die Geschichte eines sprachlichen Feldes«, Heidelberg 1931.

194 Ansätze dazu bei T. Tomasek, Die Utopie (1985), S. 52 ff.

sich auf so vielen verschiedenen Gebieten bewegen. Überdies soll hier dem bunten Reigen der referierten Interpretationsmeinungen nicht noch eine weitere hinzugefügt werden, zumal die Gottfried-Philologie in der Synthese des Erreichten eine aussichtsreiche, ertragversprechende Aufgabe hat, ohne deswegen auf Innovation und fortschreitende Entwicklung gänzlich verzichten zu müssen – und zu dürfen. Der vorliegenden Arbeit ging es – in diesem Sinne – um die detachierte Fron des Sammelns, Sichtens und Ordnens.[195] Ihr ging es außerdem um den Versuch, das bislang Geschiedene zu vereinbaren, das Entlegene näher zu rücken, das aufeinander Bezogene zu verknüpfen und so ein Meinungs- und Faktengeflecht zu erstellen, das fest und tragfähig genug ist, um als Grundlage zu dienen für neue Erträge des lernenden Umgangs mit dem schönsten, dem schwierigsten, dem unvergleichbaren Liebesroman des deutschen Mittelalters: mit dem »Tristan« Gottfrieds von Straßburg.

---

195 Dieser Aufgabe hat sich – mit ebensoviel Gründlichkeit wie Kompetenz – nach dem ersten Erscheinen des vorliegenden Bandes (1980) auch L. Okkens wertvoller »Tristan«-Kommentar in drei Bänden (1984–88) unterzogen; hierzu s. S. 13 f.

Abbildungsnachweis

Band 1

Truchseß läßt den Kopf des von ihm »besiegten« Drachen an den Hof bringen. Aus der Hs. M (vgl. I,114). Aus: Loomis. Abb. 363.

533 Tristan und der Drache. Ausschn. aus einem Wandfresko, Schloß Runkelstein (Tirol), um 1400. Aus: Loomis. Abb. 66.

Band 2

8 Tristan. Ausschn. aus einem Wandfresko. Schloß St. Floret bei Issoire (Auvergne), um 1350. Aus: Loomis. Abb. 96.

9 Isolde (vgl. II,8). Aus: Loomis. Abb. 98.

90 Tristan und Isolde mit dem Minnetrank. Kolorierte Federzeichn. aus einer Wiener Pergament-Hs., 1323. Aus: H. Frühmorgen-Voss. Abb. 2.

91 Tristan trinkt das Liebeselixier. Illum. aus einer frz. »Lancelot«-Hs. von 1470. Aus: Loomis. Abb. 298.

154 Brangäne vertritt Isolde in der Hochzeitsnacht. Tristan und Isolde schauen zu. Darst. auf einem geschnitzten Minnekästchen aus Elfenbein. Frankreich, um 1325. Aus: Loomis. Abb. 88.

155 Isolde und Marke im Ehebett; Brangäne bringt den Rest des Liebestranks (nicht in Gottfrieds Version!). Darst. auf dem sog. »Forrer-Kästchen« aus geschnitztem Elfenbein, Anf. 13. Jh. Aus: Loomis. Abb. 21.

280 Baumgartenszene: Melot und Marke (im Baum versteckt) belauschen das Liebespaar. Aus einer Heidelberger Papier-Hs. von Eilharts »Tristrant«, um 1460. Aus: H. Frühmorgen-Voss. Abb. 4.

281 Baumgartenszene: Tristan weist auf Markes Spiegelbild in der Quelle. Ausschn. einer Darst. auf einem Elfenbeinkästchen. Pariser Werkstatt, 1. Hälfte 14. Jh. Aus: Loomis. Abb. 122.

406 Oben: Marke schickt die Liebenden fort. Mitte: Marke sieht das Paar in der Minnegrotte. Unten: Tristan und Isolde kehren an den Hof zurück. Aus der Hs. M (vgl. I,114). Aus: Loomis. Abb. 365.

407 Oben: Tristan und Isolde. Unten: Marke entdeckt die Liebenden in der Grotte. Illustr. aus einer frz. Hs. des »Roman de la Poire«, um 1260. Aus: Loomis. Abb. 203.

574 Tristans und Isoldes Grab. Aus den Leibern der Toten wachsen je eine Rose und eine Rebe, die sich ineinander verschlingen. Aus

einer Wiener Hs. (vgl. II,90). Aus: H. Frühmorgen-Voss.
Abb. 3.

Band 3

5 Die erste Seite der Heidelberger »Tristan«-Hs. H (mit hervorge-
hobenen Initialen des Akrostichons), Ende 13. Jh. Aus: Steinhoff. S. 2.

293 Anbetung der Liebesgöttin. Die nackte Venus in Mandorla und
Strahlenkranz schwebt, flankiert von dem (nach mittelalterlicher
Ansicht) Brüderpaar Amor und Cupido mit Vogelfüßen, über
ihren Huldigern: Achilles, Tristan, Lanzelot, Samson, Paris und
Troilos (Namensinschr. auf den Kleidern). Die Sinnlichkeit der
Darst. wird dadurch betont, daß die Strahlen der Göttin unverkennbar von ihrer Scham zu ihren Minnesklaven weisen. Bemal-
tes Wöchnerinnen-Tablett aus Verona, Anf. 15. Jh. Aus: Loomis. Abb. 135.

Stichwortregister zum Stellenkommentar

fonteine 16738
Fremdsprachen 2236, 3352,
3692, 8533
furkîe 2926

galander 16891
garzûn 5059
gebeidet 13766
gebreste 10072
Geburt Tristans 1746
gefranzet 10905
geherzet 118
gekrûspet 3336
gelichen 4598
gelîmet 712
gellen 11884
gelüppeter eit 15748
gelust des lîbes 12511
gemach 8247
gemeine 9940
gemelich 15125
gemerzîet 3360
genâde 8843
gent amant 16700
gentil 16187
gerihte 15335, 15639
Geschenke 3734, 3737
gesellen 3725, 4552, 5739
gesinde 13159
gespenstic 1410, 11793, 17838
geste 8942
gevallen 15
gevelle 2772
geverte 8783
g'êvet 17962
gewaltaerinne 961
gewerldet 44
gewisheit 10688, 13777
gimme 1908
g'îsôtet 19006
glesîn vingerlîn 16870

gloie 11122
glôse 4689
gold 8291, 12603, 12940
gotes höfscheit 15552
gotes reht 15306
Gottesurteil 15634
grân 15827
grîfen 12635
Grotten-Allegorese 16923
grüeze 3567
guldîne lougen 17536
guote andâht 17040
guoter kneht 1670
guoter man 5

habe 890, 8887
habech 2206
haele 11833
Händefalten 5433, 8215
hant 3548, 5786
hantgar 12635
hantschuoch 6454, 6487,
17613
hantspil 7967
harnschar 13172
harpfe 3677, 4705
harpiers 13297
heinlîche 10411
heinlîche sache 1916, 11539
helfenbein 17025
hemede 12805, 15656
hende valten 5433, 5436
hêrschaft 4044, 4049
hervart 6302
herz 49, 1420
herzeric 2971
himelkoere 4906
himelrîche 1372
hôchsprünge 4640
höfsch 421
höfscheit 2262

Namenregister

Das Register umfaßt Orts- und Personennamen, deren erstes bzw. wichtigstes Vorkommen jeweils verzeichnet wird.
Die Angaben (ohne Zusatz) entsprechen der Verszählung in Gottfrieds »Tristan«. *Kursiv* gesetzte Ziffern beziehen sich auf eine entsprechende Anmerkung im Stellenkommentar.
Der Zusatz U oder H vor der Zahl verweist auf die Fortsetzung durch Ulrich von Türheim oder Heinrich von Freiberg. Hier verstehen sich die Ziffern jedoch als Seitenangaben (in Bd. 2).
Für ihre Mithilfe bei der Zusammenstellung des Verzeichnisses habe ich Christiane Hippler zu danken.

GAVIOL, Kaufmann in Arundel U 580
GAWAN, Ritter der Tafelrunde, Freund und Verwandter Tristans
  H 582
GEMUOTHEIT, Beiname Gurmuns *5882*
GILAN, Herzog in Swales, Freund Tristans und erster Besitzer des
  Hündchens Petitcrü *15771* u. ö.
GRALANT, Held eines mittelalterlichen Leichs *3587*
GURMUN, König von Irland, Gemahl der Königin Isolde, Vater der
  blonden Isolde *5882* u. ö.
GURUN, Gestalt aus der Sage vom gegessenen Herzen *3526*

HAGENOUWE, die ehemalige Kaiserpfalz Hagenau im Elsaß, *diu nah-*
  tegal von Hagenouwe, Reinmar von Hagenau, deutscher Lyriker
  des hohen Mittelalters *4779*
HANTE, Landesname, *Nautenîs von Hante 18839*; im Schlachtruf
  18880
HARTMAN DER OUWAERE, Hartmann von Aue, Epiker und Lyriker,
  Zeitgenosse Gottfrieds *4621*
HEINRICH VON FREIBERG, Fortsetzer von Gottfrieds »Tristan« H 581
HEINRICH VON VELDEKEN, Heinrich von Veldeke, Lyriker und Epi-
  ker des 12. Jh.s *4726*
HIUDAN, Tristans Jagdhund *16649*; *16659*; *17251*

IBERNE, Spanien *8814*
IRLANT, Königreich Gurmuns, Heimat der Königin Isolde und
  Morolds sowie der blonden Isolde *5914*
ISOLT, (1) Schwester Morolds von Irland, Gemahlin König Gurmuns
  von Irland, Mutter der blonden Isolde *5933*; *6946*; *7072*; *7287*;
  11433
  (2) Die blonde Isolde, Tochter König Gurmuns und Isoldes von
  Irland, Gemahlin König Markes, Geliebte Tristans *130*; Klage um
  Morold *7168* ff.; *8251* ff.; Werbung *8454* ff.; *11394* ff.; Erkennen
  Tristans als Mörder Morolds *10057* ff.; *10598* ff.; Fahrt nach Corn-
  wall *11485* ff.; Liebestrank *11682* ff.; Geständnis *11936* ff.; An-
  kunft in Cornwall *12417* ff.; Heirat mit König Marke *12549* ff.;
  Beilager *12635* ff.; Gandin-Abenteuer *13214* ff.; Konzil *15316* ff.;
  Gottesurteil *15730* ff.; Petitcrü *16284* ff.; Verbannung *16535* ff.;
  Minnegrotte *16679* ff.; Rückkehr *17700* ff.; Abschied *18245* ff.;
  zweites Waldleben H 585; Tod U 581; H 590
  (3) Isolde Weißhand, Tochter Herzog Jovelins und Karsies,
  Schwester Kaedins, spätere Gemahlin Tristans, *Îsôt as blansche-*

Namenregister 389

TINTARIDES, Tyndareos, Stiefvater der antiken schönen Helena *8266*;
  8267
TIRE, Tyrus, Stadt in Phönizien 17195
TISPE, Thisbe, Gestalt aus Ovids »Metamorphosen« *3616*
TRAZE, Thrakien 17189
TRIBALESEN, Hafenstadt in Irland U 578
TRISTAN, Sohn Riwalins und Blanscheflurs, Neffe König Markes,
  Pflegesohn Ruals und Floraetes *130*; 155; Geburt *1746*; Taufe
  1998 ff.; Entführung 2296 ff.; Landung in Cornwall 2474 ff.; Jagd
  und Begegnung mit König Marke 2793 ff.; Ankunft in Tintajol
  3148 ff.; an Markes Hof 3379 ff.; Wiedersehen mit Rual 3909 ff.;
  Schwertleite 3547 ff.; Heimfahrt 5119 ff.; Zug gegen Morgan
  5309 ff.; Rückkehr nach Cornwall 5867 ff.; Kampf mit Morold
  6794 ff.; Verwundung 6919 ff.; Tantris 7231 ff.; Heimkehr zu Marke 8223 ff.; Brautfahrt 8424 ff.; Kampf mit dem Drachen 8963 ff.;
  Entdeckung durch Isolde 10092 ff.; Streit mit dem Truchseß
  10803 ff.; Heimkehr mit der blonden Isolde 11645 ff.; Liebestrank
  11681 ff.; Geständnis 12011 ff.; Ankunft in Cornwall 12412 ff.;
  Gandin-Abenteuer 13275 ff.; Caerleon 15560 ff.; bei Gilan
  15765 ff.; Kampf mit Urgan 15915 ff.; Rückkehr aus Wales
  16310 ff.; Verbannung 16535 ff.; Minnegrotte 16683 ff.; Rückkehr
  an den Hof 17700 ff.; Flucht 18359 ff.; Isolde Weißhand 18949 ff.;
  bei Artus H 582; Entdeckung durch Marke H 584; zweites Waldleben H 585; als Narr U 579; H 587 f.; Tod U 581; H 589
TROIAERINNE, Troerin 4951

ULRICH VON TÜRHEIM, Fortsetzer von Gottfrieds »Tristan« U 575
URGAN LI VILUS, Riese im Lande Herzog Gilans *15922* ff.; 16092 ff.;
  16237

VELDEKEN, Beiname, *von Veldeken Heinrîch*, Lyriker und Epiker
  des hohen Mittelalters *4726*
VILLIS VON TRAZE, Phyllis von Thrakien, Gestalt aus Ovids »Heroi-
  des« *17189*
FLORAETE, Gemahlin Ruals, Pflegemutter Tristans *1906*; 5861; 18605
VOGELWEIDE, (Walther) von der Vogelweide, deutscher Lyriker um
  1200 *4801*
FOITENANT, Beiname Ruals 469; 1594
FRANZE, Frankreich 10903
VULKAN, röm. Gott des Feuers, Gestalt der antiken Mythologie 4932;
  4972

Deutsche Literatur des Mittelalters in zweisprachigen Ausgaben

Johannes von Tepl: Der Ackermann und der Tod. Mhd./ Nhd. (F. Genzmer / W. Mieder) 96 S. UB 7666

Konrad von Würzburg: Heinrich von Kempten. Der Welt Lohn. Das Herzmaere. Mhd./Nhd. (H. Rölleke) 167 S. UB 2855

Moriz von Craûn. Mhd./Nhd. (A. Classen) 176 S. UB 8796

Neidhart von Reuental: Lieder. Mhd./Nhd. (H. Lomnitzer) 134 S. UB 6927

Oswald von Wolkenstein: Lieder. Mhd./Nhd. (B. Wachinger) 128 S. UB 2839

Otfrid von Weissenburg: Evangelienbuch. Auswahl. Ahd./ Nhd. (G. Vollmann-Profe) 272 S. UB 8384

Das Rolandslied des Pfaffen Konrad. Mhd./Nhd. (D. Kartschoke) 823 S. UB 2745

Das Redentiner Osterspiel. Mnd./Nhd. (B. Schottmann) 293 S. UB 9744

Reinmar: Lieder. Mhd./Nhd. (G. Schweikle) 405 S. UB 8318

Der Stricker: Erzählungen, Fabeln, Reden. Mhd./Nhd. (O. Ehrismann) 279 S. UB 8797 – Der Pfaffe Amis. Mhd./ Nhd. (M. Schilling) 206 S. UB 658

Tagelieder des deutschen Mittelalters. Mhd./Nhd. (M. Bakkes / A. Wolf) 308 S. UB 8831

Walther von der Vogelweide: Werke. Mhd./Nhd. Bd. 1: Spruchlyrik. (G. Schweikle) 526 S. UB 819

Wernher der Gärtner: Helmbrecht. Mhd./Nhd. (F. Tschirch) 216 S. UB 9498

Wittenwiler: Der Ring. Frühnhd./Nhd. (H. Brunner) 696 S. UB 8749

Wolfram von Eschenbach: Parzival. Mhd./Nhd. Bd. 1. (W. Spiewok) 736 S. UB 3681, Bd. 2. 704 S. UB 3682. – Parzival. Auswahl. (W. Hofstaetter) 80 S. UB 7451

Philipp Reclam jun. Stuttgart